Disruptive Change and Innovation

변화와 혁신

혁신역량을 키울 때,
창의성의 꽃이 피어난다

김준석
박주연
김치헌

박영books

머리말

시장이 구조적으로 급격히 변화하고 있다. 제품·서비스의 파괴적 혁신에 의해, 고객의 가치가 어느 날 갑자기 크게 향상되고 있다. 공유 서비스의 아이콘인 우버와 에어비앤비의 시장가치가 오랜 전통을 자랑해온 GM과 힐튼을 넘어설 정도로 급속히 성장하고 있다. 과거 성공적이었던 제품 또는 서비스에 안주하는 기업일수록 미래에 실패할 위험성이 매우 높아지고 있다. 이동전화 시장에서 세계적 경쟁력을 유지하던 노키아가, 스마트폰의 출현 이후, 하루아침에 실패한 사례는 혁신의 중요성을 새삼 일깨워준다. 기업이 지속적으로 성장하려면 혁신에서 길을 찾아야 한다.

혁신의 중요성을 언급하지 않는 경영자는 요즘 찾아보기 힘들지만, 단지 구호에 그치는 경우가 많다. 컴퓨터와 인터넷이 결합되면서 정보혁명의 꽃이 만개하고 있는 21세기에, 산업사회 경영 패러다임에서 벗어나지 못하고 있는 기업이 적지 않다. 전통적으로, 기업의 목적은 고객에게 현재 제품 또는 서비스를 점진적으로 개선해 보다 더 높은 수익을 실현하는 것이다. 기업의 이와 같은 전략은, 시장의 변화가 적고 안정적일 때, 경쟁력을 유지하는 데 효과적이었다. 한편, 정보혁명에 의해 고객의 요구가 하루가 다르게 변화하는 비즈니스 환경에서, 기업이 미래 수익을 창조하기 위한 파괴적 혁신에 기울이는 관심과 투자는 실제 빈약하다. 혁신의 성공 사례를 접한 기업이 스타트업이나 벤처 회사를 거액을 주고 쫓기듯 인수하는 경우도 적지 않다. 이는 일회성 혁신에 그친다. 기업의 현재 수익의 실현과 미래 수익의 창조는 새의 날개에 비유할 수 있다. 양 날개가 튼튼한 새가 멀리 날아갈 수 있듯이, 기업이 지속적으로 성장하려면 현재 수익의 안정적 실현과 더불어 미래 수익을 창조할 도전적 혁신에도 균형 있는 투자가 필요하다.

기업이 지속적으로 혁신하려면 그에 알맞은 조직 구조와 혁신 역량을 구축해야 한다. 첫째, 전통적 비즈니스 프로세스와는 분리된 혁신 프로세스의 구축이 필요하다. 두 가지 프로세스의 속성이 전혀 다르기 때문이다. 전자는 현재 수익을 실현하기 위해 논리적으로 설계된 활동으로서, 그 성과는 비교적 확실하게 예측될 수 있다. 반면에, 후자의 목적은 미래 수익을 창출하기 위한 창의적 아이디어의 구상이며, 그 성과의 예측은 매우 불확실하다. 두 가지 프로세스가 분리되지 않고 뒤섞여 운영될 때, 기업 내부에 매우 큰 혼란과 갈등이 파생될 수 있다. 현재 수익 실현에 초점을 맞춘 기업 구조에서 어설프게 혁신을 추진하다, 정작 기업의 수익성은 떨어지고 혁신 또한 실패할 위험성이 높아질 수 있다. 독립적 혁신 프로세스를 구축해야 하는 이유이다.

그리고 기업의 한 울타리 안에서 두 프로세스가 독립적으로 활동하면서, 한편 서로 협업할 때 외부 스타트업의 인수보다 더 큰 시너지 효과를 낳을 수 있다. 두 프로세스가 분리되어야 한다는 위의 주장과 다소 모순되지 않는가? 실제로 혁신 프로세스에서 구상되는 초기 아이디어는 성공할 가능성이 불확실한 가설 수준에 불과하다. 다양한 실험을 거쳐 그 아이디어의 허점을 찾아내고 타당성이 더 높은 아이디어로 발전시키려면, 임직원 간의 학습이 끊임없이 이루어져야 한다. 혁신 프로세스의 실험 과정에 비즈니스 프로세스의 전문적 지식 및 경험을 활용할 때, 혁신을 위한 다양한 학습뿐만 아니라 시간과 비용을 절감하는 효과를 거둘 수 있다. 스타트업의 인수는 일회성 혁신에 소요되는 시간을 단축시킬 수 있지만, 그보다 더 소중한 임직원 간의 학습을 촉진하긴 어렵다. 경영자는 혁신 프로세스와 비즈니스 프로세스를 독립적으로 운영하면서, 두 조직이 협업할 수 있는 비즈니스 환경이 조성되도록 리더십을 발휘해야 한다. 그리고 기업이 성장하는 데 혁신이 중요함을 임직원 모두 이해할 수 있도록 혁신마인드를 지속적으로 고취시켜야 한다.

둘째, 경영자는 혁신 역량을 구축해야 한다. 혁신하려면 창의적 아이디어가 필요하며, 그것을 구상하는 원동력은 임직원 개인의 창의성이다. 개인적 창의성은, 태어날 때부터 주어지는 지능과 달리, 교육, 훈련 및 사회적 교류를 통해 다양한 지식과 정보를 더 많이 활용할수록 더 크게 진화할 수 있다. 혁신의 원동력인 개인적 창의성을 북돋우려면, 경영자는 1) 지식관리; 2) 혁신탐지; 그리고 3) IT 역량을 균형 있게 구축해야 한다. 이와 같은 혁신 역량의 핵심은 임직원 모두가 보다 더 다양한 지식과 정보를 활용할 수 있도록 지원하기 위한 자원이다. 기업이 혁신 역량을 키울 때, 창의성의 꽃을 피울 수 있다. 지식·정보사회에서, 기업이 지속적으로 성장하는 데 혁신 역량이 새로운 핵심적 자산으로 자리잡고 있다.

혁신은 고객의 가치로 실현된다. 혁신 프로세스에서 구상된 창의적 아이디어가 비즈니스 프로세스로 이전되고 고객의 가치를 높여줄 제품 또는 서비스로 개발될 때, 기업의 수익이 비로소 실현된다. 그리고 비즈니스 프로세스 운영에 적합한 IT 역량이 구축될 때 효율성이 한층 더 높아진다. 한편, 시장의 변화에 따라 생산방식이 달라지고 있다. 대량 생산이 감소하고, 고객 맞춤형 생산 비중이 증가하는 추세이다. 고객의 가치가 제품이나 서비스뿐만 아니라 그가 어떤 체험을 하느냐에 따라 달라지는 변화이다. 기업이 고객마다 다른 요구를 충족시킬 수 있는 기술 및 자원을 모두 소유하기란 불가능하며, 세계적으로 전문화된 공급 네트워크를 이용하는 것이 보다 더 효율적일 수 있다. 기업이 경쟁력을 유지하려면 고객의 다양한 요구에 맞춰 비즈니스 프로세스와 IT 기반구조를 신축적으로 변화시키는 역량도 필요하다.

이 책을 완성하는데 많은 분들에게 갚기 어려운 마음의 빚을 졌다. 바쁜 일과를 쪼개 9장을 집필한 박주연 박사와 7장을 맡은 김치헌 박사에게 고마움을 전한다. 그리고 책의 구도를 그리는 초기 단계에서 전문가적 도움을 준 카이스트 오원석 교수와 연세대 임건신 교수에게 진심으로 감사드린다. 또한 원고를 꼼꼼히 읽고 조언을 해준 홍성범 신용분석 전문가, 맥킨지의 전영지 컨설턴트, LG CNS 배명진 부장, 그리고 연세대 박사과정 최진선 씨의 도움이 없었다면 이 책의 출간은 어려웠을 것이다. 마지막으로, 이 책이 빛을 볼 수 있도록 해주신 박영사 여러분의 노고에 깊은 감사를 드린다.

2019년 1월
김준석

차 례

PART 03
혁신은 고객의 가치로 실현된다

혁신만이 살 길이다

01
/
시장의 변화와 혁신

시장이 구조적으로 급격히 변화하고 있다. 혁신이 그 변화의 중심에 있다. IT 의 창의적 응용이 폭넓게 이루어지면서, 시장과 고객의 요구가 송두리째 변화 하고 있다. 예를 들어, 구글이 검색서비스를 매개로 온라인 광고 시장을 석권 하면서 전통적 광고 산업에 지각 변동을 일으키고 있다. 민박집에서 출발한 숙박 공유사이트 에어비엔비가 호텔 산업의 오랜 강자인 힐튼을 위협할 정도 로 급속히 성장하고 있다.[1] 세계적 기업들이 S&P 500 지수에 편입된 후 존속 하는 평균 기간이 지속적으로 단축되고 있다. 바꾸어 말하면, 기업의 평균 수 명주기가 짧아지는 추세이다.[2] 생산 및 판매의 효율성을 높여 경쟁력을 유지 하는 데 초점을 맞춘 전통적 성장 전략은 장기적으로 효과적이지 못하다. 과 거 기업이 시장 수요를 쫓아가는 데 급급했다면, 이제는 새로운 시장을 만들 고 고객이 다시 시장을 변화시키는 시대가 되고 있다. 즉, 기업에서 고객에 이르기까지 부가가치를 새롭게 창출할 수 있는 방법이 더욱더 중요해지고 있 다. 소용돌이치는 비즈니스 환경에서, 기업이 성장하려면 혁신에서 길을 찾아 야 한다.

혁신은 고객이 기대하지 않았던 가치를 높여줄 제품 또는 서비스의 개발 을 뜻한다.[3] 이는 고객 및 조직 역량의 관점에서 '점진적 개선'과 '파괴적 혁신' 으로 구분될 수 있다.[4] 점진적 개선은 현재 조직 역량 또는 기술 수준에서 기 존 고객에게 새롭고 좋은 품질의 제품 및 서비스를 더 낮은 가격에 빠르게 공 급하기 위한 것이다. 기업이 치열한 시장 경쟁에서 성장하려면 기존 제품 또 는 서비스를 끊임없이 개선하려는 노력을 기울여야 한다. 한편, 파괴적 혁신은 새로운 기술 및 비즈니스 모형을 개발해 새로운 시장을 개척하거나 기존 고객을 확보하기 위한 장기적 실험이다. 예를 들어, 컴퓨터 기반 문서처리 방식이 등장하면서, 기계식 타이프라이터의 개선은 무의미해졌다. 전자 시계의 출현 이후, 스위스의 기계공학적 정밀 기술의 필요성도 크게 위축되었다. 기업이 성장하려면 점진적 개선과 파괴적 혁신 모두 필요하다. 점진적 개선은 회사 간 경쟁에서 뒤처지지 않고 현재 수익을 실현하기 위한 활동이며, 파괴적 혁신은 미래 수익을 창출하기 위한 불확실한 실험이다.

기업이 혁신하려면 그에 알맞은 조직 구조와 혁신 역량을 구축해야 한다. 첫째, 조직 구조의 변화가 필요하다. 혁신이란 소규모 스타트업 또는 벤처의 전유물이 아니다. 현존하는 기업이 혁신하려면 비즈니스 프로세스와 더불어 혁신 프로세스를 새롭게 구축해야 한다. 전자는 현재 수익을 실현하기 위한 활동이고, 후자는 창의적 아이디어를 구상해 미래 수익을 창출하기 위한 실험 및 학습 과정이다. 혁신 프로세스에는 파괴적 혁신은 물론 점진적 개선도 포함된다. 기업의 비즈니스 프로세스와 혁신 프로세스의 역할은 수레의 두 바퀴에 비유할 수 있다. 수레가 한 바퀴만으로 굴러갈 수 없는 것처럼, 기업이 성장하려면 두 프로세스 간의 협업이 필요하다.[5] 기업은 혁신 프로세스를 통해 시장의 변화를 선도하고 때로 맞춰 가며 진화할 수 있다. 한편, 혁신 프로세스의 수많은 실험 과정에 비즈니스 프로세스의 전문적 지식 및 데이터의 지원이 학습에 필요한 자원을 절약하고 기간을 단축시키는 효과를 거둘 수 있다. 즉, 두 프로세스가 협업할 때, 혁신의 시너지 효과가 커질 수 있다.

둘째, 혁신 역량을 균형 있게 구축해야 한다. 혁신 프로세스의 목적은 창의적 아이디어의 구상이다. 창밖을 내다보다 불현듯 떠오르는 아이디어로 혁신에 성공하길 기대한다면 요행을 바라는 일이다. 혁신 프로세스는 시장의 변화에서 다른 기업보다 한 발 앞서 혁신 기회를 포착하고, 다양한 지식과 데이터 분석을 토대로 창의적 아이디어를 구상하는 인지과정이다. 그리고 수많은 실험을 통해 그 아이디어의 시장 타당성을 검증하는 과정이다. 기업이 이 프로세스를 효과적으로 수행하려면 혁신탐지 역량, 다양한 지식과 데이터를 공유하고 분석할 수 있는 지식관리 역량 그리고 이를 뒷받침할 수 있는

IT 역량을 균형 있게 구축해야 한다.[6] 이 장에서 살펴볼 주요 내용은 다음과 같다:

- 시장의 변화
- IT의 진화
- 기업 경쟁력의 원천
- 혁신 프로세스와 혁신 역량

시장의 변화

S&P 500 지수에 편입된 세계적 대기업들은 지속적으로 성장하고자 고군분투하지만, 그 지수에 머무르는 기간이 현저히 짧아지는 추세이다. 이 지수에 포함되었던 기업의 평균 존속기간은 <그림 1−1>을 보면 1958년 당시 61년이었다. 그런데 기업들이 컴퓨터를 본격적으로 사용하면서 1970년 25년으로 급격히 줄어들었다. 그리고 1980년대 PC와 1990년대 인터넷이 널리 보급된 이후, 평균 존속기간이 지속적으로 더 단축되는 추세이다. 이런 추세가 2027년까지 계속 이어진다면 현재 S&P 500 지수에 편입되어 있는 기업 중에서 75% 가량의 기업이 새로운 기업으로 대체될 것으로 추정된다.[7] 이런 변화의 원인이 기업 간의 경쟁이 날로 더욱더 치열해지고 있기 때문일까? 과거에도 기업 간의 경쟁이 느슨했던 적은 없다. S&P 500 지수에 포함되는 기업의 평균 존속기간이 짧아지고 있는 근본적 원인은 구조적 변화에서 찾을 수 있다. 바로 IT, 특히 인터넷이 개인의 삶과 기업 운영에 폭넓게 사용되면서 혁명적 변화가 진행되고 있기 때문이다.

그림 1-1   S&P 500 지수 기업의 평균 존속기간

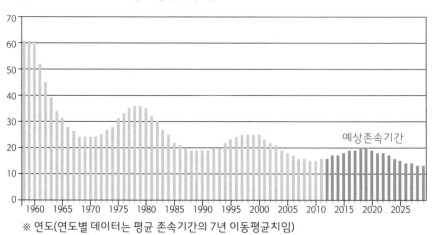

※ 연도(연도별 데이터는 평균 존속기간의 7년 이동평균치임)

S&P 500 지수에는 기술(IT), 금융, 건강, 에너지, 제조 등 10개 산업부문이 포함된다. 기술부문 기업의 수효는 1980년 18개였는데, 2000년 7월 78개로 괄목할 만큼 증가하였다.[8] 기술 부문의 비중이 <표 1-1>을 보면 2013년 17.7%로서 1위를 차지하고 있다. 시기별로 일시적 변동은 있지만, 이런 현상이 2000년 이전과 이후를 비교해 볼 때 지속적으로 나타나고 있다. 예를 들어, 미국 기업을 대표하던 코닥, 뉴욕타임스 등 세계적 기업들이 S&P 500 지수에서 최근 제외되었다. 코닥은 클라우드 컴퓨팅 회사로 2010년 대체되었고, 뉴욕타임스도 같은 해 넷플릭스(Netflix)란 회사에 흡수되었다. 이는 1980년대 이후 등장한 IT, 특히 PC와 1990년대 중반 이후 세계적으로 확산된 인터넷이 기존 산업구조에 구조적 영향을 미친 결과라 할 수 있다.

표 1-1 S&P 500 지수에 포함되는 10개 부문 중에서 기술 부문의 비중

1970	1975	1980	1985	1990	1995	2000	2005	2013 6/30
11.5%	10.7%	8.7%	14.8%	8.8%	9.4%	21.2%	15.3%	17.7%
3위	6위	4위	1위	7위	6위	1위	2위	1위

출처: Standard and Poors

21세기 시장의 변화를 촉진한 주요 이슈에 대해 살펴보기로 하자:
• 인터넷과 새로운 시장의 출현
• 생산방식의 변화
• 글로벌 자원
• 고객의 참여
• N세대의 등장

인터넷과 새로운 시장의 출현: 오랫동안 성공 가도를 달리던 기업이 사라지고, 새로운 기업이 등장하는 데 영향을 미친 주요 요인으로 인터넷의 보급을 들 수 있다. 인터넷이 정보혁명에 미친 역할은 산업혁명에서 주도적 역할을 한 철도에 비유할 수 있다. 역사적으로, 증기기관이 1776년 처음 발명되고 50년 이상 경과한 후 철도가 등장하였는데, 이는 산업혁명의 꽃을 피운 혁신적

원동력이었다. 철도를 이용해 다양한 지역에서 생산되는 원자재를 생산 공장으로 이동하고 완성된 제품을 소비자에 가까운 시장으로 운송함으로써, 기업과 시장이 빠른 속도로 성장할 수 있었다. 마찬가지로, 컴퓨터가 등장한 것은 1940년대였지만, 정보혁명이 빠른 속도로 진행된 것은 1980년대 PC의 등장과 1990년대 인터넷이 세계적으로 널리 쓰이기 시작한 이후이다. PC가 등장하기 전 대형 컴퓨터나 서버용 미니 컴퓨터는 전문가의 영역이었다. 보통 사람들은 컴퓨터 전문가에 의존해 수동적으로 서비스를 제공받아 왔다. PC는 컴퓨터 비전문가인 보통 사람들에게 자유의 날개를 달아주었다. 또한, 인터넷의 통신미디어 소재로 광섬유가 이용되면서 데이터의 전송 속도도 과거보다 한층 더 빨라지게 되었다. 그리고 인터넷 관련 비용이 저렴해지면서 세계 모든 컴퓨터가 서로 연결되어 지식과 정보를 공유할 수 있게 되었다. 아마추어도 PC와 인터넷을 이용해 자신의 생각을 블로그 형식으로 출판할 수 있게 되었으며, 무료 백과사전인 위키피디아에 새로운 컨텐츠를 게재하거나 기존 내용을 편집할 수 있는 길이 열린 것이다. 생산에 직접 참여하는 소비자가 늘어나면서 생산자와 소비자 간의 전통적 경계가 점차 모호해지기 시작하였다. 결론적으로, 인터넷은 컴퓨터 출현에 의해 시작된 정보혁명의 화룡점정이었다.

인터넷에 의해 과거에 보지 못했던 새로운 유형의 시장이 출현하였다. 앤더슨(Anderson)은 기존 대규모 시장과 더불어 수백만 개의 작은 시장이 공존하는 '롱테일'(The Long Tail) 시장의 출현이 어떻게 가능했는지 실제 사례를 토대로 설명하고 있다.[9] 예를 들어, 음악 앨범 중에서 월마트에서 판매되고 있는 앨범의 가짓수는 고작해야 전체의 1% 미만이다. 월마트 판매 진열대의 공간 제약 때문에 대량으로 판매되는 인기 품목만 취급되기 때문이다. 그런데, 수요와 공급을 연결시키는 데 발생하는 비용, 즉 시장의 거래비용이 인터넷에 의해 획기적으로 낮아지면서 판매되던 상품의 숫자가 단순히 증가하는 데 그친 것이 아니라 시장의 구조적 변화가 발생하였다. 과거, 월마트에서 판매되지 않던 나머지 99%의 음악 앨범이 인터넷을 통해 판매되는 길이 열린 것이다. 보통 사람들과 다른 음악 취향을 가진 사람이 인터넷을 통해 자신이 원하던 음악 앨범을 발견하는 순간 잠재되어 있던 구매 수요가 새롭게 생겨날 수 있다. 즉, 앤더슨이 명명한 '롱테일' 시장이 출현한 것이다.

그런데, 이런 틈새시장이 존재하려면 검색서비스가 필요하다.[10] 월마트에서 판매되어 온 제한된 음악 앨범과 달리 널리 알려지지 않았던 수백만 개 앨범 중에서 개인이 원하는 앨범을 찾아내기란 한강 모래사장에 떨어뜨린 바늘을 찾아내는 것과 같은 어려움에 비유할 수 있다. 구글이 제공하는 검색서비스는, 예를 들어, 이런 문제를 해결하기 위한 수단이다. 독특한 음악 취향을 가지고 있는 고객이 엄청나게 많은 음악 앨범들 중에서 자신이 원하는 음악을 찾아낼 수 있는 길이 검색서비스를 통해 가능해진 것이다. 또한, 아마존, 판도라 등 빅데이터에 기반한 제품 및 서비스 추천이 가능해짐에 따라 잠재적 틈새시장의 부상이 더욱더 활발해지고 있다.

또 다른 새로운 시장 유형으로 '시장집합'(Market Aggregator)의 현상을 살펴 보자.[11] 구글은 제품이나 서비스의 구매 의향이 있는 사람들에게 적합한 검색 서비스를 제공하면서 다른 한편으로 제품이나 서비스를 판매하고자 하는 회사의 웹사이트를 연결시켜 줌으로써 그 대가로 광고 수입을 실현하고 있다. 구글의 검색 사이트는 수많은 회사를 위한 온라인 시장집합 또는 장터의 역할을 하고 있는 것이다. 독자적 시장을 개척하기에 어려움을 겪던 기업이 구글의 검색 사이트를 매개로 제품과 서비스를 판매할 수 있게 된 것이다. 단기간에 세계적 대규모 기업으로 발전하게 된 이베이(eBay)는 제품 판매자와 구매자를 1 : 1로 연결시켜 주는 독특한 유형의 온라인 장터를 개설하고 있다. 아마존은 자사 사이트를 통한 판매 못지 않게 자사 사이트와 인터넷을 통해 연결된 엄청나게 많은 영세 마켓플레이스(Marketplaces)에 의해 상당히 큰 매출을 실현하고 있다. 이와 같이 구글, 이베이, 아마존 등은 과거에 보지 못했던 온라인 장터를 개척한 시장집합의 주도적 역할을 하고 있다. 한국에서도 유사한 형태의 '오픈마켓'을 꼽을 수 있다. 개인 및 소규모 판매회사가 온라인에서 상품을 거래하는 플랫폼을 제공하는 형태로서 G마켓, 옥션, 11번가 등이 대표적 사이트들이다.

뿐만 아니라, 디지털 파일을 상품으로 저장하고 구매 요청과 더불어 판매가 이루어지는 비즈니스도 출현하였다. 고객 요구에 맞추어 음악이나 서적이 생산되는 방식으로, 재고상품과 관련된 비용이 거의 발생하지 않는 판매

방식이다. 인터넷에 의해 제품 및 서비스 시장의 혁신이 이루어지면서 새롭고 다양한 비즈니스 기회가 열리게 된 것이다.

▌ 레고의 혁신

레고(Lego)는 장난감 설계에 플랫폼 개념을 처음으로 도입하였다. 이는 장난감의 어떤 조각이라도 서로 맞물리게 하는 방식으로 장난감 설계를 매우 다양하게 바꿀 수 있는 아이디어였다. 레고 장난감 두 조각으로 24가지 서로 다른 형상을 만드는 게 가능한 것으로 나타났다. 여섯 조각의 경우, 결합될 수 있는 형상의 수는 무려 9억 1천 5백만 가지로 증가하게 된다. 한 가지 재미있는 점은 요즘 판매되고 있는 레고 장난감의 조각들과 이 회사가 1958년 처음 제작했던 조각들이 서로 맞물릴 수 있다는 것이다. 이런 플랫폼 방식은 레고 회사 자체의 제품 설계뿐만 아니라 고객이 주어진 레고 조각을 이용해 새롭게 만들어 낼 수 있는 장난감 종류가 무궁무진하게 다양할 수 있음을 뜻한다.

이 회사는 제품의 혁신은 물론, 프로세스와 시장 혁신도 함께 진행하였다. 새롭고 다양한 조합의 제품을 설계하고, 고객을 어린이와 전문가로 나누어 시장을 세분하고 그들에 적합한 사용자 설명서도 마련하였다. 또한, 장난감에 '스토리 텔링' 방식을 도입하였다. 가정이나 지역별로 전해 내려온 중세시대 기사, 해적 또는 우주 탐험에 관한 이야기, 영화 '스타워즈'의 주요 테마 등 장난감에 얽힌 새로운 흥미를 이끌어내는 데 도움이 될 만한 다양한 이야기 소재들을 발굴하였다. 레고는 1988년까지 레고 장난감 시스템에 구조적 플랫폼 방식을 포함해 50여 가지 혁신적 요소를 개발하였다.

또한, 장난감 시장의 가격 경쟁에서 살아남기 위한 방안으로 장난감의 모든 조각마다 디지털 모형을 도입하였다. 디지털화된 레고 장난감 모형을 바탕으로 컴퓨터를 이용해 설계(CAD)와 생산(CAM)을 하면서 시간과 비용을 감소시킬 수 있었다. 또한, 레고 회사가 개발한 온라인 개발시스템인 '레고팩토리'(Lego Factory)는 고객이 장난감 설계를 직접 할 수 있도록 다양한 프로그램을 지원하였다. 어린이 고객도 장난감 설계에 필요한 프로그램을 무료로 이용해 레고 회사의 전문적 디자이너처럼 3차원의 장난감 모형을 설계할 수 있게 하였다. 고객이 자신의 장난감 설계를 회사 웹사이트에 보내면 회사는 필요한 조각을 제작해 고객에게 보내 주는 방식이다. 레고 회사의 역할이 장난감 제조회사에서 서비스 제공 회사로 탈바꿈된 것이다. 레고 회사는 내부 100여 명의 한정된 설계자를 넘어 세계적으로 30만이 넘는 고객의 창의적 아이디어를 설계 과정에 모을 수 있는 길을 연 것이다.

레고는 빠른 속도로 증가하는 컴퓨터 게임 산업과 경쟁하기 위해 '마인드스톰'(Mindstorms) 시스템을 선보였다. 마인드스톰을 통해 고객들은 다양하게 움직이는 레고 모형을 조립할 수 있다. 고도의 기술이 필요한 시스템인데, 이 모델은 프로그램이 가능한 레고 조각, 다양한 센서와 작동기 그리고 고객이 직접 다룰 수 있는 프로그램 언어 등으로 구성되었다. 그런데, 레고 본사에서 개발했던 마인드스톰의 소스코드를 적지 않은 사용자가 해킹하고 필요에 따라 변형시킨다는 사실이 드러났다. 레고는 이런 해킹 행위를 억제하는 대신 개방적 혁신 전략을 채택했다. 창조 활동을 억제하는 것은 탐구와 창의성을 지향하는 회사 목표에 부합하지 않는다는 이유 때문이었다. 외부 핵심 개발자를 찾아내어 이들에게 재정적 보상 대신 내적 동기를 부여하기 위해 레고는 장난감 세트와 마인드스톰 베타 버전을 제공하였다. 이런 경험을 통해, 레고는 자신들이 개발한 마인드스톰을 유리한 방향으로 발전시킬 수 있는 길을 찾을 수 있었다. 고객 사이에 동호인 모임이 늘어나고 다양한 웹사이트가 만들어졌다. 40여 개의 새로운 사용법이 소개되었고, 하드웨어와 소프트웨어에 다양한 기능과 도구가 개발되었다. 마인드스톰에서 학습한 개방적 혁신 방법을 다른 유사한 프로세스에 적용하면서 레고는 놀라운 성과를 거두게 되었다. 20여 명의 선도적 고객들이 76가지의 신제품을 설계하였으며, 레고는 실제로 이 제품들을 생산·판매할 수 있었다.

출처: Joe Tidd and John Bessant, "Lego", 2009, WWW.Wileyeurope.com/College'tidd의 사례의 일부를 발췌해 정리한 것임

생산방식의 변화:　　인터넷에 의해 기업의 생산방식이 어떻게 변화하고 있는지 살펴보기로 하자. 기업은 오랫동안 소수의 제품을 대량으로 생산하는 방식을 고수해 왔다. 기업이 대규모 설비 투자를 하고 대량생산을 하면 규모의 경제효과로 제품 단위당 생산원가를 절감할 수 있었기 때문이다. 그런데, 사람들이 PC를 이용해 다양한 정보와 컨텐츠를 생성하고 인터넷을 통해 다른 사람과 이를 공유하게 되면서, 제품과 서비스의 품질은 물론 가격까지 알 수 있게 되었다. 이는 고객을 확보하려는 기업 간의 치열한 경쟁을 촉발하였다. 시장의 주도권이 기업 중심에서 고객 중심으로 이동하면서 대량맞춤생산 방식이 도입되었다. 이 방식은 과거의 생산방식과 비교할 때 고객의 기호에 맞추어 비교적 다양한 제품과 서비스를 공급하기 위한 것이다. 그러나 대량맞춤생산 방식에서도 주도권은 여전히 제조회사에 남아 있었다. 생산원가를 절감하기 위한 방안의 하나로 개별 고객의 모든 요구를 충족시켜 주기보다는 옵션 가격 제도를 이용해 고객이 선택할 수 있는 품목의 수를 제한하는 방식이다.

이런 생산방식은 인터넷의 확산과 더불어 시장의 투명성이 높아지면서 개인 고객의 요구를 찾아내어 충족해 주는 방식으로 급격히 바뀌고 있다. 포마핀(Pormarfin)은 핀란드의 구두회사로 여러 세대에 걸쳐 이어져온 고객별 맞춤 서비스를 제공하는 회사이다.[12] 이 회사는 구두 디자인은 이탈리아에 있는 회사에 맡기고, 실제 구두 생산은 에스토니아 소재 회사에서 이루어지도록 협력 관계를 맺고 있다. 여러 기업 간의 비즈니스 프로세스를 진행하는 데 필요한 소프트웨어 개발은 핀란드에 있는 다른 회사에 아웃소싱하였다. 그렇다면 포마핀 회사의 역할은 무엇인가? 그 역할은 대리점을 이용해 모든 고객의 발 모양과 치수를 측정해 데이터베이스에 입력하고 협력회사도 인터넷을 이용해 고객 정보를 공유할 수 있도록 함으로써, 고객별 맞춤서비스를 일관되게 제공하는 것이다.

이번에는 건강보험 사례를 살펴보자. 당뇨 환자를 위한 보험료는 어떻게 산정되어 왔는가? 일반적으로, 보험 가입자의 나이가 보험료 산정에 주요 요소였다. 그런데 개별 환자에 따라 보험료 산정을 달리 할 수 있을까? 만일, 당뇨 증세가 있는 환자가 의사 처방에 따라 적절히 운동하고 음식 조절을 하며 주기적으로 혈당을 측정해 보험회사에 통보할 경우, 이를 제대로 지키지 못하는 환자와 비교해 더 낮은 수준의 건강보험료 책정이 가능해진다. 결론적으로, 대량생산 또는 대량맞춤생산 방식 대신에, 개인 고객을 위한 제품 또는 서비스 제공이 가능해지면서 시장을 변화시킬 혁신의 기회가 열리고 있다.

글로벌 자원: 인터넷에 의해 시장의 거래비용이 현저히 낮아질 때, 기업의 수직적 통합을 위한 자원 투자보다는 글로벌 자원 활용을 위한 네트워크 관리가 오히려 더 중요해진다. 경제학자 윌리암슨(Williamson)의 거래비용 이론에 의하면, 기업 규모가 수직적 통합에 의해 커질수록 기업 간 거래비용은 감소하게 된다.[13] 제품 생산에 필요한 부품을 회사 내부에서 생산하게 되면 협력회사에 주문할 일이 줄어들게 되며, 기업 사이의 거래비용이 자연히 적게 발생한다는 주장은 충분히 타당하다. 그런데, 글로벌 자원 활용을 위한 네트워크 관리가 왜 중요한가?

개인 고객이 요구하는 독특한 제품이나 서비스를 제공하는 데 필요한 자원을 한 기업이 모두 소유하기란 그 규모가 아무리 크더라도 불가능한 일이다. 개인 고객이 원하는 다양한 제품 또는 서비스 제공에 필요한 자원을 한 기업이 모두 소유하려면 엄청난 규모의 수직적 통합이 필요하기 때문이다. 이를테면, 자동차 회사가 타이어를 직접 생산하는 것은 물론, 타이어 제조에 필수적인 천연 고무 생산을 위해 고무나무 농장을 소유하는 식이다. 더구나, 자체 생산하는 부품의 제조원가가 시장에서 유사한 성능의 부품을 대량 생산하는 회사로부터 구입할 때 원가보다 더 높은 것이 보통이다. 또한, 수직적 통합이 심화된 기업일수록 불경기에 신축적 대처가 어려워질 수 있다. 포마핀 구두회사 사례처럼, 개인 고객이 원하는 서비스를 제공하려면 세계 어디든지 이용할 수 있는 글로벌 협력회사 네트워크가 형성되어 있어야 한다.[14] 기업과 그물망처럼 펼쳐진 글로벌 협력회사 간의 거래가 원활히 이루어지려면 그에 알맞은 비즈니스 프로세스가 개발되어야 함은 물론, 이들을 연결시켜 주는 통신 네트워크도 갖추어져야 한다. 기업 간 계약서 등 거래 정보 교환에 발생하던 비용이 인터넷에 의해 대폭 감소하면서, 기업은 핵심 사업에 초점을 맞추고 나머지 사업을 글로벌 협력회사에 맡길 수 있는 환경이 확대되고 있다. 즉, 글로벌 자원 활용 개념은 시장 변화에 상대적으로 더 유연하게 대처할 수 있는 전략적 선택이 될 수 있다.

고객의 참여:　시장의 주도권이 고객에게 넘어가면서 제품 개발이나 디자인 단계에 구조적으로 새로운 방식이 도입되고 있다. 레고 회사의 혁신 사례를 살펴보자. 가장 주목할 점은 세계적으로 30만 명이 넘는 고객이 레고 장난감의 핵심인 디자인 과정에 직접 참여한다는 것이다. 레고 회사는 비교적 소수인 내부 100여 명의 전문 디자이너에게만 의존하는 것이 아니라 외부 고객의 창의적 아이디어를 적극 수용하고 있다. 전문적 디자이너 영역이었던 3차원 장난감 모형 설계를 레고 회사가 개방한 레고팩토리 프로그램을 이용해 어린이도 스스로 할 수 있는 길을 열어 놓은 것이다. 레고 회사는 고객이 보내온 장난감 설계 도면에 맞추어 레고 조각을 제작해 고객에게 다시 보내 주는 비즈니스 모형을 도입하였다. 레고 회사의 역할이 단순히 장난감 제조회사로 그치는 것이 아니라 서비스 제공 회사로 확대된 것이다. 또한, 레고 팩토리 프로그램의 장난감 모형 설계자 모임이 조성되었는데, 이는 다양한 설계자가 만든 장난감 모형을 세계 어느 고객과도 공유하기 위한 대규모 온라인 공동체이다. 이런 '개방적 협업'은 21세기 경영 혁신에 있어서 주목할 만한 점이다.[15]

N세대의 등장:　탭스캇(Tapscott)에 의하면, N세대(Net Generation)는 1970년대 후반과 인터넷이 쓰이기 시작한 1990년대 중반 사이에 태어난 세대를 일컫는다.[16] 이들은 현재 20대 초반에서 30대 후반에 이르는 21세기 주도적 세대로서 전세계에 20억 명 가량으로 추정된다. N세대는 미디어 컨텐츠의 생성에 적극적일 뿐 아니라 파일 공유를 위해 글로벌 인터넷의 절반 가량을 사용하고 있다. 이들은 수동적 소비자이기보다는 생산 과정에 적극 참여하는 능동적 소비자의 특징을 보인다. N세대가 추구하는 규범적 가치는 속도, 자유, 개방, 혁신, 이동성, 기성세대의 그릇된 시도에 저항 그리고 흥미 등이다. 21세기를 이끌고 나갈 N세대의 인구통계학적 특성에 대한 이해는 시장이 앞으로 어떻게 변화할 것인지 가늠하는데 중요한 지표가 될 것이며, 또한 혁신 기회를 발견하는데 중요한 원천이 될 수 있다.

결론적으로, IT 특히 인터넷은 전통적 산업구조와 생산방식을 빠른 속도로 변화시키고 있다. 이런 현상의 원인은 다음과 같다. 첫째, 고객이 변화하고 있다. 인터넷을 통해 제품과 서비스 품질 및 가격 등에 대한 정보가 투명해지면서 기업이 아닌 고객이 시장의 주도권을 행사하게 되었다. 고객이 수동적 소비자에서 제품 개발이나 디자인 과정에 참여하는 능동적 소비자로 변화하면서 생산과 소비의 경계가 모호해지고 있다. 또한, 인터넷 보급 전후에 태어난 'N세대'는 그 이전 세대와 매우 다른 속성을 보이며, 시장과 사회를 새로운 관점에서 이끌어나가고 있다.

　　둘째, 대규모 시장과 더불어 롱테일 시장이 새롭게 자리잡고 있다. 롱테일 시장을 통해 독특한 취향을 갖고 있는 고객이 자신이 원하는 제품이나 서비스를 구입할 수 있는 가능성이 높아지고 있다.

　　셋째, 생산방식도 변화하고 있다. 대량생산이나 대량맞춤생산 방식과는 다른 개인 고객을 위한 제품 생산과 서비스 제공이 이루어지고 있다. 여기서 짚고 넘어가야 할 점은 매우 다양한 고객별 요구를 충족시키는 데 필요한 자원을 한 회사에서 모두 소유하기란 매우 힘든 일이라는 것이다. 따라서 세계 어디든지 필요한 자원을 글로벌 협력회사 네트워크를 통해 조달해야 할 필요성이 높아지고 있다.[17] 즉, 기업의 수직적·수평적 통합 대신 글로벌 협력회사 네트워크 관리가 경영자의 더 중요한 관심사항으로 바뀌고 있다. IT와 인터넷이 고객, 시장 및 기업 생산방식에 미치고 있는 영향은 '쓰나미'에 비유할 수 있다. 이런 환경에서 기업이 성장하는데 꼭 필요한 것은 과거부터 해 오던 업무를 좀 더 효율적으로 개선하는 데 그치는 것이 아니라 슘페터(Schumpeter)가 제안한 '창조적 파괴를 통한 혁신'이다.

IT의 진화

IT는 기하급수적으로 발전해 왔다. 컴퓨터 프로세서의 성능, 저장 미디어 그리고 통신 미디어 모두 보통 사람들의 예상보다 훨씬 더 크고 빠르게 발전해왔다. 특히, 인터넷이 세계적으로 확산된 이후, IT 응용의 주요 변화가 다음과 같이 이루어지고 있다:

- 클라우드 컴퓨팅
- 모바일 컴퓨팅
- 소셜 미디어
- 사물인터넷과 빅데이터 분석

클라우드 컴퓨팅: 클라우드 컴퓨팅(Cloud Computing)이 인터넷에 의해 가능해졌다.[18] 인터넷이 널리 확산되기 전 컴퓨터 하드웨어, 소프트웨어, 그리고 통신 네트워크 등은 기업의 중요한 자산이었다. 기업마다 주요 IT 자원을 소유하고 필요한 데이터를 저장, 처리 그리고 이동시켜 왔다. 이는 초기 전력 생산 및 이용 방식과 매우 유사하다. 초기에 생산된 전기는 직류의 형태로서 장거리 송전이 어려웠다. 자연히 계곡에 댐을 쌓아 소규모 수력 발전을 하고, 지리적으로 가까운 공장에 전기를 공급하였다. 바꾸어 말하면, 공장마다 발전기를 소유하고 필요한 전기를 생산해 사용했던 것이다. 그러나 교류 형태의 전력 생산이 가능해지면서 장거리 송전이 가능해졌다. 대규모 발전소에서 전기를 생산하고, 장거리 송전시설을 통해 넓은 지역에 전력을 공급할 수 있게 되었다. 그로 인해 가정이나 공장에서는 각자 사용한 만큼 사용료를 지급하는 현재와 같은 방식이 출현하게 되었다. 각 공장마다 소규모 발전기를 가동해 전력을 사용할 때 발생하던 비용과 비교해서, 대규모 발전소를 가동할 때 발생하는 단위 와트당 전력 생산비가 규모의 경제효과로 훨씬 더 저렴해졌기 때문이다. 즉, 공장마다 발전기를 소유하고 필요한 전력을 직접 생산하던 방식에서 벗어나 대규모 발전소에서 생산된 전기를 공급받아 사용한 만큼 비용

을 지급하는 방식으로 바뀐 것이다.

　IT도 전력 산업의 구조와 매우 유사하다. 기업이 컴퓨터 하드웨어, 소프트웨어, 통신 네트워크 등의 자원을 더 이상 소유하지 않고 외부 데이터 센터의 IT를 활용하고 일정한 사용료를 지급하는 방식이 가능해지고 있다. 인터넷이 그 바탕에 있다. 아마존의 수많은 협력회사들은 인터넷을 이용해 아마존이 제공하는 컴퓨터에서 데이터를 저장하고 처리할 수 있다. 예를 들어, 아마존 저장 미디어에 데이터를 저장할 때 발생하는 비용은 기가 바이트당 월 몇 센트에 불과하다. 아마존은 고객에게도 소프트웨어 프로그램을 운영할 수 있는 시스템을 시간당 10센트라는 명목상의 비용을 받고 제공하고 있다. 아마존은 대규모 데이터 센터의 운영을 통해 컴퓨터 하드웨어를 서비스 개념으로 바꾸어 놓았다. 이런 컴퓨팅 환경의 변화가 클라우드 컴퓨팅의 확산을 촉진하고 있다.

　클라우드 컴퓨팅은 다음 세 가지 특성을 띠고 있다: 1) 기반구조; 2) 플랫폼; 그리고 3) 서비스 제공.[19] 첫째, 클라우드 컴퓨팅 기반구조는 데이터의 저장, 통신 네트워크, 서버 컴퓨터 등의 사용을 서비스로서 제공하기 위한 것이다. 둘째, 클라우드 플랫폼은 시스템 개발자를 위해 다양한 도구, 프로그래밍 모델 및 관련된 기술을 제공하기 위한 서비스이다. 셋째, 클라우드 서비스는 그야말로 다양한 서비스를 제공하기 위한 것이다. 예를 들어, 빅데이터의 수집과 분석을 통해 개인 고객의 의도, 취향, 환경 등을 파악할 수 있는 서비스도 제공하는 것이다. 또한, 이것은 고객 개인의 요구를 충족시켜 주기 위해 필요한 협력회사 네트워크를 통합하는 비즈니스를 가능하게 한다. 그리고 기업마다 패키지 소프트웨어를 자사 컴퓨터에 모두 저장하지 않고서도 외부 데이터 센터로부터 인터넷을 통해 필요할 때마다 가져다 활용할 수 있게 된다. 바꾸어 말하면, 클라우드가 컴퓨터이다. 기업은 고객 및 협력회사 사이에 새로운 비즈니스 모형을 운영하기 위한 플랫폼으로 클라우드 컴퓨팅을 이용할 수 있다. 스타트업 또는 벤처 기업도 과거 대규모 기업이나 활용할 수 있었던 IT 기반구조, 플랫폼 그리고 소프트웨어 등을 클라우드 컴퓨팅을 통해 사용할 수 있게 된 것이다. 이에 대해 "IT 역량(7장)"에서 더 자세히 살펴보기로 하자.

모바일 컴퓨팅:　모바일 디지털 도구의 사용이 PC를 추월하고 있다. 모바일 도구인 스마트폰과 태블릿 PC의 사용이 2011년 PC 사용을 이미 넘어섰으며, 마이크로소프트와 인텔을 중심으로 한 PC의 비중은 미래에 더 감소할 것으로 예상된다. 그리고, IT는 공급회사가 아닌 사용자 관점에서 발전하고 있다. 새로운 IT가 등장하면 사용자가 먼저 사용해 본 후 그 평가에 따라 다음 단계의 발전이 진행되고 있다. 또한, 디지털 저장 미디어가 빠르게 발전하면서 그 비용이 획기적으로 낮아지고 있다. 예를 들어, 1GB의 데이터를 저장하는 데 발생했던 비용이 1980년 기준 무려 20만 달러에 이르렀는데, 그 비용이 최근 약 100달러 정도까지 감소하였으며 앞으로 더 떨어질 전망이다. 이런 기술적 발전에 힘입어 저렴한 모바일 컴퓨팅 도구가 확산되면서 더 다양하고 풍부한 컨텐츠를 공유할 수 있는 가능성이 커지고 있다.[20] 스마트폰은, 예를 들어, 사무실에서 사용해 온 PC의 컴퓨터 기능과 휴대전화의 통신 기능이 결합된 시스템으로서, 고객이 원하는 서비스를 현장에서 즉시 처리할 수 있도록 지원해 준다. 고객의 요구를 신속하게 처리하는 것이 기업의 경쟁력을 높이는 중요한 수단의 하나라는 것은 의심의 여지가 없다. 그러므로 모바일 컴퓨팅과 기업의 비즈니스 프로세스를 효과적으로 연결시킬 수 있는 방안이 혁신 기회의 원천으로 떠오르고 있다. 모바일 컴퓨팅에 관한 더 자세한 내용은 "IT 역량(7장)"을 참조하기 바란다.

소셜 미디어:　개인이 모바일 컴퓨팅을 이용해 자신이 생성한 컨텐츠를 다른 사람과 공유하고, 이들에 대한 평가 및 원활한 사용을 통해 시장의 변화에 민첩하게 대응하기 위한 것이 소셜 미디어의 목적이다.[21] 이를 위해 최근 매우 다양한 도구가 빠른 속도로 발전하고 있다. 예를 들어, 개방적 도구로 쓰이는 위키(Wikis), 개인적 출판을 위해 사용되는 블로그, 제품 및 서비스의 등급이나 추천 정도를 제공하는 시스템 및 트위터 등의 모바일 도구가 사용되고 있다. 개인 간의 교류가 증가할수록 더 많은 컨텐츠가 생성되고 교환될 수 있게 된다. 소셜 미디어의 대상은 조직 전체가 아닌 직원 간의 다양한 모임이다. 소셜 미디어에 어떤 효과가 있는가? 인간의 두뇌 속에 저장되어 있는 두뇌지식(Tacit Knowledge)이 소셜 미디어를 매개로 촉진된 사회적 교류를 통해

표출될 때 한층 더 풍요로워질 수 있다. 예를 들어, 인턴은 전문의가 환자를 치료하는 과정을 가까이에서 오랫동안 관찰하면서, 전문의의 두뇌에 저장되어 있는 환자 진료를 위한 지식을 경험적으로 학습하게 된다. 이와 마찬가지로, 소셜 미디어를 통해 보고서 등의 형태로 표현되지 않은 두뇌지식이 서로 교환될 때 새로운 학습이 가능해지며, 그것은 혁신을 위한 아이디어 구상에 매우 중요한 원천이 될 수 있다. 소셜 미디어가 두뇌지식의 공유에 미치는 효과에 대해 "지식관리(4장)"에서 더 자세히 살펴보기로 하자.

사물인터넷과 빅데이터 분석: 사물인터넷(Internet of Things)은 모든 사물과 인간을 세계적으로 연결시키기 위한 통합시스템이다.[22] 여기서 사물이란 인간, 기계, 자연자원, 생산라인, 물류 네트워크, 소비 습관 등을 포함한 사실상의 모든 경제적 그리고 사회적 활동을 뜻한다. 사물인터넷은 이와 같은 다양한 활동을 내장된 센서로 감지하고, 그 결과 생성되는 신호 또는 데이터를 실시간으로 포착해 기업이나 가정 등에 제공하기 위한 시스템이다. 사물인터넷의 핵심 요소 중 하나인 센서는 인공적 감각시스템으로서 인간의 오감에 해당되며, 온도, 습도 또는 혈당과 같은 물리·화학적 영역뿐 아니라 집중력이나 자세같이 계량화하기 힘든 영역의 신호까지 포착해 컴퓨터에서 처리될 수 있도록 데이터화한다. 사물인터넷 플랫폼에 축적되는 빅데이터의 분석을 통해 구축된 알고리즘이 자동화된 시스템에 의해 구현될 때 생산성이 비약적으로 향상될 수 있다.

　　사물인터넷이 최근 거의 모든 산업분야에 빠른 속도로 응용되고 있다. 예를 들어, UPS는 국제 화물 운송을 주로 취급하는 세계적 기업으로서, 미국에서 운영 중인 6만여 차량에 부착된 센서로부터 실시간으로 빅데이터를 수집해 분석한다.[23] 이는 특정 차량에 고장 징후가 엿보일 경우 예방적 정비를 함으로써 운송 도중 발생할 수 있는 더 큰 손실을 미연에 방지하기 위한 목적이다. "미국 뉴욕주 롱아일랜드에 있는 지브라테크놀로지스 연구개발 센터는 프로미식축구리그 선수의 유니폼 양 어깨 끝부분에 부착된 RFID(무선주파수 인식) 센서를 이용해 선수들의 신체 상태를 실시간으로 추적하는 시스템을 개발하였다. 센서는 선수들의 심박 수와 체내 피로도 등 기본적인 생체 정보를 비롯해 뛴 거리, 어깨 회전 횟수, 달리기 속도, 경기 중 충돌 횟수 등 100여 가지 세부 항목들을 1초에 15번씩 송출한다. 구장 전역에 설치된 RFID 신호 수신기 20대는 이 신호를 받은 뒤 NFL 코치진과 TV 중계진에 재전송한다. 코치진은 선수의 몸 상태를 보며 새로운 전략을 짜고, 해설자들은 3차원으로 파악된 선수들의 위치를 TV 중계 화면에 체스 말처럼 표시해두고 시청자들에게 분석해준다."[24] 기업의 판매 및 마케팅 부문은 유통 매장에 설치된 센서를 통해 소비자가 관심을 갖고 살펴본 품목이 무엇이고, 판매대에 돌려놓았는지 또는 구매했는지 등을 추적해 소비자의 행동 패턴을 분석한다.[25] 사물인터넷은 또한 자연 환경의 보호를 위해서 응용되고 있다. 소방 당국은 산림에 센서를 설치해 화재를 촉발할 수 있는 위험한 상태를 미리 파악하고 대처할 수 있다.[26] 이와 같이 사물인터넷이 거의 모든 경제적 그리고 사회적 활동에 응용되면서 생산성이 비약적으로 향상되고 있다.

사물인터넷의 확산과 더불어 데이터의 양도 빠른 속도로 증가하고 있다. 인류의 역사가 시작된 이후 2005년까지 생성된 데이터의 총 양이 150EB(Exabyte)에 이르는 것으로 추정된다. 1EB는 10억 기가 바이트(GB)와 동일한 수준이다. 참고로 2시간 상영되는 영화 한 편의 데이터 양은 압축 형태로 대략 1~2 기가 바이트 가량 된다. 그러므로 1EB의 데이터의 양은 실로 엄청나게 큰 것임을 알 수 있다. 그런데 불과 5년 후인 2010년 글로벌 데이터의 양이 1,200 EB로 8배 가량 증가하였다.[27] 또한, 디지털 데이터의 양이 요즘 3년마다 두 배씩 증가하는 추세이다.[28] 그런데, 전통적 데이터베이스에서 처리될 수 있는 구조적 디지털 데이터의 비중은 최근 생성된 전체 디지털 데이터의 5%에 불과하다. 나머지 95%는 웹페이지, 비디오 등 비구조적 디지털 데이터로 그동안 효과적으로 분석된 적이 없었다.[29] 비구조적 디지털 데이터의 비중이 사물인터넷의 확산과 더불어 비약적으로 증가하면서 빅데이터 시대가 도래하고 있다.

그런데, 빅데이터의 축적 그 자체는 기업의 생산성 또는 가정 활동의 편의성에 큰 의미가 없다. 구슬이 서 말이라도 꿰어야 보배이다. 마찬가지로, 빅데이터의 분석을 통해 표본 데이터로 보지 못하던 고객 또는 시장의 특성이 파악될 때 비로소 창의적 아이디어의 구상이 가능해진다. 빅데이터 분석은 피카소의 큐비즘에 비유할 수 있다. 피카소 걸작 중 하나인 '울고 있는 여자'는 여자의 울 때 모습을 다양한 각도에서 표현하고 있다. 사진과 동영상(1초당 24 프레임의 사진)이 보여 주는 정보가 동일한 차원이 아닌 것처럼, 전체에서 일부분만 추출된 표본 데이터의 분석과 빅데이터 분석이 제공해 주는 정보의 차원이 크게 다를 수 있다. 그러므로 빅데이터 분석의 중요성은 단순히 정보의 양이 많음에 있는 것이 아니라 다양한 관점의

피카소의 '울고 있는 여자'[30]

정보를 구할 수 있다는 점이다. 그동안 눈 여겨 보지 않던 데이터의 분석은 생산성의 향상은 물론이고 새로운 제품 및 서비스의 개발을 위한 창의적 아이디어를 구상하는 데 중요한 원천이 될 수 있다.

구체적으로, 구글은 하루 30억 건의 검색서비스를 제공해 주는 과정에 축적된 데이터와 독감 바이러스 사이의 상관관계 분석을 통해 독감 유행 여부를 지역별, 기간별로 구분해 실시간으로 파악하고 예보할 수 있었다.[31] 페어캐스트(Farecast)는 항공기 좌석을 언제 구입하면 가장 저렴한지 알려주는 사이트이다. 이는 항공사 웹사이트 등을 검색해 2천억여 개 항공기 노선마다 좌석 가격을 수집하고, 이를 분석해 수학적 알고리즘을 구축하였기에 가능하였다. 페어캐스트는 빅데이터 분석 알고리즘을 이용해 항공기 이륙 전 좌석의 시간대별 온라인 가격 예측 정확도를 75%까지 끌어 올렸으며, 고객은 결과적으로 평균 50달러가량 절약할 수 있게 되었다.[32] 미국은 소비자 물가 인상률 조사를 위해 90개 도시에서 8만여 품목의 가격을 월별로 수집하고 분석하는 과정에 연간 2.5억 달러를 지출해 왔다. 이와 같은 전통적 조사 방법과 달리, MIT 대학의 카발로(Cavallo) 교수 등은 미국 내에서 거래되는 50만여 가지 품목의 가격을 기업의 웹페이지를 검색함으로써 소비자 물가인상률을 실시간으로 파악하는 모델을 개발하였다.[33] 이런 사례들의 한 가지 공통된 특성은 모두 엄청나게 많은 양의 데이터를 수집하고 분석하였다는 점이다. 빅데이터 분석에 관한 더 자세한 내용은 지식관리(5장)에서 살펴볼 수 있다.

결론적으로, IT의 잠재적 역량을 효과적으로 응용하기 위한 새로운 관점

의 전략적 이해가 필요하다. 전통적으로, IT 자원은 기업의 중요한 자산으로서 '소유'의 대상이었다. 즉, 컴퓨터 하드웨어, 소프트웨어, 그리고 통신 네트워크를 기업이 모두 소유하고 이용하는 방식이었다. 클라우드 컴퓨팅이 등장하면서, 기업이 IT 자원을 모두 소유하는 대신 외부 데이터센터의 컴퓨터, 저장 미디어, 응용프로그램 등을 시장 변화에 따라 신축적으로 사용하고 사용료를 지급하는 방식이 가능해지고 있다. 또한, 모바일 컴퓨팅의 등장으로 사무실 기능이 비즈니스 현장까지 확대되면서 고객 맞춤형 서비스를 한층 더 높일 수 있게 되었다. 아울러 소셜 미디어는 직원 및 고객 사이의 교류를 증가시킬 수 있고, 눈에 보이지 않던 컨텐츠 교환과 공유를 촉진시키는 새로운 도구로서 자리잡고 있다. 그리고 데이터 저장과 통신 미디어의 기술적 발전에 힘입어 과거 상상하지 못했던 사물인터넷이 사실상 거의 대부분의 경제적 그리고 사회적 활동에 응용되면서 빅데이터의 수집과 분석이 확대되고 있다. 빅데이터의 창의적 분석은 개인 고객맞춤형 제품과 서비스의 개발, 비즈니스 프로세스의 변화, 전략적 비즈니스 모델의 구상 등 다양한 혁신의 원천이 될 수 있다.

경쟁력의 원천

기업이 더 높은 경쟁력을 지속적으로 유지할 수 있는 원동력은 무엇인가? 이 질문은 전략 분야에서 오랫동안 논의되어 온 핵심 주제로서, 다음 세 가지 주요 관점이 존재한다.[34] 첫째, 기업의 '전략적 위치'가 경쟁력의 원천이라는 포터(Porter, M.)의 주장이다.[35] 기업의 경쟁력은 제품 또는 서비스의 가격을 다른 기업보다 더 높일 수 있을 때 향상된다. 특정 기업이 경쟁력을 유지하고 있는 시장에 다른 기업들이 진입장벽에 막혀 참여할 수 없을 때, 그 기업의 경쟁력은 지속될 수 있다. 예를 들어, 스마트폰과 같이 수많은 특허권으로 진입장벽을 구축한 독점 또는 과점 기업들이 존재할 경우 다른 경쟁 기업들이 해당 시장에 침투하기란 실제로 어렵다. 그러나 시장 환경이 빠르게 변화할 때, 기업이 기존 진입장벽을 기반으로 전략적 위치를 계속 고수하기란 어려울 수 있다. 예를 들어, 이동통신 시장의 세계 1위 기업이었던 노키아가 스마트폰의 출현 이후 부진을 면치 못하다 마이크로소프트에 매각된 사례는 기업의 전략적 위치만으로 시장 경쟁력을 계속 유지하기란 어렵다는 것을 단적으로 보여준다.

둘째, 기업의 자원과 역량이 경쟁력의 원천이라는 주장이다.[36] 이는 '자원기반이론'(Resource-based Theory)의 주요 내용으로서, 한 기업이 독특하고, 가치 있으며, 모방이 어려운 자원과 역량을 활용할 수 있을 때 다른 기업보다 더 높은 성과를 달성할 수 있다는 것이다. 자원기반이론은 '자원 조달'과 '역량 조성'의 두 가지 차원으로 나누어진다. 자원 조달은 조직의 정보와 지식을 활용해 새로운 자원을 효과적으로 취득하고, 기존 자원과 함께 활용해 생산성을 높이기 위한 방안이다. 그런데, 한 기업의 성과가 특정 자원의 보유만으로 특별히 더 높아질 것으로 기대하기는 어렵다. 경쟁 기업들도 유사한 자원을 동원할 가능성이 높기 때문이다. 이와 달리, 역량 조성은 기업 내부와 외부 자원에 내재되어 있는 사회적, 구조적, 그리고 문화적 배경을 통합하고 재결합함으로써 한 단계 더 높은 역량을 이끌어내기 위한 것이다. 한 기업의 겉으로 드러나지 않고 내재되어 있는 역량이 시장 경쟁력을 높이는 데 더 많은 가치를 생성할 수 있으며, 다른 기업이 이를 모방하기란 어렵다는 논거이다. 기업의 내재적 역량은, 예를 들어, 조직의 독특한 구조, 지식관리 및 IT 역량을 들 수 있다. 이 책에서는 자원기반이론의 관점에서 기업의 내재적 역량이 경쟁력에 미치는 효과에 대해 고찰해 보고자 한다.

셋째, 혁신이 더 뛰어난 성과를 달성할 수 있는 원동력이라는 가정이다.[37] 이는 슘페터(Schumpeter, 1934, 1950)의 '역동적 불균형과 시장 파괴'에 뿌리를 둔 개념으로서, 기업의 전략적 위치나 자원에 의존하는 경쟁우위가 지속적으로 유지될 가능성이 낮다는 전제이다.[38, 39] 경쟁 회사들도 시장에 대해 더 나은 정보와 지식을 이용해 기존 기업이 유지해 온 경쟁력을 무너뜨릴 수 있기 때문이다. 그리고 이 개념에는 위에서 설명한 자원기반이론이 시장의 빠르고 큰 변화를 설명하는 데 한계가 있다는 가정이 내포되어 있다. 대신, 기업이 새로운 제품 및 서비스 시장을 계속 확보하려면 끊임없이 혁신해야 한다는 주장이다. S&P 500 지수에 편입된 기업의 평균 존속기간이 현저히 짧아지고 있는 현상은 혁신에 실패한 기업이 시장에서 퇴출되고 있음을 분명히 보여주고 있다. 즉, 혁신이 기업 성장의 원동력이다.

기업이 지속적으로 혁신하려면 그 과업에 적합한 조직 구조와 역량을 갖추어야 한다. 혁신하려는 의욕만으로 성공할 수 있는 것은 아니다. 그러므로 혁신의 필요성과 위에서 살펴본 자원기반이론은 기업 경쟁력을 향상시키는 데 있어서 보완적 역할을 한다. 즉, 기업이 시장 경쟁력을 지속적으로 유지하려면 혁신에 적합한 조직 구조와 역량을 조성해야 한다. 이는 다음에 설명하는 혁신 역량에서 자세히 살펴보기로 하자.

혁신 프로세스와 혁신역량

혁신은 창의적 아이디어에 의해 시작된다. 창의적 아이디어는 혁신을 위한 씨앗이다. 혁신은 창의적 아이디어를 고객이 원하는 제품 및 서비스로 실현하는 과정이다. 경영 철학자 드러커(Drucker)는 "혁신은 새로운 자원을 창조하는 체계적 과정이다.[40] 예를 들어, 페니실린 곰팡이, 할부판매방식, 화물용 컨테이너 등은 시장 수요에 맞추어 새롭게 개발된 자원들이다"라고 하였다. 혁신은 보통 첨단 기술이 존재해야 가능한 것으로 여긴다. 물론 새로운 기술을 토대로 제품 또는 서비스 혁신을 할 수 있다는 주장은 당연한 것이다. 그런데 혁신은 기술뿐만 아니라 시장의 고객 관점에서 보아야 하는 개념이다. 일본의 닌텐도는 1980년대 주로 어린이 고객을 위해 게임용 소프트웨어를 개발하였다. 가정용 TV에 닌텐도가 개발한 어댑터를 연결해 게임 프로그램을 구동시키는 방식이었다. 당시 모든 어린이가 꼭 가지고 싶어 했던 게임 소프트웨어 중 하나가 바로 '마리오 브라더스'였다. 닌텐도가 어댑터를 개발할 때 사용한 프로세서는 인텔사가 개발했던 '8088' 칩이었는데, 그것은 당시 시장에서 이미 퇴출된 기술이었다. 닌텐도는 진부한 기술을 이용해 어린이 고객을 위한 제품을 비교적 저렴한 가격에 공급할 수 있었다. 즉, 고객이 원하는 제품과 서비스가 무엇인지 늘 탐색하고, 이를 다른 기업보다 한 발 앞서 제공할 수 있는 기회를 지속적으로 탐색하는 과정이 혁신이다. 혁신의 구체적 방향에 대해 다음에 간략히 살펴보기로 하자.

혁신의 방향: 크리스텐슨(Christensen, C.) 교수는 '파괴적 혁신(Disruptive Innovation)' 개념을 "새로운 제품 또는 서비스의 개발과 더불어 새로운 시장을 개척하는 전략"으로 정의하였다.[41, 42] 오라일리(O'Reilly III & Tushman) 등은 파괴적 혁신을 '시장(고객)'과 '조직 역량(기술)'이란 두 가지 차원에서 <그림 1-3>과 같이 네 가지 유형으로 구분해 설명하고 있다.[43] 혁신 유형 1(기존 기술 + 기존 고객)은 이 장의 첫머리에서 논의된 점진적 개선에 해당된다. 즉, 기업에서 현재 보유하고 있는 조직 역량 또는 기술의 틀 속에서 새로운 제품

또는 서비스를 기존 고객에게 제공하기 위한 전략이다. 치열한 시장 경쟁에서 성장하려면, 기업은 더 나은 품질의 제품 또는 서비스를 고객에게 더 저렴한 가격으로 신속하게 공급할 수 있어야 한다. 이와 같은 점진적 개선의 초점은 주로 생산 및 판매 등의 효율성 제고와 원가절감에 모아지며, 시장 및 기술의 변화가 적은 비즈니스 환경에서 효과적일 수 있다. 그러나 기술과 시장이 하루가 다르게 변화하는 비즈니스 환경에서, 점진적 개선만으로 기업의 경쟁력을 장기적으로 유지하기란 어려운 일이다.

그림 1-3 **혁신의 방향**

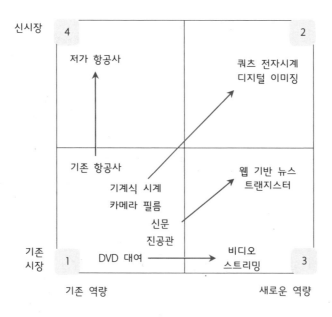

출처: O'Reilly III, C. A. and M. L. Tushman, 2016.

혁신 유형 2(신 기술 + 새로운 고객)는 그야말로 파괴적 혁신이다. 기업의 제품 또는 서비스의 기반이 되는 기술적 역량을 혁신해 새로운 고객층을 확보하는 전략이다. 예를 들어, 퀴츠를 이용한 전자시계에 의해 기계식 시계의 시장이 하루아침에 축소되었다. 디지털 카메라 그리고 스마트폰의 등장과 함께 코닥 또는 후지필름이 지배하던 카메라 필름 시장이 거의 사라지고 말았다. 한 가지 주목할 점은 새로운 기술적 역량 못지않게 새로운 시장 또는 고객의 요구를 파악하기 위한 데이터 분석도 중요한 조직 역량이라는 것이다. 혁신의 초점은 고객의 가치를 향상시키는데 모아져야 한다. 기업이 새로운 기술적 역량을 개발하더라도 시장 및 고객의 요구를 충분히 이해하지 못할 때, 혁신에서 실패할 위험성이 높다.

혁신 유형 3(신 기술 + 기존 고객)은 새로운 기술적 발전을 앞세워 기존 고객층을 확보하는 파괴적 혁신 전략이다. 예를 들어, 웹 기반 뉴스가 기존 신문의 독자를 <그림 1-3>과 같이 대부분 대체하였다. 기존 신문의 독자와 광고 수입이 급감하면서 파산하는 신문사가 증가하였다. 넷플릭스 등이 제공하는 비디오 스트리밍에 의해 블록버스터가 지배하던 영화 DVD 대여 산업도 사라졌다. 혁신 유형 4(기존 기술 + 새로운 고객)는 기업의 기술적 역량에 큰 변화가 없지만, 파격적 비즈니스 모형을 도입해 새로운 고객의 요구를 충족시키는 전략이다. 예를 들어, 기존 항공사와 저가 항공사 간의 비행기, 예약 시스템 또는 공항 운영과 같은 기본적 역량에는 별 차이가 없다. 그런데 저가 항공사의 성공 비결은 비행기가 지상보다 하늘에 떠 있는 시간을 기존 항공사보다 더 높임으로써 비용을 절감하는 데 있다. 단거리 노선에 주로 취항하는 저가 항공사가 이와 같은 목표를 달성하기란 실제 어려운 일이다. 저가 항공사가 이 목표를 달성하려면 기존 항공사에서 관습적으로 유지해온 운영 방식을 송두리째 변화시켜야 한다. 예를 들어, 승객의 탑승, 여행 가방의 하역, 청소 및 연료 보충 등을 보다 더 신속히 처리하는 비즈니스 모형의 혁신이 필요하다.

결론적으로, 시장 또는 고객의 요구와 기술이 하루가 다르게 변화하는 비즈니스 환경에서, 기업이 성장하려면 점진적 개선과 더불어 파괴적 혁신의 전략적 방향을 구체적으로 모색해야 한다.

구조적 변화: 전통적으로, 창의적이고 지적인 소수 인력이 R&D 부문에서 폐쇄적 연구를 진행하는 것이 혁신인 것처럼 여겨져 왔다. 이는 학습을 통해 창의성을 기르는 일이 거의 불가능하다는 전제에서 나온 개념이다. 즉, 특정

인이 창의적으로 타고나느냐 아니냐의 관점이다. 그런데, 인간의 창의성이 타고나는 재능이라면 이 세상에 예술이나 디자인 학교 또는 건축 프로그램 등은 어떻게 존재할 수 있겠는가? 창의성이란 지적 능력이나 음악성과 같이 인간의 하나의 속성이다. 그리고 인간의 창의성은, 지적 능력과 달리, 교육과 경험을 통해 발전할 수 있는 여지가 더 큰 대상으로 오래전부터 밝혀져 왔다.[44] 그러므로 기업의 R&D 부문에 국한되지 않고 더 다양한 임직원이 혁신 프로세스에 참여할 때, 그들 사이에 새로운 차원의 학습이 역동적으로 이루어짐으로써 훨씬 더 창의적인 아이디어를 구상할 수 있다.

또한, 레고 회사 사례에서 살펴 본 것처럼, 외부 고객이 혁신 과정에 참여할 때 더 나은 성과를 거둘 수 있음이 밝혀졌다. 레고 회사가 내부 전문 연구원에만 의존할 때보다 30만여 명에 이르는 외부 고객이 혁신 과정에 함께 참여할 때 실현된 혁신 성과가 훨씬 더 크게 나타난 것은 눈 여겨 볼 부분이다. 그리고 '시장의 변화'에서 이미 설명한 것과 같이, 기업은 개인 고객의 다양한 요구를 맞춤 서비스하는 데 필요한 자원을 모두 소유하는 대신 글로벌 공급회사 네트워크를 형성해 지원을 받을 수 있다. 그러므로 기업은 공급회사로부터도 다양하고 혁신적인 아이디어를 구할 수 있음은 물론이다. 즉, 기업의 혁신은, 내부 R&D 부문을 포함한 모든 임직원, 고객 그리고 공급회사도 참여하는 개방적 네트워크와 마인드가 조성될 때 더 나은 성과를 거둘 수 있는 종합적 프로세스이다. 이는 '혁신의 분업'이라 할 수 있다.

기업이 전략적 초점을 혁신에 모으려면 전통적 가치사슬을 구조적으로 변화시켜야 한다. 기업의 가치사슬은 기본활동(유입물류, 생산, 마케팅과 판매, 유출물류 그리고 서비스)과 지원활동(R&D, 인사, 재무, 회계 등)으로 맞물려 왔다.[45] R&D의 초점은 지원활동의 하나로서 기본활동의 효율성을 높이는 데 모아졌다. 기업이 성장을 위한 길을 혁신에서 찾으려면 지원활동에 머물렀던 R&D를 <그림 1-4>와 같이 '혁신 프로세스'로 독립시키는 구조적 변화가 필요하다.[46,47]

그림 1-4 혁신 프로세스와 비즈니스 프로세스의 분리

혁신 프로세스				협업	비즈니스 프로세스		
과업 파악	지식·데이터 분석	아이디어 발굴	실험		제품·서비스 생산	제품·서비스 물류	고객 서비스

- **혁신 프로세스:**   혁신 프로세스의 목적은 새롭고 가치 있는 제품·서비스 개발에 필요한 창의적 아이디어를 구상하는 것이다. 혁신 프로세스는 개념적으로 고객 요구를 지속적으로 탐지하고, 창의적 아이디어를 구상하는 과정으로 구성된다: 1) 과업 파악; 2) 지식 및 데이터의 분석; 3) 아이디어 구상; 그리고 4) 실험.[48] 혁신 프로세스의 속성은 창의적 인지 과정이다. 즉, 고객이 요구하는 제품·서비스를 구상하기 위해 다양한 지식 및 데이터를 분석하고, 창의적으로 결합하는 과정이다. 혁신 프로세스의 산출물은 새로운 제품 또는 서비스의 개발을 위한 창의적 아이디어이다.

- **비즈니스 프로세스:**   비즈니스 프로세스의 목적은 혁신 프로세스에서 발굴된 창의적 아이디어를 제품 또는 서비스로 실현하고, 고객에게 효율적으로 공급하는 것이다. 아무리 혁신적인 제품·서비스의 개발을 위한 아이디어를 구상하더라도 생산, 판매, 물류 및 서비스 등을 효율적으로 수행하지 못하는 기업이 장기적으로 경쟁력을 유지하기란 어려운 일이다. 기업이 존재하는 고유 목적의 하나는 비즈니스 프로세스의 효율성을 지속적으로 유지하는 것이다.

- **혁신 프로세스와 비즈니스 프로세스 간의 협업:**   혁신 프로세스와 비즈니스 프로세스의 목적은 서로 다르다. 혁신 프로세스를 벤처 기업처럼 독립적 회사로 분리해야 하는가? 아니면 두 가지 서로 다른 기능 또는 부문을 한 기업 내에서 함께 운영해야 하는가? 전자는 기존 제품·서비스의 일상적 운영에 초점을 맞춰온 대기업에서 혁신 프로세스를 수행

하려면 혁신부문을 독립적으로 설립하고 운영해야 한다는 관점이다. 그렇지 않을 경우, 조직 구성원 사이에 오랫동안 형성되어 온 관행적 업무관계 때문에 혁신을 위한 창의적 아이디어 구상에 한계가 있을 수 있다는 경험에 바탕을 두고 있다. 또한, 혁신 프로세스와 비즈니스 프로세스에서 요구하는 판이하게 다른 역할로부터 구성원 사이에 예상치 못한 갈등이 커질 수 있으며, 이는 혁신 프로세스와 비즈니스 프로세스 모두에 부정적 영향을 미칠 수 있다는 전제이다.

한편, 혁신 프로세스와 비즈니스 프로세스를 함께 운영해야 시너지 효과를 달성할 수 있다는 후자의 주장은 혁신의 본질적 성격에 바탕을 두고 있다.[49] 혁신 프로세스란 수없이 많은 새로운 제품·서비스의 대안 또는 가설을 실험하는 과정이다. 즉, 혁신은 한 번의 연구로 완성되는 것이 아니라 수많은 실패를 거울삼아 학습하는 과정이다. 미국 과학자들이 우주개발 프로그램에서 10여 차례 이상 원숭이를 대상으로 성공과 실패를 경험한 후에야 사람을 로켓에 실어 우주에 보내는 데 성공하였다. 이런 사례는 혁신이 지속적으로 진화하는 과정임을 보여주고 있다.

현실적으로, 하나의 가설이 미래에 성공을 거두게 될 확률은 벤처 기업가의 기대와 달리 극히 낮을 수 있다. 하나의 혁신 가설에 상당히 많은 자본을 오랜 시간에 걸쳐 투자한 후에 그 가설이 실패로 판명된다면, 경쟁 기업보다 뒤떨어지는 것은 물론 재정적으로도 적지 않은 손실을 초래하게 된다. 그러므로 다양한 가설의 체계적 실험을 통해 성공 또는 실패 가능성을 효과적으로 확인하는 과정이 반드시 필요하다. 일련의 실험을 거치면서 처음엔 매우 추상적이었던 아이디어가 점차 예측 가능한 구체적 아이디어로 발전해 나가는 학습이 이루어지게 된다. 혁신 프로세스와 비즈니스 프로세스가 한 기업 내에서 서로 협업을 할 때 혁신을 위한 가설의 실험이 매우 효과적으로 이루어질 수 있다. 혁신 부문에서 구상한 새로운 제품·서비스의 생산, 판매, 물류 등과 관련된 실험을 비즈니스 프로세스의 일부 임직원이 참여함으로써 효율적으로 수행할 수 있기 때문이다. 혁신 프로세스와 비즈니스 프로세스가 서로 독립적인 기업의 경우, 혁신부문에서 다양한 실험을 모두 처리하려면 중복된 투자와 보다 더 많은 시간을 낭비할 수 있다. 혁신 프로세스와 비즈니스 프로세스 사이의 협업을 통해 혁신의 시너지 효과를 성취할 수 있는 방법에 대해서 다음 8장에서 구체적으로 논의하기로 하자.

혁신 역량: 기업은 지속적 혁신을 위해 어떤 역량을 구축해야 하는가? 이와 관련된 선행 연구로부터 다음과 같은 세 가지 주요 혁신 역량을 도출하였다. 1) 지식관리 역량; 2) 혁신탐지 역량; 그리고 3) IT 역량.[50] 첫째, 혁신 프로세스의 속성이 창의적 인지과정임을 고려할 때, 혁신에 주로 필요한 역량은 '지식관리'이다. 둘째, 고객의 요구를 실시간으로 파악하려면 '혁신탐지' 역량이 필요하다. 셋째, 지식관리와 혁신탐지를 효과적으로 수행하려면 그에 알맞은 'IT 역량'을 구축해야 한다. 이와 같은 세 가지 혁신 역량은 서로 독립적이지 않다. IT 역량이 미흡할 때 지식관리와 혁신탐지를 효과적으로 수행하기 어렵다. 기업의 성과는 세 가지 혁신역량이 균형 있게 조성될 때 향상될 수 있다. 혁신역량은 2장에서 보다 더 자세히 논의하기로 하자.

결론

— 시장이 구조적으로 급격히 변화하고 있다. IT의 혁신적 응용이 봇물 쏟아지듯 진행되면서 시장의 요구와 생산방식이 송두리째 변화하고 있기 때문이다. 기업의 경쟁력은 산업사회 경영전략의 초점이었던 생산 및 판매의 효율성 제고만으로는 더 이상 유지하기 힘들어졌다. IT에 의해 촉발된 변화의 시대에, 기업이 성장하려면 혁신에서 새로운 길을 찾아야 한다.

— 혁신은 고객이 기대하지 않았던 가치를 높여줄 제품 또는 서비스의 개발을 뜻한다. 이는 고객 및 조직 역량의 관점에서 '점진적 개선'과 '파괴적 혁신'으로 구분될 수 있다. 점진적 개선은 현재 조직 역량 또는 기술 수준에서 기존 고객에게 새롭고 좋은 품질의 제품·서비스를 더 낮은 가격에 빠르게 공급하기 위한 것이다. 한편, 파괴적 혁신은 새로운 기술 및 비즈니스 모형을 개발해 새로운 시장을 개척하거나 기존 고객을 확보하기 위한 장기적 실험이다. 기업이 성장하려면 점진적 개선과 파괴적 혁신 모두 필요하다.

— IT의 잠재적 역량을 꽃피운 원동력은 20세기 후반 확산된 인터넷이었다. 예를 들어, 클라우드 컴퓨팅은 스타트업 또는 벤처기업도 막대한 IT 자원을 소유하지 않고 인터넷을 이용해 사용할 수 있는 컴퓨팅의 민주화를 촉진하고 있다. 사물인터넷은 다양한 사물에 내장된 센서로부터 생성되는 데이터를 인터넷을 통해 실시간 포착하고 인간과 연결시켜 주는 세계적 통합시스템이다. 사물인터넷 플랫폼에 축적되는 빅데이터의 분석은 고객의 새로운 요구를 파악해 창의적 아이디어를 구상하는 데 매우 중요한 원천이 될 수 있다. 이와 같은 IT 역량은 미래에 더 무궁무진하게 응용될 전망이다.

— 기업이 일회성이 아닌 지속적 혁신을 하려면 그에 알맞은 구조적 변화와 혁신역량을 쌓아야 한다. 첫째, 구조적 변화를 위해 R&D 부문을 '혁신 프로세스'로 분리해야 한다. 이는 수레의 두 바퀴 중 하나이다. 다른 하나는 혁신 프로세스의 산출물인 창의적 아이디어를 제품·서비스로 실현하는 비즈니스 프로세스이다. 혁신 프로세스와 비즈니스 프로세스 사이에 수레의 두 바퀴처럼 협업이 이루어질 때 혁신 성과는 향상될 수 있다. 둘째, 기업이 갖추어야 할 주요 혁신역량은 다음 세 가지이다: 1) 지식관리 역량; 2); 혁신 탐지 역량; 그리고 3) IT 역량. 이와 같은 혁신역량이 균형 있게 조성될 때, 기업의 경쟁력이 지속적으로 유지될 수 있다.

/

02

혁신 프로세스와 혁신 역량

기업이 혁신하려면 구조적 변화와 역량이 필요하다. 첫째, 비즈니스 프로세스와 분리된 혁신 프로세스를 구축해야 한다.[1] 그 이유는 혁신에 걸림돌이 되는 장애요인이 비즈니스 프로세스에 존재할 수 있기 때문이다. 비즈니스 프로세스의 목적은 고객에게 제품 또는 서비스를 효율적으로 공급함으로써 현재 수익을 실현하기 위한 것이다. 비즈니스 프로세스의 설계는 투명해야 하고, 성과는 효율성으로 측정된다. 한편, 혁신 프로세스란 창의적 아이디어를 구상하고, 새로운 제품 또는 서비스 개발의 타당성을 실험을 거쳐 학습하는 과정이다. 혁신 프로세스의 활동은 불확실하고, 성과는 학습으로 측정된다. 두 프로세스의 속성은 사뭇 다르다. 혁신을 촉진하기 위해, 비즈니스 프로세스의 틀속에서 존재해온 R&D 부문을 단순히 확대하는 전략은 성공보다 실패할 위험성이 더 클 수 있다. 비즈니스 프로세스 임직원의 혁신 과업을 위한 역량 부족, 혁신 마인드 결여 또는 그들 사이에 오랫동안 고착된 업무관계 등이 '파괴적 혁신'에 적지 않은 장애요인이 될 수 있기 때문이다. 기업이 혁신하려면 비즈니스 프로세스로부터 <그림 2-1>과 같이 독립된 혁신 프로세스의 구축이 필요하다

역설적으로, 혁신 프로세스와 비즈니스 프로세스 간의 협업이 이루어질 때 혁신이 보다 더 효과적으로 달성될 수 있다.[2] 그 이유는 위에서 설명한 혁신 프로세스의 속성에서 찾을 수 있다. 초기 아이디어는 모호하고 불확실한 가설일 수 있다. 반복적 실험과 학습을 통해 그 불확실성을 감소시켜 나가는 활동이 혁신 프로세스이다. 예를 들어, 제품의 원형 개발, 성능 검사, 시장 분

할, 가격 결정, 고객의 반응 조사와 같은 다양한 실험 과정에 비즈니스 프로세스의 임직원 중 일부가 파트너로서 참여할 수 있다. 스타트업 또는 독립적 벤처 기업은 혁신 프로세스의 모든 실험을 독자적으로 준비, 측정 및 분석해야 한다. 혁신 프로세스와 비즈니스 프로세스 간의 협업이 이루어질 때, 실험에 필요한 전문성 확보 및 시간 단축과 같은 시너지 효과가 달성될 수 있다.

둘째, 기업은 혁신 프로세스에 적합한 역량을 구축해야 한다. 혁신역량을 구축하지 않고 의욕만으로 지속적 혁신을 하기는 어렵다. 혁신 프로세스의 주요 활동은 다양한 지식 및 데이터를 수집하고 다차원적으로 분석하는 것이다. 이 활동을 지원하는 데 적합한 역량은, 선행 연구에 의하면, <그림 2-1>에서 보는 것과 같이 세 가지이다: 1) 지식관리 역량; 2) 혁신탐지 역량; 그리고 3) IT 역량.[3] 이와 같은 기업의 혁신 역량이 자원기반이론의 관점에서 경쟁력 향상에 기여할 수 있는 조건을 살펴보기로 하자.[4]

그리고 기업의 혁신 역량이 성과 및 경쟁력을 높이기 위한 필요조건임은 분명하지만, 충분조건은 아니다. 비즈니스 프로세스가 효율적으로 운영될 때 수익이 최종적으로 실현된다. 그러므로 미래 수익을 창출할 혁신 프로세스와

그림 2-1　**혁신 프로세스와 비즈니스 프로세스**

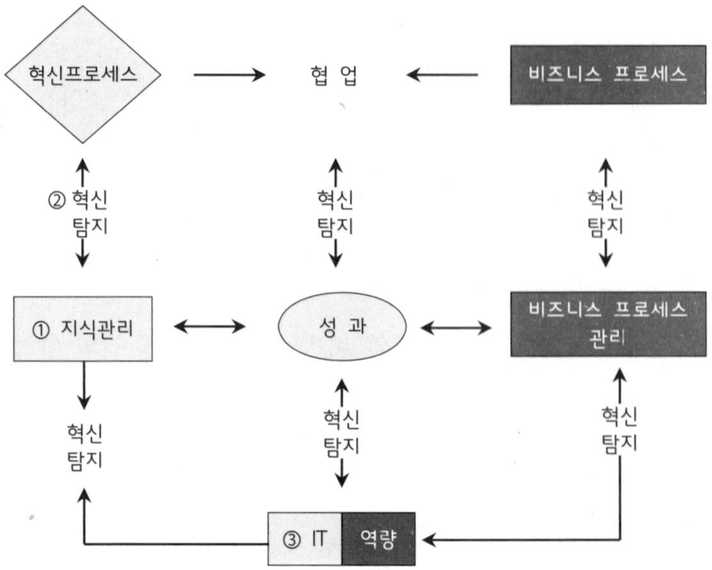

현재 수익을 실현하는 비즈니스 프로세스가 수레의 두 바퀴처럼 균형을 유지할 때 기업의 경쟁력이 비로소 유지될 수 있다. 이 장에서 논의할 주요 내용은 다음과 같다:

- 혁신 프로세스
- 혁신역량
  ✔ 지식관리 역량
  ✔ 혁신탐지 역량
  ✔ IT 역량
- 혁신 프로세스와 비즈니스 프로세스 간의 협업
- 혁신역량과 경쟁력
- 비즈니스 프로세스

혁신 프로세스

혁신 프로세스의 목적은 고객을 위해 새롭고 가치 있는 제품 및 서비스의 개발을 위해 창의적 아이디어를 구상하는 데 있다. 혁신 프로세스는 개념적으로 <그림 2-2>와 같이 네 단계로 구분된다: 1) 과업 파악; 2) 지식 데이터 분석; 3) 아이디어 구상; 그리고 4) 타당성 실험.[5] 이와 같은 혁신 프로세스의 속성은 다양한 지식과 정보를 '창의적으로 결합하는 인지 과정'이다. 혁신 프로세스의 최종 성과는 창의적 아이디어이다. 실험 과정에서 타당성이 검증된 아이디어는 비즈니스 프로세스로 이전되고, 제품 및 서비스의 실제 생산 및 판매로 이어지면서 수익이 실현된다.

그림 2-2 혁신 프로세스

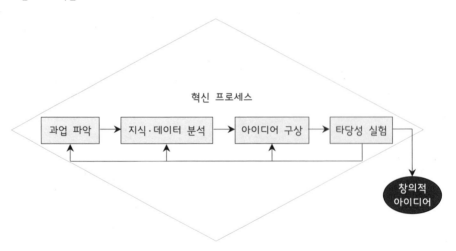

과업 파악: 과업 파악은 혁신 기회를 모색하는 단계이다. 제품 및 서비스를 어떻게 혁신할 것인지 결정하는 과업의 파악은 아무리 강조해도 지나치지 않을 만큼 중요하다. 혁신 과업이 고객 요구에서 빗나갈 경우 성공하기란 어렵다. 최근 애플의 스마트폰 판매량은 세계 시장에서 20% 미만이지만 영업이익

은 무려 93%를 차지하고 있다. 그런데, 삼성전자의 판매량은 북미 지역을 제외한 나머지 세계 시장에서 1위를 차지하고 있지만, 영업이익률이 9%로 하락하면서 애플에 비교되지 않을 정도로 뒤떨어져 있다.[6] 그 이유가 무엇인가? 애플은 스마트폰 개발의 초점을 사용자에게 편리하고 유용한 서비스 제공에 둠으로써 높은 영업이익률을 실현하고 있다. 반면에, 삼성전자는 하드웨어에 둔 결과 현저히 낮은 영업이익률에 그치고 있는 것이다. 이처럼 중요한 혁신 과업을 파악하려면 시장과 고객의 변화를 파악할 수 있는 다양한 지식 및 데이터의 분석이 필요하다.

지식·데이터 분석:　혁신하려는 제품·서비스가 결정되면, 그것과 관련된 지식·데이터의 수집과 분석이 구체적으로 이루어져야 한다. 개인이 특정한 혁신, 예를 들어, 스마트폰 개발에 필요한 지식 및 기술을 모두 보유하기란 불가능한 일이다. 한 가지 실무적 방안은 스마트폰 개발에 적합한 지식과 기술을 보유하고 있는 다양한 전문가로 팀을 구성하는 것이다. 팀원 간의 브레인스토밍 등을 통한 체험 학습이 이루어질 때 새로운 아이디어의 구상이 더 풍부하게 증가할 수 있다. 또한, 시장 변화와 관련해 기업의 일상적 거래 데이터, 고객, 협력회사, 웹사이트 컨텐츠 및 사물인터넷 등으로부터 생성되는 방대한 데이터의 수집과 분석도 필요하다. 혁신 팀원이 다양한 지식과 데이터 분석을 인지할수록 비즈니스 통찰력이 향상되면서 보다 더 창의적인 아이디어를 구상할 수 있게 된다.

아이디어 구상:　아이디어가 더 많이 구상될수록, 혁신이 성공할 가능성이 한결 더 커질 수 있다. 그 이유는 아이디어의 타당성을 검증하는 실험 과정에서 밝혀지는 실패 사례의 원인 분석과 더불어 심층적 학습이 이루어질 수 있기 때문이다. 그렇다면, 혁신 프로세스에 참여하는 팀원이 아이디어를 어떻게 더 적극적으로 구상하도록 할 수 있는가? 창의성에 관한 연구에 의하면, 개인의 '내적 동기부여'가 높아질수록 새로운 아이디어의 구상이 증가하는 것으로 나타났다.[7] 개인의 내적 동기부여는 창의성을 북돋워주는 촉진제로서, 재미있는 과업을 자율적으로 선택하고 도전할 때 높아질 수 있다(3장 참조).

타당성 실험:　　혁신을 위해 구상된 초기 아이디어가 제품 또는 서비스로 개발되는 것은 매우 드문 일이다. 아이디어의 타당성을 실험하는 과정에 나타나는 크고 작은 실패의 원인을 분석하면서 학습이 이루어진다. 혁신 프로세스는 아이디어의 구상과 실험을 반복하면서 축적되는 지식과 경험을 토대로 초기엔 모호하고 불확실했던 아이디어를 시장에서 수용할 가능성이 더 높은 아이디어로 발전시켜 나가는 학습 과정이다. 여러 차례 실험을 거쳐 타당성이 충분히 검증된 아이디어는 최종적으로 비즈니스 프로세스로 이전되고, 고객의 가치를 한층 더 높여줄 제품 또는 서비스로 비로소 개발된다.

혁신 역량

기업이 창의적 아이디어의 구상을 촉진하려면 <그림 2-1>과 같이 세 가지 주요 혁신 역량을 구축해야 한다: 1) 지식관리 역량; 2) 혁신탐지 역량; 그리고 3) IT 역량.[8] 이와 같은 역량들이 균형 있게 조성될 때, 혁신 프로세스의 성과인 창의적 아이디어의 구상이 한층 더 풍부해질 수 있다.

지식관리 역량: 혁신 프로세스의 속성은 임직원이 지식과 정보를 활용해 새로운 아이디어를 연상하는 창의적 인지 활동이다. 혁신에 관여하는 임직원이 더 다양하고 풍부한 지식을 인지할수록 더 창의적인 아이디어를 구상할 수 있다. 지식관리의 목적은 혁신에 관여하는 임직원이 혁신 과업을 해결하는 데 도움이 되는 지식과 정보를 더 풍부하게 활용할 수 있도록 시스템을 구축하기 위한 것이다. 여기서 지식은 노나카 등이 정의한 '두뇌지식'과 '외부지식'을 모두 포함한다.[9]

첫째, 혁신 프로세스에 관여하는 임직원이 서로 다른 동료의 두뇌지식을 더 많이 공유할수록 개인적 비즈니스 통찰력이 향상될 수 있다. 그런데 동료의 두뇌에 저장되어 있는 신념, 가치관 및 지식 등은 다른 동료가 직접 보고 이해할 수 있는 대상이 아니다. 일상적으로 함께 일하는 동료 간 대화, 토론 및 관찰을 통해 간접적으로 학습할 수 있을 뿐이다. 즉, 동료의 두뇌지식은 체험학습을 통해 다른 동료에게 이전될 수 있으며, 그 범위는 매우 제한적이다. 지식관리의 주요 목적은 혁신에 직접 관여하지 않는 동료 및 고객의 두뇌지식도 두루 공유할 수 있는 시스템을 구축하기 위한 것이다.

둘째, 지식관리의 또 다른 대상은 외부지식의 수집과 분석이다. 최근, 사물인터넷, 소셜 미디어, 웹 컨텐츠 등으로부터 생성되는 엄청나게 많은 외부지식 또는 빅데이터의 분석이 더욱더 중요해지고 있다. 빅데이터에 내재되어 있는 그러나 모르고 지나쳤던 유용한 지식 및 정보를 찾아내 혁신 프로세스의 인지 활동에 활용할수록 보다 더 창의적인 아이디어의 구상이 촉진될 수 있다. 지식관리의 핵심인 지식의 개념을 우선 살펴보기로 하자:

• **데이터, 정보 그리고 지식:** 데이터, 정보 그리고 지식의 개념적 정의는 다음과 같다. 데이터는 '객관적 사실'이다. 예를 들어, 일기예보는 많은 사람들에게 전달되는 데이터이다. 데이터가 의사결정에 사용될 때 정보가 된다. 데이터의 가공 여부는 정보의 기준이 아니다. 데이터를 정리해 일목요연한 보고서가 작성되더라도, 그것은 이해하기에 편리한 데이터일 뿐이다. 외출하려는 사람이 비가 올 것이란 일기예보를 듣고 우산을 준비하였다면, 그것은 정보가 된다. 아무런 의사결정도 내릴 일이 없는 사람에게 일기예보는 데이터에 그칠 뿐이다. 데이터가 객관적 사실이라면, 정보는 의사결정자의 주관적 판단이 개입된 결과이다.

개인의 머릿속에 저장되어 있는 지식은 정보에 의해 변화하지만, 그의 신념과 관여에 따라 정도가 달라질 수 있다. 예를 들어, 일기예보에 대한 개인적 신뢰의 정도는 사람마다 다를 수 있다. 오후 늦게 비가 올 확률이 50%라는 일기예보를 듣고 우산을 가지고 나가거나 옷을 바꿔입을 수도 있다. 우산을 챙겨 나갔지만 집에 돌아올 때까지 비가 오지 않아 들고 다니는 번거로움을 자주 경험했던 사람은 그냥 외출할 수도 있고, 그 반대의 경우도 존재할 수 있다. 또한, 야외 결혼식과 같이 개인적 관여의 정도가 큰 행사의 경우 동일한 일기예보에 반응하는 의사결정이 사뭇 달라질 수 있다. 이처럼 개인의 머릿속에 저장되는 지식은 특정한 행동 및 상황과 관련해 데이터를 활용하는 의사결정을 내릴 때마다 변화한다. 즉, 사람의 두뇌지식은 고정된 것이 아니라 정보에 의해 수시로 변화한다.

• **두뇌지식과 외부지식 간의 전환:** 인간의 지식은 노나카 등에 의하면 두뇌지식과 외부지식으로 구분된다. 두뇌지식(Tacit Knowledge)은 인간의 머릿속에 축적되어 있는 지식으로, 다른 사람이 직접 볼 수 없기 때문에 공유하기가 어렵다. 외부지식(Explicit Knowledge)은 보고서, 비디오, 웹 컨텐츠, 소셜 미디어 및 사물인터넷 등으로부터 생성되는 신호나 데이터를 모두 포함하며, 공유하기에 용이하다.

인간의 뇌 구조에 대해 간략히 살펴보기로 하자. 인간의 뇌는 1,000

억여 개 뉴론으로 구성되어 있다.[10] 하나의 뉴론은 평균적으로 다른 천여 개 뉴론과 연결된다. 그러면 성인의 뇌에서 형성되는 뉴론 네트워크의 수는 무려 100조에 이르는데, 이는 지구상에서 가장 크고 복잡한 네트워크이다. 뉴론 네트워크가 바로 지혜의 열쇠이다. 뉴론에 저장되어 있는 지식을 뉴론 네트워크를 통해 어떻게 결합시키느냐에 따라 새롭게 구상되는 아이디어가 달라질 수 있다. 이와 유사하게, 복잡하고 생소한 문제를 해결하고자 할 때 다양한 능력, 지식 그리고 비전을 가지고 있는 사람들로 구성된 혁신 팀이 개인보다 더 효과적인 것으로 알려져 있다. 다양한 지식을 가지고 있는 사람들이 협업할 때, 가장 높은 수준의 창의적 통찰력이 생성된다는 것이다.[11] 조직 구성원 간의 지식이 어떻게 이전되고 전환되는지 이해할 수 있다면 그 효과적 관리 방안을 강구하는 것 또한 가능해진다.

인간의 지식은 노나카 등이 제시한 '지식전환 모형'에 따라 <그림 2-3>과 같이 바뀐다.[12] 즉, 인간의 지식은 정태적으로 존재하는 것이 아니라 역동적으로 변화한다.

그림 2-3 **지식 전환모형**

① **두뇌지식의 이전:**   회사에 만 명의 직원이 있다고 가정하자. 직원들이 아침 9시에 출근하면 만 명의 두뇌지식이 회사에 존재하게 된다. 그들이 저녁 6시에 퇴근하면 회사의 두뇌지식이 모두 사라진다. 동료의 두뇌에 저장되어 있지만 서로 알 수 없는 지식을 어떻게 최대한 공유할 수 있는지가 혁신을 추진하는 경영자의 가장 중요한 과제 중 하

나이다.

　동료의 두뇌지식이 다른 동료의 두뇌지식으로 이전되는 과정은 '사회화(Socialization)' 현상으로 설명될 수 있다.[13] 특정 분야 전문가나 장인이 알고 있는 지식을 구체적으로 표현하는 경우도 드물고, 실제로 표현하고 싶어도 하지 못하는 경우가 적지 않다. 예를 들어, 의사는 환자를 문진하고, 혈액 또는 X선 등의 검사를 한 후, 필요한 약을 처방하고, 환자의 치유 상태를 관찰한다. 수련의나 전공의는 의사의 진료 과정을 가까이에서 오랫동안 관찰하면서 무언 중에 체험학습을 하며, 자신의 두뇌지식을 한층 더 풍요롭게 발전시켜 나간다. 기업의 임직원은 경영자가 시장 전망이 불확실한 상태에서 성장을 위한 전략 수립과 투자 결정을 어떻게 내리는지 역시 대화 및 관찰을 통해 학습한다. 여기서 두뇌지식은 사회화 과정에서 이루어지는 관찰과 체험을 통해 이전될 수 있는 대상임을 알 수 있다.

　조직 구성원 사이에 두뇌지식이 원활하게 이전되도록 하려면 어떻게 해야 하는가? 한 가지 방안은 다양한 능력과 지식을 갖춘 사람들로 팀을 구성하고 그들이 협업할 수 있도록 사회적 교류 환경을 조성하는 것이다. 그런데, 다양한 지식을 갖춘 동료가 협업하면 각자의 두뇌지식이 증가할 것인가? 그렇다면 그 이유는 무엇인가? 다양한 지식을 가지고 있는 동료들로 혁신 팀을 구성하게 되면, 다양한 의견이 표출되고 때로 의견 충돌이 일어나게 된다. 이는 더 본질적이고 복잡한 문제를 생각하게 만들고, 결과적으로 창의성이 높아지게 된다. 반대로, 유능하지만 서로를 잘 알고 있는 동료들로 팀을 구성할 경우 두뇌지식의 이전은 별로 이루어지지 않는다. 이는 비슷한 배경의 동료들로 구성된 팀의 성과가 개인적 성과의 합보다 더 낮은 결과를 보이는 현상으로 설명될 수 있다.[14] 다양한 지식을 보유하고 있는 동료로 구성된 팀이 기대했던 성과를 달성하려면 두뇌지식을 공유할 수 있어야 하고, 원활한 의사소통 및 다른 동료의 의견에 귀를 기울이는 조직 문화가 조성되어야 한다. 또한, 명확하게 정의된 목표를 모두 이해할 수 있고, 자율적이고, 공정하며, 평등한 참여가 이루어질 수 있을 때 다양성이 빛을 발휘할 수 있다. 이는 경영혁신의 대상이다. 혁신은 임직원 개인의 창의적 활동을 단순히 모으기 위한 과정이 아니라, 다양한 지식의 이전과 결합을 통해 더 큰 시너지 효과를 구하기 위한 과정이다.

또한, 두뇌지식의 전수가 멀리 떨어진 계열회사, 고객 및 협력회사 사이에서도 이루어질 수 있다. 고객의 두뇌지식을 인지할 수 있다면, 제품·서비스 개발 과정에 그들의 아이디어를 신속히 반영할 수 있다. 또한, 협력회사의 전문적 지식을 민첩하게 활용하는 효과도 얻을 수 있다. 이런 점에서 지식관리의 범위는 기업 내부뿐만 아니라 고객 및 협력회사까지 확대될 수 있다. 최근 널리 확산되고 있는 소셜 미디어는 기업의 임직원은 물론 고객 및 협력회사 간 두뇌지식의 공유를 촉진하는 지렛대처럼 활용될 수 있다. 예를 들어, 텔레컨퍼런싱을 이용해 본사와 지사의 마케팅 담당자가 시장 변화에 대해 원격 회의를 진행하면서 상대방의 지식을 간접적으로 학습할 수 있다. 블로그나 트위터를 이용해 상당히 많은 고객이 주고 받는 대화 또는 컨텐츠를 분석함으로써 그들의 새로운 요구를 민첩하게 파악할 수도 있다. 이처럼 소셜 미디어를 통해 표현되는 지식을 체계적으로 수집하고 분석할 때, 원격지 고객의 두뇌지식도 공유할 수 있는 가능성이 열리고 있다. 결론적으로, 기업 임직원, 고객 그리고 협력회사 사이에 두뇌지식을 최대한 이전하고 공유할 수 있는 역량은 창의적 아이디어를 구상하는 데 중요한 원동력이다.

② **외부지식의 결합:**　두뇌지식은 <그림 2-3>에서 보면 '외부화' 과정을 거쳐 외부지식으로 전환된다. 여기서 두뇌지식의 외부화란 혁신하려는 제품 또는 서비스를 위한 아이디어를 표출하는 과정이다.[15] 혁신 팀 동료가 개인적 두뇌지식을 체계적 보고서나 비디오 등 외부지식으로 표현할 때 지식의 전환이 이루어진다. 또한, 회사의 신제품 개발을 위한 프로젝트 보고서나 비즈니스 프로세스 혁신을 위한 보고서 등은 외부지식에 해당된다. 두뇌지식이 외부지식으로 전환되면 많은 구성원이 공유할 수 있는 지적 자산이 된다. 그런데, 기업에서 추진한

다양한 연구 보고서나 비디오 등이 임직원의 PC나 서랍에 보관되어 있다면, 다른 동료가 이와 같은 외부지식을 공유하기란 어렵다. 기업 내부에서 작성된 보고서 등이 체계적으로 저장되고 구성원 사이에 공유될 때, 미래에 진행될 연구에 적지 않은 도움이 될 수 있다.

한편, 소셜 미디어, 사물인터넷, 고객, 협력회사, 웹 컨텐츠 등으로부터 시장의 변화에 관한 매우 다양하고 엄청나게 많은 외부지식을 수집하고 분석할 수 있다. 이는 최근 큰 관심을 모으고 있는 빅데이터 분석이다. 빅데이터를 체계적으로 수집해 분석하는 과정은 <그림 2-3>에서 보는 것과 같이 외부지식의 '결합' 과정으로 지식관리의 중요한 대상 중 하나이다.[16] 최근 조사에 의하면, 전통적 관계형 데이터베이스에서 처리할 수 있는 구조적 디지털 데이터가 전체 데이터 중에서 차지하는 비중이 고작 5%에 불과한 것으로 밝혀지고 있다.[17] 바꾸어 말하면, 기업이 소셜 미디어, 웹사이트 또는 비디오 등에 포함된 비구조적 데이터에 대해 지금까지 특별한 관심을 기울이지 않았다고 볼 수 있다. 예를 들어, 마이크로소프트는 번역시스템 개발을 위해 문법적 알고리즘 방식을 토대로 대규모 투자를 하였다. 한편, 구글은 인터넷에서 수집한 공문서나 보고서에 포함된 950억여 건에 이르는 번역물을 토대로 번역시스템을 개발하였다.[18] 즉, 구글은 번역시스템의 개발을 위해 빅데이터 분석을 응용하였는데, 그 정확도가 마이크로소프트보다 상대적으로 더 높은 것으로 판명되었다. 빅데이터 분석은 제1장에서 본 피카소의 입체적 그림에 비유할 수 있다. 그는 사물의 모습을 다양한 차원에서 표현하는 새로운 장르를 개척하였다. 이와 유사한 맥락으로, 한정된 표본 데이터와 비교할 때, 실제 복잡성을 모두 반영하는 빅데이터 분석을 통해 얻게 되는 정보는 다차원적일 수 있다. 빅데이터의 수집과 분석은 세상에 존재하는 외부지식을 수집해 그동안 모르고 지나쳤던 새로운 차원의 지식 및 정보를 찾아내는 과정이라 할 수 있다.

혁신 프로세스에 참여하는 팀원이 빅데이터 분석을 통해 도출된 다차원적 외부지식을 인지 활동에 정보로서 사용하면, <그림 2-3>에서 보는 것과 같이 외부지식에 의해 두뇌지식이 한층 더 풍요롭게 전환되는 '내면화' 과정이 진행된다.[19] 즉, 혁신 팀 동료가 외부지식을 인지할 때 두뇌지식이 한층 더 풍요로워지며, 창의적 아이디어의 구상을 위한 원동력이 커질 수 있다.

결론적으로, 임직원의 두뇌지식과 외부지식이 고정된 상태가 아니라 마치 회오리 바람처럼 서로 역동적으로 전환될 때 혁신 프로세스의 핵심인 지식이 한결 더 풍요로워질 수 있다.[20] 경영자는 혁신 프로세스에 관여하는 임직원 간의 두뇌지식과 외부지식이 활발하게 전환될 수 있도록 지식관리를 해야 한다. 기업이 성장하려면 혁신이 절실히 필요한 비즈니스 환경이다. 기업의 지식관리 역량은 혁신 프로세스의 성과를 향상시킬 수 있는 핵심 자원이다.

혁신탐지 역량: 경영자가 혁신 기회를 포착하려면 기술의 발전 및 세계적 경제활동의 변화 추세를 면밀히 관찰하고 분석할 수 있는 혁신탐지 역량이 필요하다.[21,22] 그것은 <그림 2-1>과 같이 시장 변화에 유연하게 대처하는 피드백 시스템과 같다. 드러커(Drucker)는 혁신 기회의 탐지에 대해 다음과 같은 의견을 피력하였다:[23]

"혁신이란 시장의 고객이 더 가치 있고, 만족할 수 있는 자원을 구상하는 것이다. 기업가에게 혁신은 시장의 새로운 기회를 탐지하기 위한 수단이다. 성공적 기업가일수록 시장의 기회를 체계적으로 찾아낸다. 그들은 산업 구조를 송두리째 바꿀 만한 아이디어를 무작정 기다리지 않는다. 단시간 내에 수 조원대의 사업을 꿈꾸는 기업가는 대개 실패한다. 맥도널드 햄버거는 세상 사람이 놀랄 만한 기술을 동원한 사업 모형이 아니다. 세계 어느 매장에서 주문하더라도 동일한 품질의 햄버거를 제공하는 관리 방식이 맥도널드 성공의 비결이다. 혁신에는 시장의 고객이 원하는 변화를 뚜렷한 목적을 가지고 탐지하는 과정이 필요하다. 그리고 기업가는 새로운 변화가 경제적 또는 사회적 혁신의 기회가 될 수 있는지 체계적으로 분석해야 한다."

혁신 기회의 탐지는 낚시에 비유할 수 있다. 어부가 고기를 많이 잡으려면 우선 고기가 많이 있는 곳을 찾아내야 하며, 그 고기를 잡을 수 있는 기술이 있어야 한다. 마찬가지로, 경영자도 시장의 큰 변화를 일으키고 있는 원인을 밝혀내고, 그로부터 혁신 기회를 탐지할 수 있는 역량을 갖추어야 한다.

- **혁신의 원천:**   최근, 시장의 급격한 변화를 촉발한 주요 요인은 무엇인가? IT, 특히 인터넷을 기반으로 발전한 기술과 세계적 경제활동의 변화를 들 수 있다.[24] 첫째, 기술 발전의 대표적 모형으로 플랫폼 비즈니스를 들 수 있다. 여기서 플랫폼이란 새로운 유형의 디지털 시장으로서, 핵심적 요소는 정보이다.[25] 정보에 의존하는 비중이 큰 산업일수록 플랫폼 비즈니스 혁신의 주요 대상이 될 수 있다. 예를 들어, 에어비앤비, 우버, 아마존, 유튜브, 이베이, 위키피디아, 페이스북, 트위터 모두 정보를 기반으로 발전한 플랫폼 비즈니스의 사례들이다. 이와 같은 혁신 모형은 정보를 이용해 사람, 조직, 그리고 자원을 효율적으로 연결시켜 빠른 속도로 성장하면서 전통 산업의 경쟁력을 크게 위협하고 있다. 창의적 플랫폼 비즈니스의 구상은 혁신을 위한 중요한 원천이 되고 있다.

  둘째, 세계적 경제활동의 변화도 혁신의 또 다른 주요 원천이다.[26] 구체적으로, 신흥시장이 도시를 중심으로 빠르게 성장하고 있다. 미국 및 유럽의 선진국이 세계 시장에서 차지하고 있던 비중이 중국, 인도, 러시아, 브라질 등에서 떠오르고 있는 신흥시장에 의해 축소되고 있다. 세계 지역별 시장의 독특한 문화와 정서에 맞춘 제품·서비스의 혁신은 중요한 기회가 될 수 있다. 그리고 세계적으로 확산되고 있는 출산율의 감소 및 고령화의 증가는 미래 노동 인구의 감소와 경제 성장의 하락을 초래할 전망이다. 노동력 감소에 대처하기 위한 생산 및 인력 수급 방식의 변화와 노인층을 위한 제품·서비스의 혁신도 중요한 기회이다. 또한, 국제 무역의 증대와 더불어 자본, 인구 그리고 정보의 활발한 교류로 인해 세계가 더 밀접하게 연결되고 있다. 새로운 비즈니스 환경이 펼쳐지면서, 스타트업도 단기간에 세계적 기업으로 발돋움할 수 있는 혁신 기회가 열리고 있는 것이다. 기업가는 세계적 경제활동의 변화에서 혁신 기회를 포착할 수 있는 비즈니스 통찰력을 키워야 한다.

- **혁신탐지 역량:** 경영자가 혁신의 주요 원천을 파악하더라도, 혁신 기회를 쉽게 탐지할 수 있는 것은 아니다. 혁신 기회를 포착하기 위한 창의적 아이디어의 구상을 촉진하려면, 혁신 팀원의 창의성을 북돋우는 '인지역량'과 '행동역량'을 향상시켜야 한다.[27] 개인의 인지역량은 다양한 지식, 기술 및 경험 등을 결합해 새롭고 가치 있는 제품, 서비스 또는 비즈니스 모형을 구상할 수 있는 '연상능력(Association)'이다. 그리고 행동 역량은 질문, 관찰, 인적 네트워크 그리고 실험이란 네 가지 능력이 결합된 것이다. 그런데 개인의 연상능력은 타고난 능력이기보다 그의 행동역량이 향상될 때 더 크게 발휘될 수 있다. 그러므로 경영자는 혁신 팀원의 연상능력과 행동능력을 균형 있게 발전시킬 수 있도록 지원해야 한다. 혁신탐지 역량은 6장에서 더 자세히 논의될 예정이다.

IT 역량: IT 역량은 다양한 의사결정에 필요한 지식 및 데이터의 수집과 분석을 지원하기 위한 자원이다. 기업의 전략이 혁신 프로세스와 비즈니스 프로세스를 동시에 추진하는 것이면 'IT 역량의 이원화(Bimodal IT)'가 필요하다. 즉, 혁신 프로세스와 비즈니스 프로세스에 적합한 IT 역량이 서로 달리 구축되어야 한다. 첫째, 혁신 프로세스의 창의적 인지 활동을 강화시키는 데 지식관리 및 혁신탐지 역량만으로는 부족하다. 두 가지 역량을 뒷받침해주는 IT 역량이 구축될 때, 창의적 아이디어의 구상이 한층 더 풍요로워질 수 있다.

둘째, 기업의 수익은 비즈니스 프로세스가 효율적으로 운영될 때 실현된다. 그러기 위해서는 기능별로 분업화된 부문들 간의 데이터 통합을 위한 IT 역량이 필요하다. 또한, 고객마다 다른 요구를 충족시키려면 비즈니스 프로세스와 응용 프로그램을 신축적으로 조정할 수 있어야 한다. 이와 같이 사뭇 다른 속성의 두 프로세스를 맞춤 지원하려면 IT 역량이 이원화되어야 한다. IT 역량은 자원기반이론의 관점에서 다음 네 가지 주요 요소로 구성된다: 1) IT 아키텍처; 2) IT 기반구조; 3) IT 기술역량; 그리고 4) IT 관리역량.[28] 혁신 프로세스와 비즈니스 프로세스를 동시에 지원하기 위한 IT 역량의 주요 요소 설계 및 응용에 대해 살펴보기로 하자.

• **IT 아키텍처:** 경영자가 전략을 수행하는데 적합한 IT 역량을 구축하기에 앞서 설계도인 IT 아키텍처를 준비해야 한다.[29] 기업의 전략은 비교적 추상적이다. 전략이 IT 아키텍처에서 보다 더 구체화된 후, IT 역량이 실제로 구축되어야 한다. 전략, IT 아키텍처 그리고 IT 역량 간 관계는 <그림 2-4>와 같이 건물의 건축을 위한 설계도에 비유할 수 있다. 설계자는 건축주의 의도에 맞춰 설계도를 작성한다. 훌륭한 건축 설계는 건물의 미래 효용가치를 높여줄 뿐만 아니라, 공사를 진행하는 과정에 불가피하게 나타나는 설계 변경에 따른 공사비의 증가를 최소화 시켜준다.

그림 2-4 전략, IT 아키텍처 그리고 IT 역량 간 관계

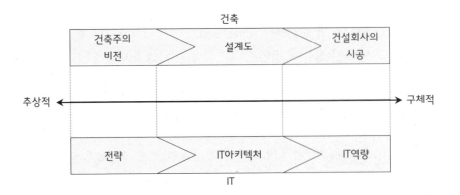

출처: Pearlson, K. E. and C. S. Saunders, 2009.

IT 아키텍처도 건축과 마찬가지로 기업의 전략을 수행하는 데 적합한 IT 역량의 설계도이다. IT 역량을 설계할 때 고려해야 할 주요 사항은 다음과 같다. 첫째, 혁신 프로세스의 지식관리 및 혁신탐지 역량을 강화시켜 줄 수 있는 IT 역량이 IT 아키텍처에서 구체적으로 설계되어야 한다. 예를 들어, 혁신 팀원 간의 두뇌지식의 공유를 진작시키는 데

지렛대 역할을 할 수 있는 소셜 미디어 및 모바일 컴퓨팅 등의 활용 방안이 강구되어야 한다. 그리고 외부지식인 빅데이터를 수집, 저장, 그리고 분석하는 데 필요한 미디어의 구축, IT 응용의 개발 및 데이터 과학자의 구성에 관한 세부적 계획이 수립되어야 한다.

둘째, 비즈니스 프로세스의 효율적 운영에 필요한 IT 역량도 설계되어야 한다. 기능별로 분업화된 세부적 활동을 자전거 체인처럼 하나로 연결하는 데 중요한 역량 중 하나는 데이터 통합이다. 또한, 일상적으로 반복되는 표준화된 비즈니스 프로세스를 자동적으로 처리할 수 있는 응용 프로그램의 개발도 필요하다. 한편, 개인 고객의 다양한 요구를 수용하려면 비즈니스 프로세스를 신축적으로 조정할 수 있어야 한다. 그리고 세계적 공급회사의 이질적인 네트워크와 연계하려면 유연한 IT 응용이 필요하다. 즉, 비즈니스 프로세스를 효율적으로 운영하려면 데이터 통합, 표준화 및 신축적 변화에 적합한 IT 역량이 아키텍처에 반영되어야 한다.

결론적으로, IT 아키텍처는 기업의 전략을 구체화시킨 IT 역량의 설계이다. 그리고 IT 아키텍처에서 현재뿐만 아니라 미래에 응용할 수 있는 IT 역량도 고려되어야 한다. 현재 응용할 수 없는 IT 역량을 가정한 IT 아키텍처는 현실성이 없다. 또한, 미래에 발전될 IT를 신축적으로 수용할 수 없는 경직된 IT 아키텍처도 부적합하다. IT 아키텍처는 현재와 미래 전략 수행에 적합한 IT 역량을 조성하는 데 매우 중요한 청사진이다.

• **IT 기반구조:** IT 기반구조를 구성하는 컴퓨터 하드웨어, 소프트웨어, 통신 네트워크 그리고 데이터가 IT 아키텍처에 맞춰 실제로 조성된다. IT 아키텍처에서 혁신 프로세스와 비즈니스 프로세스를 동시에 지원하도록 설계되었다면, IT 기반구조의 구축도 이원화되어야 한다. 첫째, 혁신 프로세스의 핵심적 활동인 지식관리 및 혁신탐지 역량을 강화시키는데 적합한 IT 기반구조가 구축되어야 한다. 예를 들어, 두뇌지식의 공유를 촉진하는 다양한 소셜 미디어 플랫폼이 설치되어야 한다. 구조적

데이터는 물론, 웹 컨텐츠, 동영상, 사물인터넷에서 생성되는 신호, 소셜 미디어 데이터 등을 모두 포함하는 비구조적 데이터를 수집하고 분석하려면 XML 및 웹 서비스와 같은 개방적 인터페이스를 지원해 주는 IT 플랫폼이 필요하다.[30] 또한, 빅데이터의 수집 및 저장을 위해 대용량 서버를 도입하거나, 클라우드 컴퓨팅을 이용할 수 있다. 그리고 빅데이터 분석을 위해 하둡과 같은 개방형 소프트웨어를 도입할 수 있다.

둘째, 기업의 비즈니스 프로세스는 고객에게 제품 또는 서비스를 효율적으로 공급하기 위해 설계된 논리적 활동의 집합이다. 비즈니스 프로세스의 설계는 크게 두 가지 유형으로 나눌 수 있다. 하나는 '표준화'된 프로세스이고, 다른 하나는 신축적 변화가 필요한 프로세스이다. 전자의 경우 시스템 통합을 효과적으로 할 수 있는 ERP와 같은 응용 프로그램을 도입하면 된다. 한편, 개인 고객 또는 글로벌 협력회사 간 연계를 위해 비즈니스 프로세스를 유연하게 변화시켜야 할 후자의 경우, '서비스 기반 아키텍처(SOA: Service-Oriented Architecture)'가 ERP와 같은 비교적 경직된 응용 프로그램보다 더 효과적일 수 있다.[31] '비즈니스 프로세스 관리'는 비즈니스 프로세스 운영에 적합한 응용 프로그램을 개발하기 위한 것이다. 그러므로 '비즈니스 프로세스 관리'의 초점은 비즈니스 프로세스를 효과적으로 통합 및 표준화하고, 또한 신축적으로 운영하는데 적합한 '정보기반구조'의 설계에 있다.

- **IT 기술역량:** IT 기술 역량은 다양한 응용시스템을 개발하고, 제품의 생산 또는 서비스 공급을 위해 가동할 수 있는 IT 기술에 관한 지식을 뜻한다. 구체적으로, 프로그램 언어 지식, 운영체제에 대한 경험, 통신 프로토콜 및 각종 미디어의 이해 등이 IT 기술역량에 포함된다. IT 기반구조를 효과적으로 운영하려면 IT 기술역량이 필요하다.

- **IT 관리역량:** IT 관리란 IT 투자, 응용시스템의 구상 및 개발 과정을 관리하는 능력이다. IT 관리의 목적은 경영부문의 활동을 효과적으로 지원해 조직 성과를 향상시키기 위한 것이다. 구체적으로, 기업의 IT

부문은 경영부문, 협력회사, 그리고 고객이 요구하는 데이터가 무엇인지 파악하고, 그들과 함께 협업할 수 있어야 한다. 또한, IT 부문은 그들이 미래에 어떤 IT를 요구할 것인지도 예측할 수 있어야 한다. IT 관리역량에는 IT 투자에 수반될 위험성을 분석하고, 대처할 수 있는 능력도 포함된다. 그리고 기업의 IT 기술역량이 부족하면 프로그래머와 시스템 분석가를 외부에서 영입할 수 있어야 한다. 또한, 그들이 조직 문화에 적응하고 회사의 규정과 절차를 이해하고, 경영부문과 IT 프로젝트를 어떻게 협업할 것인지 방법을 이해하도록 지원할 수 있어야 한다. 이 모든 활동이 IT 관리에 해당된다.

그리고 IT 관리 개념에 포함되는 'IT 의사결정 구조'(IT Governance)에 관해 좀 더 자세히 살펴볼 필요가 있다. IT 의사결정 구조는 IT와 관련된 의사결정권과 그 책임 소재를 명시함으로써 IT의 효과적 사용을 촉진하기 위한 것이다.[32] 즉, IT의 의사결정 구조는 'IT 의사결정의 유형'에 적합한 '의사결정의 주체'를 명확히 정의하기 위한 것이다. IT 의사결정의 구조가 왜 중요한가? 기업의 신규 투자 중에서 IT가 차지하는 비중이 매우 높다. 또한, 기업의 일상적 비즈니스 프로세스는 물론 제품, 서비스 그리고 전략적 혁신에 이르기까지 IT의 응용이 매우 광범위하게 이루어지고 있다. 그런데, 경영부문에서 전문적 기술분야인 IT를 충분히 이해하기란 실제로 어려운 일이다. 거꾸로, IT 전문가가 경영부문의 다양한 요구 또는 비즈니스 프로세스를 제대로 이해하기도 쉬운 일이 아니다. 경영부문이 주도적으로 결정할 IT도 있고, 반대의 경우도 따로 있다. IT 의사결정을 누가 그리고 어떻게 내리는지에 따라 IT 및 기업의 성과가 달라질 수 있다. 즉, IT 의사결정 구조가 투명하게 관리될수록 IT의 효과적 사용이 가능해진다.

혁신 프로세스와 비즈니스 프로세스 간의 협업

혁신 프로세스와 비즈니스 프로세스가 <그림 2-1>과 같이 협업할 때, 혁신의 성과가 향상될 수 있다.[33] 두 프로세스는 서로 독립적이며 속성도 다른데, 왜 협업해야 하는가? 혁신 과업을 중심으로 구성된 혁신 프로세스의 인적·물적 자원이 비즈니스 프로세스와 비교할 때 빈약할 수밖에 없다. 현존하는 기업의 비즈니스 프로세스에 축적된 전문적 지식과 풍부한 경험을 혁신 프로세스에서 활용하기 위한 것이다. 두 프로세스 간의 협업이 이루어질 때, 기업 차원의 시너지 효과가 달성될 수 있다.

구체적으로, 혁신 프로세스는 과업 파악, 지식·데이터 분석, 아이디어의 구상 그리고 타당성 실험이란 개념적 과정으로 구분된다. 비즈니스 프로세스를 운영하면서 수집되는 구조적 데이터가 혁신 프로세스의 과업 파악 및 지식·데이터 분석 과정에서 매우 요긴하게 사용될 수 있다. 그리고 두 프로세스가 서로 협업해야 하는 더 중요한 이유는 특히 마지막 타당성 실험 과정에 있다. 혁신 프로세스의 주요 목적은 다양하게 구상되는 아이디어 또는 가설의 타당성 실험을 통해 보다 더 나은 아이디어를 모색하기 위한 학습에 있다.

비즈니스 프로세스에서 다양한 지식과 경험을 쌓은 전문가가 혁신 프로세스의 실험 과정에 참여할 때 매우 큰 시너지 효과를 성취할 수 있다. 예를 들어, 생산 프로세스에 관여하는 전문가는 새롭게 구상된 아이디어에 의해 개발될 제품의 생산 가능성, 기술 인력 및 원자재의 조달, 예상되는 생산원가 등에 대해 검토할 수 있다. 마케팅 및 판매 프로세스 전문가는 새로운 제품의 시장 분할, 수요, 가격 등을 분석하고 예측할 수 있다. 만일, 혁신 프로세스에서 아이디어의 타당성을 실험하는 과정에 비즈니스 프로세스의 협력이 없다면, 외부 전문가를 물색하거나 실험 자체를 아웃소싱할 수밖에 없을 것이다. 그러면 실험에 더 오랜 기간과 비용이 소요되면서 경쟁 회사보다 혁신에 뒤처지기 쉽다.

기업의 혁신 프로세스와 비즈니스 프로세스 간의 협업은 창의적 아이디어를 구상하고 제품·서비스로 개발하는 데 있어서 시간과 비용을 절감할 수 있는 효과적 조직 관리이다. 물론, 혁신 프로세스와 비즈니스 프로세스가 구조적으로 다르기 때문에 양자 간의 협업이 어려울 수 있다. 그것을 극복할 수 있는 실무적 방안은 8장에서 자세히 논의될 예정이다.

혁신 역량과 경쟁력

기업이 지속적으로 혁신하려면 지식관리 역량, 혁신탐지 역량 그리고 IT 역량을 균형 있게 갖추어야 한다. 기업이 혁신 역량을 보유하면 과연 경쟁력을 높일 수 있는가? 혁신 역량이 자원기반이론에서 제시된 다음 두 가지 조건을 충족시킬 때 가능하다.[34]

- 기업의 혁신 역량이 경쟁 기업의 역량과 비교할 때 이질적이어야 한다(이질성)
- 기업의 혁신 역량이 다른 기업으로 완전히 이전될 수 없어야 한다(이전가능성)

세부적으로, 혁신 역량마다 다음과 같은 공통된 속성이 있다: 1) 가치; 2) 희소성; 3) 불완전 모방; 그리고 4) 조직.[35] 이와 같은 속성은 <표 2-1>과 같이 기업의 혁신 역량이 경쟁력 유지를 위한 두 가지 조건인 '이질성'과 '이전가능성'을 충족시키는 정도를 평가할 때 기준이 된다.

표 2-1 혁신 역량, 속성 그리고 경쟁력

혁신 역량	속　　　성				경쟁력	
	가치	희소성	불완전 모방	조직	이질성	이전가능성
지식관리 역량						
혁신탐지 역량						
IT 역량						

가치:　기업이 혁신 역량을 활용함으로써 가치를 생성할 수 있어야 한다. 즉, 지식관리 역량, 혁신탐지 역량 그리고 IT 역량에 의해 경쟁 기업보다 한 발 앞서 혁신할 수 있을 때, 그 역량을 보유할 가치가 있다. 예를 들어, 빅데이터 분석을 토대로 혁신 기회를 탐지하는데 효과적인 지식관리 역량은 '가치' 있는 자원이다.

희소성:　　혁신 역량의 가치는 희소할 때 지속된다. 기업이 희소성이 별로 없는 일반적 역량을 활용해 일시적으로 경쟁력을 확보할 수 있다. 그러나 다른 회사도 쉽게 응용할 수 있는 보편적 역량으로 경쟁력을 장기적으로 유지하기란 어렵다.

불완전 모방:　　기업이 희소한 혁신 역량을 활용해 가치 있는 아이디어를 구상할 수 있을 때, 경쟁 기업보다 더 큰 성과를 거둘 수 있다. 그리고 다른 기업이 이와 같은 역량을 모방하거나 다른 자원으로 대체할 수 없을 때, 기업의 경쟁력은 지속될 수 있다. 그와 같은 혁신 역량은 완전히 모방하기에 불가능한 자원이다. 경쟁 기업이 혁신에 성공한 기업의 역량을 쉽게 모방하지 못하는 경우는 다음과 같다: 1) 기업의 독특한 역사적 배경에 의해 형성된 역량; 2) 기업의 혁신 역량과 성과 간 모호한 인과관계; 또는 3) 사회적으로 복잡하게 조성된 역량. 이와 같이 모방하기 어려운 혁신 역량의 속성에 대해 더 자세히 살펴보기로 하자.

첫째, 기업은 본질적으로 역사적 그리고 사회적 존재이다. 기업이 언제 그리고 어디에서 자원 또는 역량을 개발하였는지에 따라 경쟁력이 달라질 수 있다. 기업이 특정한 역량을 확보할 수 있는 시점 또는 지리적 여건을 놓쳤을 때, 그것은 완전히 모방하기 어려운 역량이 될 수 있다. 예를 들어, 기업의 과학자가 획기적 발명을 하였을 때, 그것은 과학자 개인의 연구 능력과 경험이라는 역사성이 반영된 결과이다. 뛰어난 과학자를 보유하고 있는 기업은 경쟁 기업이 모방하기 어려운 역량을 보유하고 있는 것이다. 독특하면서도 가치 생성에 도움이 되는 기업의 문화도 역사적 그리고 사회적 역량이 될 수 있다. 예를 들어, 구글의 '70-20-10'이라는 직원의 자율적 업무시간 배정에 관한 규정은 자유로운 연구 환경을 조성하기 위한 것이다. 즉, 기업의 독특한 역사적 그리고 사회적 환경에서 조성된 무형의 자원을 다른 기업이 온전하게 모방하기란 어렵다.

둘째, 기업이 경쟁 기업보다 더 뛰어난 혁신 성과를 달성하고 있다고 가정하자. 앞서가는 기업이 구체적으로 어떤 역량을 활용하고 있는지 경쟁 기업이 쉽게 파악할 수 없을 때, 혁신 역량과 성과 간의 인과관계가 모호한 경우이다. 또한, 혁신을 촉진하기 위한 역량에는 지식관리 역량, 혁신탐지 역량 그리고 IT 역량의 독립적 효과뿐만 아니라, 세 가지 역량 간의 상호작용 효과도 포함될 수 있다. 즉, 혁신 역량과 성과 간의 복잡한 인과관계를 구체적으로 파악하기란 쉬운 일이 아니며, 모방하기 어려운 원인이 될 수 있다.

셋째, 기업의 혁신 역량이 체계적으로 관리하기 어려운 복잡한 사회적 현상일 때, 경쟁 기업이 그것을 완전히 모방하기란 어렵다. 사회적으로 형성된 역량의 예로서 임직원 간의 상호 관계, 기업 문화, 협력회사 및 고객의 평판 등이 있다. 기업이 직접 관리하기 어렵고 사회적으로 복잡하게 조성된 역량일수록 경쟁 기업이 모방할 수 있는 가능성은 더욱더 낮아진다.

조직: 기업이 보유하고 있는 혁신 역량이 가치가 있고, 희소하며, 그리고 모방하기 어려운 자원이더라도, 그 역량에 잠재된 효과를 최대한 구현하려면 적절한 '조직' 관리가 필요하다. 예를 들어, 조직 구조, 자율권, 통제시스템, 보상 방법과 같은 조직 관리에 따라 혁신 역량의 성과가 크게 달라질 수 있다. 구글은 직원이 업무 시간의 대략 30% 가량을 자율적으로 사용하도록 허용하였다. 또한, 위계적 조직 구조 대신 팀제를 도입하였다. 연구 프로젝트를 중심으로 팀이 구성되고, 완료되면 해체되는 방식이다. 그런데, 구글의 직원이 마냥 자유롭기만 한 것은 아니다. 그들은 혁신에 공헌한 성과를 토대로 철저히 평가되고, 보상을 받는다. 구글은 이와 같은 '조직' 관리를 이용해 글로벌 정보를 활용할 수 있는 서비스 혁신을 끊임없이 성공하고 있는 대표적 기업이다.

결론적으로, 기업이 지속적으로 혁신에 성공하려면 경쟁 회사와 차별화된 혁신 역량을 갖추어야 한다. 즉, 기업이 활용하는 혁신 역량이 가치를 실현하고, 희소하며, 경쟁 회사가 쉽게 모방하기 어려워야 한다. 그리고 혁신 역량의 잠재적 효과를 최대한 끌어올리는 데 적합한 혁신 팀의 구조 및 자율권, 통제시스템, 보상 방법과 같은 조직 관리가 함께 이루어져야 한다. 한 가지 주목할 점은 위에서 살펴본 지식관리 역량, 혁신탐지 역량 그리고 IT 역량이 각각 독립적으로 혁신 성과를 높일 수 있는 것은 아니라는 것이다. IT 역량이 미흡한 상태에서, 지식관리 역량 또는 혁신탐지 역량의 효과를 최대한 발휘하기란 어렵기 때문이다. 혁신 역량 간의 균형이 유지될 때, 기업의 혁신 성과가 한층 더 높아질 수 있다.[36]

비즈니스 프로세스

기업이 혁신에 성공하더라도, 수익이 저절로 실현되는 것은 아니다. 혁신은 기업의 경쟁력을 향상시키기 위한 필요조건일 뿐이다. 혁신 프로세스의 최종 산출물인 창의적 아이디어가 비즈니스 프로세스로 이전되고, 제품·서비스로 개발되어 고객의 가치를 증가시킬 때 비로소 수익이 실현된다. 그러므로 기업의 경쟁력은 혁신 프로세스 및 비즈니스 프로세스의 함수이다. 비즈니스 프로세스에 대해 다음 절에서 살펴보기로 하자.

비즈니스 프로세스의 정의: 비즈니스 프로세스는 전략을 수행하기 위해 논리적으로 설계된 활동의 집합이다. 그 목적은 혁신 프로세스의 최종 성과인 창의적 아이디어를 제품·서비스로 개발해 고객에게 공급하기 위한 것이다. 즉, 고객의 가치가 비즈니스 프로세스에 의해 실제로 구현된다. 구체적으로, 비즈니스 프로세스는 '투입'을 '산출'로 전환하는 데 필요한 일련의 활동이라 정의된다.[37] 상품 구매 프로세스의 예를 <그림 2-5>에서 보기로 하자. 구매 프로세스는 판매 부문의 상품 요구사항으로부터 시작된다(투입). 구매부문은 상품을 가장 최적의 조건으로 구입할 수 있는 거래처를 물색한 후 주문서를 발송한다. 재고부문에서는 상품을 수령하고, 대금청구서를 회계부문으로 보낸다. 상품 대금이 지급되면 구매 프로세스는 종료된다(산출). 기업에는 매우 다양하고 많은 비즈니스 프로세스가 존재할 수 있다. 예를 들어, 고객 주문처리, 생산 계획 수립과 실행, 급여, 재무 보고 등의 프로세스가 있다. 프로세스는 투입에 의해 시작되고, 산출과 더불어 종료된다. 비즈니스 프로세스는 여러 기능부문 간의 협업을 거쳐 완성된다.

그림 2-5 **상품 구매 프로세스의 예**

기능별 구조:　　기업의 구조는 <그림 2-6>과 같이 대부분 생산, 마케팅, 판매, 물류, 구매, 재무, 회계와 같은 기능별로 분업되어 있다. 기업 간의 경쟁이 치열할수록 각 부문의 전문 지식과 경험이 중요한 역할을 한다. 기능별 조직 구조의 장점은 부문마다 전문가를 양성해 회사 전체가 공유할 수 있다는 것이다. 그리고 부문마다 전문가를 중복해서 고용할 때 파생되는 낭비를 감소시킬 수 있다는 장점이 있다. 그러나 각 부문이 전문화될수록 의사소통이 원활하게 이루어지지 않는 단점이 있다. 위의 예에서 살펴본 것과 같이 구매 프로세스를 완성하려면 여러 부문의 협업이 필요한데, 부문 간 의사소통이 원활치 못하다면 프로세스를 효율적으로 운영하기란 어려운 일이다. 각 부문의 활동이 종종 중복 또는 누락되기도 하며, 고객 만족도의 저하와 판매 수익의 감소를 초래할 수 있다. 비즈니스 프로세스를 완성하는 데 필요한 기능별 업무를 자전거 체인처럼 빈틈없이 연결시키려면 데이터베이스를 기반으로 한 데이터 통합이 필요하다. 모든 부문이 데이터를 실시간으로 공유하게 되면, 기능별로 분업화된 비즈니스 프로세스를 통합시키는 효과를 거둘 수 있다.

그림 2-6　비즈니스 프로세스와 기능별 조직 구조 간의 관계

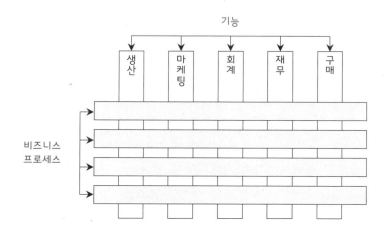

출처: Pearlson, K. E. and C. S. Saunders, 2009.

개인 고객: 개인 고객의 요구를 포용할 수 있도록 기업의 비즈니스 프로세스는 신축적으로 변화시킬 수 있어야 한다. 세계가 인터넷에 의해 하나로 연결되면서, 고객 가치의 중심이 제품 또는 서비스로부터 개인적 '체험'으로 이동하고 있기 때문이다.[38] 기업이 시장 변화에 순응하려면 생산 및 서비스 방식을 송두리째 변화시켜야 한다. 즉, 대량생산 또는 대량주문생산 방식에서 벗어나, 고객의 독특한 체험을 중요하게 여기는 맞춤형 생산·서비스 방식을 도입해야 한다. 예를 들어, 미국의 UPS는 고객이 보내고자 하는 소포를 그가 지정한 시각과 장소에서 수령해 가는 서비스 방식을 도입하였다. 아마존은 온라인 소매회사로서 고객의 과거 구매 패턴을 이용해 그에게 알맞은 제품·서비스를 추천하는 판매 방식을 채택하고 있다. 고객마다 다른 요구를 맞추려면 비즈니스 프로세스를 신축적으로 변화시킬 수 있어야 한다. 그런데, ERP와 같은 비교적 경직된 응용시스템을 사용하고 있는 기업이 개인 맞춤형 비즈니스 프로세스를 도입하기란 무척 어려운 과제이다.

공급회사 네트워크: 세계적 기업일수록 고객마다 다른 요구 또는 체험을 충족시키는데 적합한 인력, 자원, 제품 또는 서비스를 언제, 어디서나 실시간으로 활용할 수 있는 글로벌 비즈니스 네트워크를 활용하고 있다.[39] 회사가 아무리 크더라도 개인 고객마다 다른 체험을 모두 충족시켜 줄 수 있는 자원 또는 역량을 확보하기란 불가능한 일이다. 즉, 기업이 비즈니스 프로세스를 실행하는 데 필요한 자원을 모두 소유하는 수직적 통합에서 벗어나 공급회사의 자원을 활용하는 방식으로 패러다임이 바뀌고 있는 것이다. 더구나, 기업이 글로벌 공급회사를 이용하면서 원가를 오히려 낮출 수 있는 비즈니스 환경이 열리고 있다. IT, 특히 인터넷의 눈부신 발전으로 시장의 거래 비용이 감소하면서 가능해진 일이다. 그러므로 비즈니스 프로세스의 연계는 기업 내부뿐만 아니라 고객 및 글로벌 협력회사까지 확대되어야 한다.

결론적으로, 기업은 개인 고객 맞춤형 시장에 초점을 맞추고 글로벌 공급회사의 자원과 역량을 이용하기에 적합하도록 비즈니스 프로세스를 신축적으로 변화시킬 수 있어야 한다. 그리고 이를 뒷받침하기 위한 응용프로그램을 민첩하게 개발할 수 있는 역량이 필요하다. 이에 대해서는 비즈니스 프로세스(9장)에서 좀 더 논의하기로 하자.

결론

— 기업이 지속적으로 혁신하려면 그에 적합한 구조와 역량이 필요하다. 혁신 프로세스를 설립하고, 비즈니스 프로세스와 독립적으로 운영해야 한다. 비즈니스 프로세스의 틀 속에서 존재해온 R&D 부문을 혁신을 촉진하기 위해 단순히 확대하는 전략은 성공보다 실패할 위험성이 더 클 수 있다. 비즈니스 프로세스 임직원의 혁신 과업을 위한 역량 부족, 혁신 마인드 결여 또는 그들 사이에 오랫동안 고착된 업무관계 등이 '파괴적 혁신'에 적지 않은 장애요인이 될 수 있기 때문이다.

— 한편, 혁신 프로세스와 비즈니스 프로세스 간의 협업이 이루어질 때 혁신이 보다 더 효과적으로 이루어질 수 있다. 혁신 프로세스란 혁신을 위해 제시되는 아이디어의 불확실성을 반복적 실험과 학습을 통해 감소시켜 나가는 활동이다. 혁신 프로세스의 실험 과정에 비즈니스 프로세스의 전문성과 경험을 갖춘 임직원이 참여할 때, 지식의 확대는 물론 시간 절약 및 비용을 감소시키는 시너지 효과를 거둘 수 있다.

— 혁신 프로세스의 주요 활동은 다양한 지식 및 데이터를 수집하고 다차원적으로 분석하는 것이다. 이 활동을 지원하는 데 적합한 역량은 다음 세 가지이다: 1) 지식관리 역량; 2) 혁신 탐지 역량; 3) IT 역량. 세 가지 혁신 역량이 균형 있게 구축될 때 혁신 성과가 향상될 수 있다.

— 기업의 혁신 역량이 경쟁력을 유지하는 데 기여하려면 자원기반이론에서 제시된 두 가지 조건을 충족해야 한다. 첫째, 기업의 혁신 역량이 경쟁 기업의 역량과 비교할 때 이질적이어야 한다. 둘째, 혁신 역량이 다른 기업으로 완전히 이전될 수 없어야 한다. 이와 같은 두 가지 조건을 가늠하기 위한 혁신 역량의 속성은 1) 가치; 2) 희소성; 3) 불완전 모방; 그리고 4) 조직의 네 가지이다.

— 혁신 역량이 기업의 경쟁력을 높이기 위한 필요조건임은 분명하지만 충분조건은 아니다. 비즈니스 프로세스가 효율적으로 운영될 때 수익이 최종적으로 실현된다. 그러므로 미래 수익을 창출할 혁신 프로세스와 현재 수익을 실현하는 비즈니스 프로세스가 수레의 두 바퀴처럼 균형을 유지할 때 기업의 경쟁력이 비로소 유지될 수 있다.

PART 02

혁신역량을 키울 때, 창의성의 꽃이 피어난다

03

혁신과 창의성

혁신의 원동력은 창의성이다. 개인적 창의성이 커질수록 혁신을 위한 아이디어의 구상이 증가할 수 있다. 개인적 창의성이 유전적 요인에 의해 주어진 것인가? 아니면 교육과 훈련에 의해 후천적으로 향상될 수 있는가? 일란성 쌍둥이를 대상으로 진행된 연구에 의하면, 유전적 요인에 의해 결정되는 창의성이 대략 30% 정도에 그치는 것으로 밝혀졌다.[1] 오히려, 쌍둥이의 창의성에 더 큰 영향을 미친 요인은 서로 다른 교육적 환경임이 밝혀졌다. 한편, 이 연구와 함께 진행된 일반적 지능(IQ)의 경우 80~85%가 태어날 때부터 유전적 형질에 의해 정해지는 것으로 밝혀졌다. 즉, 개인적 창의성은, 일반적 지능과 비교할 때, 유전적 요인보다 교육 및 훈련에 의해 더 크게 향상될 수 있는 재능임을 알 수 있다. 그렇다면, 경영자가 임직원의 창의성 향상을 위한 시스템을 효과적으로 관리할 때 아이디어의 구상이 증가하게 되고, 혁신의 성과를 제고시킬 수 있다는 논리적 추론이 가능하다. 이 장에서 살펴볼 주요 내용은 다음과 같다:

- 창의성이란 무엇인가?
- 창의성의 구성요소
  - ✔ 과업-적합 역량
  - ✔ 창조-적합 프로세스
  - ✔ 내적 동기부여
- 외적 업무환경
- 혁신 프로세스

▌콘티넨탈리소스

해럴드 햄 '콘티넨탈리소스' 회장은 '셰일' 산업의 개척자로 일컬어진다. 셰일은 원래 지하 3,000m 지역의 암반층을 뜻한다. 이 지층에 원유와 가스가 잘게 흩어져 있는데, 이를 셰일 오일, 셰일 가스라고 부른다. 인류가 이 지층에 자원이 있다는 걸 알게 된 시기는 1800년대 일이지만, 기술력도 부족하고 채산성도 맞지 않아 200년 가까이 제대로 생산하지 못하고 있었다.

가난한 소작농의 13번째 아들로 태어난 햄 회장은 먹고 살고자 10대 때부터 일해야 했다. 처음에는 트럭 운전으로 시작해, 석유회사에 취업했고, 나중에는 직접 회사를 차리고 개발사업에 뛰어들었다. 햄 회장은 1971년 첫 번째 유정을 뚫었고, 두 번째 시추에서 이른바 '대박'을 쳤다. 이후 10여 년간 시추 대부분은 성공적이었고, 큰 돈을 벌었다. 햄 회장은 석유 및 가스광구 500여 개를 인수하면서 사업을 확장하였다. 그러나 운이 다했던 걸까. 햄 회장은 1980년대 후반부터 17번 연속으로 시추에 실패하면서, 회사는 도산 위기에 몰렸다. 사실 시추라는 것은 도박성이 짙다. 석유가 있는지 없는지 지질 탐사를 이용해 미리 예측하지만, 막상 뚫어야 알 수 있는 것이다. 햄 회장은 17번의 실패를 통해 '수직 시추법'은 불완전하며, 정확한 결과는 더 정밀한 지질 탐사가 필요하다는 것을 배웠다. 그때 실패한 덕분에 이후의 성공을 누릴 수 있었다고 햄 회장은 회고하였다.

유전을 찾아내는 비법이 무엇이었냐는 질문에 대해 햄 회장은 지질학의 중요성을 언급했다. "암석의 특성을 아는 것은 석유 탐사 개발 업체에 매우 중요합니다. 지질학적 지식을 적극 활용하면, 불확실성이 매우 높은 시추 사업의 위험성을 줄이고 경제적으로 자원을 생산할 수 있습니다. 콘티넨탈리소스는 우수한 지질학자를 모아 팀을 꾸렸고, 지금도 그 팀을 유지하고 있습니다. 이들의 임무는 단 하나, 새로운 개발 지역을 찾아내는 것입니다. '에임스 홀'을 찾아낼 수 있었던 것도 역시 그들의 힘이었습니다."

에임스 홀은 수억년 전 소행성이 떨어져 생긴 분화구다. 소행성과 충돌해 암반층에 구멍이 뚫린 상태였는데, 삼투압 현상에 따라 지층 밑에 매장된 석유가 위로 스며들어 모이게 되었다. 햄 회장은 여기서 아이디어를 얻었다.

셰일층의 암석에 '수압 파쇄법'(hydraulic fracturing)이란 기술을 이용해 구멍을 뚫으면, 삼투압 현상으로 석유를 뽑아낼 수 있다고 생각한 것이다. 여기에 덧붙여, 수평으로 넓게 자리 잡은 셰일층의 특성을 고려해, 일반적인 수직 시추법보다는 '수평 시추법'(horizontal drilling)이 더 효과적인 대량생산을 가능케 할 것이라고 생각했다. 이 두 가지 기술의 융합 덕분에 햄 회장은 셰일산업의 개척자로 불리게 되었다. 햄 회장은 두 가지 기술을 융합하게 된 동기에 대해 다음과 같이 설명하였다.

'수압 파쇄법'은 사실 1948년부터 있던 기술입니다. 셰일층에서 자원을 생산하려면, 일단 셰일층 암석을 부숴서 균열을 만들어내야 하는데, 폭탄보다는 물이 저렴하고 친환경적입니다. 균열이 생기면 이 자리에 셰일 자원이 모여듭니다. 이를 채굴하면 되는 것이지요. 셰일층의 특성을 보면 수평 시추법이 가장 효율적입니다. 얕은 셰일층은 두께가 고작 2m에 불과할 만큼 얇은 대신, 수평으로 넓게 퍼져 있습니다. 수평 시추법은 가로로 최대 3,000m까지 시추할 수 있습니다. 기존 수직 시추법으로는 하루에 30배럴도 생산하지 못한 유전에서, 수평 시추법을 활용한 것만으로 하루에 700배럴 이상을 생산할 수 있었습니다. 이 두 가지 기술을 조합하면 셰일층에서 원유를 생산하는 건 그렇게 어려운 일은 아닙니다.

출처: 윤형준, 『조선일보』 土日섹션 Weekly BIZ, 2015년 6월 13~14일

창의성이란 무엇인가?

창의성은 아이디어를 구상하는 원천이다. 혁신 과업에 대한 제품 또는 아이디어의 창의성은 개념적으로 다음과 같은 두 가지 근본적 요인을 기준으로 평가될 수 있다.[2,3]

혁신 과업을 위한 제품 또는 아이디어가
1) 새롭고 가치가 있어야 하며;
2) 과업의 유형이 알고리즘이 아닌 휴리스틱이어야 한다.

새롭고 가치 있는 아이디어:　　개인 또는 팀이 혁신 과업으로 제시한 아이디어가 창의적이기 위해서는 새로워야 한다. 검색 서비스를 제공해 주는 사이트가 새롭게 개발되었는데, 이미 존재하는 구글 서비스와 유사하다면 창의적이라 할 수 없다. 아이디어가 새로워야 한다는 개념은 이를 구상한 개발자의 입장이 아니라 사용자 또는 고객의 관점에서 본 것이다. 예를 들어, 현재 새로운 개념이라고 평가 받고 있는 아이디어가 실제로는 오래전에 발견된 것일 수 있다. DNA의 이중나선형 구조는 왓슨 등에 의해 처음 발견되었다. 그런데 많은 사람이 이 개념에 대해 큰 관심을 갖게 된 시기는 무려 50여 년이 경과한 후였다. 또한, 에디슨에 의해 발명된 백열등은 그 이전부터 사용되어 온 스크류 형태의 병뚜껑 방식을 응용한 사례이다. 스크류 방식의 백열등이 당시 창조적이지 않다고 여긴 사람은 거의 없었다. 앞에서 살펴본 컨티넨탈리소스 회사에서 셰일 오일과 가스 추출을 위해 최근 응용한 '수압 파쇄법'은 1950년대 이전에 이미 알려진 기술이었다. 즉, 새로 구상된 아이디어는 물론, 고객을 위해 새로운 제품 또는 서비스를 개발하는 데 도움이 된다면 이미 존재해온 기술이더라도 혁신을 위한 창의적 아이디어가 될 수 있다.

　　그리고 아이디어가 창의적이기 위해서는 고객의 가치를 높여줄 수 있어야 한다. 아이디어가 아무리 새롭더라도 고객에게 아무런 가치가 없다면 창의적 아이디어의 범주에 포함되지 않는다. 고객의 가치를 향상시킨 혁신 사례로 스마트폰을 들 수 있다. 인터넷 검색, 홈쇼핑, 모바일 뱅킹, 게임, 사진 등 고객에게 매우 다양한 가치를 종합적으로 제공해 주는 혁신이다.

휴리스틱 유형의 과업: 기업의 과업은 '알고리즘'과 '휴리스틱'이란 두 가지 유형으로 구분될 수 있다. 알고리즘 유형이란 복잡하고 어렵지만 하나의 최적해가 분명히 존재하는 과업이다. 예를 들어, 수많은 제약조건하에서 목적함수를 최대화 또는 최소화시킬 수 있는 선형계획법이 존재하는 과업은 알고리즘 유형이며, 창조적 과업으로 분류되지 않는다. 또한, 화학적 복합물이 아무리 복잡하더라도 이미 알려진 매뉴얼에 따라 생산되었을 때 창조적 과업의 대상이 아니다.

반면에, 휴리스틱 과업에는 하나의 목표나 해답이 명확히 존재하지 않는다. 이는 고객의 가치를 높여 줄 수 있는 제품 또는 서비스가 단 하나만 존재하지 않음을 뜻한다. 휴리스틱 과업의 해답은 개인적 상상력을 바탕으로 인지과정을 거쳐 도출되며, 해당 분야 전문가가 창조적이라고 수용할 수 있는 수준에서 결정된다. 휴리스틱 과업의 목표나 해법이 분명히 정해진 것이 없다 보니, 목표를 설정하고 해법을 구상하는 과정이 과업 해결자 또는 창조자의 역할이다. 다만, 시장의 고객이 안고 있는 문제 또는 요구(제품 또는 서비스)를 적절히 파악할 수 있다면 창의적 아이디어의 구상 방향을 보다 더 효과적으로 설정할 수 있다. 또한, 기술의 발전과 더불어 고객의 요구가 끊임없이 변화하기 때문에 창의적 아이디어의 구상이 아무런 제한 없이 지속적으로 이어져야 한다.

결론적으로, 창의성이란 고객의 관점에서 새롭고 가치 있는 아이디어를 시장 환경의 변화에 맞추어 지속적으로 구상해내는 역량을 뜻한다. 아이디어가 아무리 획기적으로 새롭고 가치를 더 높여줄 수 있다 하더라도 최종 정답은 아니다. 창의성이란 제품 또는 서비스를 아무런 제약 없이 지속적으로 혁신하려는 개인적 마인드이다.

창의성의 구성요소

경영자가 임직원의 창의성을 어떻게 높일 수 있는가? 창의성 이론의 대가인 애머빌(Amabile)에 의하면, 개인적 창의성은 <그림 3-1>에서 보는 것과 같이 '내적 창의성' 요소와 '외적 업무환경'에 의해 결정된다.[4] 내적 창의성 요소는 1) 과업-적합 역량; 2) 창조-적합 프로세스; 그리고 3) 내적 동기부여의 세 가지 요소로 구성된다. 한편, 외적 업무환경은 개인의 내적 창의성 요소에 부정적 영향을 미칠 수 있다. 경영자가 임직원의 창의성을 북돋우려면 내적 창의성 요소를 진작시키고, 부정적 영향을 미칠 수 있는 외적 업무환경을 관리해야 한다. 내적 창의성 구성요소를 우선 살펴보기로 하자.

그림 3-1 창의성의 구성요소와 혁신 프로세스

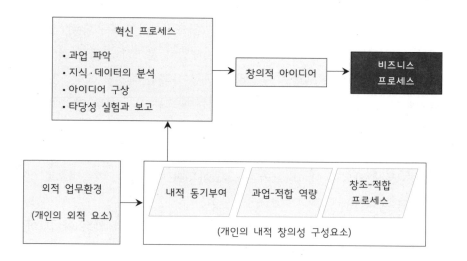

과업-적합 역량: 개인적 '과업-적합 역량'은 창의적 아이디어를 구상할 수 있는 기반이다. 개인적 아이디어의 구상은 새로운 변화에 맞추어 다양한 지식과 정보를 분석하고 인지하는 활동을 통해 이루어진다. 즉, 개인의 과업-적합 역량이란 혁신을 위한 창의적 아이디어를 구상하는 데 기반이 될 수 있는

지적 그리고 인지적 활동의 범위와 깊이를 뜻한다. 그러므로 과업-적합 역량의 크기는 혁신하고자 하는 제품·서비스와 관련된 지식, 기술적 역량, 그리고 그것에 적합한 재능을 얼마나 갖추고 있느냐에 따라 결정된다. 예를 들어, 컨티넨탈리소스 회사는 '에임스 홀'이란 지질학적 지식에 수압파쇄법과 수평 시추법을 결합함으로써 셰일 오일과 가스를 매우 효율적으로 추출하는 데 성공하였다. 특정한 제품 또는 상황에 한정된 지식보다는 일반적 지식을 결합할 때 창의적 아이디어를 더 많이 구상할 수 있다. 그 이유는 좁은 범위의 지식보다는 광범위한 지식을 결합할 때 구상할 수 있는 아이디어의 수가 훨씬 더 많아지기 때문이다. 그러므로 혁신 과업에 적합한 일반적 지식의 학습이 과업-적합 역량을 키우는 데 중요함을 알 수 있다. 그리고 앞서 예시한 셰일층의 개발 사례와 같이, 복잡하고 다양한 실험을 체계적으로 수행하는 데 필요한 기술적 역량과 재능도 또한 뒷받침되어야 한다. 과업-적합 역량이 클수록 다양한 지식의 인지와 더불어 비즈니스 통찰력이 향상되고 더 많은 아이디어를 구상할 수 있는 기반이 된다.

창조-적합 프로세스:　개인적 '창조-적합 프로세스'는 '인지 방식'과 '업무 방식'에 의해 결정된다. 개인적 인지 방식은 다양한 지식과 정보 간의 복잡한 관계를 이해하고, 당연한 것으로 여겨 왔던 틀에 박힌 고정관념에서 벗어나 과감하게 발상의 전환을 할 수 있는 역량이다. 창의적 아이디어를 풍부하게 구상하려면 다양한 지식을 결합할 수 있어야 한다. 그런데 개인마다 정도의 차이는 있지만, 다양한 지식을 새로운 시각에서 결합하는 것을 저해하는 '연상 장애'(Associative Barriers)가 존재할 수 있다.[5]

　　연상 장애란 개념은 무엇인가? 심리학 연구에 의하면, 인간은 어떤 키워드를 듣거나 이미지를 보는 순간 그것과 연관된 생각 또는 아이디어를 머릿속에 떠올리게 된다. 개인의 머릿속에서 떠오르는 생각은 교육 배경과 경험에 따라 다를 수 있다. TV 요리 경연대회에서, 유명한 요리사가 양 손에 칼을 쥐고 고기 덩어리를 빠른 속도로 잘게 다지고 있었다. 이를 본 작곡가는 요리사가 드럼을 치는 것 같다고 하고, 다른 공연 기획자는 '난타 공연'을 보는 것 같다는 서로 다른 느낌을 표현하였다. 인간은 복잡한 문제의 해법을 찾는 과정에 과거 경험을 토대로 단순하게 인지하려는 경향이 있다. 복잡한 데이터 처리와 같은 인지에 소요되는 노력을 최소화하고자 하는 인간의 속성 때문이다. 과거 경험에 의존한 연상은 문제를 효율적으로 해결할 수 있는 장점이 있지만, 한편 적지 않은 문제를 내포할 수 있다. 바로, 인간의 폭넓은 사고를 저해하는 현상이다. 즉, 인간은 여러 가정의 타당성을 검토해 보지도 않고 과거 경험에 몰입해 서둘러 결론에 도달함으로써 다른 대안이나 가능성을 모색해 볼 기회를 놓칠 수 있다. 이런 현상이 인간의 '연상 장애'이며, 창의성을 떨어뜨리는 커다란 걸림돌이다. 개인의 창조 – 적합 프로세스의 성과를 향상시키려면 연상 장애로부터 벗어나기 위한 마인드 전환이 필요하다.

인간은 자신의 연상 장애를 어떻게 감소시킬 수 있는가? 한 가지 방안은 문화적 다양성을 높이는 것이다. 문화란 규칙과 전통으로 정의될 수 있다. 그리고 개인의 사고방식과 행동 양식에 스며든다. 문화적 다양성은 연상 장애를 떨어뜨리는 데 매우 효과적이다. 연상 장애로부터 벗어나기 위한 또 다른 방안은 다양한 교육을 섭렵하는 것이다. 개인마다 학습한 교육 내용이 다를 때 각자의 머릿속에서 이루어지는 연상이 서로 다르게 형성되기 때문이다. 예를 들어, 의과대학에서는 의사가 되려는 학생에게 의학에 관한 전문적 지식은 물론 환자를 진료하는 데 준수해야 할 규칙과 절차 등을 교육한다. 의학 분야의 한정된 교육을 받은 의사마다 나름의 연상 장애가 형성되며, 다양한 분야 간의 교류를 어렵게 만드는 요인이 될 수 있다. 그런데, 개인이 다양한 문화나 교육을 두루 섭렵하기란 어려운 일이다. 연상 장애를 감소시키기 위한 현실적 방안은 다양한 문화와 교육 배경을 가지고 있는 동료로 팀을 구성하는 것이다. 팀원 간의 다양한 문화, 교육 그리고 지식이 결합되면서, 창의적 아이디어를 구상할 수 있는 인지적 역량이 높아지게 된다.

그런데, 다양한 문화와 지식을 갖춘 동료로 팀을 구성하더라도 창의적 아이디어가 저절로 구상되는 것은 아니다. 오소본(Osborn)은 다양한 지식을 효과적으로 결합하기 위한 방안으로 브레인스토밍을 오래전에 제시하였다.[6] 이 방법은 새로운 아이디어를 도출하기 위한 목적으로 여전히 널리 응용되고 있다. 그런데, 브레인스토밍이 아이디어 구상에 있어서 효과적인지를 검증한 심리학 연구에서 오소본의 당초 주장과는 다른 결과가 일관되게 나타났다.

즉, 팀의 동료가 함께 모여 브레인스토밍을 했을 때 구상된 아이디어의 수가 개인적으로 생각한 아이디어를 중복된 것을 제외하고 모았을 때 수의 절반 가량에 그쳤다는 것이다. 왜 그런가? 그 이유로 다음 세 가지 원인이 밝혀졌다. 첫째, 브레인스토밍 과정에 '무임승차자'가 존재할 수 있다. 둘째, 동료 간의 '평가불안' 때문에 훌륭한 아이디어가 있더라도 이를 표출하지 않고 억누르는 현상이다. 셋째, '봉쇄' 현상이다. 브레인스토밍 과정에서 동료가 제시하는 아이디어를 듣고 있던 다른 동료에게 불현듯 새로운 아이디어가 떠오르더라도 이를 표출할 기회가 일시적이지만 봉쇄될 수 있다. 그런데 인간의 단기 기억저장 능력의 한계 때문에 다른 동료가 제시한 의견을 모두 통합함과 동시에 새로운 아이디어를 구상하기가 어려울 수 있다. 더구나 브레인스토밍에 참여하는 팀원의 숫자가 증가할수록 아이디어의 구상이 거꾸로 더 많이 감소하는 것으로 나타났다.[7]

브레인스토밍의 단점을 극복하기 위한 방안으로 소셜 미디어 중 '위키'의 사용을 들 수 있다. 위키는 '대화형 지식관리 지원시스템'이다. 사용자는 위키를 이용해 온라인 공동체를 형성하고 활발하게 토론할 수 있다.[8] 특히, 아이디어 구상에 필요한 지식이 지리적으로 널리 분산되어 있을 때 더 효과적일 수 있다. 위키는 개방형 플랫폼으로서 사용자가 자유롭게 의견을 제시하고, 편집할 수 있도록 허용하고 있다. 그러므로 평가 불안 때문에 훌륭한 아이디어가 있더라도 이를 표현하지 않는 경우는 드물다. 그리고 위키는 인간의 단기 기억저장 능력의 한계를 완화시켜 줌으로써 브레인스토밍의 '봉쇄'라는 단점을 해소시켜 줄 수 있다. 소셜 미디어와 위키에 대해 4장에서 더 자세히 살펴보기로 하자.

그리고 창조-적합 프로세스의 성과가 업무방식에 의해 달라질 수 있다. 몇 가지 예를 들어보기로 하자. 한 가지 혁신 과업을 해결하기 위해 오랫동안 관심을 갖고 집중할 수 있어야 한다. 비효과적인 아이디어 탐색 전략이나 당장 해결하기 어려운 문제가 있다면 일단 유보할 수 있어야 한다. 과업이 매우 어렵더라도 그 해결을 위해 인내하며 혼신의 노력을 기울여야 한다.

내적 동기부여:　개인이 창조적 활동에 몰입하는 이유는 무엇인가? 위에서 설명한 개인의 '과업-적합 역량'과 '창조-적합 프로세스'는 해당 과업을 해결하는 데 필요한 역량과 마인드를 뜻한다. 그런데 개인이 특정한 과업을 해결하는 데 적합한 역량을 보유하고 있더라도, 그 과업을 실제로 해결하고자 하는 동기는 다른 차원이다. 개인이 특정한 과업에 관여하게 만드는 원동력은 사회심리학 연구에 의하면 자신의 '내적 동기부여'이다. 개인이 과업을 업무가 아니라 '재미있는 놀이'로 여길 때 그의 내적 동기부여가 높아지고, 스스로 몰입하는 과업 관여가 이루어진다.[9,10] 개인의 내적 동기부여와 창의성 간에 긍정적 상관관계가 있음이 관련 연구에서 밝혀졌다. 즉, 개인이 내적 동기부여가 높은 상태에서 과업에 관여할 때 창의성도 높아질 수 있다는 것이다. 그렇다면, 경영자는 직원의 과업에 대한 내적 동기부여를 어떻게 높일 수 있는가?

인간은 본래 호기심이 많다. 그리고 새로운 과제에 늘 도전해 보려는 욕구도 가지고 있다. 한 살에서 세 살짜리 어린 아이들 중에서 호기심 및 도전해 보려는 욕구가 없는 경우를 본 적이 있는가? 어른이 될수록 호기심과 도전 의식이 약해지는 이유는 사회적 환경 탓이다. 어른으로 성장하는 과정에 다양한 평가 및 보상과 같은 외적 요인에 의해 인간의 본성인 호기심과 도전 의식이 약화되기 쉽다. 인간의 호기심과 도전 의식을 원래 모습으로 되살리려면 그들의 내적 동기부여를 북돋워야 한다. 그러기 위해서는 자율권과 장인 정신이 필요하다.

- **자율권:**　개인의 내적 동기부여를 결정짓는 가장 중요한 요소는 자율권이다.[11] 개인이 특정한 과업에 관여할 것인지 여부를 자율적으로 선택할 수 있을 때 그의 내적 동기부여가 높아진다. 또한, 그 과업을 어떻게 해결할 것인지 스스로 결정할 수 있을 때 개인의 내적 동기부여가 높게 유지될 수 있다. 부모의 무서운 호통 또는 용돈에 의해 마지못해 공부하는 아이 또는 경영자의 지시에 따라 특정한 과업을 수행해야 하는 직원의 자율권은 낮은 수준이다. 아이가 원해서 스스로 공부할 때와 직원이 자유롭게 특정한 과업을 선택해 몰입할 수 있을 때 자율권은 높은 수준이 된다. 피카소, 고흐, 오키프 등은 자신들이 원하는

그림을 그렸다. 피카소의 입체주의, 고흐의 인상파 및 오키프의 아메리칸 모더니즘은 화가 자신의 구상에 따라 독특하게 구현되었다. 그들은 어떤 그림을, 언제, 어떻게 그릴 것인지 자율적으로 결정하였다. 그들에게 그림의 유형과 방법을 지시한 사람은 아무도 없었다. 그림의 주제를 미리 지정 받은 화가와 스스로 자유롭게 선정한 화가의 창의성을 검토한 결과 후자가 더 높은 것으로 밝혀졌다.[12] 인간이 자율적으로 과업에 관여할 때 내적 동기부여가 높아지는 것은 물론이다. 그럴 경우, 인간은 더 큰 만족감을 느끼고, 성과도 더 높게 나타났다.

그런데, 기업의 직원이 자신의 혁신 과업을 직접 선택하고, 아이디어를 구상할 수 있는가? 경영 환경이 바뀌지 않는 한, 그것은 현실적으로 매우 어렵다. 전통적으로 기업은 연간 목표를 세우고, 각 부문과 개인이 해야 할 구체적 업무 계획을 수립해 왔다. 직원은 마치 기계의 부속품처럼 주어진 일을 매뉴얼에 따라 정확하게, 또 열심히 수행하고, 그 성과의 평가에 따라 연봉 인상 또는 승진 등의 보상을 받아왔다. 이와 같은 환경에서 기업의 직원이 과업을 직접 구상하거나 흥미 있는 과업을 선택하기란 불가능한 일이다.

내적 동기부여를 진작시키기 위한 목적으로 직원에게 과업 선택의 자율권을 부여하려면 외적 통제의 경영 환경을 송두리째 변화시켜야 한다. 미국의 창의적 기업 중 하나인 3M은 '훌륭한 인재를 채용한 후 간섭하지 않는다'는 경영 철학을 유지해 오고 있다. 그리고 기술 부문 직원에게 근무 시간의 15%를 자율적으로 선택한 과업에 몰입할 수 있도록 허용하였다. 많은 사람에게 친숙한 3M의 '포스트잇'(Post–its)은 직원이 자율적으로 과업을 선택할 수 있도록 허용한 후 성취한 혁신 산물이다. 구글도 3M을 모방해 직원이 근무 시간의 20%를 창의적 아이디어를 모색하는 데 사용할 수 있도록 독려하였다.[13] 구글이 구글 뉴스, 지메일(Gmail), 구글 번역 등 헤아릴 수 없을 정도로 많은 혁신적 서비스를 개발할 수 있었던 원동력의 하나는 새로운 경영 환경의 조성이었다. 즉, 직원이 각자 관심 있는 과업을 자율적으로 구상할 수 있도록 업무 시간의 일부를 자유롭게 사용할 수 있었다. 그리고 직원이 자율적으로 정한 장소에서 과업을 처리할 때 더 큰 만족감을 느끼는 것으로 밝혀졌다. 예를 들어, 자신의 집을 콜센터 장소로 선택한 직원의 만족도가 더 높은 것으로 나타났다.

또한, 개인이 과업에 자율적으로 관여한다고 해서 혼자서 독립적으로 움직여야 한다는 뜻은 아니다. 개인이 혁신 과업을 모두 처리하기란 거의 불가능한 일이다. 누구든지 다른 사람과 함께 자율적으로 팀을 구성해 과업에 관여할 수 있음은 물론이다. 고어(Gore & Associates)는 고어텍스란 의류 원단으로 널리 알려진 회사이다. 이 회사는 주어진 과업에 직원을 배정하는 일이 없다. 상사와 부하 간의 관계도 희미하다. 회사의 직원은 누구나 자신의 아이디어를 사내 게시판을 통해 많은 사람들에게 널리 알릴 수 있다. 고어 회사에는 수 많은 아이디어의 제시와 더불어 다른 동료의 참여를 독려하는 아이디어 시장이 늘 열려있다. 특정한 아이디어 또는 과업에 관심 있는 직원이 관여할 때 혁신 팀이 형성된다. 직원이 관여하지 않는 아이디어는 더 이상 개발되지 않고 묻히게 된다. 이처럼 직원 간에 자율적으로 조성된 팀의 성과가 경영자에 의해 구성된 팀의 성과보다 훨씬 더 높은 것으로 나타났다.[14]

개인이 과업의 관여 여부, 해결 방법 그리고 팀의 구성을 자율적으로 결정할 수 있을 때 그의 내적 동기부여가 높아질 수 있다. 이를 달성하려면 경영의 초점이 통제 중심에서 개인의 자율권 신장으로 변화해야 한다.

• **장인 정신:** 장인은 특정 분야의 전문적 지식 또는 기술이 있는 사람이다. 예를 들어, 자동차 엔진, 심장 수술, 요리, 판소리의 명장이 장인이다. 그들은 과업이 복잡해도 재미있는 놀이로 여기고 관여한다. 물론, 장인이 관여하더라도 완전히 해결되는 과업은 드물다. 그들은 어렵고 복잡한 과업을 조금이라도 더 낫게 해결하기 위해 끊임없이 노력한다. 이것이 '장인 정신'이며, 내적 동기부여를 높일 수 있는 형이상학적 요소이다.[15]

칙센트미하이(Csikszentmihalyi)는 사회심리학자로서 인간이 세상을 살아가면서 가장 높은 수준의 만족감을 느끼는 순간을 '플로우'(Flow)라 불렀다.[16] 그는 인간이 여가보다도 과업으로부터 플로우에 도달할 가능성이 더 높을 수 있다고 통찰하였다. 개인이 과업에 관여하도록 이끄는 내적 동기부여에 플로우 개념은 어떤 의미가 있는가? 우선, 탁구의 예를 들어보기로 하자. 자신과 기량이 비슷하거나 약간 나은 사람과 게임을 할 때 도전감도 생기고 가장 재미있다. 누구나 이 순간 탁구에 몰입하게 되며, 자신의 기량을 최대한 발휘하게 된다. 그러나 자신보다 기량이 월등히 높은 고수 또는 초보와 게임을 하게 되면 승패를 떠나서 좌절하거나 지루해지며, 게임 내용도 나빠진다. 마찬가지로, 개인이 복잡한 과업을 수행하기에 자신의 역량이 현재 약간 부족하지만 노력을 통해 향상시킬 수 있다고 판단할 때, 다른 일에서는 얻을 수 없는 집중과 만족을 느끼는 플로우에 도달한다고 한다.

개인이 플로우에 도달하도록 하려면 과업에 자율적으로 관여할 수 있는 경영 환경이 조성되어야 한다. 만일, 개인이 감당하기 어려운 과업에 경영자의 지시에 의해 배정될 때 그는 불안을 느끼고 좌절하게 된다. 과업에 비해 자신의 역량이 넘친다고 생각하는 개인은 거꾸로 지루함을 느끼게 된다. 인간이 좌절하거나 지루할 때 플로우에 도달하기는 어렵다. 인간이 플로우에 도달하면 시간, 장소, 심지어는 자신마저도 잊어버리는 무아지경에 이른다고 한다. 인간은 플로우의 순간 내적 동기부여가 고조되고 최고 수준의 창의성을 발휘할 수 있다고 한다. 삶의 윤리로서 플로우에 도달하려는 마음이 바로 장인 정신이다.[17]

장인이 되기란 어렵다. 그는 재능을 갖고 태어난 사람이라고 보통 믿기 쉽다. 그러나 장인이 되는 길은 고난의 연속이다. 열정과 인내심을 갖고 노력하지 않으면 도달하기 어려운 경지이다. 장인이 된다는 것은 자신이 관여해 온 과업을 바꾸지 않고 오랫동안 각고의 노력을 기울인 결과이다. 때로 5년, 10년, 또는 평생 끊임없이 노력해 온 사람이 장인이 될 수 있다. 인간은 무엇 때문에 어렵고 힘든 과업에 오랫동안 매달리는 것인가? 드웩(Dweck)은 인간의 지능을 연구해 온 심리학자로서 '인간은 믿는 만큼 성취한다'는 통찰을 하였다.[18] 장인 정신은 자신이 오랫동안 관여해 온 과업을 조금이라도 더 낫게 해결할 수 있다는 믿음을 가지고 혼신의 노력을 기울이는 마음이다. 하로우(Harlow)는 인간이 과업의 성과로부터 내적 즐거움을 얻을 수 있음을 발견하였다.[19] 애머빌(Amabile)에 의하면, 인간이 일상적 업무 과정에 얻는 가장 높은 수준의 동기부여가 놀랍게도 업무상 진척이나 발전이라고 한다.[20] 즉, 인간은 자신의 과업이 발전할 때 높은 동기부여와 관여를 느낀다고 한다. 그러므로 애머빌은 경영자가 직원이 발전할 수 있는 환경을 조성해야 함을 역설하였다. 그리고 직원의 발전을 인정하고 축하할 때, 그들은 살아가는 이유를 확인하고 자신들의 삶을 더 풍요롭게 만들어 나갈 수 있게 된다고 하였다. 장인이 한 가지 과업에 평생 관여하더라도 완전히 실현하지는 못한다. 그렇다고 좌절하기보다는 더 나은 결과를 추구하는 과정에 즐거움을 느끼는 것이 장인 정신이다. 결론적으로, 장인 정신의 함양이야말로 인간의 과업 관여를 위한 내적 동기부여를 높이기 위한 중요한 방안이다.

- **과업 유형:** 한 가지 주목할 점은 과업 유형에 따라 동기부여의 효과가 다를 수 있다는 것이다. 과업의 외적 동기부여 때문에 개인 또는 기업의 성과가 항상 낮아지는 것은 아니다. 만일 그렇다면, 20세기 일반적 경영 방식이었던 보상 및 처벌과 같은 외적 동기부여에 의해 달성했던 생산성 및 성과의 향상을 설명할 길이 없다.[21] 과업의 유형은 앞에서 살펴본 것과 같이 '알고리즘'과 '휴리스틱'의 두 가지로 나눌 수 있다. 알고리즘 유형의 과업은 미리 정해진 방식에 따라 가장 최선의 해법에 이를 수 있는 것이다. 반면에, 휴리스틱(창조적) 과업의 해법은 알고리즘으로 찾을 수 없으며, 모든 가능성을 탐색하는 가운데 기발한 아이디어를 구상해야 한다. 맥킨지 컨설팅 회사의 보고서에 의하면, 미국에서 새롭게 성장하는 직업 중 알고리즘 유형의 업무는 30%에 불과하고, 70%의 업무가 휴리스틱 업무에 해당된다고 한다. 반복적 업무는 자동화되거나 외국에 아웃소싱 되는 반면에, 창의적 업무는 그럴 수가

없기 때문이다.[22] 애머빌에 의하면, 알고리즘 유형의 과업에는 보상이나 처벌에 바탕을 둔 외적 동기부여가 적합한 반면에, 휴리스틱 또는 창조적 과업에는 부정적 효과를 가져온다는 것이다.[23,24] 즉, 과업의 내적 동기부여가 창의성을 높이는 데 적합하다는 것이다.

지금까지 개인의 창의성을 결정짓는 세 가지 구성요소인 과업-적합 역량, 창조-적합 프로세스 그리고 내적 동기부여에 대해 살펴보았다. 애머빌에 의하면, 세 가지 요소 중 어느 하나만 결여되더라도 개인의 잠재적 창의성이 최대한 발휘되지 못할 수 있다고 한다.[25] 지금부터 개인의 창의성, 특히 과업의 내적 동기부여 요소를 저해하는 '외적 업무 환경'에 대해서 살펴보기로 하자.

외적 업무환경

테일러(Taylor)의 '과학적 관리법'은 20세기 경영의 혁신이었다. 그 핵심은 인간의 행동이 '보상과 처벌'에 의해 결정된다는 것이다. 테일러는 생산 라인의 직원을 커다란 기계의 부속품으로 여겼다. 직원이 미리 정해진 시간 및 동작에 따라 로봇처럼 움직일 때 생산성이 향상된다고 본 것이다. 이를 달성하기 위한 수단이 보상과 처벌이었다. 당시 과업의 속성은 주로 동일한 작업을 반복적으로 수행하는 것이었다. 즉, 미리 정해진 절차에 따라 정확하게 그리고 열심히 작업한 직원에게는 보너스 또는 승진 등의 보상을 하고, 제대로 수행하지 못한 직원에게는 감봉 등의 처벌을 하는 방식이었다. 이와 같은 '외적 동기부여'에 의해 인간의 행동을 통제해온 방식이 20세기는 물론 현재까지 기업 경영에 있어서 중요한 몫을 차지하고 있다.

한편, 컴퓨터와 인터넷이 결합되면서 시장의 고객 요구가 최근 하루가 다르게 변화하고 있다. 기업은 새로운 비즈니스 환경에서 성장하기 위해 혁신에서 길을 찾고 있다. 기업이 혁신에 실패하면 시장에서 사라지는 현실이다. 혁신의 기반은 창의성이며, 그 원동력은 개인의 내적 동기부여이다. 그런데, 사회심리학 연구에 의하면, 보상 및 처벌과 같은 외적 동기부여 방식이 인간의 내적 동기부여와 창의성을 떨어뜨리는 것으로 밝혀졌다.[26] 지난 20세기 경영 성과를 향상시키는 데 유용했던 외적 동기부여가 개인의 창의성을 저해한다는 것이다. 창의성과 혁신의 중요성을 부인하는 경영자는 요즘 거의 없다. 그러나 보상 및 처벌과 같은 외적 동기부여 방식에 익숙한 경영자가 그것을 포기하기란 쉬운 일이 아니다. 창의성에 관한 사회심리학 연구와 기업 경영자의 인식 간에는 상당히 큰 차이가 존재한다. 외적 동기부여에 해당되는 평가 및 보상이 개인의 창의성을 왜 떨어뜨리는지 이해하기 위해 사이몬 교수가 제시한 '관심 관리' 개념과 더불어 평가 및 보상에 대해 살펴보기로 하자.

관심관리: 인지심리학 연구의 대가인 사이몬 교수는 개인의 과업에 대한 동기부여가 창의적 아이디어 구상에 미치는 영향에 대해 매우 유용한 개념

을 제시하고 있다. 즉, 동기부여의 가장 중요한 기능은 인간의 '관심관리(Attention Control)'이며, 특정 시점에 우선 달성하려는 목표의 선정이 동기부여에 의해 결정된다는 것이다.[27] 사이몬의 '관심관리' 가설은 다음과 같다:

> "한 가지 목표를 달성하려는 동기부여가 강렬할수록, 개인은 그것과 직접적 연관성이 낮은 외적 요인에 대해서 상대적으로 적은 관심을 기울이게 된다."

이 가설은 과업 성과에 따른 조건부 보상과 같은 외적 동기부여가 왜 창의성을 떨어뜨릴 수 있는지 그 이유를 설명하고 있다. 개인은 외적 동기부여에 의해 조건부 보상, 마감일의 준수, 감시자의 승인, 또는 전문가의 긍정적 평가와 같은 좁은 범위의 외적 목표에 초점을 맞추게 된다. 개인이 창의적 성과를 달성하려면 구체적으로 주어진 외적 목표로부터 벗어나서 과업의 광범위한 측면에 더 많은 관심을 기울일 수 있어야 한다. 개인이 외적 목표에 초점을 분산시킬 때 다른 대안을 상상해 볼 수 있는 사고의 폭이 좁아지기 마련이다.

창의성의 개념에 있어서, 개인의 내적 동기부여와 외적 동기부여 간의 차이는 혁신 과업에만 모든 관심을 쏟는지, 아니면 다른 목표에도 관심을 분산시키는지의 차이로써 설명될 수 있다. 인간이 기울일 수 있는 '관심역량'은 매우 제한적이다. 외적 동기부여 환경에 놓인 개인은 조건부 보상의 충족 여부에 상당한 관심을 기울일 수밖에 없다. 보상이나 승진과 같은 외적 동기부여에 적지 않은 관심을 기울이는 개인이 정작 가장 중요한 아이디어 구상에 쏟게 될 관심은, 내적 동기부여에 의해 보이게 될 관심과 비교할 때, 상대적으로 적어지게 된다.

결론적으로, 개인이 외적 동기부여에 관심을 분산시키다 보면, 창조-적합 프로세스에서 필요한 고정관념의 탈피, 위험 감수 등이 상대적으로 떨어질 가능성이 높아진다. 그리고 이미 알고 있는 지식 또는 알고리즘에 의존하게 될 가능성이 높아진다. 외적 동기부여를 위해 오랫동안 사용된 평가 그리고 보상이 개인의 창의성을 왜 떨어뜨리는지 살펴보기로 하자.

평가: 사회심리학 연구의 주요 가설 중 하나는 "과업 성과에 대한 평가 또는 예상되는 평가가 개인의 창의성에 부정적 영향을 미친다"는 것이다.[28,29,30] 그 근거는 다음과 같다. 개인이 내적 동기부여가 충만한 상태에서 과업에 관여할 때 더 높은 창의성에 도달할 수 있다. 과업을 일이 아니라 재미있는 놀이로서 여기고 몰입할 수 있기 때문이다. 그런데, 자신의 성과가 다른 사람에 의해 평가될 때, 개인은 과업을 더 이상 놀이가 아닌 업무로 인식하게 된다. 과업 담당자는 평가에 관심을 분산시키면서 과업 자체에 모든 초점을 맞출 수 없게 된다. 그는 또한 위험성이 높은 과업을 회피하려는 성향을 보일 수 있다. 학생이 성적에 높은 관심을 둘수록, 어렵지만 미래에 도움이 될 과목보다는 좋은 성적을 받을 수 있는 과목 위주로 수강하는 태도에 비유할 수 있다. 즉, 개인이 창의적 아이디어를 구상하려면 과업에 몰입하고 사고의 폭을 넓혀야 함에도 불구하고 평가에 초점을 분산시키는 순간 거꾸로 좁아질 수 있다는 것이 위 가설의 근거이다.

그런데, 과업 성과의 평가가 창의성에 미치는 영향에 관한 초기 연구 결과는 일관되지 않았다. 첫 번째 관점은 개인의 과업 성과에 대한 평가가 창의성에 부정적 영향을 미친다는 것이다. 학부 학생을 대상으로 한 임상 면담연구에서, 학생 스스로 내적 평가를 한 집단이 외적 평가를 받은 집단에 비해 표준 창의성 검사에서 더 높은 성과를 보인 것이다.[31] 두 번째는 평가가 창의성을 저해하지 않는다는 반대의 연구 결과이다.[32,33] 피아니스트 및 수학자 중 젊을 때 리사이틀, 콘서트 그리고 경시대회 등에서 경쟁을 해보았던 또는 평가를 받았던 집단이 그런 경험을 해본 적이 없는 집단보다 각 분야에서 두각을 나타낸 경우가 더 많은 것으로 나타났다. 이와 같이 상반된 연구 결과는 실험에서 사용된 과업의 속성에 의해 달리 나타났음이 밝혀졌다.[34]

특히, 휴리스틱 과업에 대해 평가가 이루어질 때, 개인의 창의성이 떨어지는 것으로 밝혀졌다. 그가 인지하는 평가 불안이 과업에 몰입하는 것을 저해하고 내적 동기부여를 떨어뜨림으로써 창의성이 감소되는 것으로 밝혀졌다.[35] 그러므로 경영자가 혁신에 성공하려면 외적 통제인 평가 대신에 내적 동기부여를 높이기 위한 방안에 초점을 두어야 한다. 앞서 설명한 것과 같이, 혁신 과업은 알고리즘이 아닌 휴리스틱 유형의 과업이기 때문이다. 한편, 알고리즘 유형의 과업에 대한 평가는 개인의 생산성에 긍정적 영향을 미치는 것으로 나타났다. 개인이 반복적으로 수행하는 과업 성과에 대해 평가가 이루어지더라도 초점이 분산되는 등의 부정적 영향이 미미하기 때문이다.

보상: 산업사회 경영자는 생산성을 향상시키기 위한 도구로 보상을 활용하였다. 예를 들어, 미국 포드 자동차 회사는 20세기 초 생산 라인에 컨베이어 벨트 시스템을 도입해 근로자의 시간과 동작을 모두 통제하였다. 그 결과 생산성이 비약적으로 향상되었다. 공장 근로자는 자신이 원하는 과업을 선택할 수도 없었고, 그 과업을 나름대로 어떻게 처리하면 좋을 것인지 궁리할 필요도 없었다. 이와 같은 과업 환경에서 경영자는 근로자로부터 더 많은 노력을 이끌어내기 위해 그들에게 보너스 또는 승진과 같은 보상을 제시하였다. 예를 들어, 공장 근로자가 생산량을 지난해보다 초과 달성하면 일정률의 보너스를 지급하는 것과 같이 성과에 따른 조건부 보상 정책이 적용되었다. 이런 보상 방식이 여전히 적용되고 있다. 시장의 변화가 적고 대량생산이 가능했던 시기에, 보상은 알고리즘 과업의 생산성을 향상시키는 데 긍정적 효과를 가져온 것이 사실이다.[36]

그러나 시장이 하루가 다르게 변화하고 있는 21세기 경영의 초점은 혁신에 모아지고 있다. 그것을 위한 기반이 창의성이다. 그런데, 창의성이 노력의 대상인가? 창의적 아이디어란 다만 열심히 노력한다고 성취할 수 있는 대상이 아니다. 개인의 창의성은 위에서 살펴본 것과 같이 과업에 관여하려는 자신의 내적 동기부여에 의해 생성된다. 그리고 개인의 과업 관여를 위한 내적 동기부여는 일이 아니라 재미있는 놀이와 같은 느낌이 들 때 생성된다. 그런데, 평가와 관련된 절에서 살펴본 것과 같이, 휴리스틱 과업에 대한 보상이 외적 통제로써 개인의 내적 동기부여를 크게 떨어뜨리고, 결국 창의성의 저하로 이어진다는 것이다. 그 이유는 무엇인가? 이에 대한 해답을 얻기 위해 두 집단에 대해 실험 연구가 이루어졌다. 한 집단의 피험자에게는 보상 계획이 제시되고, 다른 집단의 피험자에게는 아무런 언급도 없었다. 보상 계획을 제시 받았던 피험자가 보였던 행동을 그러지 않았던 피험자의 행동과 비교할 때 나타난 차이는 다음과 같이 요약된다:[37]

- 보상 계획을 제시 받았던 피험자는 보다 더 단순하고 쉬운 과업을 선택하였다.
- 그들은 보상을 얻기 위해 과업의 범위를 좁게 설정하였다.
- 그들이 과업에 보인 흥미는 낮았다.
- 그들은 고정관념을 벗어나는 데 더 큰 어려움이 있었다.
- 그들이 과업을 처리하면서 느낀 즐거움은 크지 않았다.
- 결과적으로, 그들의 성과는 덜 창의적이었다.

개인이 보상 받을 목적으로 특정한 과업을 수행할 때 창의적 성과가 나타나길 기대하기는 어렵다. 보상은 일시적 각성 효과를 볼 수 있는 카페인에 비유할 수 있다. 보상에 의해 일단 길들여진 개인은 과업보다는 다음 보상에 초점을 맞추게 된다. 그것은 과업에 관여하는 데 있어 중요한 개인의 내적 동기부여를 장기적으로 감소시키게 된다. 기업의 경영자가 직원에게 혁신을 독려하려면 과업에 자율적으로 관여할 수 있는 비즈니스 환경을 조성해야 한다. 예를 들어, 금전적 보상보다는 훌륭한 성과를 보인 직원에게 인정과 칭찬을 하는 것이 오히려 장인 정신을 북돋울 수 있다. 그리고 직원에게 과업과 관련해 통제보다는 유용한 정보를 제공해 주는 것이 창의성 향상에 도움이 될 수 있다.

창의성을 촉진하는 외적 업무환경:　외적 동기부여가 내적 동기부여와 창의성을 항상 저해하는 것은 아니다. 개인의 자율권, 역량 또는 과업 몰입을 지원하는 외적 동기부여 요소는 창의성을 촉진시킬 수 있다. 예를 들어 보기로 하자. 전혀 기대하지 않은 보너스 형식의 보상, 도전해볼 만한 가치가 있는 과업의 자율적 선택, 다양한 역량과 재능을 겸비한 동료가 특정한 과업을 중심으로 협업할 수 있는 팀의 구성, 새로운 아이디어의 발굴을 격려하는 상사, 창의성을 독려하는 경영자의 분명한 비전과 메시지 전달, 창의적 업무의 적절한 인정, 조직 내에 아이디어 공유를 촉진하는 문화 등은 내적 동기부여와 창의성을 촉진하는 외적 업무환경이다.[38]

혁신 프로세스

창의적 아이디어를 지속적으로 구상하려면 <그림 3-2>의 윗부분에서 보는 것과 같이 '혁신 프로세스'를 하나의 시스템으로 운영해야 한다. 혁신 프로세스는 애머빌이 제시한 다음 다섯 단계로 구성된다: 1) 과업 파악; 2) 데이터 수집과 분석; 3) 아이디어의 구상; 4) 타당성 실험과 보고; 그리고 5) 성과. 애머빌은 선행 연구를 토대로 혁신 프로세스의 각 단계별 활동과 위에서 살펴본 창의성의 구성요소 간의 관계를 <그림 3-2>와 같이 설정하였다.[39]

그림 3-2 혁신 프로세스와 창의성의 구성요소 간의 관계

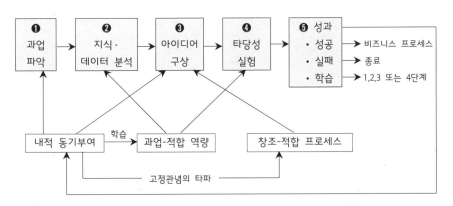

과업 파악: 혁신 프로세스는 <그림 3-2>를 보면 '과업 파악'에 의해 시작된다. 시장의 변화를 적시에 정확하게 파악하는 일이 혁신의 지름길이다. 과업 파악의 중요성은 아무리 강조해도 지나치지 않는다. 장기간에 걸쳐 엄청나게 많은 투자를 한 제품·서비스가 고객의 요구를 충족시키지 못할 때, 기업이 실패할 위험성이 커질 수 있다.

 개인이 혁신하려는 동기는 무엇인가? 일반적으로, 기업의 임직원은 변화를 기피하거나 두려워한다. 기업의 고유 목적은 이미 개발된 제품을 효율적으로 생산하고, 고객에게 안정적으로 공급함으로써 수익을 실현하기 위한 것이

다. 기업이 새로운 제품을 혁신하고자 할 때, 다양한 지식 및 정보의 수집과 분석뿐만 아니라 조직 구조도 변화시켜야 한다. 개인이 이와 같은 어려움을 감수하고서 제품을 혁신하려는 시도는 <그림 3-2>에서 보는 창의성의 구성요소 중 '내적 동기부여'로 설명될 수 있다. 즉, 개인이 새로운 제품 개발에 흥미를 느끼고 이에 도전해 보고자 하는 내적 동기부여가 높아질 때 혁신 프로세스가 시작된다. 특히, 개인이 혁신 과업을 자율적으로 선정할 수 있을 때, 아이디어를 보다 더 풍요롭게 구상할 수 있다.[40] 그리고 3M과 구글이 업무 시간의 15~20%를 직원이 자율적으로 쓸 수 있도록 허용한 비즈니스 환경도 아이디어 구상에 긍정적 효과를 보인 것으로 나타났다. 물론, 경영자에 의해 선정된 과업이더라도 개인이 그에 대해 흥미와 즐거움을 느낄 수 있다면 창의성을 발휘할 수도 있다. 그러나 자신이 아닌 다른 사람에 의해 결정된 과업에 대해 개인의 내적 동기부여가 높아지기는 어렵다는 것이 통설이다. 즉, 개인이 흥미를 느낀 혁신 과업을 스스로 구상할 수 있을 때 창의적 아이디어의 구상이 보다 더 풍요로워질 수 있다.

지식·데이터 분석:　　혁신을 위한 과업이 파악되면, 그것과 관련된 지식 및 데이터의 분석과 학습이 두 번째 단계에서 이루어져야 한다. 이를 효과적으로 수행하려면 <그림 3-2>에서 보는 창의성의 구성요소인 '과업-적합 역량'을 갖추어야 한다. 앞에서 살펴본 콘티넨탈리소스 회사의 과업-적합 역량은 '에임스 홀'과 같은 일반적 지질학 지식과 더불어, 셰일층의 가스와 원유를 추출하기 위한 수압파쇄법과 수평시추법에 관한 전문적 지식과 기술이라 할 수 있다. 혁신 프로세스에 참여하는 팀원이 적절한 과업-적합 역량을 갖추고 있을 경우 아이디어의 구상을 위한 잠재적 자원이 된다. 기업의 역량이 반대로 부실하면, 그 준비에 많은 투자와 시간이 필요하며 아이디어의 구상이 지연될 수 있다.

　　한편, 개인이나 팀원이 단순히 창밖을 내다보다 불현듯 스치는 생각을 토대로 혁신을 위한 아이디어를 지속적으로 찾아내기란 어려운 일이다. 혁신 과업을 파악하려면 제품에 관한 일반적 지식을 바탕으로 광범위한 지식과 데이터의 분석이 필요하다. 예를 들어, 소셜 미디어인 블로그, 제품의 추천시스템, 트위터, 모바일 도구 등을 통해 기업과 고객 사이에 오가는 대화나 메시지 등을 분석함으로써 어떤 제품을 혁신해야 할 것인지 알아낼 수 있다. 또한, 빅데이터의 저장과 처리가 기술적으로 그리고 경제적으로 가능해지면서, 시장의 변화를 효과적으로 파악할 수 있는 가능성이 한층 더 커지고 있다. 특히, 빅데이터 분석의 핵심은 모르고 지나쳤던 다차원적 변수들 간의 '상관관계'의 파악이다. 예를 들어, 대형 쇼핑몰의 판매 분석 담당자가 고객의 구매 패턴, 향기가 없는 로션, 징크나 철분이 많이 함유된 비타민의 구입 등을 분석함으로써 그녀의 임신 여부와 출산 예정일까지 알아낼 수 있다. 출산일이 가까워지면 갓난아기의 옷이나 침대 등을 맞춤 홍보할 수도 있다. 얼핏 보기에 별 관련이 없어 보이던 다차원적 변수들 간의 상관관계가 빅데이터 분석을 통해 의미 있는 정보가 될 때, 혁신을 위한 개인의 상상력을 자극할 수도 있다.

아이디어의 구상:　혁신을 위한 아이디어의 구상이 세 번째 단계에서 이루어진다. 예를 들어, 과업이 '자율주행차' 개발이라 하자. 레이더, 센서, 세부적 지도, 인공지능 등 지금까지 독립적으로 개발되어 온 다양한 기술을 자율주행차라는 틀에 어떻게 구성하면 고객의 가치를 높일 수 있는지 파격적 아이디어의 모색이 필요하다. 그 설계에는 크게 보아 두 가지 방안이 존재한다. 하나는 인간이 운전하는 과정에 사고가 날 위험성이 높아지면 자율적 시스템이 개입하는 경우이다. 이와 달리, 자동차가 인간의 개입 없이 완전히 주도적으로 움직이도록 하는 또 다른 방안이 있다. 그런데, 후자를 채택하려면 인공지능이 자율주행차 시스템에 반드시 포함되어야 한다. 예를 들어, 대형 수도관이 갑자기 파열되어 도로가 일시적으로 폐쇄되었을 때, 자동차가 미리 설정된 지도와 달리 어떻게 우회할 것인지 스스로 판단할 수 있는 기능이 필요하기 때문이다. 혁신을 위한 아이디어 구상 단계에서 아이디어가 가급적 많이 제시될수록 바람직하다. 그 이유는 다양한 아이디어의 검증을 위한 실험 결과를 토대로 학습하게 되고, 타당성이 보다 더 높은 아이디어의 구상으로 이어질 수 있기 때문이다.

　아이디어의 구상을 촉진하는 개인의 창의성 요소는 <그림 3−2>를 보면 '창조−적합 프로세스'이다. 그 개념의 핵심은 단순하다. 개인이 아이디어를 구상하려면 자신의 고정관념에서 벗어나야 한다는 것이다. 과거 경험을 토대로 형성된 고정관념에서 벗어나지 못하면 새로운 시각에서 고객의 요구를 상상하기가 어렵기 때문이다. 고정관념에서 벗어나기 위한 방안의 하나는 다양한 지식과 경험을 쌓은 동료로 팀을 구성하는 것이다. 그런데 서로 마음이 통하고 함께 일하기에 편안한 동료로 팀을 구성하려는 '유유상종'의 유혹을 떨쳐버리기가 쉽지 않다. 창의성을 높이려면, 자신과 다를 뿐만 아니라 꼭 필요하다면 싫어하는 사람과도 팀을 구성할 수 있는 용기가 필요하다. 다양한 분야의 동료가 만날 때 서로 모르거나 생각해보지 못했던 지식의 교집합이 이루어지고, 새롭고 창의적인 아이디어가 더 많이 구상될 수 있기 때문이다.[41] 물론, 서로 다른 가치관을 가지고 있는 사람들이 만나 하나의 과업을 해결하는 데 필요한 협업을 조정할 수 있는 리더십이 필요하다.

아이디어의 수가 많아질수록 보다 더 창의적인 아이디어 구상에 도움이 되는가? 역사적으로, 피카소가 남긴 작품의 수는 무려 2만여 점에 이르렀으며, 아인슈타인이 발표한 논문은 240편 이상이었다. 바하는 매주 칸타타를 썼으며, 에디슨은 1,039개의 특허권을 기록하였다. 그런데, 각 분야에서 뛰어난 창의성을 발현했던 인물의 작품이나 아이디어 중에서 인류에 널리 회자된 것은 일부에 불과했다. 개인이 아이디어를 풍부하게 모색하는 과정에 보다 더 창의적인 아이디어의 구상이 가능해진다.[42] 그 이유는 아이디어 구상에 우연적 요소가 포함되기 때문이다. 고객에게 새롭고 가치 있는 제품 또는 서비스를 확실히 예측해 구상하기란 어려운 일이다.

개인이 고정관념에서 벗어나 창의적 아이디어를 구상하도록 창조-적합 프로세스를 촉진시키는 요인은 무엇인가? 그것은 개인의 내적 동기부여이다. 개인의 창조-적합 프로세스가 <그림 3-2>를 보면 내적 동기부여에 의해 촉진될 수 있음을 알 수 있다. 개인의 내적 동기부여는 과업에 대해 흥미를 느끼고 자율적으로 도전할 수 있을 때 충만해진다. 그리고 개인은 과업 해결을 위해 몰입하고 만족감을 느끼게 된다. 즉, 내적 동기부여는 개인의 창의성이 샘솟게 만드는 촉진제 역할을 한다. 개인의 창조-적합 프로세스와 내적 동기부여가 적절히 결합될 때, 창의적 아이디어의 구상을 위한 시너지 효과가 이루어질 수 있다.

타당성 실험과 보고: 하나의 아이디어가 완성된 제품으로 실현되는 경우는 드물다. 혁신 프로세스란 새로운 제품·서비스를 위한 아이디어 또는 가설의 타당성 실험 및 실패의 경험을 거울삼아 학습함으로써 보다 더 창의적인 아이디어를 구상하는 과정이다. 앞에서 살펴본 콘티넨탈리소스 회사는 셰일층의 개발에 있어서 17번의 실패를 통해 수직시추법은 불완전하며, 수평시추법을 수압파쇄법과 함께 사용할 경우 생산성을 획기적으로 향상시킬 수 있음을 학습하였다. 혁신 프로세스는 초기 아이디어가 모호하고 불확실하더라도 반복적 실험과 학습을 거쳐 점차 예측 가능한 아이디어로 발전시켜 나가는 과정이다.[43]

아이디어의 타당성을 검증하려면 창의성 구성요소 중에서 과업－적합 역량이 필요함을 <그림 3－2>에서 볼 수 있다. 개인의 과업－적합 역량이란 앞에서 이미 설명한 혁신 과업과 관련된 지식 및 기술 등을 뜻한다. 혁신을 위한 아이디어가 타당한지 실험하는 단계에서 개인의 과업－적합 역량은 매우 중요한 준거의 틀이 된다.

성과: 혁신 프로세스의 성과는 <그림 3－2>에서 보는 것과 같이 성공, 실패 또는 부분적 학습 중 하나이다. 첫째, 혁신 프로세스의 성과는 반복적 실험 및 학습에 의해 아이디어의 타당성이 충분히 검증될 때 비로소 '성공'이라고 평가된다. 그리고 최종적 산출물인 창의적 아이디어는 비즈니스 프로세스로 이전되고, 제품의 실제 생산, 판매, 유통과 같은 일상적 활동이 이어지게 된다. 둘째, 과업 목표에 적합한 창의적 아이디어를 수많은 실험에도 불구하고 구상할 수 없었을 경우, 그 혁신 프로세스는 '실패'로 종료된다. 셋째, 혁신 프로세스의 성과로 완전한 성공도 실패도 아닌 부분적 학습이 이루어질 수 있다. 혁신 프로세스의 속성상 이와 같은 부분적 학습이 오히려 더 빈번하게 나타날 수 있다. 부분적 학습 효과는 <그림 3－2>를 보면, 혁신 프로세스의 1, 2, 3, 또는 4단계로 피드백 될 수 있다. 그에 따라, 과업의 수정, 지식 및 데이터의 재분석, 새로운 관점의 아이디어 구상 또는 새로운 실험이 필요할 수 있다. 또한, 혁신 프로세스의 성과에 따라 창의성의 세 가지 요소인 내적 동기부여, 과업－적합 역량 그리고 창조－적합 프로세스의 조정도 필요하다.

결론

___ 창의성은 혁신의 원동력이다. 그것은 새롭고, 가치 있는 제품 또는 서비스를 아무런 제한 없이 구상할 수 있는 역량이며, 교육과 훈련에 의해 향상될 수 있다.

___ 개인의 창의성은 '내적 창의성 구성요소'와 '외적 업무환경'에 의해 결정된다. 내적 창의성은 1) 과업-적합 역량; 2) 창조-적합 프로세스; 그리고 3) 과업의 내적 동기부여의 세 가지 요소로 구성된다.

___ 개인의 과업-적합 역량이란 혁신을 위한 창의적 아이디어를 구상하기 위한 지적 그리고 인지적 활동의 범위와 깊이를 뜻한다.

___ 개인의 '창조-적합 프로세스'는 다양한 지식과 정보 간의 복잡한 관계를 이해하고 고정관념에서 벗어나 창의적 아이디어를 구상할 수 있는 역량이다. 인간의 '연상 장애' 현상은 고정관념에서 벗어나는 데 걸림돌이 될 수 있다. 이런 현상을 감소시키려면 다양한 지식의 교집합과 문화적 다양성을 높여야 한다.

___ 개인의 내적 동기부여는 특정한 과업에 관여하게 만드는 원동력이다. 과업을 업무가 아니라 재미있는 놀이로 여기고, 자율적으로 관여할 때 높아진다. 또한, 개인은 과업의 성과가 발전할 때 가장 높은 수준의 내적 즐거움을 느낀다.

___ 인간이 기울일 수 있는 관심역량은 제한적이다. 외적 동기부여 환경에 놓인 개인은 조건부 보상의 충족 여부에 상당한 관심을 기울이게 되며, 과업에 쏟는 관심이 상대적으로 적어지게 된다. 결과적으로, 외적 동기부여는 개인의 창의성을 떨어뜨릴 가능성이 높다.

___ 과업이 알고리즘 유형이면 외적 동기부여가 적합할 수 있다. 반면, 휴리스틱 유형의 경우, 외적 동기부여가 내적 동기부여 및 창의성을 떨어뜨리는 원인이 된다.

___ 혁신 프로세스는 개념적으로 1) 과업 파악; 2) 지식·데이터의 수집과 분석; 3) 아이디어 구상; 4) 타당성 실험; 그리고 5) 성과의 다섯 단계로 구분된다. 그 핵심은 창의적 인지 과정이며, 혁신을 위한 아이디어를 반복적 실험 및 학습을 통해 구상하는 지속적 시스템이다. 혁신 프로세스에서 창의성의 구성요소인 과업-적합 역량, 창조-적합 프로세스 그리고 내적 동기부여가 균형 있게 결합될 때 아이디어 구상에 있어서 시너지 효과가 나타날 수 있다.

04

지식관리: 두뇌지식

인간의 창의성은 지식의 함수이다.[1,2] 인간이 새로운 지식을 정보로서 활용할 때, 창의성이 향상될 수 있다. 예를 들어, 기업의 임직원이 시장의 변화를 분석한 다양한 지식과 데이터를 접하면서 혁신을 위한 창의적 아이디어를 한층 더 풍부하게 구상할 수 있다. 경영자가 혁신에 성공하려면 임직원이 응용하는 지식을 확대하기 위한 지식관리에 초점을 맞추어야 한다.

지식관리의 범위는 두뇌지식과 외부지식으로 구분될 수 있다.[3] 두뇌지식(Tacit Knowledge)은 인간의 두뇌에 존재하며, 공식화하거나 소통하기에 힘들다. 반면, 외부지식(Explicit Knowledge)은 보고서와 같이 체계화된 지식으로 객관적이며, 공식적 언어로써 표현하고, 이전하기에 용이하다. 그런데, 전체 지식 중 외부지식이 차지하는 비중은 빙산의 일각일 뿐이다. 폴라니(Polanyi)는 "인간은 자신이 표현할 수 있는 지식보다 더 많이 알고 있다"고 하였다.[4] 바꾸어 말하면, 인간의 두뇌지식이 외부지식보다 더 클 수 있다는 뜻이다. 기업이 혁신에 성공하려면 외부지식과 더불어 임직원은 물론 고객의 두뇌지식도 최대한 활용할 수 있어야 한다.

동료의 두뇌지식을 어떻게 공유할 수 있는가? 그 속성을 고려할 때, 동료의 두뇌지식을 직접 이해하기는 사실상 불가능하다. 대화, 관찰 및 브레인스토밍과 같은 체험학습을 통해 동료 간의 두뇌지식 공유가 이루어질 수 있다.[5] 문제는 그 범위가 소수 동료 사이에 국한된다는 점이다. 다행히, 소셜 미디어의 응용이 최근 확산되면서 체험학습 범위가 크게 넓어지고 있다. 예를 들어, 동료는 물론 고객까지 소셜 네트워크 서비스인 페이스북의 플랫폼을 기반으로 체험학습의 교류 범위를 넓힐 수 있다. 이 장의 초점은 두뇌지식의 공유를 확대하기 위한 지식관리 방안을 모색하는 데 있다. 다음 내용을 차례로 살펴 보기로 하자:

- 혁신 프로세스와 지식관리
- 두뇌지식의 공유
- 사회적 관계
- 웹 2.0과 소셜 미디어
- 소셜 미디어와 두뇌지식의 공유
- 두뇌지식의 공유와 혁신 성과

▌고어의 지식관리

고어(W. L. Gore & Associates)의 성장 전략은 혁신이다. 회사의 젊은 엔지니어 몇 명이 2006년 기술 부문 리더인 크라머를 찾아가 산악 자전거용 변속기 및 브레이크를 위한 케이블 개발에 착수할 뜻을 밝혔다. 회사가 과거 개발했던 케이블이 1990년대 시장에서 퇴출되었던 기억을 떠올리면서, 그는 엔지니어 들에게 자전거용 케이블에 대해 경험이 많은 동료와 먼저 협의할 것을 제안 하였다. 그들은 제품 전문가로서 16년 간 경험을 쌓은 마본에게 지원을 요청 하였다. 그러자 마본은 크라머를 찾아가 제품 개발에 관한 그의 의사를 타진 하였다. 크라머는 엔지니어들의 제안을 확신하지 못했지만, 마본에게 과거 케 이블이 시장에서 왜 퇴출되었는지 검토해 볼 것과 새로운 제품을 개발하려면 무엇이 필요한지 연구해 보도록 허락하였다. 고어의 직원은 누구나 자신이 맡 은 업무 이외에 새로운 제품 개발을 위해 업무 시간의 일부를 자유롭게 쓸 수 있다.

고어는 동료 간 지식의 공유가 제품 혁신을 위한 열쇠라고 여겼다. 고어 의 사장 켈리에 의하면, "지식을 기꺼이 공유하려는 개방적 마인드가 오래전 부터 자리잡아 왔다. 그것은 매우 건강한 기업 문화이다. 회사 동료가 갖고 있는 지식은 격자의 점이라 할 수 있다. 이것을 더 많이 연결하려면 회사 구 성원 모두가 지식 공유의 중요성을 인지해야 한다." 고어는 매월 공식적 회의 를 통해 동료가 다양한 기술 지식을 공유할 수 있도록 독려하고 있다. 공유의 문화는 채용 과정에서도 드러난다. 고어에 입사하려는 지원자가 인사 담당자의 1차 심사 과정을 통과하면, 함께 일하게 될 동료의 면접이 이어진다. 회사는 이 과정을 통해 지원자가 어떤 사람인지 알게 되며, 지원자도 고어가 어떤 회사이며 그에게 무엇을 기대하는지 알 수 있도록 숨김없이 개방한다. 새로운 동료가 채용되면, 경험이 많은 선배 동료가 후원자가 되겠다는 약속을 한다. 후원자의 역할은 신입 동료의 기여, 관심, 목표 등에 대해 지도와 지원을 하는 것이다. 그러면서 신입 동료와 후원자는 '친밀 관계'를 맺어나가게 된다. 고어는 동료 간 매우 친밀한 관계를 유지하도록 권장하고 있다. 또한, 동료가 사회적 관계를 맺어나갈 수 있도록 고어콤(Gorecom)이란 디지털 미디어를 활용하고 있다. 이는 동료가 궁금한 사안이 있을 때 다른 동료로부터 빠른 응답을 구할 수 있는 미디어이다. 또한, 고어 회사는 다른 계열사 동료 간 승용차 함께 타기도 적극 권장하고 있다. 설립자 고어는 "임직원이 출퇴근 길에 승용차를 함께 타면서 많은 소통이 이루어진다"고 하였다.

케이블 팀은 10개월 정도 연구한 후 새로운 케이블을 개발하였다. 그리고 도로용 자전거 시장 규모가 산악용보다 더 크며, 경주용 자전거의 잠재적 수요도 존재함을 밝혀냈다. 케이블 팀은 새로 구상한 제품 아이디어가 실제 생산에 앞서 산업제품 부문의 다음 세 가지 기준을 충족하는지 설명하였다: 1) 아이디어에 현실성이 있는가? 2) 고어 제품이 시장에서 성공할 수 있는가? 그리고 3) 투자할 가치가 있는가? 산업제품 부문에서 케이블 팀의 설명을 듣고 질문을 한 후, 새로 구상한 제품 아이디어가 매우 훌륭하다고 평가하고 시장의 반응을 조사해 보도록 제안하였다.

케이블 팀은 미국의 상위 200개 자전거 소매상에 시제품을 보내고 반응을 분석하였다. 즉, 새로운 케이블을 구매하거나 고객에게 추천할 의향이 있는지, 또한 고어의 시제품이 다른 경쟁회사 제품과 비교할 때 더 나은지 여부를 수집하였다. 응답자의 65~75%가 새 케이블을 구입하거나 관심이 있다고 밝혔다. 케이블 팀은 이런 시장 조사 결과를 토대로 소비자가 고어의 제품을 구입할 것으로 결론짓고, 산업제품 부문 리더들도 제품 개발을 승인하였다. 또한, 고어의 모든 사업부문이 케이블 비즈니스에 참여하였다. 산업제품 부문은 케이블 생산을 감독하였으며, 의류사업 부문의 제품 팀이 판매를 담당하였다. 의료제품 부문은 자전거 케이블 생산에 필요한 일부 성분을 제조하였으며, 전자제품 부문은 케이블의 외부 코팅을 맡았다. 고어는 자전거 케이블을 2007년 공식적으로 출시하고 3개월 이내에 8천 쌍을 판매하는 성과를 거두었다.

출처: Shipper, F., G. L. Stewart, & C. C. Manz, "W. L. Gore & Associates: Developing Global Teams to Meet 21st-Century Challenges," Case 26, tho12729_case26_C391-C405.indd C-391, 2010.
　　　Deutschman, Alan, "The Fabric of Creativity," Fast Company, Dec. 2004.

혁신 프로세스와 지식관리

혁신 프로세스는 창의적 인지 과정이다. 혁신 프로세스에 관여하는 동료가 어떤 지식 및 데이터 분석을 활용하는지에 따라 아이디어의 구상이 달라질 수 있다. 혁신 프로세스의 주요 활동은 <그림 4-1>을 보면 개인의 '내적 창의성 구성요소'에 의해 이루어진다.[6] 지식관리의 일환인 동료 간의 두뇌지식의 공유 확대는 내적 창의성 구성요소 중에서 특히 과업-적합 역량을 강화시킬 수 있다. 과업-적합 역량은 혁신 과업에 적합한 지식 및 데이터를 수집하고 분석하는 능력으로서, 혁신 프로세스의 두 번째 지식·데이터 분석과 네 번째 타당성 실험 과정에 중요한 요소이다. 그러므로 지식관리 중 두뇌지식의 공유는 혁신 프로세스의 성과인 창의적 아이디어의 구상을 한층 더 풍요롭게 북돋워주는 매우 중요한 역량이다.

그림 4-1 **혁신 프로세스와 지식관리**

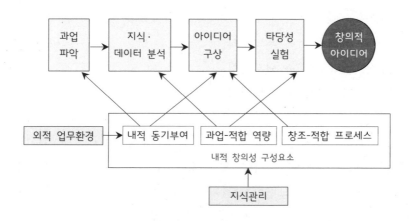

두뇌지식 공유

두뇌지식은 직장 동료와 부대끼며 체험하는 가운데 학습할 수 있는 지식이다. 그것은 책, 매뉴얼, 논문과 같이 언어로 표현되는 외부지식과 대조되는 개념이다. 노나카 등은 두뇌지식을 '인지적' 그리고 '기술적' 측면으로 세분하였다.[7] 인지적 지식이란 신념, 아이디어, 패러다임, 가치관 및 직관과 같은 개념을 포함하는 정신적 모형이다. 그리고 기술적 지식에는 비결, 역량 및 비공식적 기술 등이 포함된다. 두뇌지식은 개인적 행동과 경험이 쌓인 결과로 다른 사람에게 직접 이전하기 어렵다. 혁신에 참여하는 동료 간의 두뇌지식을 공유하기 위한 방안을 다음 두 가지 관점에서 논의하기로 하자:

- 두뇌지식 공유
- 두뇌지식 표현

두뇌지식 공유: 동료 간 두뇌지식의 공유는 다음 세 가지 유형으로 이루어질 수 있다:[8]

- 사회화: 두뇌지식 → 두뇌지식
- 외부화: 두뇌지식 → 외부지식
- 내면화: 외부지식 → 두뇌지식

첫째, '사회화'(Socialization)란 동료 간의 대화, 표정, 몸짓 등을 서로 관찰하고 체험함으로써 상대방의 정신적 모형 또는 기술을 서로 학습하는 과정이다.[9] 예를 들어, 전공의는 노련한 신경외과 의사가 집도하는 수술 과정을 관찰하는 가운데 학습한다. 기업 임직원은 소용돌이치는 비즈니스 환경에서 경영자가 어떤 투자 전략을 수립해 성공을 거두는지 지켜보며 학습한다. 구체적 예를 <그림 4-2>에서 살펴보기로 하자. 혁신 팀 A 동료들이 브레인스토밍 또는 비공식적 회의를 통해 상대방의 대화 및 표정 등을 관찰하며 신뢰감이 쌓일 정도로 친밀해지면 정신적 모형을 서로 인지할 수 있게 된다. 혁신 팀 A

동료 간의 두뇌지식이 공유되면서, 초기 모호했던 아이디어가 점차 구체적이고 타당성 높은 모형으로 발전할 수 있다.

그런데, 혁신 팀 A와 혁신 팀 B 간의 사회화는 전혀 이루어지지 않고 단절된 상태이다. 혁신 팀 A와 혁신에 직접 관여하지 않는 회사의 동료 E, 고객 집단 C 및 협력회사 D 간의 사회화 정도는 매우 제한적이다. 마치 고립된 섬과 같은 회사 동료, 고객 및 협력회사 임직원 간의 두뇌지식의 공유는 소셜 미디어의 응용에 의해 확대될 수 있다.

그림 4-2 **사회적 관계와 두뇌지식의 공유**

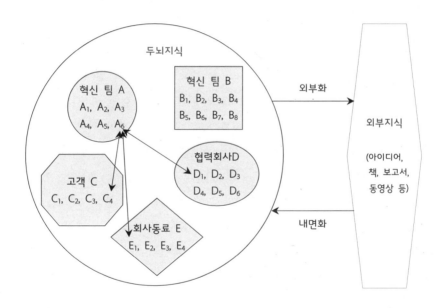

· 집단 A,B,C,D,E의 내부 구성원 간의 절친 관계
· ↔는 지인 관계

둘째, 외부화(Externalization)란 인간이 자신의 두뇌지식으로부터 외부지식을 창조하는 과정이다.[10] 개인이 머리에 떠오르는 이미지를 개념 또는 아이디어로 표현할 때 주로 언어를 이용한다. 그런데, 이미지를 언어로써 적절하게 그리고 충분히 표현하기란 어렵다. 특정 분야 전문가조차 자신이 알고 있

는 지식을 구체적으로 표현하기란 매우 힘든 일이다. 그런데, 개인의 두뇌지식에 바탕을 둔 이미지와 언어로 표현된 개념 또는 아이디어 간의 간격이 클수록 동료 사이에 더 깊은 생각과 대화가 촉진될 수 있다.

인간의 두뇌지식으로부터 구체적 개념 또는 아이디어를 어떻게 이끌어낼수 있는가? 연역과 귀납이란 논리적 추론 방법이 널리 사용된다. 자동차 회사가 스포츠카를 개발할 때 논리적으로 고려할 사항은 예를 들어 다음과 같다. 정지된 상태에서 시속 100km 속도에 이를 때까지 소요되는 시간을 얼마나 단축할 수 있는가? 구불구불한 길에서도 얼마나 빨리 달릴 수 있는가? 스포츠카를 장시간 운전해도 피로감을 느끼지 않고 즐거울 수 있는가? 스포츠카의 디자인과 적정한 가격은? 개발팀은 스포츠카의 시제품을 잠재적 고객에게 선보이고 위와 같은 사항에 대해 반응을 조사한다. 그에 따라 스포츠카의 기술적 옵션, 디자인 및 가격 등이 논리적으로 결정될 수 있다.

인간의 두뇌지식으로 존재하는 정신적 모형이나 기술적 비결 등을 논리적 추론 방법으로 표현하기 어려울 때 사용되는 방법으로 은유(Metaphor) 또는 유추(Analogy)가 있다.[11] 은유란 모호하고 때로 추상적인 사물을 다른 사물의 이미지를 상징적으로 떠올림으로써, 동료가 인지하거나 직관적으로 이해하도록 유도하는 방법이다. 니스벳(Nisbet)은 "두뇌지식도 은유로써 표현될 수 있다면 외부지식으로 전환될 수 있다"고 하였다.[12] 일본 혼다 회사는 자동차 진화를 위한 개념을 도출하기 위해 은유와 유추 방식을 응용하였다. 즉, "이상적인 자동차란 기계류를 위한 공간은 최소화하고, 사용자를 위한 공간은 최대화하는 방향으로 진화해야 한다"는 설계의 개념을 은유적으로 설정하였다. 혼다는 결국 공과 닮은 형태의 길이는 짧지만 높이가 높은 '톨보이'(Tall Boy)란 자동차를 개발하였다.[13] 기계류 공간의 최소화와 사용자 공간의 최대화란 자동차 설계를 위해 내부 공간은 최대이면서 외부 표면적이 최소인 공의 이미지를 유추한 것이다. 즉, 유추란 인간이 잘 아는 사물을 토대로 모르는 사물을 쉽게 이해할 수 있도록 돕는 추론 방법이다. 은유와 유추는 동료 사이에 두뇌지식을 공유해 새로운 아이디어를 구상하는 데 도움이 되는 소통 수단이다. 두뇌지식이 일단 외부지식으로 표현되면, 혁신 프로세스에 관여하는 동료 간의 두뇌지식이 확대될 수 있다.

셋째, 내면화(Internalization)란 외부지식을 두뇌지식에 흡수하는 과정이다.[14] 그 과정은 체험학습과 밀접하게 연관된다. 동료가 사회화 및 외부화 과정에 체험학습을 통해 동료와 고객 등의 정신적 모형 및 기술적 비결을 공유하게 되면 자신의 두뇌지식이 한층 더 풍요로워지며, 귀중한 정신적 모형이 될 수 있다. 외부지식이 이해하기 쉬운 보고서나 동영상 등으로 표현되면 두뇌지식으로 한결 쉽게 전환될 수 있다. 기업이 운영하는 서비스 센터가 제품 설계 및 시스템에 미치는 영향을 예로 들어보기로 하자. 서비스 센터는 고객으로부터 하루에도 수 천, 수 만 건씩 쌓이는 질문 및 수리 요청을 보고서로 작성할 수 있다. IT 부문은 그 보고서를 토대로 빈번하지만 동일한 질문에 대해 자동으로 응답해 주는 시스템을 개발할 수 있다. 또한, 제품의 수리 요청은 고장을 미리 방지하기 위한 설계 변경의 정보가 될 수 있다. 즉, IT 부문 및 제품 설계부문이 서비스 센터의 체험을 보고서를 통해 학습할 때 두뇌지식이 한층 더 확대될 수 있다.

두뇌지식 표현: 개인의 두뇌지식은 언어나 기술로 표현할 수 있는 정도에 따라 그것을 공유할 수 있는 범위가 달라질 수 있다. 두뇌지식 중에서 특정한 지식 또는 기술은 언어나 동영상 등으로 표현하는 것이 비교적 용이하다.[15,16] 예를 들어, 위키피디아에 수록된 논문은 수많은 전문가 두뇌에 있는 지식을 위키 플랫폼에서 언어로써 표현한 사례이다. 또한, 특정 분야의 장인이나 전문가가 보유하고 있는 기술을 유튜브에서 동영상으로 표현할 수 있다. 그러므로 인간의 두뇌지식 중 언어 또는 동영상으로 표현할 수 있는 부분은 IT를 응용하면 훨씬 더 많은 사람이 공유할 수 있게 된다.

한편, 개인의 두뇌지식 중에서 '인지적 지식'은 언어나 동영상 등으로 표현하기 어렵다. 즉, 개인의 신념, 패러다임, 가치, 직관과 같은 정신적 모형을 구체적으로 표현하기란 어려운 일이다. 언어나 동영상으로 표현하기 어려운 인지적 두뇌지식을 공유하기 위한 주요 채널은 동료 사이의 대화와 관찰이다. 즉, 직장 동료가 일상 대화뿐만 아니라 상대방의 표정과 감정까지 느낄 수 있을 때 인지적 두뇌지식을 이심전심으로 전수받을 수 있다. 이러한 방식은 직장 동료가 심층적 두뇌지식까지 서로 이해할 수 있다는 장점이 있지만, 그 효과가 극히 소수에 국한된다는 한계도 있다. 그런데, 원격지 비디오컨퍼런싱 또는 인스턴트 메시징과 같은 IT를 응용해 마치 동일한 사무실에서 서로 관찰하고 대화하는 것과 유사한 효과를 거두기도 한다. 이때, 인지적 두뇌지식의 공유 범위를 확대할 수 있다.

결론적으로, 두뇌지식을 공유할 수 있는 채널은 동료 및 고객 간의 교류이다. 혁신 프로세스에 참여하는 소수 동료는 일상 대화 및 관찰에 의해 두뇌지식을 서로 공유할 수 있다. 경영자의 역할은 사회화, 외부화 그리고 내면화 과정에 이루어지는 체험학습의 범위를 회사의 더 많은 동료 및 고객까지 확대할 수 있는 방법을 모색하는 것이다. 그러기 위해서는 회사 동료 및 고객 사이에 형성되는 사회적 관계에 대한 이해가 필요하다.

사회적 관계

두뇌지식의 공유가 개인 사이에 형성되는 사회적 관계에 따라 달라질 수 있다. 사회학자인 그래노비터(Granovetter)는 개인 간에 '절친관계'(Strong Ties)와 '지인관계'(Weak Ties)가 형성될 수 있다고 하였다.[17] 그리고 맥아피(McAfee)는 여기에 '잠재적 관계'를 추가하였다.[18] 이와 같은 사회적 관계가 개인 간의 두뇌지식 공유에 미치는 효과를 살펴보기로 하자.

절친 관계: 그래노비터는 "매우 친밀한 친구 즉, '절친' 사이에 형성되는 사회적 관여는 얕게 알고 지내는 '지인' 사이에 유지되는 관여보다 훨씬 더 클 수 있다"고 하였다.[19] 즉, 절친은 눈빛만 보고도 다른 친구의 의도나 감정까지 이해할 수 있으며, 두뇌지식도 서로 공유할 수 있다는 것이다. 고어 회사 사례에서 살펴본 것과 같이, 동료가 제시한 창의적 아이디어를 중심으로 혁신팀이 자율적으로 구성되면 절친 관계가 형성되기 시작한다. 그들은 일상적 대화 및 토론 등 다양한 체험을 나누는 가운데 두뇌지식을 서로 공유할 수 있다. 한편, 절친 관계의 집단들 간의 관계는 <그림 4-2>의 왼쪽에 있는 A, B, C, D 그리고 E와 같이 서로 떨어진 섬에 비유할 수 있다. 기업 또는 외부에 절친 집단이 다수 존재할 때 외딴 섬들이 그만큼 있다고 할 수 있다. 그래노비터에 의하면, 절친집단을 연결하는 교량 역할의 네트워크가 존재하지 않을 때, 다른 집단에 소속되어 있는 동료 또는 고객의 두뇌지식을 공유하기가 어렵다는 것이다. 경영자 역할은 절친집단을 넘어 다른 동료 및 고객의 두뇌지식도 폭넓게 활용할 수 있는 방안을 강구하는 것이다.

지인 관계: 개인 사이에 유지되는 '지인관계'는 그 연결이 조밀하지 않고 엉성한 네트워크다. 그런데, 절친집단에 관여하는 개인이 다른 절친집단에 관여하는 개인과 지인 관계를 유지할 수 있다. 그래노비터에 의하면, 이와 같은 지인관계가 서로 다른 절친집단을 연결시켜 주는 교량 역할을 한다는 것이다.[20] 만일, 개인 간의 지인관계가 없다면, 그들이 소속되어 있는 절친집단이

서로 연결되기가 어렵다는 주장이다. 즉, 개인 간에 유지되는 지인관계는 강위에 놓인 교량과 같이 서로 독립적인 절친집단을 연결시켜 주는 역할을 한다. 즉, 지인 관계가 문제 해결, 정보 수집 그리고 새로운 아이디어를 구상하는 데 폭넓은 도움을 줄 수 있다는 것이다.

두뇌지식의 공유를 위한 사회적 관계를 <그림 4-2>를 통해 구체적으로 살펴보자. 그림의 왼쪽을 보면, 두 개의 혁신 팀을 포함해 모두 다섯 개의 서로 다른 절친집단이 예시되어 있다. 그런데, 혁신 팀 A에 소속된 팀원 A_6은 고객 C_4, 협력회사 D_1, 그리고 회사의 다른 동료 E_1과 '지인관계'를 맺고 있다. 여기서 A_6이 지인관계를 유지하고 있는 C_4, D_1, 그리고 E_1은 서로 모른다. 그러나 이들은 회사의 다른 동료, 고객, 그리고 협력회사 임직원과 절친관계를 각각 유지하고 있다. 그러므로 A_6과 지인관계를 맺고 있는 C_4, D_1, 그리고 E_1은 그들과 절친관계를 맺고 있는 회사의 다른 동료, 고객, 그리고 협력회사를 연결시켜 주는 교량 역할을 할 수 있다. 한편, 혁신 팀 B는 고객(C), 협력회사(D) 심지어 회사 내 다른 동료(E)들과 아무런 연결 고리 없이 고립되어 있음을 볼 수 있다. 그러므로 혁신 팀 B가 공유할 수 있는 두뇌지식의 범위는 절친동료로 국한된다.

그래노비터는 한 집단의 절친관계만으로는 다른 집단과 연결시켜 주는 네트워크 역할을 하기가 어렵다고 보았다. 반면에 그는 각 집단 구성원 사이에 형성되어 있는 얕게 아는 지인관계가 문제를 해결하는 데 도움이 되는 다양한 정보와 지식을 연결시켜 줄 수 있다고 주장하였다. 예를 들어, 지인관계의 네트워크를 이용함으로써 혁신 팀에서 추진하는 목표에 적합한 전문적 지식을 가지고 있는 다른 동료를 회사 내에서 신속히 찾아낼 수도 있다. 또한, 혁신에 적합한 아이디어를 가지고 있는 고객 또는 협력회사의 임직원을 파악하고 그들의 아이디어를 활용할 수도 있다. 혁신 팀에 관여하는 동료 간의 '절친관계'가 형성될 때, 그래노비터는 각 동료마다 유지하고 있는 다양한 지인관계 네트워크를 이용해 두뇌지식의 공유 범위를 최대한 확대하는 방안이 창의적 아이디어 구상에 이상적이라고 주장하였다.

잠재적 관계: 맥아피는 그래노비터의 '절친관계'와 '지인관계' 개념을 확장해

'잠재적 관계'(Potential Ties)를 <그림 4-3>과 같이 제시하였다.[21] 예를 들어, 혁신 팀원 중 일부는 과거 혁신 프로세스에 함께 참여했던 다른 동료와 지인관계를 유지할 수 있다. 한편, 혁신 팀원과 전혀 마주칠 일이 없었던 동료, 고객 또는 협력회사 임직원 간의 관계는 '잠재적' 수준에 머물고 있을 뿐이다. 잠재적 관계란 회사 동료, 고객 및 협력회사 사이에 현재 아무런 관계도 없지만, 미래에 지인관계로 발전할 수 있는 개연성이 있는 경우이다. 즉, 혁신 프로세스에 참여하고 있는 팀원이 회사의 다른 동료, 고객 및 협력회사 임직원과 새로 지인관계를 맺게 되면, 그 네트워크를 매개로 두뇌지식의 공유 범위를 확대할 수 있다.

그림 4-3 사회적 관계

집단 규모: 문화인류학자 던바(Dunbar)는 "인간이 유지할 수 있는 사회적 집단규모가 두뇌의 일부인 신 피질의 정보처리 역량의 한계 때문에 150여 명에 그친다"는 가설을 1992년 연구에서 제시하였다.[22,23] 바꾸어 말하면, 인간이 형성할 수 있는 사회적 집단, 즉 절친관계 및 지인관계 규모가 던바의 상한선을 넘을 수 없다는 뜻이다. 고어 회사(W. L. Gore & Associates)는 제품뿐만 아니라 기업 문화도 혁신한 기업이다. 설립자 고어는 직원이 서로 직접 대화

하며 기술과 지식을 공유할 때 창의적 아이디어를 구상할 수 있는 힘이 증가한다고 믿었다. 그는 회사 규모가 너무 커지면 직원 사이에 소통이 원활치 못하게 되며, 직원 간 지식의 공유가 충분히 이루어지기 어렵다고 보았다. 고어는 생산부문조차 직원의 수를 150~200명 규모로 유지하였다.[24] 그런데, 대기업에는 서로 모르고 지내는 동료가 수천, 수만 명이 있을 수 있다. 혁신 프로세스에서 이들의 두뇌지식을 두루 활용할 수 있다면 혁신에 필요한 아이디어를 더 풍성하게 구상할 수 있을 것이다. 던바의 가설은 이와 같은 가능성의 실현이 매우 어렵다는 개념이다. 던바의 '사회적 집단 규모의 한계 가설'은 지금도 유효한가?

소셜 미디어가 최근 인간의 사회적 관계 및 그 범위를 빠른 속도로 변화시키고 있다. 소셜 네트워크 서비스의 하나인 페이스북은 누구나 개인 정보, 글, 사진, 동영상 등을 교환할 수 있는 플랫폼이다. 페이스북이 아니었으면 잠재적 관계에 그쳤을 회사 동료들이 던바의 상한선을 크게 뛰어넘는 규모로 지인관계를 형성할 수 있다. 또한, 회사는 블로그를 통해 고객에게 새로 개발하고 있는 제품·서비스에 대한 사전 홍보 및 아이디어를 구할 수 있다. 그러면서 회사와 고객 사이 잠재적 관계가 지인관계로 발전할 수도 있다. 인간의 사회적 관계에 폭넓게 영향을 미치는 웹 2.0의 기본적 개념과 소셜 미디어의 역할에 대해 살펴보기로 하자.

웹 2.0

웹 2.0은 소셜 미디어의 기반이 되는 환경이다. 소셜 미디어를 구체적으로 살펴보기에 앞서, 웹 2.0의 특성을 우선 논의하기로 하자. 웹 2.0은 웹 애플리케이션을 완전한 플랫폼으로 제공하는 인터넷 환경을 통칭한다. 대표적 키워드는 개방, 참여 그리고 공유이며, 사용자가 정보 소비자이면서 동시에 생산자도 되는 환경이다.[25] 웹사이트를 단순히 모아 놓았던 웹 1.0과 비교할 때, 웹 2.0은 오라일리(O'Reilly)의 정의와 같이 크게 변화하였다:[26]

> "웹 2.0이란 인터넷을 플랫폼으로 활용하는 컴퓨터 산업의 비즈니스 혁명이다. 웹 애플리케이션은 사용자가 증가할수록 네트워크 효과가 커지도록 설계되어야 한다."

웹 2.0의 다음과 같은 기본적 개념을 살펴보기로 하자:
- 네트워크 효과
- 플랫폼
- 구조적 진화
- 구조 형성 메커니즘

네트워크 효과: 웹 2.0의 핵심은 네트워크 효과의 증대에 있다.[27] 예를 들어, 개인 간 경매를 위한 웹사이트 가치는 회원이 증가할수록 더 커질 수 있다. 네트워크 효과는 웹 2.0의 필요조건이다. 이를 뒷받침하는 웹 2.0 패러다임의 특성을 살펴보기로 하자.

플랫폼: 플랫폼(Platform)과 대조를 이루는 개념은 '채널'이다. 이메일이나 휴대전화 문자 메시지를 전달하는 채널은 개인 프라이버시를 유지하는 데 유용할 수 있지만, 다른 사용자의 접속을 배제하는 도구이다. 즉, 채널은 사용자

의 교류 및 협업을 상대적으로 축소시킨다. 그렇다면 플랫폼은 채널과 어떻게 다른가?

　　플랫폼은 세계 공동체 회원들이 제공하는 지식과 정보를 누구나 언제든지 접속해 활용할 수 있도록 개방된 디지털 환경이다.[28] 플랫폼 응용에 많은 비용이 발생하지도 않고, 기술적 어려움도 없다. 예를 들어, 블로그 사용자가 파일을 서버에 일일이 전송하지 않아도 되고, HTML과 같은 기술을 특별히 학습할 필요도 없다. 인터넷 브라우저를 이용해 개인의 생각을 글로 쓰고, 다른 웹사이트와 연결하면 된다. 또한, 이미지, 비디오, 소리 및 글을 위한 다중 미디어 플랫폼이 웹에 존재한다. 그러므로 보통 사람도 인터넷을 통해 세계 지식에 기여할 수 있다. 위키피디아는 세계 누구든 위키란 플랫폼을 기반으로 백과사전 발전에 참여할 수 있는 대표적 사례이다. 온라인 공동체가 플랫폼을 기반으로 형성되고, 수많은 회원이 서로 소통할 때 대규모 협업도 가능하다.

구조적 진화: 　　웹2.0 패러다임은 플랫폼에 담길 과업의 내용 또는 업무 구조를 미리 정하지 않는 방식이다.[29] 여기서 구조란 과업을 달성하기 위해 처리할 업무와 순서, 의사결정권, 업무 간 상호 의존성, 그리고 업무에 필요한 데이터 속성 등이 자세히 명시된 비즈니스 프로세스의 설계를 뜻한다. 전사적 시스템(ERP)의 예를 살펴보자. 많은 기업이 오랫동안 해결하지 못했던 시스템 통합을 이루기 위해 1990년대 ERP를 앞다퉈 도입하였다. 기업은 ERP 모듈에서 예시된 앞서 가는 경쟁 기업의 비즈니스 프로세스를 모방해 업무 구조를 송두리째 바꾸었다. 그 이유는 무엇인가? 기업의 업무 구조를 빈틈없이 설계해야 성과를 향상시킬 수 있다는 산업사회 경영자의 확고한 신념 때문이었다. 현재도 과연 그런가? 위키피디아 사례는 업무 구조를 미리 결정해야 한다는 전통적 패러다임이 이미 변화하고 있음을 보여 주고 있다.

　　위키피디아는 위키 플랫폼을 기반으로 누구든지 논문이나 컨텐츠를 게재하거나 수정할 수 있는 개방적 온라인 백과사전으로 자리 잡고 있다. 그러나 초기 버전인 '누피디아'(Nupedia)의 성격은 이와 전혀 달랐다. 설립위원회는 백과사전의 품질을 보증하려면 전문가의 철저한 검토가 필요하다고 보았다. 각 분야 박사학위를 소지한 전문가로 구성된 편집위원회가 누피디아에 게재될 컨텐츠를 위한 프로세스를 미리 정하였다. 예를 들어, 저자가 논문의 주제를 제안하면, 편집위원회에서 그 주제의 타당성과 저자의 역량 등을 검토하였다. 그리고 편집위원회는 논문을 검토할 전문가를 선정하고, 여러 단계의 심사를 거친 후 게재 여부를 결정하기로 하였다. 즉, 누피디아의 업무 구조가 사전에 치밀하게 설계되었다. 그런데 이 백과사전이 출범하고 18개월이 경과한 후 고작 12편의 논문이 게재되었을 뿐이다. 누피디아 설립위원회는 편집 방침을 근본적으로 변화시키기로 의견을 모은 후 웹2.0 기술 중 위키 플랫폼을 새로운 대안으로 채택하였다.

모든 논문이 위키 데이터베이스에 영구히 저장되고, 그 편집 과정도 거꾸로 되돌릴 수 있다. 사용자는 위키 플랫폼에서 논문의 어느 부분이든지 첨가, 삭제, 또는 편집할 수 있다. 또한, 위키 데이터베이스를 이용해 논문의 모든 변화를 비교할 수 있으며, 과거 버전으로 되돌아가 검토할 수도 있다. 누피디아 설립위원회는 빈약했던 논문을 증가시키는 데 위키 플랫폼이 큰 도움이 될 수 있다고 판단하고, 위키피디아 사이트를 2001년 초에 따로 설립하였다. 누피디아의 자발적 참여자에게 어떤 논문이든지 위키피디아에 게재할 것을 권고하였다. 그 해 12월까지 1년여 만에 위키피디아에는 무려 19,000여 편의 논문이 실렸다. 사용자가 어떤 논문이든지 자유롭게 첨가, 삭제, 그리고 편집할 수 있었기 때문이다. 누피디아는 공식적으로 2003년 폐쇄되었는데 당시 24편의 논문이 게재되었을 뿐이었다. 반면에, 위키피디아에 게재된 논문 수는 2012년 3월 기준 280여 언어 판을 모두 합하면 2,100만여 편에 이르렀으며 지금도 꾸준히 증가하고 있다. 위키피디아의 구조가 미리 정해지지 않은 상태에서 사용자가 위키를 기반으로 자유롭게 참여해 협업할 수 있는 환경이 조성된 결과 세계적인 백과사전으로 단기간에 우뚝 성장하게 된 것이다.[30]

업무 구조에 얽매이지 않는 웹 2.0 철학은 혁신을 위한 아이디어 구상에도 적합하다. 아이디어 모색이란 구조적 과업이 아니기 때문이다. 인간이 다양한 지식을 자유롭게 결합시킬 수 있을 때 창의적 아이디어를 풍성하게 구상할 수 있다.

구조 형성 메커니즘: 웹 2.0 플랫폼에 게재되는 컨텐츠의 구조가 미리 정해지지 않으면 헤아릴 수 없을 정도로 많은 글, 사진, 동영상 등이 뒤죽박죽 쌓이게 되지 않을까? 즉, 사용자가 비구조적 컨텐츠 더미로부터 자신이 원하는 글이나 내용을 검색해낼 수 있을까? 여기서 주목할 점은 웹 컨텐츠를 연결시켜 주는 '링크'(Links)나 그 중요도를 보여주는 '태그'(Tag)와 같은 메커니즘에 의해 그 구조가 자연스럽게 형성된다는 것이다.[31] 우선, 웹 컨텐츠 구조 형성에 링크가 어떤 역할을 하는지 구글 사례를 통해 살펴보기로 하자. 구글 검색서비스의 핵심은 사용자에게 적합한 컨텐츠를 검색해 주는 것이다. 학술 논문의 인용 색인이 많을수록 더 가치 있는 연구로 인식되는 것에 착안해, 구글은 사용자에게 더 적합한 컨텐츠를 검색해 주기 위한 기준으로 웹사이트 간 링크를 적용하였다. 즉, 링크가 더 많은 웹사이트일수록 검색 적합도가 더 높아지도록 설계된 알고리즘을 개발하였다. 구글은 웹을 개별 사이트의 단순한 집합이 아니라 링크를 통해 다른 사람과 교류할 수 있는 네트워크 공동체로 여겼다.

'태그'도 웹 페이지의 구조 형성에 쓰일 수 있다. 태그가 가장 먼저 알려지게 된 계기는 사진 공유 사이트인 플릭커(Flickr)에 있다. 여기서는 사용자마다 즐겨찾기 용도의 웹 페이지를 묘사하기 위해 키워드 또는 태그를 설정할 수 있다. 태그의 중요도나 인기를 고려해 웹사이트에 시각적으로 표시한 것이 태그 클라우드(Tag Cloud)이다.[32] 태그는 보통 2차원의 표에 알파벳 또는 가나다 순으로 배치된다. 시각적 중요도나 인기를 구분하기 위해 글자의 색상 또는 크기 등을 달리 표시할 수 있다. 사용자가 이렇게 표시된 태그 중에서 마음에 드는 키워드를 선택하면 그 태그 또는 메타데이터에 연결된 웹 페이지로 이동하게 된다. 물론 태그의 중요도나 인기는 사용자가 선택할 때마다 자동적으로 변화하며, 구조도 그에 따라 형성된다.

결론적으로, 웹 2.0 플랫폼에는 미리 정해진 틀이나 형식이 없다. 공동체 회원 간 교류에 내재되어 있던 패턴이나 구조 등이 시간이 경과하면서 링크나 태그 등을 통해 서서히 드러난다. 더 많은 사용자가 웹 2.0 플랫폼에 관여할수록 네트워크 효과가 확대되고, 더불어 더 유용한 정보와 지식을 공유함으로써 과업을 효과적으로 해결할 수 있다. 이와 같은 변화가 기업의 소셜 미디어 응용에서 이루어지고 있다. 기업이 소셜 미디어 플랫폼을 기반으로 내부 직원뿐만 아니라 외부 파트너 및 고객을 참여시켜 가치 창출에 기여하도록 하는 개념이다. 기업이 Web 2.0의 개념을 활용한다는 측면에서 '엔터프라이즈(Enterprise) 2.0'이라 불리기도 한다.[33]

소셜 미디어

소셜 미디어는 웹 2.0 패러다임에서 사용자 간의 관계를 맺어주는 서비스를
모두 아우르는 개념이다.[34] 소셜 미디어에는 위키, 블로그 및 소셜 네트워크
서비스(SNS)와 관련된 기술이 모두 포함된다. SNS의 대표적 서비스는 페이스
북이다. 소셜 미디어와 SNS가 동일한 기술로 혼용되기도 하지만, 전자가 후
자를 포함하는 더 넓은 개념이다. 소셜 미디어의 특성은 웹 2.0의 핵심인 참
여, 공유, 개방을 기반으로 누구나 지식 및 정보를 생산하고 소비할 수 있는
플랫폼이다. 이와 같은 개념은 기업 임직원의 지식과 경험을 개인적 자산으로
여긴 전통적 방식과 대조된다. 기업이 소셜 미디어를 기반으로 임직원 간의
활발한 지식 공유와 협업을 촉진할 때 살아있는 유기체처럼 역동적으로 활동
할 수 있다.

전통적으로, 경영자는 직원이 해야 할 과제를 지시하는 하향식(Top-Down)
경영 방식을 고수해 왔다. 그 타당성은 상위 20%의 리더가 나머지 하위 80%
를 이끌어감으로써 더 나은 성과를 달성할 수 있다는 파레토 법칙에서 찾을
수 있다. 즉, 하위 80%가 가지고 있는 지식, 경험 및 정보의 가치를 크게 평
가하지 않았다. 그와 같은 경영 철학은 시장의 변화가 크지 않았던 과거 비즈
니스 환경에 나름 적절하였다.

최근, 시장이 빠른 속도로 변화하고 있다. 변화를 가장 먼저 파악할 수
있는 핵심적 인력은 시장에 가장 가까이 있는 직원들이며, 그들의 지식과 경
험도 기업이 성장하는 데 중요한 자원으로 인식되고 있다. 비핵심 인력으로
여겨졌던 하위 80%의 지식과 정보가 기업의 차별화된 경쟁력을 좌우할 수 있
는 핵심적 요소로 바뀌고 있다. 즉, 상위 20%의 지식과 정보만으로 경영하는
하향식 방식에 한계가 드러난 것이다. 기업의 인재 활용에도 '롱테일(Long
Tail)' 법칙이 도입되고 있다. 웹 2.0이란 경영자가 현장 직원의 의견에 귀를
기울이는 '상향식(Bottom Up)' 비즈니스 환경의 조성에 도움이 되는 개념이다.
그러기 위해서는 개인 및 조직 상하 간의 의사소통이 활성화되어야 하고, 이
를 정착시킬 수 있도록 기업 문화가 바뀌어야 한다. 즉, 경영자의 지식과 경

험뿐만 아니라, 직원의 아이디어를 모으고 그것을 잘 활용할 수 있는 문화 및 가치관의 조성에 따라 기업의 성과가 달라질 수 있다. 예를 들어, 세계적 기업인 GE는 직원의 관여를 고취하고자 소셜 미디어의 다양한 플랫폼을 응용하였다.[35] 소셜 미디어가 기업의 활동에 스며들면서 직원 간의 대화 및 지식 공유를 위한 주요 도구로 자리잡게 되었다. 소셜 미디어는 직원 간의 수평적 협업을 촉진하고 직급에 구애받지 않고 거리낌 없는 대화를 촉진할 수 있다. 소셜 미디어의 주요 플랫폼으로 다음 세 가지 유형 및 기타 기술을 살펴보자:

- 위키
- 페이스북
- 블로그
- 기타(포럼, 마이크로 블로그, RSS)

위키: 창의적 아이디어의 구상과 같은 비구조적 과제를 해결하려면 동료 간 협업이 필요하다. 위키는 협업에 필요한 매우 강력하면서도 신축적인 소통 역량을 제공해주는 플랫폼이다. 이 시스템을 구축하는 데 필요한 그룹웨어 패키지를 인터넷에서 무료로 구할 수 있으며, 웹 페이지를 만드는 데 복잡한 기술이 필요한 것도 아니다. 위키는 '대화형 지식관리 지원시스템'이며, 사용자는 온라인 공동체를 형성해 활발하게 토론할 수 있다.[36] 위키 플랫폼의 장점은 다음과 같다. 첫째, 플랫폼의 사용이 경제적이며 기술적으로 용이하다. 둘째, 신속하다. 한 동료가 질문을 하고 다른 동료가 응답하는 데 소요되는 시간이 전부이다. 셋째, 아이디어를 구상하는 데 특히 유용하다. 아이디어 구상에 필요한 지식이 소수 동료에 집중되지 않고 지리적으로 널리 분산되어 있을 때 위키 플랫폼은 더 효과적일 수 있다.

한편, 위키에는 몇 가지 잠재적 문제점이 내재되어 있다. 첫째, 위키 플랫폼의 접속과 편집이 구조적으로 개방되어 있기 때문에 보안의 허점이 노출될 수 있다. 개방적 편집 정책은 감독이 느슨할 경우 인터넷 공격을 초래할 가능성도 있다. 또한, 기업의 지식이 완전히 개방될 경우 비밀이 노출될 수 있는 위험성이 높다. 이런 위험을 감소시키려면, 위키 플랫폼에 접속하려는 스팸이나 부적절한 컨텐츠를 걸러낼 수 있는 감시 기능이 필요하다. 둘째, 위키는 사용자가 기여하는 지식이 증가할수록 진화한다. 그런데, 그 과정이 처음 의도와는 달리 매우 혼란스러워질 수 있다. 셋째, 위키에서 한 쪽으로 치우친 협업이 진행될 수 있다. 이 플랫폼은 사용자가 가지고 있는 의견이나 지식을 반영하는 데 적합하지만, 공정한 관점을 이끌어내는 데 한계가 있을 수 있다. 사용자의 가치관, 관점, 의견 등이 위키에 오랫동안 내재될 때 그런 편견을 찾아내기가 어려워질 수 있다. 넷째, 위키는 자율적인 플랫폼으로서 그 감독이나 지원 기능이 약하기 때문에 잠재적 위험성을 감소시키기 어려울 수 있다.

한 가지 주목할 점은 위키가 인간의 사회적 관계(<그림 4-2> 참조) 중에서 '절친' 동료 간 협업을 지원하는 데 적합한 플랫폼이라는 것이다.[37] 노나카의 지식 전환 과정에서 '외부화'란 인간의 두뇌지식을 외부지식으로 전환하는 것이다. 동료가 제시하는 의견 또는 아이디어를 위키 플랫폼 서버에 보존하고, 누구든지 거의 동시에 편집할 수 있다. 편집한 내용은 즉시 반영되므로 서로 다른 버전의 파일이 존재하지 않는다. 위키는 혁신 팀원의 두뇌지식을 외부지식인 아이디어로 표출하는 데 매우 효과적인 도움을 줄 수 있는 플랫폼이다.

페이스북: 페이스북은 온라인 SNS를 지원해 주는 대표적 플랫폼이다. 사용자는 페이스북을 이용해 정보, 글, 사진, 동영상 등을 다른 회원과 상호 교환할 수 있다. 사용자가 페이스북에 먼저 회원으로 가입하고, 자신의 프로필을 만들면서 다른 사용자를 친구로 초대하고 메시지를 교환할 수 있다. 친구가 프로필을 수정하면 내가 확인할 수 있도록 자동적으로 뉴스피드(News Feed)에 게시된다. 사용자는 공통 관심사를 가진 직장 또는 학교와 같은 친구 집단에 가입할 수 있다. 최근 페이스북 이용자 수는 세계 인터넷 이용자의 절반 가량에 이를 정도로 매우 크게 확대되었다.[38]

페이스북은 사용자에게 어떤 도움이 되는가? 페이스북은 사용자 사이에 형성되는 사회적 관계를 '지인 관계'로 맺어주는 대규모 주소록에 해당된다. 사용자가 접촉하는 회원은 '친구'가 되며, 그 수효는 수천 명에 이를 수 있다. 사용자가 어느 곳에 있든지 인터넷 접속만 가능하다면 친구, 친척 및 회원들과 만날 수 있다. 각 회원은 개인적 정보나 글을 다른 지인들과 수시로 교류함으로써 그들이 어떤 상황에서 무엇을 하고 있는지 알 수 있게 된다. 즉, 회원 상호간 투명성이 페이스북 사용을 통해 높아지며, 필요한 정보를 공유할 수 있다. 또한, 사이트 회원을 다른 웹페이지로 연결시킬 수 있고, 소식이 끊긴 가족이나 친구를 다시 만날 수 있도록 이어주는 역할도 하고 있다. 사용자가 페이스북을 이용하면서 공동체에 소속되어 있음을 의식하게 되면 <그림 4-2>에서 보는 인간의 사회적 관계 중에서 '지인관계'를 형성하게 된다.[39]

그런데, 문화인류학자 던바의 가설에 의하면, 인간이 유지할 수 있는 사회적 집단 규모는 150명 이내이다. 그렇다면 사용자가 페이스북을 기반으로 수천 명에 이르는 친구들과 교류할 수 있다는 주장은 던바의 가설과 어긋나는 것이 아닌가? 그런데, 지인관계의 규모가 던바의 사회적 집단 규모보다 더 크게 확대될 수 있음이 비아릭(Bialik)의 최근 연구에서 밝혀졌다.[40] 페이스북과 같은 SNS를 응용함으로써 수천 명에 이르는 친구를 사귈 수 있게 된 최근 현상은 던바의 상한선을 크게 뛰어 넘을 수 있음을 보여 주고 있다. 바꾸어 말하면, 아무런 관계도 없던 사람이 페이스북을 사용하면서 상당히 큰 규모의 '지인관계'를 맺어나갈 수 있게 된 것이다(<그림 4-2> 참조). 중요한 점은 지인관계의 확대가 '절친관계' 집단의 지식과 정보를 연결해 주는 교량과 같은 역할을 한다는 것이다.

블로그: 블로그는 "저자가 가진 느낌이나 품어오던 생각, 알리고 싶은 견해나 주장을 웹에다 일기처럼 기술해 다른 사람도 보고 읽을 수 있게끔 열어 놓은 글들의 모음이다. 블로그는 개인적 성격을 띠고 있지만, 대형 미디어 못하지 않은 영향력을 인터넷을 통해 발휘할 수 있기에 '1인 미디어'라 불린다."[41] 블로그는 위키와 유사한 대화형 지식관리 도구로서 저자와 독자의 토론과 협업을 지원할 수 있다. 예를 들어, 블로그는 경영자, 전문가 또는 직원이 유용한 지식과 정보를 동료에게 자유롭게 전달하는 데 사용될 수 있다. 그리고 블로그는 독자가 저자의 내용을 손쉽게 논평할 수 있도록 설계된 웹 사이트이다. 저자와 독자 사이의 의사소통이 블로그의 이용을 통해 증가할 때, 사용자의 지식도 확대될 수 있다.

그런데, 지식 공유를 위한 블로그의 가치는, 안드루스(Andrus)에 의하면, 그것과 연결되는 링크 숫자가 증가할수록 커진다고 한다.[42] 즉, 블로그의 가치는 자체 컨텐츠 또는 지식뿐만 아니라, 그것과 링크된 다른 컨텐츠에 의해서 확대될 수 있기 때문이다. 예를 들어, 저자가 안고 있는 문제를 블로그에 게시할 수 있다. 독자들이 그 문제를 해결하는 데 도움이 될 나름대로의 의견과 아이디어를 제시할 수 있는데, 이들은 독립된 웹 페이지로서 링크에 의해 모두 연결될 수 있다. 그러므로 하나의 블로그는 짧지만 눈덩이처럼 증가할 수 있는 웹 페이지의 모음이라 할 수 있다.

독자는, 웹 2.0 특성에서 살펴본 것과 같이, 구글 등이 제공하는 검색 서비스를 이용해 원하는 주제를 매우 용이하게 발견해낼 수 있다. 그리고 블로그 및 검색 결과와 링크된 다양한 웹 페이지 컨텐츠를 종합적으로 참조함으로써 단편적 지식만으로는 알 수 없던 통찰력을 얻을 수 있다. 즉, 블로그의 주요 역할은 독자가 다양한 지식과 정보를 교환할 수 있도록 지원해 주는 소셜 네트워크라 할 수 있다. 뿐만 아니라, 블로그의 또 다른 중요한 역할은 특정한 문제를 해결하는 데 적합한 지식이나 정보를 가지고 있는 사람이 누구인지 손쉽게 찾아낼 수 있도록 지원해 주는 것이다. 만일 블로그가 없었다면 서로 독립적이며 '잠재적 관계'에 머물렀을 사람들, 예를 들어, 고객 또는 협력회사 직원이 '지인관계' 또는 '절친관계'로 바뀔 수 있다. 회사 동료, 고객 또는 협력회사 직원 사이에 새롭게 형성되는 지인관계는 전문가를 찾아내고 지식을 확대하는 데 교량과 같은 역할을 할 수 있다.

기타:　위에서 살펴본 소셜 미디어 이외에도 사용자의 교류와 의사소통을 지원해줄 수 있는 다양한 미디어가 응용되고 있다. 그 중에서 널리 사용되고 있는 사례를 간략히 살펴보기로 하자:

- **포럼:**　포럼 형식의 웹 사이트는 블로그보다 좀 더 신축적이고 개인적 편견에서 벗어난 지식 및 정보를 제공해줄 수 있다. 포럼 사이트에서 정보 공유는 비공식적이고 자유로운 대화를 통해 이루어진다. 그런데, 포럼 사이트에 너무 많은 내용이 빈번하게 게시되기 때문에 부정확한

주장이 게시되더라도 이를 포착해 수정하기가 어렵다는 단점이 있다.[43]

- 마이크로 블로그: 이는 일명 트위터라 불린다. '트윗'이란 한 편의 글에 해당되며, 140자 이내에서 가능하다. 이는 단문 메시지 서비스(SMS), 인스턴트 메신저, 전자 우편, RSS(수신 전용) 등을 통해 전송될 수 있다. 트윗 업데이트는 사용자의 프로필 페이지에 나타나고, 그 사용자를 추종하는 다른 사용자에게 즉시 전달된다. 트윗을 보내는 사용자는 초기 설정에 따라 누구에게 트윗을 보낼 것인지 제어할 수 있다. 비교적 장문의 글을 쓰는 데 적합한 블로그와 달리, 마이크로 블로그는 간단한 글을 손쉽게 쓸 수 있는 단문 전용 사이트이기 때문에 이동통신기기를 이용한 글 등록에 더 편리한 서비스이다. 실제 트위터 이용자의 80%는 웹보다는 스마트폰 등의 모바일 서비스를 이용하고 있는 것으로 나타나고 있다.[44]

- RSS(Really Simple Syndication): 이는 사용자가 뉴스, 블로그, 오디오와 비디오 파일 등을 구독하도록 예약해 주는 서비스이다. RSS는 다중 미디어로부터 다양한 정보 또는 지식을 수집할 수 있는 기능을 제공해 준다.

소셜 미디어와 두뇌지식의 공유

두뇌지식의 공유 범위가 소셜 미디어 응용에 의해 확대될 수 있다. 일상적으로 함께 일하는 혁신 팀의 절친 동료를 넘어, 회사의 다른 임직원 및 고객의 두뇌지식도 폭넓게 공유할 수 있는 기회가 소셜 미디어에 의해 증가하고 있다. 혁신 프로세스의 각 단계에서 혁신에 관여하는 동료 및 고객 간의 사회적 관계에 적합한 소셜 미디어를 <표 4−1>과 같이 응용할 때, 두뇌지식의 공유를 위한 사회화, 외부화 그리고 내면화 과정이 촉진될 수 있다.

표 4-1 소셜 미디어와 두뇌지식의 공유

혁신 프로세스	두뇌지식 공유	사회적 관계 (참여자)	소셜 미디어(예)
과업 파악	• 사회화	• 절친관계(혁신 팀) • 지인관계(회사 동료) • 잠재적 관계(고객, 협력회사)	• 위키, 페이스북, 블로그, RSS • 비디오·오디오 컨퍼런싱 • 토론용 포럼, 다중 미디어 공유 서비스
지식· 데이터 분석	• 사회화 (결합)	• 절친관계(혁신 팀) • 지인관계(회사 동료) • 잠재적 관계(고객, 협력회사)	• 문서 검색 • 위키, 페이스북, 블로그, RSS • 비디오·오디오 컨퍼런싱
아이디어 구상	• 사회화 • 외부화	• 절친관계(혁신 팀) • 지인관계(회사 동료) • 잠재적 관계(고객, 협력회사)	• 위키, 블로그, 페이스북 • 토론 포럼 • 비디오·오디오 컨퍼런싱
타당성 실험	• 사회화 • 내면화	• 절친관계(혁신 팀) • 지인관계(회사 동료) • 잠재적 관계(고객, 협력회사)	• 위키, 블로그 • 시각화 • 비디오/오디오 발표

과업 파악: 제품·서비스를 혁신하기 위한 아이디어의 구상이 '과업 파악'이다. 혁신 과업을 구상하는 비즈니스 통찰력의 원천은 개인의 두뇌지식이다. 앞에서 살펴본 고어 회사의 케이블 혁신은 산악 자전거 경주에 경험이 많은 직원의 상상력에 의해 출발하였다. 자전거 변속기와 브레이크를 위한 케이블

의 개발이 단순해 보였지만, 회사의 거의 모든 사업부문의 참여 및 고객의 반응을 반영해 이루어졌다. 즉, 개인이 단독으로 혁신에 성공하기란 어려운 일이다. 회사 동료 및 고객이 다양한 두뇌지식을 서로 공유하면 보다 더 창의적인 아이디어를 풍부하게 구상할 수 있다.

과업 파악을 위한 초기 구상 단계에 동료 간 두뇌지식을 어떻게 공유할 수 있는가? 고어 회사 사례에서, 젊은 엔지니어들이 대화 및 토론하는 가운데 서로의 지식과 경험을 공유함으로써 자전거용 케이블의 개발이란 새로운 과업이 제안될 수 있었다. 개인의 두뇌지식은 속성상 다른 동료에게 직접 이전하기 어려우며, <표 4-1>의 사회화, 외부화 그리고 내면화 과정을 거쳐 공유될 수 있다. 사회화란 "동료가 서로 토론하며 표정과 몸짓 등을 관찰함으로써 상대방 두뇌에 내재되어 있는 정신적 모형 및 기술을 학습하는 과정"이다. 만일, 동료 간 두뇌지식의 공유가 이루어지지 않는다면 아무리 훌륭한 인재로 혁신 팀을 구성하더라도 무의미한 일이다.

동료들이 과업 파악을 위해 교류하는 과정에 사회적 관계가 형성된다. 즉, 절친관계 또는 지인관계가 맺어질 수 있다. 또한, 기업과 고객 간 현재 관계는 없지만, 미래에 지인관계로 발전할 수 있는 개연성이 존재한다. 개인 간의 사회적 관계에 적합한 소셜 미디어의 응용이 혁신과업 파악에 있어서 어떠한 효과가 있는지 살펴보자. 첫째, '절친관계'에 적합한 소셜 미디어에 대해 살펴보자. 고어 사례에서 자전거 케이블의 개발을 혁신 과업으로 제시한 엔지니어 및 리더로 영입된 '마본' 사이에 형성되는 사회적 관계는 '절친관계'이다. 절친 동료가 소셜 미디어 중 위키 플랫폼을 사용할 때 지식 공유가 보다 더 효과적으로 이루어질 수 있다.[45] 동료 중 누구든지 아이디어를 제안하면 위키 플랫폼의 데이터베이스에 단일 버전으로 저장되고, 다른 동료가 언제든지 접속해 수정하거나 더 개선된 아이디어를 제시할 수 있다. 특히, 멀리 떨어진 사무실에서 일하는 회사 임직원도 위키 플랫폼을 활용해 마치 함께 일하는 것과 유사한 효과를 올릴 수 있다.

둘째, 혁신 과업을 위한 아이디어가, 절친 동료뿐만 아니라, 때로 혁신 프로세스에 직접 참여하지 않는 다른 임직원의 지식이 보완될 때 한층 더 풍요롭게 구상될 수 있다. 고어에는 수십여 개의 계열사가 존재하며, 혁신 과업 파악에 누구든지 참여할 수 있다. 그렇다면 혁신 과업에 적합한 지식을 갖고 있는 회사 동료를 어떻게 찾아낼 수 있는가? 소셜 미디어 중 SNS의 대표격인 페이스북의 응용이 대안이 될 수 있다.[46] 페이스북을 사용하는 동료 간에 '직장 친구'가 형성되고, 공동체 의식이 쌓일 수 있다. 고어는 '고어콤'이란 미디어를 기반으로 동료 사이에 질의와 응답이 매우 원활하게 오갈 수 있도록 하였는데, 그것은 페이스북의 친구맺기 기능과 유사하다. 이와 같은 '직장 친구' 간 사회적 관계는 '지인관계'에 해당된다. 지인관계를 통해 혁신 과업에 적합한 지식을 보유하고 있는 임직원이 누구인지 구체적으로 파악할 수 있다. 즉, 페이스북과 같은 소셜 미디어의 응용이 혁신 과업 파악에 적합한 지식을 갖춘 동료를 찾아내는 데 교량과 같은 역할을 할 수 있다.

셋째, 고객도 혁신 과업 파악에 적합한 지식 및 정보의 중요한 원천이 될 수 있다. 본질적으로, 제품·서비스 혁신이란 고객의 가치를 증가시키기 위한 것이다. 그러므로 고객의 새로운 요구를 반영하지 않은 채 제품·서비스의 혁신을 위한 과업을 효과적으로 파악하기란 어려운 일이다. 그런데, 혁신 팀과 고객 사이의 사회적 관계가 <그림 4-3>에서 보는 것과 같이 현재 아무런 관계도 없는 '잠재적' 수준에 그칠 수 있다. 혁신 팀은 소셜 미디어를 매개로 고객과의 관계를 '지인관계' 수준으로 끌어올리는 노력을 기울여야 한다. 예를 들어, 혁신 팀은 고객에게 새롭게 개발하려는 제품 서비스에 관한 정보를 블로그를 이용해 제공해 줄 수 있다.[47] 또한, 주제별 블로그, 토론용 포럼, 다중 미디어 공유서비스 등을 통해 고객의 의견을 듣고, 그들의 관심도를 높일 수 있다. 그럼으로써 회사는 고객의 요구, 취향, 동기, 가치관 또는 인구통계학적 변화 등에 관해 다양한 지식과 정보를 더 풍부하게 수집할 수 있다. 뿐만 아니라, 회사 블로그 및 그것에 링크되어 있는 다른 웹 페이지를 통해 혁신 과업에 적합한 외부 전문가를 물색할 수도 있다. 회사가 소셜 미디어를 활용해 고객과의 잠재적 관계를 지인관계로 발전시킬 수 있을 때, 혁신 과업 파악에 적합한 지식과 정보를 더욱더 확대할 수 있다.

결론적으로, 혁신 프로세스의 시작인 과업 파악에 필요한 지식과 정보는 다양한 채널로부터 수집될 수 있다. 혁신 팀 동료, 회사의 다른 임직원 및 고객 간에 형성되는 사회적 관계에 적합한 소셜 미디어를 응용할 때 두뇌지식을 보다 더 효과적으로 공유할 수 있다.

지식·데이터 분석:　혁신 과업이 파악되면, 그것과 관련된 다양한 지식 및 데이터의 수집과 심층적 분석이 이루어져야 한다. 예를 들어, 혁신 과업이 다음에 살펴보는 '케이블 없는 엘리베이터의 개발'이라 가정하자. 혁신 팀은 그런 엘리베이터를 개발하는 데 필요한 지식 및 기술적 역량이 무엇인지 대화 및 토론 등의 사회화 과정을 거쳐 확인해야 한다. 만일, 혁신 팀 동료가 혁신 과업에서 요구되는 전문적 지식 및 기술적 역량을 충분히 보유하고 있지 못한 것으로 밝혀지면, 회사의 임직원 또는 외부 전문가를 과감히 영입해야 한다. 그리고 케이블 없는 엘리베이터가 시장에서 성공할 가능성을 예측하는 데 적합한 외부지식 및 데이터를 수집해 분석해야 한다. 어떤 외부지식 및 데이터를 수집하고 그것을 어떻게 분석할 것인지 결정하려면 혁신 팀 동료 간의 대화 및 토론과 같은 사회화 과정이 필요하다. 위키, 블로그 및 비디오·오디오 컨퍼런싱과 같은 소셜 미디어의 응용은 혁신에 관여하는 참여자 간의 사회화 과정을 촉진할 수 있다. 다만, 외부지식의 분석은 노나카 등이 제시한 지식 전환모형에서 '외부지식의 결합'에 대응되며, 빅데이터 분석(5장)에서 더 자세히 살펴보기로 하자.

아이디어 구상:　과업 파악이 추상적이라면 아이디어 구상은 구체적이다. 개인의 아이디어 구상이란 자신의 두뇌지식을 언어 또는 동영상 등을 이용해 외부지식으로 표현하는 '외부화' 과정이다. 그런데, 두뇌지식을 외부지식인 아이디어로 전환하기란 어렵다. 혁신 프로세스에 관여하는 동료라도 추상적 사물에 대해 느끼거나 인지하는 방향과 범위가 서로 다를 수 있다. 이를 해결하기 위한 방안으로 혁신 프로세스에 관여하는 동료 사이에 앞에서 설명한 은유 또는 유추의 방법을 응용할 수 있다.[48] 적절한 은유나 유추는 동료 간의 두뇌지식의 공유를 촉진해줄 수 있다. 케이블 없는 엘리베이터를 개발하기 위해 자기부상열차의 이미지를 유추한 사례를 살펴보자:

"티센크루프는 세계 처음으로 케이블 없는 엘리베이터인 '멀티(MULTI)'를 선보였다. 멀티는 엘리베이터의 케이블 대신 자기장과 전기를 이용해 추진력을 얻는 자기부상열차의 리니어(Linear) 모터를 적용하였다. 리니어 모터는 N극과 S극이 바뀌지 않는 영구자석과 전류 흐름에 따라 N극과 S극으로 계속 바뀔 수 있는 전자석으로 구성된다. 떨어진 채 서로 마주 보는 평평한 판에 각각 영구자석과 전자석을 직선으로 길게 배열하면 마주 보는 자석 간에 밀어내는 반발력과 끌어당기는 인력이 발생한다. 이 두 힘을 이용해 추진력을 얻는다. 두 면에 설치된 자석의 떨어져 있는 간격이 10~20mm에 불과하기 때문에 엘리베이터를 움직일 정도의 힘을 낼 수 있다. 케이블로 작동하는 현재 엘리베이터 수송 방식으로는 수백 미터 높이 초고층 빌딩을 한 번에 오를 수 없다. 케이블 자체 무게 때문에 길이가 최대 500m를 넘기 어렵기 때문이다. 세계에서 가장 높은 빌딩인 두바이의 부르즈 칼리파(높이 829m)의 경우 꼭대기까지 오르려면 세 차례 엘리베이터를 갈아타야 한다. 하지만 리니어 모터를 이용한다면 이론적으로 엘리베이터가 오를 수 있는 높이에 한계가 없다. 멀티의 속도는 초속 5m로 일반 아파트 엘리베이터(초속 2m)보다 2.5배 빠르다. 엘리베이터가 케이블에서 자유로워지면서 상하뿐 아니라 수평 이동까지 가능해졌다. 지하철 승강장에서 인근 건물까지 엘리베이터를 탄 채 한 번에 갈 수 있을 것으로 기대된다. 케이블이 필요 없기 때문에 한 승강로에 여러 대의 엘리베이터를 동시에 운행할 수 있어 승객 대기시간도 이전보다 훨씬 더 줄어들 것으로 기대된다."[49]

혁신 과업을 더 구체적이고 타당성 있는 아이디어로 발전시켜 나가는 주체는 혁신 프로세스에 직접 관여하는 동료이다. 이런 동료 간의 사회적 관계는 <그림 4-2>에서 보는 '절친관계'이다. 절친 동료가 초기 모호하고 불확실한 아이디어를 한층 더 구체적이고 타당성 높은 아이디어로 발전시키는 데 어떤 소셜 미디어가 도움이 될 수 있는가? 바로 위키 플랫폼이다. 앞에서 살펴본 위키피디아 사례는 위키 플랫폼의 유용성을 이해하는 데 매우 적합한 사례이다. 위키는 대화형 지식관리시스템으로서 혁신 팀 동료가 아이디어 구상을 위해 협업하는 과정에 매우 신축적인 소통 기반이 될 수 있다. 특히, 아이디어 구상에 필요한 지식이 지리적으로 널리 분산되어 있을 때 위키 플랫폼의 활용은 한층 더 효과적일 수 있다.

타당성 실험: 혁신 과업 또는 아이디어는 실험이 반복되면서 진화한다. 생산부문은 제품 모형에 응용했던 기술을 더 발전시킬 수 있는 방안을 모색할 수 있다. 마케팅부문은 고객의 반응을 분석해 제품의 품질을 향상시키고 포장 등을 바꿀 수 있다. 고어의 케이블 팀은, 예를 들어, 미국의 자전거 소매점으로부터 케이블 모형에 대한 반응을 다각도로 조사해 생산 및 판매에 반영하였다. 혁신 팀 동료가 실험 결과인 외부지식을 정보로서 인지하면 자신의 두뇌지식이 전환된다. 즉, 외부지식이 개인의 두뇌지식에 내면화되는 것이다. 혁신 과업으로 파악된 초기 아이디어가 반복된 실험을 거치면서 기술적으로 그리고 시장에서 더 높은 경쟁력을 갖춘 제품으로 거듭 발전하게 된다.

소셜 미디어 중에서 위키 및 블로그는 동료가 실험 과정에 체험하고 학습한 내용을 다른 절친 동료에게 전달하는 데 매우 효과적인 플랫폼이다. 동료가 체험한 내용을 위키 플랫폼에서 지원되는 데이터베이스에 보고서 또는 동영상으로 저장할 수 있다. 그리고 다른 동료가 그것을 통해 간접 학습하면서 새로운 의견을 제시하고 수정할 수 있다. 혁신 팀 동료 누구든지 데이터베이스에 저장된 제품의 품질이나 디자인을 개선할 수 있는 아이디어를 새롭게 제시할 수 있다. 위키피디아 사례는 절친 동료가 위키 플랫폼을 활용함으로써 효과적으로 협업할 수 있음을 보여 준다.

또한, 혁신 팀 동료가 제품 또는 서비스 모형의 실험에 참여해 체험한 내용을 블로그에 게재할 수 있다. 예를 들어, 생산부문이 기술적 검토 과정에 인지한 내용을 블로그에 올릴 수 있다. 마케팅 부문도 제품 모형에 대한 고객의 의견을 블로그에 실을 수 있다. 혁신 팀 동료는 생산부문과 마케팅부문의 의견을 종합해 간접 학습을 할 수 있다. 그리고 블로그에 실린 내용을 토대로 회사와 고객 사이에 신뢰가 쌓이면 지인관계가 유지되고, 고객의 아이디어도 수집할 수 있게 된다.

그러나 동료가 체험한 내용을 위키나 블로그를 통해 아무리 잘 기술하더라도 다른 동료가 읽지 않거나 쉽게 이해할 수 없다면, 실험의 결과가 동료의 두뇌지식에 충분히 '내면화'되기는 어렵다. 최근, 복잡한 데이터의 분석을 쉽게 이해할 수 있도록 지원하는 시각화 도구가 다양하게 선보이고 있는데, 빅데이터 분석(5장)의 시각화 부분에서 더 자세히 살펴보기로 하자.

두뇌지식의 공유와 혁신 성과

기업이 두뇌지식의 공유를 확대할수록 경쟁 회사보다 차별화된 혁신 성과를 달성할 수 있는가? 두뇌지식의 공유는 그 속성상 어렵다. 만일 두뇌지식의 공유가 혁신 팀원은 물론 회사의 다른 동료 및 고객 간 폭넓게 이루어진다면, 경쟁 회사보다 창의적 아이디어를 훨씬 더 풍부하게 구상할 수 있는 역량이 될 수 있다. 기업이 두뇌지식의 공유를 확대해 경쟁 회사보다 더 나은 혁신 성과를 달성하려면 자원기반이론의 다음 두 가지 조건을 충족해야 한다.[50]

- 두뇌지식의 공유를 위한 역량이 경쟁 기업 간 이질적이어야 한다.
- 두뇌지식의 공유를 위한 역량이 경쟁 기업으로 완전히 이전될 수 없어야 한다.

위와 같은 두 가지 조건을 충족하는지 평가하려면 두뇌지식의 공유를 위한 지식관리 역량의 네 가지 속성을 검토해야 한다: 1) 가치; 2) 희소성; 3) 불완전 모방; 그리고 4) 조직. 첫째, 두뇌지식의 공유가 혁신 프로세스의 지식·데이터 분석 및 타당성 실험 과정에 가치를 창출해야 한다(<그림 4-1> 참조). 혁신 팀 동료는 물론 회사의 다른 동료 및 고객 간의 두뇌지식의 공유가 다양한 소셜 미디어를 활용해 폭넓게 이루어질 때, 보다 더 창의적인 아이디어를 구상하는 데 가치가 있음은 분명하다.

둘째, 두뇌지식의 공유를 확대하는 데 응용할 수 있는 소셜 미디어는 희소하기보다 일반적 자원이다. 기업마다 소셜 미디어를 활용해 두뇌지식의 공유를 확대할 수 있다. 즉, 소셜 미디어의 응용은 두뇌지식의 공유를 확대하기 위한 필요조건이긴 하지만 충분조건은 아니다. 그런데, 혁신 팀 동료, 회사의 임직원 및 고객 간 형성되는 사회적 관계에 적합한 소셜 미디어의 응용은 단순하지 않으며, 희소성이 있을 수 있다.

셋째, 두뇌지식의 공유를 위한 특정 기업의 역량을 다른 기업이 모방할 수 없어야 한다. 동료 간 두뇌지식의 공유가 실현되려면 그것에 적합한 기업 문화가 조성되어야 한다. 예를 들어, 혁신 과업에 경영자의 지시보다 자율적으로 참여할 수 있을 때, 동료 간 열린 마음으로 대화 및 관찰을 하고 신뢰를 쌓음으로써 체험학습을 할 수 있는 기회가 증가하게 된다. 그와 같은 조직 문화에서 동료 간 두뇌지식의 공유가 소셜 미디어를 활용할 때 더 효과적으로 이루어질 수 있다. 소셜 미디어는 보편적 기술이지만 기업의 독특한 개방적 문화와 결합될 때, 경쟁 기업이 이를 완전히 모방하기란 어려운 역량이다.

넷째, 조직의 관리적 요소에 대해 살펴보기로 하자. 개인의 내적 창의성 구성요소 중 <그림 4−1>을 보면 '내적 동기부여'가 '외적 업무환경'에 의해 크게 영향을 받을 수 있다. 내적 동기부여는 개인이 특정한 과업에 관여하게 이끄는 원동력이다. 개인이 과업을 업무가 아니라 재미있는 놀이로 여길 때 내적 동기부여가 높아지고, 스스로 몰입하는 과업 관여가 이루어진다. 외적 업무환경이란 평가 및 보상과 같이 직원의 성과를 높이기 위한 목적으로 적용되는 외적 동기부여를 뜻한다. 실험 연구 결과, 외적 동기부여는 개인의 내적 동기부여를 떨어뜨리고 창의성을 둔화시키는 것으로 나타났다.[51] 동료 간 두뇌지식의 공유는 혁신 프로세스의 창의적 인지과정에 이루어진다. 그러므로 평가 및 보상과 같은 외적 동기부여가 두뇌지식의 공유도 위축시킬 수 있는 부정적 요소로 추론할 수 있다.

결론적으로, 기업의 두뇌지식 공유가 단순히 소셜 미디어의 활용만으로 경쟁 기업보다 더 확대되기는 어렵다. 자원기반이론의 관점에서, 기업이 동료 및 고객 간에 형성되는 사회적 관계에 적합한 소셜 미디어를 응용할 때 다른 기업이 쉽게 모방하거나 이전하기 어렵다. 또한, 혁신 프로세스에 참여하는 임직원의 자율권을 존중하는 기업 문화의 조성 및 내적 동기부여를 떨어뜨릴 수 있는 평가 및 보상과 같은 외적 업무환경의 관리가 필요하다. 이와 같은 조건이 충족될 때, 기업은 소셜 미디어를 지렛대 삼아 두뇌지식의 공유를 경쟁 기업보다 한층 더 확대시킬 수 있으며, 차별화된 혁신 성과를 거둘 수 있다.

결론

__ 개인의 창의성은 지식의 함수이다. 새로운 지식을 활용할 때 창의성이 향상될 수 있다. 기업이 혁신 성과를 높이려면 임직원이 정보로서 응용하는 지식을 확대하기 위한 지식관리에 초점을 맞추어야 한다.

__ 지식은 두뇌지식과 외부지식으로 구성된다. 두뇌지식이 빙산의 수면 아래 잠긴 부분이라면, 외부지식은 수면 위에 보이는 부분에 비유할 수 있다. 바꾸어 말하면, 두뇌지식이 외부지식보다 더 클 수 있다. 외부지식의 이전과 공유는 인터넷 덕분에 용이해졌다. 반면, 인간의 두뇌지식은 직접 볼 수 없으며, 소규모 사회적 교류에서 이루어지는 관찰 및 체험을 통해 서로 공유될 수 있다. 혁신 팀 동료는 물론 회사의 다른 직원 및 고객의 두뇌지식까지 공유하려면 소수 동료 간의 관찰 및 체험에 버금가는 사회적 교류를 확대할 수 있어야 한다.

__ 인간의 사회적 관계는 가까운 정도에 따라 '절친관계,' '지인관계,' 그리고 '잠재적 관계'로 구분될 수 있다. 회사 동료 사이에 '절친관계'와 '지인관계'가 형성될 수 있다. 절친 동료는 일상적 대화와 체험을 통해 상대방의 두뇌지식을 학습할 수 있지만, 다른 절친 집단과 독립적이다. 한편, 지인 동료는 절친 동료와 달리 서로 얕게 아는 관계지만, 자신이 속한 절친 집단을 연결시켜 주는 교량 역할을 할 수 있다. 혁신 프로세스에서 필요한 지식을 확대하려면 동료 사이에 절친관계 뿐만 아니라 지인관계의 조성과 유지도 중요하다.

__ 고객의 지식도 혁신에 매우 중요하다. 혁신의 궁극적 목적이 고객의 가치를 향상시키기 위한 것이기 때문이다. 회사와 고객 사이의 관계는 실제 존재하지 않는 잠재적 수준이다. 만일, 잠재적 관계를 지인관계로 발전시킬 수 있다면 고객의 지식도 혁신 프로세스에 응용할 수 있는 길이 열리게 된다.

__ 소셜 미디어를 활용해 다양한 집단 사이의 사회적 교류를 촉진시키는 길이 열리고 있다. 예를 들어, 위키는 절친 동료 간 의사소통을 높여 줄 수 있다. SNS의 대표격인 페이스북은 회사 직원 간의 지인관계를 유지하는데 매우 효과적이다. 회사와 고객 간의 잠재적 관계는 블로그를 통해 지인 관계로 발전시킬 수 있다. 즉, 혁신 프로세스의 각 단계에서 필요한 두뇌지식을 폭넓게 활용하려면 동료 및 고객 간의 사회적 관계에 적합한 소셜 미디어를 활용해야 한다.

기업이 두뇌지식의 공유를 통해 경쟁 기업보다 더 나은 혁신 성과를 확보할 수 있는가? 자원기반이론의 관점에서, 기업의 두뇌지식 공유가 소셜 미디어의 활용만으로 확대되기는 어렵다. 기업이 동료 및 고객 간에 형성되는 사회적 관계에 적합한 소셜 미디어를 응용할 때, 경쟁 기업이 쉽게 모방하거나 이전하기 어렵다. 또한, 혁신 프로세스에 참여하는 임직원의 자율권을 존중하는 기업 문화의 조성과 내적 동기부여를 떨어뜨릴 수 있는 평가 및 보상과 같은 외적 업무환경의 관리가 필요하다.

05
/

지식관리: 빅데이터 분석

시장이 빠른 속도로 변화하고 있다. IT를 비롯한 기술의 발전 및 세계화에 의해 초래된 현상이다.[1] 생산자가 주도해 온 대량생산 시장이 축소되고, 고객 맞춤형 시장이 확대되고 있다.[2] 기업이 변화하는 시장에서 성장하려면 혁신에서 새로운 활로를 찾아야 한다. 경영자가 과거 지식 및 경험에 주로 의존하면 혁신에서 성공하긴 어렵다. 시시각각 변화하는 고객의 요구를 정확하게 파악해 미래 시장을 개척하려면 다양한 지식과 데이터를 폭넓게 활용할 수 있어야 한다.

데이터 혁명이 시장의 변화와 맞닿아 있다. 그 혁명의 중심에 '빅데이터 분석'이 있다.[3] 그것은 시장을, 예를 들어 피카소의 작품 중 '울고 있는 여자'의 얼굴처럼, 다양한 측면에서 분석하기 위한 것이다. 전통적으로, 경영자는 데이터베이스에서 처리할 수 있는 구조적 데이터에 국한해 시장을 분석해 왔다.[4] 그것은 마치 우물 안 개구리처럼 시장을 매우 좁은 시각에서 본 것이다. 최근, 사물인터넷 및 소셜 미디어가 널리 확산되면서 웹로그, RFID, 센서 네트워크, 스마트폰, 비디오 클립, 트위터, 동영상, 인터넷 검색 등으로부터 비구조적 데이터가 산더미처럼 수집되고 있다. 비구조적 데이터는 바다에 떠 있는 빙산의 수면 아래 부분에 비유될 만큼 구조적 데이터보다 훨씬 더 다차원적이며, 그 양이 홍수처럼 크게 불어나고 있다. 빅데이터 분석에는 구조적 그리고 비구조적 데이터가 모두 포함되며, 노나카 등의 지식 전환모형에서 외부지식의 결합에 해당된다.[5] 경영자가 빅데이터의 다차원적 분석을 두뇌지식으로 흡수할 때, 혁신을 위한 창의성 및 비즈니스 통찰력을 한층 더 높일 수 있다. 이 장에서는 지식관리에서 중요한 비중을 차지하는 빅데이터 분석에 초점을 맞추어 다음과 같은 내용을 논의하고자 한다:

- 시장의 변화
- 빅데이터 분석의 개념적 고찰
- 빅데이터 분석 기술
- 비즈니스 통찰력
- 빅데이터 분석과 조직 문화
- 빅데이터 분석과 혁신 성과

▌사람처럼 판단하는 자율주행차, 달릴수록 더 똑똑해진다:

구글이 2017년 상용화를 목표로 개발해 온 '자율주행차'는 빅데이터, 센서, 인공지능, 자동제어 등 첨단 기술의 집약체다. 자율주행차는 사람이 앉아 있기만 하면 컴퓨터가 주위 장애물과 교통신호를 감지해 최적의 경로로 목적지까지 알아서 데려다 준다. 구글은 "매년 전 세계에서 120만 명 이상이 교통사고로 목숨을 잃는데, 자율주행차가 출시되면 희생자 수를 획기적으로 줄일 수 있을 것"이라고 주장한다. 불완전한 사람과 달리 자율주행차에 탑재된 컴퓨터가 1cm의 오차도 없이 주변 상황을 감지해 자로 잰듯 운전한다는 것이다.

구글이 최근 공개한 자율주행차는 마치 장난감처럼 단순하다. 운전대나 가속기 페달, 브레이크 페달도 없다. 출발 버튼만 누르면 스스로 간다. 차량 내부에는 지도와 주행 상태, 경로를 보여주는 액정 화면이 있다. 운전자의 눈 역할을 하는 것은 천장에 달린 레이저 센서다. 이 센서는 쉴 새 없이 360도 회전하며, 레이저를 쏘고, 이것이 사물에 맞아 반사되는 신호를 감지한다. 이를 통해 반경 200m 이내의 장애물 수백여 개를 동시에 감지할 수 있다. 자율주행차에 내장된 컴퓨터는 운전자의 두뇌와 비슷하다. 센서가 수집한 정보를 3D(입체) 지도로 변환해 브레이크를 밟을지 회전을 할지 판단을 내린다.

구글 자율주행차는 달릴수록 똑똑해진다. 실제 도로 주행을 통해 습득한 방대한 정보를 체계적 데이터베이스로 분류해 상황에 맞는 판단을 하게끔 도와주는 것이다. 처음엔 장애물이 적은 고속도로 위주로 달렸지만, 지금은 복잡한 시내를 달리며 '장애물'을 배우고 있다. 갑자기 멈춰 선 스쿨버스에서 튀어나오는 '정지' 팻말, 도로보수 공사를 위해 세워 놓은 고무 고깔 등을 만나면 어떻게 대응해야 하는지 세세히 학습한다. 이런 수천여 가지 운행 공식이 자율주행차의 '두뇌'에 담긴다. 센서기술도 향상됐다. 구글이 자율주행차 개발에 착수한 것은 2009년이다. 처음엔 '움직이는 물체'와 '고정된 물체'만 구분하는 수준이었다. 지금은 특정 물체의 움직임과 속도를 감지해, 보행자인지 자전거인지까지 구분해 낸다. 자전거에 탄 사람이 차선을 바꾸겠다고 내미는 손동작까지 알아챈다. 횡단보도 앞에 선 한 무리 사람도 과거엔 뭉뚱그려진 물체로 인식했는데 이젠 '보행자 10명'이라고 세세하게 구분해 낼 수 있다고 구글은 설명한다. 구글은 이미 안전한 주행을 넘어, 주변 운전자가 내 차가 자율주행차라는 것을 알아차리지 못할 정도의 자연스러운 주행을 목표로 한다.

출처: 조선일보, 2014년 6월 3일 B11

시장의 변화

시장이 기술의 발전 및 세계화에 의해 크게 변화하고 있다. 첫째, 다양한 기술이 IT의 기하급수적 발전에 힘입어 시장에 등장하고 있다. 예를 들어, 인공지능, 3D 프린팅, 게놈분석, 로봇과 같은 새로운 기술이 시장에 미칠 영향은 쓰나미에 비유될 만큼 클 것으로 예상된다. 이와 같은 기술의 발전을 촉진해 온 원동력은 IT이다.[6] IT가 널리 응용되면서 데이터의 수집, 처리 및 공유에 발생하는 비용이 대폭 감소하게 되었다. 예를 들어, 사물인터넷이 기업은 물론 가정에서도 응용되면서 제품 및 서비스 시장이 무궁무진하게 변화할 것으로 예상된다. IT 응용이 특히 플랫폼 비즈니스에서 놀라운 효과를 거두고 있다. 에어비앤비는 숙박공유 서비스를 제공하는 플랫폼으로, 그 시장 가치가 호텔 산업에서 오랜 역사를 자랑하는 힐튼을 넘어설 정도로 빠르게 성장하고 있다. 하루가 다르게 변화하는 시장에서 기업이 성장하려면 새로운 기술을 이해할 수 있는 전문 지식이 필요하다. 앞에서 살펴본 구글이 개발하고 있는 자율주행차는 전통적 자동차 개념을 송두리째 바꾸어 놓기에 충분하다. 자동차 천장에 설치된 레이저 센서와 카메라로부터 생성되는 엄청나게 많은 빅데이터를 자동차에 내장된 컴퓨터에서 실시간으로 처리함으로써 자율주행차의 가속, 감속 또는 방향 전환 등이 운전자의 개입 없이 자율적으로 이루어질 수 있다. 이 사례를 통해 새로운 기술에 관한 전문적 지식 및 데이터의 분석이 중요함을 알 수 있다.

둘째, 세계 도처에서 도시를 중심으로 신흥시장이 빠른 속도로 성장하고 있다. 포춘 500기업의 거의 대부분이 20세기 말까지 미국 및 유럽 등 선진국에 있었다. 그 절반 이상이 2025년 경 중국을 포함한 신흥시장에 의해 대체될 전망이다.[7] 예를 들어, 세계 제조업에서 중국, 인도, 인도네시아, 러시아, 브라질과 같은 주요 신흥시장에서 실현된 부가가치 비중이 지난 10년 간 실질가치 기준으로 거의 두 배 정도 증가하였다. 그리고 신흥시장이 도시를 중심으로 성장하고 있다. 도시의 인구는 더 높은 소득, 기회 그리고 질 높은 삶을 추구하는 사람들에 의해 꾸준히 증가해 왔다. 또한, 신흥시장의 성장과 더불어 국제 무역이 한층 더 증가하고 있다.[8] 인터넷을 이용해 자본과 정보를 세계 어디든지 빛의 속도로 이동시킬 수 있게 되면서, 지리적 한계 또는 거래 비용 때문에 접촉하지 못했던 신흥시장의 고객을 만날 수 있는 기회가 다각도로 열리고 있기 때문이다. 세계 도처에서 성장하고 있는 도시 및 시장의 독특한 소비자 요구를 파악하려면 그것에 적합한 지식 및 데이터의 수집과 분석이 필요하다.

셋째, 시장이 고객 맞춤형으로 진화하고 있다. 생산자가 주도해 온 대량 생산 방식이나 대량 맞춤생산 방식이 축소되고 있다. 대신, 고객마다 서로 다른 체험을 중시하고, 고객과 함께 제품 및 서비스의 가치를 창조하는 고객 맞춤형 시장이 확대되고 있다.[9] 생산자가 아닌 고객 중심의 시장에서, 과거 경험으로부터 얻을 수 있는 가치는 작아지고 있다. 반면, 고객 한 사람 한 사람의 요구를 예측하는 데 도움을 주는 데이터 분석이 더욱더 중요해지고 있다. 예를 들어, 자동차의 운행 상태를 감지하는 센서와 위치정보시스템을 결합해 운전자의 운전 방식과 성향을 자동으로 측정하는 것이 가능해졌다. 이 데이터를 분석해 운전자의 사고 위험성을 예측함으로써 고객마다 차별적 보험료를 산정할 수 있다. 기업이 고객 맞춤형 시장에서 성장하려면 고객의 다차원적 요구를 파악할 수 있는 데이터의 수집과 분석이 중요하다.

그런데, 고객의 요구를 이해하는 데 필요한 데이터의 수집과 분석이 쉬운 일은 아니다. 그의 요구를 파악하는 데 과거 데이터는 적합하지 않다. 고객의 요구를 다차원적으로 알아낼 수 있는 새로운 유형의 데이터 수집과 분석 역량이 필요하다. 일반적으로, 잡음 속에 가려져 있는 '미약한 시그널'의 가치를 무심코 놓치기 쉽다. 여기서 미약한 시그널이란 작은 조각의 일관성 없는 데이터로서 휴대전화, 온라인 쇼핑, 소셜 미디어, 지리정보시스템, 기계 장치에 내장된 센서 등을 통해 수집될 수 있다. 기업이 미약하고 산발적인 시그널에 숨겨져 있는 정보를 제대로 캐낸다면 고객이 현재 무엇을 원하는지 또는 어느 시장이 곧 불황에 빠질지 경쟁 회사보다 한 발 앞서 탐지할 수 있는 역량을 높일 수 있다.[10] 미약한 시그널은 비구조적 데이터에 해당된다. 구조적 그리고 비구조적 데이터를 모두 결합한 빅데이터를 분석함으로써 표면에 드러나지 않은 고객의 요구를 탐지할 수 있는 기회를 더 많이 확보할 수

있다. 이와 관련해 콜센터 사례를 살펴보자:

"요즘 콜센터, 나보다 나를 더 잘 알고 있다."

NH농협카드 콜센터에 40대 남성 고객이 전화를 걸어 왔다. 연체된 카드 대금을 은행 계좌에 입금했으니 당장 인출한 뒤 연체를 풀어달라고 요구했다. "죄송합니다만 고객님, 타행 계좌인 경우에는 저희가 즉시 출금할 수 있는 것이 아니고요, 해당 은행의 협조를 얻어야 하기 때문에 시간이 좀 걸립니다." 상담원의 말에 고객의 언성이 점점 높아졌다. "아니, 지금 시대가 어느 시대인데 그걸 바로 바로 처리 못한다는 거야. 당장 연체 풀라고!"

화가 난 고객이 전화를 끊자마자, 다른 사무실에서 일하는 고객만족 담당 직원의 컴퓨터에 '불만 콜(Call)'이 들어왔다는 신호가 떴다. 직원의 모니터에는 고객의 목소리를 분석한 파형이 표시됐다. 파고가 높은 부분을 클릭하자 방금 전 고객과 상담원이 나눈 대화 중 언성이 높아진 부분의 녹음 파일이 재생된다. 불만 사항을 이해한 직원은 이 고객에게 다시 전화를 걸어 가상계좌를 통해 입금하면 곧바로 입금 처리를 할 수 있다고 안내했다. 이 통화 내용을 자동으로 '불만 콜'로 분류해 고객만족 담당 직원에게 전달한 것은 농협카드 콜센터가 최근 도입한 '이모레이(Emo-Ray)'라는 시스템 덕이다. 이모션(Emotion, 감정)과 엑스레이(X-Ray)의 합성어인 이 시스템은 음성 분석을 통해 고객의 감정을 엑스레이처럼 들여다 본다는 뜻을 담고 있다. 목소리의 크기, 높낮이, 파장 등을 분석해 일반적인 패턴을 벗어나는 통화를 자동적으로 추려내는 시스템으로 국내 업체가 자체 개발해 특허를 받았다. 이모레이 시스템의 불만 전화를 추려내는 정확도가 90%에 이른다.

출처: 「조선일보」, 2014년, 6월 5일

고객만족 담당 직원이 무작위로 1인당 20통 정도를 선택해 상담 내용을 모니터링 했는데, 그 가운데 하루 평균 8통 정도를 처리하는 데 그쳤다. NH농협이 이 시스템을 도입한 이후 하루 4만 건에 달하는 모든 통화를 모니터링할 수 있게 되었다고 한다. 이 회사는 상당수 직원의 수고를 덜면서도, 고객 서비스는 더 높일 수 있을 것으로 기대하고 있다. 위 사례는 고객만족을 위해 비구조적 데이터인 음성을 분석한 경우이다. 하루 4만 건에 이르는 고객의 모든 상담 내용을 자동으로 모니터링하면서도 직원의 수고를 덜 수 있었다. 고객과 직접 상담하는 직원과 별도로 고객의 불만사항 처리를 위한 서비스 프로세스를 동시에 진행한 것이다. 이는 빅데이터를 분석해 고객의 불만사항을 신속하게 처리한 서비스 혁신 사례이다.

또한, 기업의 규모가 아무리 크더라도, 개인 고객이 원하는 다양한 제품과 서비스를 적절한 가격과 시기에 맞춰 공급하는 데 필요한 자원을 수직 계열화해서 모두 보유하기란 불가능한 일이다. 대신, 기업이 제품을 생산하기 위해 수천, 수만 가지 부품을 생산 일정에 맞춰 외부에서 조달해야 한다고 가정하자. 공급회사마다 부품의 품질, 가격, 납기 준수 등이 서로 다를 수 있다. 기업이 가장 적합한 공급회사 네트워크를 구축하려면 그 역량을 평가하는 데 필요한 다양하고 엄청나게 많은 데이터를 지속적으로 수집해 실시간으로 분석할 수 있어야 한다.[11] 즉, 고객 맞춤형 시장에서 공급회사 네트워크를 최적으로 관리하려면 빅데이터의 분석이 필요하다.

빅데이터 분석의 개념적 고찰

빅데이터 분석이 최근 두뇌지식의 공유와 함께 지식관리에서 매우 중요한 요소로 자리잡고 있다. 빅데이터 분석은 전통적 데이터 분석과 어떻게 다른가? 그 차이점을 다음 다섯 가지 관점에서 논의하기로 하자: 1) 데이터 양; 2) 데이터 유형; 3): 실시간 분석; 4) 다차원적 분석; 그리고 5) 상관관계 분석.

데이터 양: 데이터 양이 세계적으로 치솟고 있다. 이코노미스트지에 의하면, "소매점을 위한 공급체인을 관리하는 리앤펑이 네트워크 관리를 위해 처리한 데이터가 18개월 만에 100기가 바이트에서 무려 10배 증가하였다. 미군이 '드론'을 이용해 이라크와 아프가니스탄에서 2009년 수집한 데이터의 양이 비디오로 24년 분량이었다. 새로운 모형의 드론을 사용한지 불과 1년 만에 그 양이 10배 가량 증가하였으며, 앞으로 1년 후 30배 가량 증가할 것으로 추정하였다. 인류가 생산한 데이터가 2005년 150EB였는데, 불과 5년 후인 2010년 1,200EB로 증가하였다."[12] '페어캐스트'는 무려 2,000억 건에 이르는 항공편의 탑승권 구입 시점과 요금 간의 상관관계를 분석하는 모형을 개발하였다. 승객은 이 모형을 토대로 특정 항공편의 좌석을 가장 저렴하게 구입할 수 있는 시점이 언제인지 예측할 수 있게 되었다.[13] 이와 같이 놀라울 만큼 빠른 속도로 증가하고 있는 데이터를 활용하면서, 정부, 기업, 과학 그리고 인간의 삶이 송두리째 바뀌고 있다.

데이터 유형: 데이터 유형은 <그림 5-1>과 같이 구조적 그리고 비구조적 데이터로 나눌 수 있다. 첫째, 구조적 데이터는 거래 과정에 생성되고, 관계형 데이터베이스에서 처리된다. 둘째, 비구조적 데이터는 다양한 원천, 예를 들어, 웹로그, RFID, 센서 네트워크, 스마트폰, 비디오 클립, 트위터, 동영상, 소셜 미디어, 인터넷 검색, 서비스 기록, 유전자학, 천문학, 생물학, 군사첩보, 진료 기록, 사진, 전자상거래 등에서 수집될 수 있다. 비구조적 데이터가 최근 전체 데이터에서 차지하고 있는 비중이 95% 이상이며, 전통적 데이

터베이스에서 처리된 적이 별로 없다.[14] 최근 구조적 데이터와 비구조적 데이터를 모두 활용하는 빅데이터 분석이 폭발적으로 증가하고 있다.

그림 5-1 빅데이터 분석과 혁신

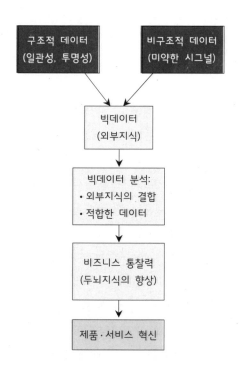

실시간 분석: 빅데이터 분석을 실시간으로 해야 할 분야가 있다. 예를 들어, 신용카드의 불법적 이용 포착이나 중환자 상태를 실시간으로 측정하고 분석해 필요한 조치를 신속히 실행해야 하는 과업을 전통적 일괄처리 방식으로 수행하기는 어려운 일이다.[15] 빅데이터를 실시간으로 분석하고 의사결정에 이용할 때 비즈니스 프로세스의 성과를 향상시킬 수 있다. 예를 들어, 고객의 감정 변화를 포착하기 위한 빅데이터 분석은, 앞에서 살펴본 콜센터 사례와 같이, 의사결정의 자동화보다는 비즈니스 환경의 변화를 실시간으로 관찰하고 탐색하는 데 더 적합하다. 빅데이터가 생성되는 규모와 속도를 감안할 때, 의사결정의 정확성을 요구해온 전통적 분석 방식은 비즈니스 환경의 변화를

탐색하는 데 더 이상 적합하지 않다. 최근, 고객이 제품, 브랜드 및 회사에 대해 느끼는 감정 변화를 소셜 미디어 분석을 통해 신속히 탐지할 수 있다. 기업이 의사결정에 필요한 과거 데이터를 분석하는 동안, 새롭게 생성된 데이터에 의해 그 의사결정 자체가 무의미해질 수도 있다. 그러므로, 빅데이터 환경에서 신속히 의사결정을 하고 실행하려면 실시간 분석이 중요하다.

다차원적 분석: 빅데이터에는 트위터나 페이스북 등 소셜 미디어를 통해 생성되는 메시지나 이미지 등이 있다. 또한, 기계장치에 내장된 센서나 휴대전화로부터 생성되는 시그널도 빅데이터에 포함된다. 이와 같은 비구조적 데이터의 양이 최근 빅데이터의 대부분을 차지할 만큼 매우 많다. 그런데 비구조적 데이터의 정확성은 구조적 데이터와 비교할 때 낮은 것이 사실이다. 즉, 비구조적 데이터에는 잡동사니처럼 보이는 데이터가 복잡하게 엉켜 있다. 데이터의 양은 많지만 정확성이 떨어지는 빅데이터 분석이, 데이터의 양은 적지만 정확한 구조적 데이터의 분석과 비교해 볼 때, 경영자의 통찰력을 더 높여줄 수 있는가?

위 질문에 대해서 데이터의 양과 정확성이란 두 가지 측면의 논의가 필요하다.[16] 첫째, 기업 경영자가 시장 변화를 탐지하기 위해 사용하는 데이터가 많을수록 더 나은 통찰력을 얻을 수 있는지에 관한 것이다. 전통적으로, 경영자는 구조적 데이터에 의존해 의사결정을 내려 왔다. 거래 데이터를 관계형 데이터베이스에서 체계적으로 저장하고, SQL을 이용해 필요한 데이터를 검색해 사용해 왔다. 구조적 데이터에 국한되었던 이유는 방대한 양의 비구조적 데이터를 수집, 저장, 그리고 분석할 수 있는 도구나 시스템이 빈약했기 때문이다. 데이터 처리 기술의 제약 때문에, 경영자는 미리 주어진 과업 또는 가설 검증에 필요한 소규모 구조적 데이터를 수집해 효율적으로 처리하고 의사결정에 사용해 왔다. 시장의 변화가 크지 않을 경우, 소규모 데이터 분석도 때로 효과적일 수 있다. 그러나 시장이 매우 빨리 크게 변화하고 있다. 전통적 거래 데이터에 국한해 하루가 다르게 변화하는 시장을 탐지하기란 거의 불가능한 일이다. 빅데이터 분석은 경영자가 시장의 추이를 다양한 관점에서 파악하고 종합적 비즈니스 통찰력을 가질 수 있도록 하기 위한 것이다. 빅데이터의 다차원적 분석과 관련해 DNA 분석 사례를 살펴보자.

미국의 실리콘밸리를 거점으로 2007년 창업한 23andMe란 회사는 인간의 DNA
를 불과 미화 $200에 분석해 주고 있다. 이 회사의 기술은 인간의 유전자 정보
중에서 예를 들어 유방암이나 심장병과 같은 질병을 초래할 가능성이 높은 유전
형질을 밝혀내기 위한 것이다. 그런데, 이 회사는 인간의 유전자 정보 중에서 유
전적 약점이 있는 일부 '표지자'(Markers)의 염기서열 표본을 분석하였다. 유전자
표지자(Genetic Markers)는 유전자 좌위에 있는 돌연변이나 변형에 의해 일어난
다양성을 보여 줄 수 있다.[18] 즉, 이 회사는 인간 DNA의 수십억 개에 이르는 모
든 염기 쌍의 서열 분석을 하지 않았다. 그러므로 이 회사의 분석은 유전적 약점
이 있다고 가정한 표지자에 관한 정보를 예방적 차원에서 제공할 수 있을 뿐이
다. 전체 모집단이 아닌 일부 표본만 분석할 때 효과는 엇갈릴 수 있다. 즉, 이
회사는 유전자 정보를 빠른 시간에 염가로 제공할 수 있지만, 극히 일부 표본에
국한된 정보이다.
애플의 창업주인 '잡스'는 암 투병 과정에 그의 DNA 전체의 염기쌍 서열 분석
을 의료진에 요청하였다. 그는 물론 천문학적 분석 비용을 지급했지만, 자신의
유전자와 관련된 모든 정보를 구할 수 있었다. 의사는 보통 암 환자의 DNA가 특
정한 약을 개발하는 과정에 임상시험에 참여한 다른 환자들의 DNA와 유사할 것
이라는 가정하에 약을 처방한다. 그런데, 잡스의 암이 변종 되었거나 신체의 다
른 부위로 이전되어서 의사가 먼저 처방했던 약의 효능이 없는 것으로 판명되면
그는 다른 약을 새로 처방하게 된다. 결과적으로, 잡스가 희망했던 예측은 오래
실현되지 않았다. 그러나 그는 자신의 유전자 정보의 일부가 아닌 전체를 구함으
로써 생명을 다만 몇 년이라도 연장할 수 있었다.[17]

데이터 처리 기술이 놀라울 만큼 발전하고 있는 최근, 과거의 전통적 데
이터 개념에 사로잡혀 데이터로부터 얻을 수 있는 자유를 실현하지 못하고
있는 경영자가 적지 않다. 많은 경영자가 실제로 적은 데이터를 가장 효과적
으로 사용할 수 있는 매우 정교한 모델에 의존해 왔다. 통계학의 목적이란 적
은 데이터를 사용해 풍부한 발견을 하기 위한 것이다. 모집단의 전수 조사 대
신에 무작위적 표본 추출과 그 분석을 토대로 모집단을 설명하려는 것이 통
계학의 방식이다. 그러나 무작위적 표본 추출이 제대로 이루어졌다 하더라도,

모집단의 데이터를 모두 수집해 분석하는 것에 비교하면 차선책일 뿐이다. 무작위적 표본 추출에 체계적 편견이나 편의가 포함될 가능성이 얼마든지 있기 때문이다. 또한, 통계적 아웃라이어가 많은 데이터 더미에 묻혀 표본으로 추출될 가능성이 비교적 낮다. 역설적으로, 아웃라이어에 고객의 흥미로운 요구가 숨겨져 있을 가능성이 무척 높을 수 있다. 결론적으로, 전수 조사나 그것에 버금가는 빅데이터 분석과 비교할 때, 구조적 데이터 분석의 한계가 드러난다.[18]

둘째, 경영자가 부정확한 빅데이터 분석을 이용하더라도 더 나은 통찰력을 얻을 수 있는지 논의하기로 하자. 최근, 세상에 존재하는 거의 모든 데이터를 다양한 조건에서 사용할 수 있다. 그런데 데이터의 양이 증가하면, 부정확성도 아울러 증가하게 마련이다. 전통적으로 부정확한 데이터는 가능하면 제거해야 될 대상으로 여겼다. 그러므로 부정확한 데이터라도 피하기보다 더불어 함께 살아가야 할 대상이라는 주장은 설 자리가 없었다. 소규모 데이터에서 빅데이터 분석으로 전환하려면 데이터의 정확성에 대한 인식을 근본적으로 바꿔야 한다.

전통적으로 적은 데이터 분석에 있어서 데이터의 오류를 줄이고, 그 품질을 높이는 것을 꼭 지켜야 할 원칙으로 인식해 왔다. 데이터가 적을수록 정확성을 높이기 위한 노력을 당연한 일로 여겼다. 과학자들은 예를 들어 망원경이나 현미경과 같은 도구를 꾸준히 발전시켜 천체의 위치나 사물의 크기 등을 정확히 측정하려고 노력해 왔다. 특히, 표본 데이터의 경우 지나치게 높은 정확성을 요구하였다. 그런데, 표본 데이터 분석에 포함된 작은 오류가 통계적으로 크게 부풀려질 수 있으며, 분석의 정확성을 결과적으로 떨어뜨릴 수 있는 개연성을 내포하고 있다. 한편, 빅데이터의 속성을 감안할 때, 그것에 포함되는 부정확성은 심각한 문제가 아니라 긍정적 관점에서 인식해야 할 대상이다. 즉, 빅데이터의 부정확성은 타협의 대상이다.[19] 데이터의 오류 기준을 완화하면 더 많은 데이터를 분석할 수 있게 된다. 예를 들어, 기계장치에 내장된 센서로부터 생성되는 데이터를 1분에 한 번씩 측정할 경우 기계장치의 운영 상태를 나타내는 데이터의 순서를 정확히 기록할 수 있다. 반면에, 동일한 기계장치로부터 데이터를 1초에 10번 또는 100번 측정한다면, 데이터 순서의 정확성은 떨어질 수 있다. 그런데, 기업이 활동하는 환경은 실험실이나 온실이 아니라 수많은 변수가 복잡하게 얽혀 있는 현실적 공간이다. 즉, 2에 2를 더한 값이 3.9로 측정될 수도 있는데, 그런 정도의 값이면 충분하다고 여길 수 있는 환경이다. 데이터의 정확성을 일부 희생하더라도 더 많은 데이터를 분석함으로써 전반적 추세를 더 정확하게 파악할 수도 있다. 자연언어 처리와 관련된 두 회사 사례를 살펴보기로 하자.

마이크로소프트사는 2000년 경 문서처리 프로그램의 일부인 문법 대조 방식을 개선하기 위한 방법을 모색하였다. 이 부문 책임자는 이미 개발해 놓은 알고리즘 방식을 더 개선할 것인지 또는 새로운 기술을 개발할 것인지를 놓고 어느 쪽에 집중하는 것이 좋을지 고민하였다. 두 가지 대안 중 하나를 선택하기 전에, 문서 처리 부문 책임자는 기존 알고리즘 방식에 단순히 더 많은 데이터를 입력할수록 어떤 결과가 나타날지 우선 검토해 보기로 하였다. 이 회사의 문법 대조를 위한 알고리즘은 대부분 1백만 개 정도의 단어로 구성된 문서에 의존해 컴퓨터 스스로 학습하는 방식이었다. 그는 네 가지 알고리즘 방식을 선택하고, 1천만 개, 1억 개, 그리고 10억 개의 단어로 구성된 문서를 입력하였는데 놀라운 결과가 나타났다. 더 많은 데이터가 입력될수록, 네 가지 알고리즘 방식 모두 문법 대조 성과가 놀라울 만큼 개선되는 것으로 나타났다. 이 결과는 알고리즘 방식의 개선과 문서 개발이란 두 가지 방식에 시간과 비용을 투자할 때 나타나게 될 효과가 서로 엇갈릴 수 있음을 보여주고 있다.

구글(Google)사는 마이크로소프트사의 문법 대조 방식보다 훨씬 더 복잡한 언어 번역 프로젝트를 시작하였다. 컴퓨터 번역시스템은 컴퓨터 개발자의 오랜 꿈이기도 하다. 구글의 비전은 "세계의 정보를 체계화하고, 지구상 어디에서나 이를 유용하게 사용할 수 있도록 지원하기 위한 것"이다. 구글은 이를 달성하기 위한 목적의 하나로 2006년 언어 번역을 위한 연구를 시작하였다. 구글은, 두 가지 언어로 번역된 세련된 문장 대신에, 인터넷에서 구할 수 있는 엄청나게 많은 그리고 복잡하기 그지없는 모든 번역물을 수집하고 이를 통해 컴퓨터가 스스로 학습하도록 하는 방식을 채택하였다. 여러 나라 언어로 구성된 기업의 웹사이트, 공식적 문서의 정확한 번역물, UN이나 유럽연합과 같은 범정부 간 보고서 등은 물론, 구글의 서적 스캐닝 프로젝트에서 생성된 서적 번역물까지 번역시스템의 데이터로 사용하였다. 구글은 번역의 품질이 들쭉날쭉한 수십억 쪽에 달하는 번역물을 이용하였는데, 이는 950억 개 영어 문장에 해당되었다.

부정확한 품질의 번역물도 포함되었지만, 구글의 번역시스템은 마이크로소프트사나 IBM사의 번역시스템보다 상대적으로 훨씬 더 나은 것으로 밝혀졌다. 구글의 번역시스템이 아직 불완전하지만, 2012년 현재 60개 이상의 언어를 처리할 정도로 풍부해졌다. 구글의 번역시스템이 상대적으로 더 나은 성과를 거둔 이유가 다른 회사보다 더 나은 알고리즘을 개발했기 때문이 아니다. 구글은 품질이 비록 떨어지는 번역도 번역시스템 개발에 포함시킴으로써 IBM사보다 수만 배 이상의 데이터를 활용할 수 있었으며, 이는 보다 더 나은 번역시스템을 개발하는 동인이 되었다. 구글이 번역시스템 개발에 사용한 데이터에는 인터넷으로부터 전혀 수정되지 않은 웹페이지, 부정확한 문장, 철자 오류, 문법적 오류 또는 기타 가능한 오류 등도 모두 포함되었다. 그럼으로써, 구글의 데이터 규모는 다른 회사에서 활용할 수 있었던 문장의 수보다 100만 배 이상 커질 수 있었다.[20]

빅데이터 환경으로 이전하려면 지금까지 무조건적으로 수용해온 '데이터는 정확해야 한다'는 인식으로부터 자유로워져야 한다. 데이터가 넘쳐나는 인터넷 시대에 부정확한 데이터를 비용을 들여 모두 제거하기보다는 이들을 수용해 분석하는 마인드가 필요한 시기이다. 데이터의 불완전성이나 부정확성을 인정할 때 엄청난 양의 데이터를 더 수집할 수 있게 되며, 현실성 있는 다차원적 분석을 할 수 있다. 결론적으로, 세상의 실제 복잡성을 포함한 빅데이터의 분석을 통해 미래 예측도 더 잘 할 수 있고, 세상도 더 잘 이해할 수 있게 된다.

상관관계 분석: 아마존은 세계적 온라인 소매회사로서, 매출액의 1/3을 고객마다 독특한 쇼핑 기호에 맞춘 추천에 의해 실현하고 있다. 넷플릭스는 온라인 영화 대여 회사인데, 새로운 주문의 3/4을 추천 방식으로 실현하고 있다. 아마존의 추천 방식을 모방한 수많은 웹사이트가 고객 맞춤형 제품, 컨텐츠, 친구 등을 추천함으로써 판매를 실현하고 있다. 그런데, 이 회사들은 어떤 고객이 특정한 제품이나 컨텐츠에 왜 관심을 두는지 모른다. 다만, 온라인 판매 회사는 고객의 과거 구매 패턴을 분석해 그가 관심을 기울일 만한 제품이나 컨텐츠를 찾아내 추천할 뿐이다. 아마존과 같은 온라인 판매회사가 채택하

고 있는 추천 방식은 제품 간 관계를 보여주는 상관관계 분석에 바탕을 두고 있다.

상관관계란 A와 B 현상 간에 존재하는 관계를 나타낸다. 두 현상 사이에 상관관계가 높다면, 그것은 A가 증가하거나 감소할 때 B도 증가 또는 감소함을 뜻한다. 반대로, A와 B 사이에 상관관계가 낮다면 A와 B의 변화 사이에 특별한 관계가 없음을 나타낸다. 그런데, A와 B 사이에 상관관계가 높을 때 왜 그런지 이유는 알 수 없다. 즉, A와 B 사이 인과관계에 대해 상관관계는 아무런 설명도 해주지 않는다. 다만, A와 B의 변화 사이에 일정한 패턴이 존재함을 보여줄 뿐이다.

빅데이터의 분석에 있어서 상관관계는 어떤 의미가 있는가? 빅데이터를 이용한 상관관계 분석에 의해 위에서 언급한 다차원적 분석이 가능해진다. 전통적으로, '미리 정해진 문제 또는 가설 검증'에 필요한 적은 데이터를 이용해 상관관계를 분석해 왔다. 그것은 주어진 관점 또는 이론의 틀 속에서 여러 현상 간 관계를 규명하기 위한 것이다. 그런데 시장이 끊임없이 변화하고 있는 환경에서, 과거 데이터 분석을 토대로 비즈니스 문제를 설정하고 혁신을 모색하기란 어려운 일이다. 경영자가 현상 간에 존재하는 다차원적 상관관계를 빅데이터 분석에 의해 밝혀낼 때 혁신의 가능성을 한층 더 높일 수 있다.

A와 B 사이의 상관관계가 높다고 가정하자. 그런데, A를 직접 관찰하거나 측정하기는 어려운 반면에, B를 직접 측정하기는 용이할 수도 있다. 그러면 B를 측정해 A란 현상이 발생할 확률을 예측할 수 있다. 미국의 소매 할인점 타깃의 사례를 살펴보자. 타깃은 한 여인이 임신 중이라는 추정을 하였다. 회사 관계자가 그 고객으로부터 아이를 출산할 예정이라는 이야기를 들은 적은 전혀 없었다. 그 회사는 다만 고객의 구매와 관련된 데이터 간 상관관계를 분석해 임신 중이란 사실을 추정한 것이다. 고객이 신생아를 위한 선물 등록, 임신 3개월 무렵 향기가 없는 로션의 구입, 그리고 몇 주 지난 후 마그네슘, 칼슘, 그리고 징크 등의 건강식품을 구입한 사실을 데이터 분석을 통해 밝혀냈다. 회사는 그 밖에 더 많은 다양한 데이터 분석을 통해 고객의 임신은 물론 심지어 출산 예정일까지 예측할 수 있었다. 여기서 고객의 임신은 A란 현상이고, 구매 품목과 시점은 B란 현상이다. 타깃은 직접 측정이 어려운 A를

예측하기 위한 대리변수로서 상관관계가 높은 B와 관련된 데이터를 분석한 것이다. 타깃은 고객의 출산 일정에 맞춰 신생아를 위한 품목의 할인 쿠폰 등을 보냄으로써 매출을 증가시킬 수 있음은 물론이다.[21]

빅데이터를 이용한 상관관계 분석에 있어서, 분석의 단위가 지역이나 집단보다 더 작은 개인이 될 수 있다. 예를 들어, 소셜 미디어를 통해 주고 받는 메시지의 상관관계 분석을 통해 특정 고객의 잠재된 요구를 탐지할 수 있는 가능성을 높일 수 있다.[22] 자동 센서로부터 생성되는 시그널과 위치정보시스템을 이용해 운행 중인 고속열차의 이상 징후를 실시간으로 포착하고 예방 점검을 함으로써 대형 사고를 사전에 차단할 수도 있다. 결론적으로, 빅데이터 간 상관관계를 실시간 분석함으로써 혁신 기회를 훨씬 더 많이 포착할 수 있다.

빅데이터 분석 기술

빅데이터는 양도 엄청나게 많고, 유형도 매우 다양하다. 전통적 데이터 관리 방식으로 빅데이터를 수집, 저장, 그리고 분석하기는 어렵다. 빅데이터 분석을 위한 주요 기술에 대해 살펴보자: 1) 하둡(Hadoop); 2) 쌍방향 시스템; 3) 시각화; 4) 클라우드 컴퓨팅; 그리고 5) 데이터 과학자.

하둡: 기업이 구조적 그리고 비구조적 데이터로부터 다양한 지식과 정보를 발견하는 데 유용한 응용 소프트웨어이다. 하둡의 주요 속성은 다음과 같다:[23]
- 범용 컴퓨터 하드웨어에서 응용되는 개방형 소프트웨어이다. 빅데이터를 분석하려면 데이터가 아무리 많이 증가하더라도 신축적으로 저장할 수 있는 미디어가 필요하다. 기업이 과거 자체 개발했던 시스템과 비교할 때, 하둡은 테라바이트, 심지어 페타바이트 데이터도 적은 비용으로 저장할 수 있다. 그리고 전통적 데이터 관리에 소요되던 비용의 대략 1/10 정도로 빅데이터를 분석할 수 있는 혁신적 시스템이다.
- 검색, 로그 처리, 추천시스템, 데이터웨어하우징 및 비디오 이미지 분석과 같은 다양한 유형의 데이터를 처리하는 데도 적합하다. 구조적 데이터 플랫폼과 달리, 하둡은 어떤 유형의 데이터도 원래 형태로 저장할 수 있으며 그 데이터의 다양한 분석과 변환도 처리할 수 있다.
- 개방형 소프트웨어로서 사용자가 소스 코드를 직접 연구하고, 필요하면 언제든지 변환시킬 수 있는 소프트웨어이다. 개방형 소프트웨어의 핵심은 빅데이터 분석에 있어서 특정 개발자의 아이디어나 비전에 얽매이지 않는다는 점이다.
- 범용 서버 집합에서 구동되며, 각 서버마다 CPU는 물론 디스크 저장장치도 있다. '하둡 분산 파일 시스템(Hadoop Distributed File System: HDFS)'과 '맵리듀스(MapReduce)' 기법을 이용해 특정한 서버에 장애가 발생하더라도 서버 집합에 분산된 데이터를 활용해 복구 및 병행 처리를 함으로써 매우 신축적이고 신뢰성 높은 데이터 분석이 가능하다.

쌍방향 시스템: 빅데이터 분석은 쌍방향 시스템이다.[24] 전통적으로, IT 부문은 경영부문의 요구에 적합한 데이터를 수집해 분석하고 그 결과를 제공해 왔다. 그러나 빅데이터의 다차원적 상관관계를 미리 정한 틀 속에서 분석한다면 기대했던 효과를 거두기가 어렵다. 빅데이터에 내재되어 있는 다양한 지식과 정보를 경영부문의 비즈니스 통찰력을 발휘해 발견하려면 쌍방향 시스템이 필요하다. 즉, 경영자 또는 실무자가 궁금한 점을 빅데이터와 쌍방향으로 대화하면서 해답을 찾아나가는 시스템이다. IT 부문의 역할은 빅데이터의 저장과 분석을 위한 기반구조를 구축하는 것이다. 그리고 경영자 및 실무자가 자신의 직관을 발휘해 빅데이터와 쌍방향으로 대화하면서 직접 분석할 수 있는 응용 소프트웨어를 구축하는 것이다. 예를 들어, 경영자가 제품의 판매 현황 및 수익성을 실시간으로 점검하면서 새로운 광고 전략을 구상할 수도 있다.

시각화: 빅데이터가 출현하면서 시각화를 위한 전통적 도구의 유용성이 한계에 부딪히고 있다. 전통적 시각화 도구가 수십억 개에 이르는 데이터 항목 간 관계 또는 패턴을 표현하는 데 부적합하기 때문이다. 빅데이터의 분석과 더불어 데이터의 시각화 목적도 한층 더 발전하고 있다. 시각화 도구는 데이터를 쉽게 이해할 수 있도록 돕기 위한 것이다. 예를 들어, 데이터를 위치, 크기, 유형, 색깔 등으로 구분해 표현하면, 의사결정자가 데이터에 내재되어 있는 패턴을 쉽게 발견하고 해석할 수 있게 된다. 바꾸어 말하면, 데이터의 다차원적 시각화는 의사결정자의 통찰력을 풍요롭게 향상시켜 주는 지렛대 역할을 할 수 있다.[25] 빅데이터 분석의 시각화 목적이, 단순히 과거 사실의 기술이나 요약을 넘어서, 데이터 간 상관관계나 인과관계 규명에 도움이 되는 세부적 항목까지 보여 주기 위한 단계로 진화하고 있다. 또한, 데이터 시각화의 목적이 경영자 및 실무자가 데이터 간 관계를 새로운 차원에서 탐구하고, 쌍방향 질의와 응답이 가능하도록 발전하고 있다.[26] 쌍방향 질의와 응답 기능은 빅데이터의 시각적 분석에 필수적 요소이다. 시각적 분석은 보통 1) 이미지의 생성; 2) 대안 이미지 모색; 그리고 3) 정제의 세 가지 순서로 진행된다. 빅데이터에 내재되어 있는 변수 간 관계가 하나의 이미지로 파악되기란 실제 어려운 일이다. 경영자 및 실무자가 일단 제시된 변수 간의 관계를 설명해 주

는 이미지를 살펴보고, 새로운 차원의 이미지를 시각화 시스템에 요청할 수 있다. 시각적 분석의 세 가지 과정이 반복되는 가운데 경영자와 실무자는 데이터에 내재되어 있는 중요한 상관관계 및 인과관계를 탐지할 수 있는 통찰력을 높여 나갈 수 있다.[27] 레노버(Lenovo) 회사의 시각화 사례를 살펴보자:

█ 시각화에 의해 보고의 효율성을 95% 향상시킨 레노버

레노버(Lenovo Group Ltd.)는 160여 국가에서 노트북, 컴퓨터, 서버 등을 판매하는 글로벌 IT회사로서, 세계 28개국에서 55,000명이 넘는 직원을 보유하고 있다. 레노버는 과거 각 부서와 지역의 영업 활동을 보여주는 보고서를 엑셀로 작성해 모든 지역에 전달했다. 보고서 수정을 위해서 8~10명의 인력이 항상 참여해야 했다. 비즈니스 정보분석에 소요되는 업무가 감당하기 어려울 정도로 많았다. 이 회사 정보분석 및 시각화 부문 책임자인 네어는 "주간 보고서 하나를 만드는 데 6~7시간 정도 소요되었고, 30여 개 보고서를 작성하려면 일곱 배수의 시간이 소요되었다"라고 회고했다.

이 문제를 해결하기 위해, 레노버는 빅데이터 시각화 시스템을 태블로(Tableau) 회사로부터 도입하기로 결정했다. 이 시스템은 아마존 웹서비스 및 호톤워크스(Hortonworks Hadoop Hive)와 같은 서로 다른 30여 개 데이터베이스에서 데이터를 종합적으로 검색해 개인 맞춤형 상황판에서 각종 데이터를 차트나 그래프로 보여주는 시스템이다. 시각화 시스템을 도입한 후, 정보분석팀은 보고서 작성의 효율성을 95% 향상시킬 수 있었다고 평가하고 있다. 개인 PC나 노트북의 상황판에 클릭 한 번으로 5초 만에 매 시간 또는 매일 수정된 정보가 게시된다. 개인이 사전에 지정된 결과 외에 원하는 데이터를 차트나 그래프로 출력하려면 몇 가지 함수를 더 삽입하면 된다. 직원들은 보고서 작성 대신 본연의 업무에 더 많은 시간을 할애할 수 있게 되었다.

현재, 레노버의 임직원 1만여 명이 상황판 정보를 활용하면서 더욱더 빠른 의사결정을 내릴 수 있게 되었다. 데이터 기반 의사결정 문화가 뿌리를 내리면서 조직의 DNA도 근본적으로 변화하고 있다. 현장 실무자도 복잡하고 이해하기 어려웠던 데이터 분석 결과를 편리하게 이용할 수 있게 된 것이다. 이와 같은 변화의 원동력은 빅데이터 분석의 시각화 덕분이었다.

출처: www.tableau.com

클라우드 컴퓨팅: 빅데이터를 관리하는 데 중요한 기술적 개념은 클라우드 컴퓨팅이다. 기업이 엄청나게 빠른 속도로 증가하고 있는 빅데이터를 저장하고 분석하려면 막대한 자본 투자가 필요하다. 한편, 시장의 고객 요구는 하루가 다르게 변화하고 있다. 이와 같이 소용돌이치는 비즈니스 환경에서, 클라우드 컴퓨팅이 새로운 대안으로 떠오른 것이다. IT 및 데이터를 사용한 만큼 비용을 지급하는 클라우드 방식은 기업에 매우 큰 신축성을 제공해 주는 시스템이다. 예를 들어, 영세 기업인 스타트업은 IT에 투자를 하는 대신, 아마존의 IT 기반구조를 이용해 데이터의 저장 및 처리를 하고 비교적 저렴한 비용을 지급하면 된다. 또한, 빅데이터의 원천인 소셜 미디어 또는 감정 분석으로부터 생성되는 외부 데이터를 기업이 모두 소유할 필요는 없다. 외부 데이터를 필요한 만큼 사용하고 비용을 지급하는 클라우드 서비스 시장이 최근 형성되고 있다.[28] 클라우드 컴퓨팅은 기술적, 정치적 또는 문화적 이유 때문에 지금까지 널리 확산되지 않았는데, 빅데이터를 처리하려는 기업 요구에 가장 잘 부합하는 시스템으로 새롭게 부상하고 있다. 즉, 기업이 클라우드 모형을 도입할 것인지 여부가 아니라, 언제 도입할 것인지 관점이 바뀌고 있다.

데이터 과학자: 빅데이터를 분석하려면 데이터 과학자가 필요하다. 구슬이 서 말이라도 꿰어야 보배다. 마찬가지로, 빅데이터가 아무리 많이 쌓이더라도 제대로 분석할 수 없다면 자원 낭비일 뿐이다. 데이터 과학자는 IT 지식은 물론 컴퓨터 과학, 계산물리학, 계산생물학 및 네트워크 지향 사회과학 분야의 고급 지식을 이해할 수 있어야 한다. 또한, 데이터 과학자의 관리 역량으로 프로그래밍 능력, 수학 및 통계학 지식, 비즈니스의 이해, 그리고 경영자에게 효과적으로 설명할 수 있는 능력 등이 요구된다. 데이터 과학자가 갖추어야

할 바람직한 역량은 전통적 데이터 분석가에게 기대했던 수준보다 훨씬 더 다차원적이고 크다. 현실적으로, 충분한 역량을 갖춘 데이터 과학자가 매우 부족하다. 기업이 데이터 과학자를 직접 양성하거나, 대학과 함께 교육 프로그램을 개발해 이들을 육성해야 한다.

비즈니스 통찰력

경영자가 빅데이터를 분석하는 이유는, 경험이나 직관이 아니라, 데이터를 기반으로 시장의 변화를 통찰할 수 있는 정보를 얻기 위한 것이다. 데이터가 산더미만큼 많이 쌓여 있더라도 의미 없는 잡동사니에 불과하다면 빅데이터 분석의 효과는 기대할 수 없다. 금을 효과적으로 채굴하려면 금맥을 정확히 짚어야 한다. 마찬가지로, 경영자가 고객의 요구를 정확히 파악하려면 그것에 적합한 데이터의 맥을 찾아낼 수 있어야 한다. 이를 위해 1) 데이터 중심 방법; 2) 의사결정 지원 방법; 그리고 3) 내면화를 살펴보기로 하자.

데이터 중심 방법: 빅데이터를 분석하면 비즈니스 통찰력 향상에 유용한 내용을 많이 발견할 수 있을 것으로 막연히 생각할 수 있다. 즉, 변수 간의 관계를 이해하지 못한 상태에서 통계학적 방법을 동원할 수 있다. 이는 '데이터 중심 방법'(Data-Forward Approach)이다.[29] 그런데, 변수 간의 상관관계가 우연히 높게 나타나더라도 의미 있는 정보가 아닐 수 있다. 예를 들어, 맥주 소비량과 교회 수 사이에 상관관계가 높게 나타나더라도 특별한 의미를 발견할 수 없는 경우에 비유할 수 있다. 데이터가 엄청나게 많더라도 잡동사니를 모아 놓은 것에 불과하다면, 변수 간의 상관관계 분석을 기술적으로 무한히 반복하더라도 유용한 정보를 구하기는 어렵다.

의시결정 지원 방법: 경영자가 구상한 비즈니스 모형에 적합한 데이터를 거꾸로 수집해 분석하는 '의사결정 지원 방법'(Decision-Back Approach)이 있다.[30] 즉, 경영자가 두뇌지식을 동원해 새로운 비즈니스 모형을 구상하고, 그 타당성을 검토하는 데 적합한 데이터를 수집해 분석하는 방법이다. 비즈니스 모형의 주요 변수 간 관계를 가설로 설정하고, 그것을 검증하는 데 적합한 빅데이터를 통계학적으로 분석할 때 마치 금의 채굴과 같이 의미 있는 정보를 얻을 수 있다.

내면화: 빅데이터 분석은 노나카 등이 제시한 지식의 전환 모형에서 외부지식(Explicit Knowledge)의 결합에 해당된다. 외부지식의 결합이란 많은 데이터를 단지 요약하거나 단순화한 것이 아니다. 화학적 융합에 의해 새로운 물질이 생성되는 것과 같이, 데이터에 내재되어 있지만 모르고 있던 상관관계와 같은 정보를 밝혀내는 과정이다. 경영자가 새로운 외부지식을 활용하면 그의 두뇌지식이 한층 더 풍요로워질 수 있다. 즉, 내면화 과정을 거치면서 경영자의 비즈니스 통찰력이 향상된다. 경영자가 빅데이터 분석을 활용하지 않고 과거 경험에 의존하면 데이터를 활용한 의사결정이라고 보기 어렵다.

외부지식을 어떻게 두뇌지식에 효과적으로 내면화시킬 수 있는가? 경영자가 빅데이터 분석을 다양한 의사결정에 적극적으로 활용하면 된다. 상관관계 분석에 의해 변수 간에 밀접한 관계가 존재하는 것이 밝혀지면, 이를 실무적으로 활용하기 위한 알고리즘 또는 분석 모형의 개발이 필요하다. 예를 들어, 신용카드 회사는 불법적 카드 사용을 실시간으로 탐지할 수 있는 분석 모형이 필요하다. 프린스톤 대학의 경제학자인 아쉔펠터(Ashenfelter)는 프랑스 보르도 및 버건디 지역의 특급 와인 품질을 예측하기 위해 다음 세 가지 변수를 이용한 모형을 개발하였다: 겨울철 강수량; 추수기 강수량; 그리고 포도 성장기의 평균 기온.[31] 이 모형의 예측력은 와인 감정가의 평가를 뛰어 넘는 수준이었다. 분석 모형의 예측력이 좋은 이유가 무엇인가? 빅데이터 분석을 토대로 분석 모형이 설정되었기 때문이다. 마찬가지로, 경영자가 빅데이터 분석을 기반으로 구축된 비즈니스 분석 모형을 이용할 때, 인간이 보일 수 있는 보편적 편의 현상이 감소한다. 즉, 인간은 실제보다 더 정확하다고 짐짓 과신하거나, 최근 발생한 현상에 대해 지나치게 높은 비중을 두기도 한다. 또한, 동일한 질문에 대해 상황이 달라지면 일관성이 결여된 반응을 보이기도 한다. 분석 모형에는 이와 같은 편의 현상이 없다. 데이터가 분석 모형에서 객관적으로 정확히 처리되기 때문이다.

빅데이터 분석에 의해 설정된 분석 모형은 새로운 데이터 분석이 피드백되면 수정되어야 한다. 시장이 끊임없이 변화하기 때문에 분석 모형의 변화는 오히려 자연스런 현상이다. 그러므로 분석 모형은 경영자의 두뇌지식 또는 통찰력의 집합이라 할 수 있다. 빅데이터 분석에 의해 향상되는 경영자의 비즈니스 통찰력과 개선되는 분석 모형이 혁신의 원동력이다.

빅데이터 분석과 조직 문화

경영자가 빅데이터 분석을 이용하면 혁신 기회를 더 많이 포착할 수 있는가? 이 주제와 관련된 실증적 연구는 빈약하다. 맥아피(McAfee) 등은 '데이터를 기반으로 의사결정을 하는 기업이 더 높은 성과를 달성한다'는 가설을 검증하기 위한 연구를 진행하였다.[32] 북미 지역 330개 기업의 경영자를 대상으로 조직과 기술관리 방식에 대해 구조적 면담을 실시하고, 연차보고서에 게재된 데이터를 가설 검증에 이용하였다. 연구 자료의 분석 결과, 데이터 분석을 토대로 의사결정을 내리는 정도를 5점 척도로 측정했을 때 3점 이하로 나타난 기업이 32%에 이르렀다.[33] 의사결정에 적합한 데이터가 희소하고 수집에 많은 비용이 발생하거나, 디지털 데이터가 때로 존재하지 않기 때문이다. 즉, 충분한 데이터 분석보다는 경험과 직관에 의존해 의사결정을 내리는 경영자가 적지 않음이 밝혀졌다. 한편, 의사결정 과정에 데이터를 상대적으로 더 많이 사용한 상위 1/3 기업이 나머지 기업보다 생산성이 5% 그리고 수익성이 6% 더 높게 나타났다. 이 연구 결과를 토대로, 경영자가 빅데이터 분석을 활용하면 혁신 성과를 제고시키는 데 도움이 될 수 있다는 간접적 추론을 내릴 수 있다.

그런데 경영자가 빅데이터 분석의 효과를 충분히 살리려면 의사결정 문화도 함께 바꾸어야 한다.[34] 문화란 경영자의 희망과 달리 하루아침에 바뀌기 어렵다. 경영자가 몸소 데이터를 기반으로 의사결정을 내리는 모습을 꾸준히 보여줄 때, 임직원도 그에 따르면서 기업의 문화가 형성된다. 경영자는 중요한 의사결정을 앞두고 "데이터를 통해 무엇을 알 수 있는지 검토"해야 한다. 그리고 더 구체적 질문으로 들어가야 한다. "데이터를 어디에서 구했는가?" "데이터를 어떻게 분석했는가?" "임직원은 데이터의 분석 결과에 대해서 얼마나 확신하는가?" 경영자가 데이터를 기반으로 의사결정 과정을 밟아 나갈 때, 임직원도 의사결정의 방식 및 문화가 달라지고 있음을 깨닫게 된다. 경영자가 의사결정에 직관이나 경험보다 데이터 분석이 더 중요함을 몸소 실천할 때, 기업의 의사결정 문화도 실제로 변화하게 된다.

빅데이터 분석이 이루어지면, 혁신 과업 전문가가 더 이상 필요 없게 되는가? 전문가는 여전히 필요하다. 다만, 전문가라 하더라도 데이터 분석에 기반을 두지 않고 경험과 직관에 의존하는 관행으로부터 벗어나야 한다는 의미이다. 의사결정 문화가 빅데이터 분석을 기반으로 뿌리를 내리도록 하는 데 있어서, 전문가의 중요한 역할은 과업과 관련해 적합한 질문을 구상하는 것이다. 그리고 경영자가 전문가의 질문과 관련해 수집된 빅데이터 분석을 다차원적 정보로 인지할 때, 그의 비즈니스 통찰력이 한층 더 높아질 수 있다. 결론적으로, 경영자가 빅데이터 분석의 효과를 충분히 거두려면 데이터 기반 의사결정 문화를 조성해야 한다.

빅데이터 분석과 혁신 성과

기업이 빅데이터 분석이란 지식관리 역량을 이용해 더 높은 혁신 성과를 지속적으로 유지할 수 있는가? 그 역량이 자원기반이론의 두 가지 조건을 충족할 때 가능하다: 1) 분석 역량이 독특하고 이질적이어야 하며; 2) 경쟁 기업으로 완전히 이전될 수 없어야 한다.[35] 두 가지 조건을 충족하는 정도를 가늠하려면 빅데이터 분석 역량의 네 가지 속성을 검토해야 한다: 1) 가치; 2) 희소성; 3) 불완전 모방; 그리고 4) 조직.

첫째, 빅데이터 분석이 혁신 성과 향상에 충분한 가치가 있어야 한다. 가치는 필요조건이다. 빅데이터 분석은 새로운 지식 및 정보를 발견하기 위한 과학적 연구에 가깝다. 그 연구 과정은 다음과 같이 진행된다: 1) 이론 개발; 2) 가설 설정; 3) 데이터의 수집; 4) 실험; 그리고 5) 성과의 평가 및 피드백.[36] 이론 개발은 경영자의 비즈니스 상상력에 의해 구상되는 변수 간의 관계 또는 비즈니스 모형을 뜻한다. 예를 들어, "갓난아기를 돌보느라 바쁜 아버지는 주점보다 집에서 맥주를 마시는 경우가 증가할 것이다"와 같은 이론이 제시될 수 있다. "갓난아기를 낳은 아버지의 맥주 구입량이 증가한다"는 가설이 설정되고, 실제 구입량을 토대로 타당성이 검증될 수 있다. 가설이 기각되면 초기 이론이 수정되고, 새로운 데이터의 수집과 분석이 반복된다. 비즈니스 모형의 예측력은 이와 같은 과정이 여러 차례 반복되면서 향상될 수 있다. 경영자가 예측력이 높은 비즈니스 모형을 실제 사용하고 학습하면서, 고객의 새로운 요구를 탐지하기 위한 통찰력을 더 크게 향상시킬 수 있다. 결론적으로, 기업의 빅데이터 분석 역량은 혁신 기회의 포착과 성과를 높이는 데 충분한 가치가 있다.

둘째, 빅데이터는 구조적 그리고 비구조적 데이터를 모두 망라한다. 구조적 데이터는 비즈니스 프로세스의 효율적 운영을 위해 필요하고, 관계형 데이터베이스에서 처리될 수 있는 단순한 유형이다. 한편, 비구조적 데이터의 원천은 다양하다. 사물인터넷, 소셜 미디어, 웹로그, 비디오 클립, 동영상, 인터넷 검색, 천문학, 생물학 및 유전자학, 지리학, 군사 첩보, 진료 기록, 사진 등

헤아릴 수 없을 만큼 다양한 원천으로부터 비구조적 데이터가 수집될 수 있다. 이처럼 빅데이터에 내재되어 있는 다차원적 지식 및 정보를 발견하려면 다양한 전문가의 참여가 필요하다. 예를 들어, 셰일층을 개발하려면 에임스홀의 존재를 이해하는 지리학 전문가 및 수압 파쇄법과 수평 시추법 전문가의 참여가 필요하다. 환자 맞춤형 진료를 위한 혁신 기회를 포착하려면 유전자학 전문가의 지식이 필요하다. 즉, 빅데이터를 효과적으로 분석하려면 다양한 분야의 전문가들이 참여해야 하며, 기업이 모두 보유하기 어려운 희소한 자원이다.

셋째, 빅데이터를 효과적으로 분석하려면 다양한 전문가 간의 협업이 필요하며, 서로 신뢰하고 지식의 공유를 촉진하는 조직 문화가 조성되어야 한다. 전문가 사이에 지식 및 정보의 공유가 원활하지 않거나, 가설의 검증에서 드러나는 실패 또는 오류 등이 감추어질 때, 빅데이터에 내재되어 있는 중요한 지식 및 정보를 충분히 발견하기가 어려울 수 있다. 그러므로 전문가 간의 협업을 성공적으로 이끌 경영자의 리더십이 절대적으로 필요하다. 빅데이터, 저장 미디어, 하둡과 같은 소프트웨어의 구축도 중요하지만, 전문가 간의 협업을 이끌어내는 리더십이 결여되면 빅데이터의 효과적 분석이 어려워진다. 경영자의 리더십은 경쟁 기업이 모방하기 어려운 조직 역량이다.

결론적으로, 빅데이터 분석 역량이 자원기반이론의 "이질성은 높고, 이전 가능성은 낮아야 한다"는 두 가지 조건을 충족할 수 있다. 기업은 빅데이터 분석을 기반으로 한 지식관리 역량을 이용해 혁신 성과를 지속적으로 더 높게 유지할 수 있다.

결론

__ 시장이 기술의 발전 및 세계화에 의해 크게 변화하고 있다. 기업이 변화하는 시장에서 성장하려면 혁신에서 새로운 활로를 찾아야 한다. 고객의 요구를 정확히 파악해 미래 시장을 개척하려면 다양한 지식과 데이터를 활용할 수 있어야 한다. 즉, 데이터 혁명이 필요하다.

__ 빅데이터 분석을 중심으로 데이터 혁명이 진행되고 있다. 경영자가 빅데이터를 분석하는 목적은 시장의 변화를 다차원적으로 파악하기 위한 것이다. 빅데이터에는 구조적 그리고 비구조적 데이터가 모두 포함된다. 구조적 데이터는 일상적 거래를 지원하기 위한 것이며, 관계형 데이터베이스에서 전통적으로 처리되어 왔다. 한편, 비구조적 데이터의 예로 소셜 미디어의 메시지나 이미지, 기계장치에 내장된 센서로부터 생성되는 신호, 동영상, 인터넷 검색 등이 있다. 비구조적 데이터가 빅데이터에서 차지하는 비중은 95% 이상인데, 관계형 데이터베이스에서 처리된 적이 별로 없다. 경영자는 구조적 데이터에 국한해 마치 우물 안 개구리처럼 시장을 매우 좁은 시각에서 본 것이다. 빅데이터 분석은 바로 비구조적 데이터에 내재된 다차원적 정보를 찾아내기 위한 것이다. 경영자가 빅데이터 분석에서 시장의 변화를 적절히 인지할 때 비즈니스 통찰력이 향상되고, 혁신 기회를 더 풍부하게 포착할 수 있다.

__ 빅데이터의 양은 엄청나게 많고, 유형도 다양하다. 빅데이터를 분석하려면 1) 하둡(Hadoop); 2) 쌍방향 시스템; 3) 시각화; 그리고 4) 클라우드 컴퓨팅과 같은 새로운 기술을 이해하고, 경영자에게 다차원적 정보를 제공할 수 있는 데이터 과학자의 양성이 필요하다.

__ 경영자가 빅데이터 분석의 효과를 충분히 살리려면 의사결정 문화를 바꾸어야 한다. 문화란 경영자의 희망과 달리 하루 아침에 바뀌기 어렵다 경영자가 의사결정에 직관이나 경험보다 데이터 분석이 중요함을 실천할 때, 기업의 의사결정 문화가 비로소 변화하게 된다.

__ 기업이 빅데이터 분석 역량을 기반으로 경쟁 기업보다 더 높은 혁신 성과를 유지하려면 자원기반이론의 '이질성'과 '이전가능성'의 두 가지 조건을 충족시켜야 한다. 빅데이터에 내재된 다차원적 지식 및 정보의 발견은 가치 있는 과학적 연구이다. 빅데이터 분석에는 다양한 분야의 전문가들이 참여해야 하며, 이는 기업이 모두 보유하기 어려운 희소한 자원이다. 그리고 경영자는 전문가 간의 협업을 이끌 리더십을 발휘해야 한다. 결론적으로, 기업의 빅데이터 분석 역량은 경쟁 기업이 모방하기 어려운 조직 관리 역량이다.

06

혁신탐지

혁신 기회는 시장의 변화에서 주로 탐지할 수 있다. 그 변화의 핵심적 원동력은 IT의 발전이다. 세계 모든 컴퓨터가 인터넷에 의해 하나로 연결되면서, 정보혁명의 꽃이 비로소 만개하고 있다. IT를 응용한 다양한 기술의 발전 및 세계화의 확산에 의해, 시장에서 거래되는 제품 및 서비스뿐만 아니라 거래 방식도 송두리째 바뀌고 있다.[1] 그 변화의 속도가 한동안 평평하다가 가파르게 올라가는 하키 스틱에 비유될 만큼 매우 빠르다. S&P 500 지수에 편입된 기업의 평균 존속기간이 지속적으로 단축되고 있다.[2] 시장의 변화를 따라잡지 못하고 뒤처지는 기업이 증가하고 있음을 보여주는 지표이다. 기업이 지속적으로 성장하려면 급변하고 있는 시장에서 혁신 기회를 민첩하게 탐지해야 한다.

기술의 발전 및 세계화의 확대가 혁신의 주요 원천임은 분명하지만, 혁신 기회가 그로부터 저절로 포착되는 것은 아니다. 혁신 기회는 개인적 창의성에 의해 탐색될 수 있다. 그리고 개인적 창의성은 '인지역량'과 '행동역량'의 두 가지 요소로 구분될 수 있다.[3] 개인적 인지역량은 다양한 지식, 기술 및 경험 등을 토대로 새롭고 가치 있는 제품, 서비스 또는 비즈니스 모형을 구상할 수 있는 '연상능력(Association)'이다. 그리고 행동역량은 질문, 관찰, 인적 네트워크 그리고 실험의 네 가지 능력이 결합된 것이다. 개인적 인지역량은 이와 같은 행동역량의 함수이다. 즉, 개인의 인지역량은 타고난 능력이기보다 행동역량이 향상될 때 더 크게 발휘될 수 있다. 경영자의 주요 역할은, 행동역량의 네 가지 요소를 균형 있게 향상시켜 임직원의 인지역량을 높임으로써, 혁

신 기회를 민첩하게 포착하는 것이다. 이 장에서 살펴볼 주요 내용은 아래와 같다:

- 혁신의 원천
  - ✔ 기술
  - ✔ 세계화
- 혁신 탐지 역량
  - ✔ 인지역량
  - ✔ 행동역량

혁신의 원천: 기술

혁신의 주요 원천은 IT를 응용한 기술의 발전이다. 시장을 송두리째 바꿀 기술이 최근 등장하고 있다. 예를 들어, 게놈분석, 나노 재료과학, 로봇, 자율주행차, 3D 프린팅, 사물인터넷, 인공지능과 같은 기술이 시장에 몰고 올 변화는 짐작하기 어려울 정도로 클 수 있다.[4] 이와 같은 기술의 발전은 수학, 물리학, 화학, 생물학, 인지심리학, 기계공학, 컴퓨터과학, 제어기술 및 광학과 같은 다양한 지식과 기술의 융합이 IT에 의해 촉진된 결과이다.

컴퓨터 및 인터넷의 눈부신 발전 덕분에 데이터의 수집, 처리 및 공유에 소요되는 비용이 감소하면서, 새로운 기술의 실험에 IT가 널리 응용되고 있다. 예를 들어, 인간의 염색체 염기서열 분석에 2003년 기준 13년이란 시간과 미화 30억 달러가 소요되었다. 일루미나란 회사가 2014년 개발한 분석기(HiSeq X)는 연간 2만 건의 염색체 분석을 건당 미화 1천 달러에 처리할 수 있을 정도로 발전하였다.[5] 자율주행차는 빅데이터의 분석, 센서, 인공지능, 자동제어와 같은 첨단 기술을 융합한 산물로 상용화를 목전에 두고 있다. 사물인터넷은 현재 항공기나 원자력 발전소의 이상 징후를 자동으로 탐지하는 데 제한적으로 사용되어 왔다. 그 기술이 가정에서도 사용될 만큼 확산될 전망이다. 특히, IT의 잠재력이 플랫폼 비즈니스에서 꽃을 피우고 있다. 플랫폼 비즈니스는 IT를 기반으로 조성된 시장으로서, 대기업이 지배해온 시장을 크게 위협하고 있는 추세이다. 예를 들어, 아마존과 알리바바는 플랫폼 비즈니스의 대표격으로서 기존 소매유통산업을 빠른 속도로 잠식해 들어가고 있다. 만일, IT의 발전이 없었다면 최근 각광을 받고 있는 첨단 기술의 실험이나 새로운 비즈니스 모형의 응용은 불가능하거나 지연되었을 것이다. 이 책에서는 다양한 기술의 발전을 촉진시킨 IT에 혁신탐지의 초점을 맞추기로 한다. 다음 절에서 살펴볼 주요 내용은 다음과 같다:

- 정보와 실물의 분리
- 플랫폼 비즈니스

정보와 실물의 분리:　컴퓨터와 인터넷이 결합되면서 정보혁명의 꽃이 만개하기 시작하였다. 컴퓨터의 성능은 지난 50년간 '무어의 법칙'에 따라 기하급수적 발전을 거듭해 왔다(대략 2^{33} 또는 86억 배수).[6] 컴퓨터를 이용해 정보의 수집, 처리 및 전달에 발생하는 비용이 '0'에 가까워질 만큼 감소하였다. 그런데 컴퓨터가 기술적으로 아무리 발전하더라도, 인터넷이 널리 확산되기 전 그것은 외톨이었다. 컴퓨터에 아무리 많은 지식과 데이터가 저장되어 있더라도 한정된 사용자만 사용할 수 있었을 뿐이다. 인터넷이 세계 모든 컴퓨터를 하나로 연결시켜 주면서, 기업은 물론 개인도 엄청나게 많은 지식과 정보를 교환하고 활용할 수 있게 되었다. 그리고 데이터의 홍수, 또는 빅데이터 시대가 자연스럽게 도래하였다. 데이터의 규모가 2020년경 4만 엑사바이트(EB: Exabyte)를 초과할 것으로 예상되는데, 그 양이 2005년 이후 대략 3백 배 증가하는 것이다.[7] 참고로 1EB는 미국 국회도서관에 저장되어 있는 정보의 약 4천 배에 해당될 만큼 매우 많은 양이다. 즉, 누구나 언제 어디서든 한정되었던 정보를 이용할 수 있는 시대가 열리고 있다.

　　기업과 개인이 풍부한 정보를 활용하면서 실물(제품 또는 서비스)로부터 정보가 <그림 6-1>과 같이 분리되기 시작하였다. 실물과 정보의 분리에 어떤 의미가 있는가? 그것을 이해하려면 정보 경제학과 실물 경제학의 다섯 가지 속성에 대해 살펴볼 필요가 있다:[8]

- 정보의 재생산비용은 실물에 비해 무시할 정도로 작다.
- 정보는 누군가 사용하더라도 실물과 달리 마모되거나 손상되지 않는다.
- 정보의 위치가 인터넷이 널리 보급되면서 경제적 가치에 미치는 영향은 미미하다. 반면에 실물의 가치는 위치에 따라 달라진다. 사막에서 물 한병의 가치는 더 크다.
- 실물의 경우 한계수익 체감의 법칙이 작용된다. 자동차 한 대를 더 팔 때 한계수익은 감소한다. 정보의 경우 네트워크 효과에 의해 한계수익 체증의 효과도 가능하다.
- 정보의 속성상 완전 경쟁시장보다는 불완전 경쟁시장에서 더 큰 수익을 실현할 수 있다. 특정 기업만 활용할 수 있는 정보의 가치가 더 크기 때문이다.

이와 같이 정보와 실물의 속성은 판이하다. 실물로부터 정보가 <그림 6-1>의 왼쪽과 같이 분리되지 않고 결합되어 있을 때, 정보의 경제적 가치는 실물의 속성에 얽매어 매우 제한적으로 실현될 수밖에 없다. 정보가 인터넷에 의해 실물로부터 자유로워지면서, 플랫폼 혁명이 가능해졌다.

그림 6-1 **정보와 실물의 분리**

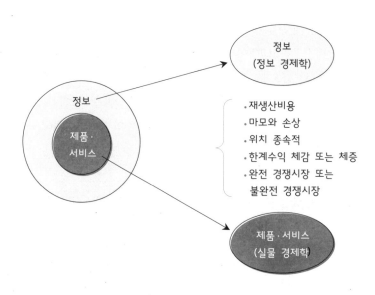

플랫폼 비즈니스: 플랫폼(Platform) 혁명이 들불처럼 빠르게 확대되고 있다. 에어비앤비, 우버, 알리바바, 페이스북, 아마존, 유튜브, 이베이, 위키피디아, 아이폰, 트위터, 인스타그램, 핀터레스트 등이 최근 출현한 주요 플랫폼 비즈니스의 사례들이다. 이와 같은 비즈니스 모형은 컴퓨터 및 인터넷을 기반으로 사람, 조직, 그리고 자원을 연결함으로써 상상을 초월하는 가치를 창출하고 있다. 예를 들어, 에어비앤비는 숙소 소유주와 여행자를 연결시켜 주는 플랫폼으로서, 세계 최대 호텔 체인인 힐튼을 넘어설 전망이다. 우버는 승용차 소유주와 승객을 연결시켜 주는 플랫폼이다. 그 시장가치는 미국의 GM을 이미 훌쩍 뛰어 넘은 것으로 평가되고 있다.[9]

플랫폼은 무엇인가? 그것은 새로운 유형의 디지털 시장으로서, 그 핵심적 요소는 정보이다.[10] 정보에 의존하는 비중이 큰 산업일수록 플랫폼 혁명이 가능하다. 플랫폼의 목적은 사용자가 원하는 상품 또는 서비스의 거래가 원활하게 이루어질 수 있도록 디지털 시장을 조성하고, 모든 참여자가 가치를 창조할 수 있도록 지원하는 것이다.

플랫폼 비즈니스가 급증하면서 전통적 시스템의 생존이 때로 위협받고 있다. 플랫폼 비즈니스 성장의 원동력을 이해하려면 전통적 시스템에서 가치가 어떻게 창조되고 이전되는지 살펴볼 필요가 있다. 전통적으로, 기업이 제품의 설계, 생산, 판매, 물류 및 서비스 등 단계별로 가치를 창조하면, 소비자가 그 제품을 구입해 활용함으로써 효용 가치를 높이게 된다. 즉, 전통적 시스템은 기업이 가치를 창조하고 소비자가 그것을 소비하는 단순한 가치사슬 모형이다.

한편, 플랫폼 비즈니스에서 형성되는 생산자, 소비자 그리고 플랫폼 사이의 관계는 전통적 시스템과는 달리 복잡하다. 예를 들어, 플랫폼 사용자는 다양할 수 있다. 사용자 중에는 생산자도 있고, 소비자도 있으며, 때로 두 가지 역할을 함께 하는 경우도 적지 않을 수 있다. 그들은 플랫폼에서 제공되는 자원을 활용해 가치를 교환하고, 소비하며, 때로 공동으로 창조하기도 한다. 그 구조는 생산자에 의해 창조된 가치가 소비자에게 이전되는 전통적 시스템과 크게 다르다. 플랫폼이 사용자를 어떻게 연결하는지에 따라 가치가 매우 다양하게 창조, 변화, 교환, 그리고 소비될 수 있다. 예를 들어, 소셜 네트워크 서비스인 페이스북과 링크드인(LinkedIn) 사용자는 서로 다른 가치를 추구할 수 있다. 페이스북은 사용자가 서로의 개인 정보, 글 또는 동영상 등을 상호 교류하는 온라인 인맥 서비스이다. 지인 간의 친구 맺기를 위한 네트워크 조성과 더불어 그들이 프로필을 업데이트하면 자동적으로 알림이 뜰 수 있도록 지원해 주는 플랫폼이다. 한편, 링크드인은 미국의 분야별 전문가 인맥 서비스 중심의 소셜 네트워크 서비스이다. 기업은 링크드인을 이용해 분야별 전문가를 발견할 수 있으며, 전문가는 취업의 기회를 넓힐 수 있다. 이와 같이 각 사용자는 플랫폼에서 제공하는 서로 다른 가치를 소비하게 된다. 구체적으로, 플랫폼 비즈니스가 전통적 가치사슬 모형과 비교할 때 어떤 차이가 있는지 살펴보기로 하자.[11]

첫째, 플랫폼은 전통적 시스템보다 훨씬 더 효율적으로 성장할 수 있다. 플랫폼의 성공과 실패는 시장 또는 사용자의 실시간 피드백에 의해 결정될 수 있다. 예를 들어, 아마존의 '킨들'은 모든 사람이 책을 출간할 수 있도록 허용하고 있다. 여기에는 전통적 출판회사의 편집인처럼 출판 여부를 결정짓는 인물이 없다. 서적의 성공 여부가, 편집인의 경험을 바탕으로 한 예측이 아니라, 독자의 평가에 따라 결정된다. 위키피디아는 위키라는 플랫폼을 기반으로 누구든지 편집에 참여해 글로벌 백과사전으로 발전해 나가고 있는 대표적 사례이다. 온라인 공동체가 플랫폼을 기반으로 형성되고 수많은 회원이 서로 소통할 때 대규모 협업도 가능하다. 한편, 편집인이 존재했던 백과사전의 대표격인 브리태니커의 실패는 위키피디아의 눈부신 성장과 대조된다. 전통적 시스템의 수요 예측은 구조적으로 불확실성을 내포하고 있다. 독자로부터 호평을 받을 수 있는 서적이 그릇된 예측 때문에 아예 빛을 보지 못할 수도 있고, 그 반대의 경우도 얼마든지 나타날 수 있다. 반면에 플랫폼 비즈니스에서 상품이나 서비스의 성공 여부는 사용자의 피드백에 의해 실시간으로 결정된다. 그것이 플랫폼 비즈니스가 전통적 시스템보다 훨씬 더 효율적으로 성장할 수 있는 이유이다.

둘째, 플랫폼은 가치 창조와 공급의 새로운 문을 열고 있다.
디지털 상품이 물리적 상품을 대체하면서 플랫폼 비즈니스의 범위가 급속히 확대되고 있다. 예를 들어, 온라인 서적, 뉴스 웹사이트, 또는 MP3 파일에 의해 LP 레코드, 카세트 테이프, CD, DVD 등이 자취를 감추고 있고, 기존 출판 미디어의 비중도 점점 더 위축되고 있다. 특히, 최근 3D 프린트 기술에 의해 물리적 상품의 판매와 유통이 송두리째 바뀔 가능성이 높아지고 있다. 예를 들어, 치과용 의료 용품, 가정용품, 자동차나 비행기에 쓰이는 기계장치도 3D 프린터에 의해 생산될 전망이다. 즉, 고객이 원하는 사물을 필요할 때 직접 프린트해서 사용하는 세상이 도래할 전망이다. 플랫폼 비즈니스의 가치는 디지털 상품의 생산자와 소비자를 연결시킴으로써 창출된다.
또한, 플랫폼 비즈니스의 가치는 전통적 기업과 달리 건물이나 기계장치 등의 자산으로부터 창출되지 않는다. 전통적 호텔의 사례를 먼저 살펴보기로 하자. 호텔은 객실과 부대시설에 막대한 투자를 하고, 세련된 마케팅과 홍보를 통해 투숙객을 될수록 많이 유치하고자 노력한다. 그리고 호텔이 더 성장하려면 새로운 건물을 신축해야 한다. 새로운 부지의 물색 및 설계를 거쳐 호텔의 완성까지 막대한 투자와 시간이 필요하다. 또한, 기존 호텔의 유지보수 및 개선에 적지 않은 비용이 발생하기 마련이다. 만일, 투숙객이 예상보다 지속적으로 적을 경우 호텔 자산에서 발생하는 엄청나게 많은 고정비 때문에 실패할 위험성이 커진다.

한편, 플랫폼 비즈니스인 에어비앤비는 자산으로서 소유하고 있는 호텔이 전혀 없다. 대신, 사용하지 않는 숙소의 소유주를 플랫폼에 참여시켜 여행자와 연결시켜 주고, 숙박비의 일정 비율을 수익으로 실현한다. 한 가지 주목할 점은 에어비앤비와 같은 플랫폼의 성장이 전통적 호텔 기업의 그것과 비교할 수 없을 정도로 빠르다는 점이다. 그 이유는 호텔 신축에 소요되는 막대한 자본 및 시간과 같이 성장을 제약하는 걸림돌이 없기 때문이다. 전통적 호텔과 대조적으로, 에어비앤비는 더 많은 숙소 소유주가 플랫폼에 참여토록 할 수 있다면 객실을 신속하게 증가시킬 수 있다. 전통적 호텔 산업에서 10여 년 이상 소요되던 위험한 투자와 어려운 과업을 에어비앤비 플랫폼은 단기간에 해결할 수 있다. 릴레이라이드(RelayRides) 플랫폼은 공항에서 출발 여행자가 몰고 온 자동차를 도착 여행자가 사용할 수 있도록 연결시켜 준다. 출발 여행자는 주차비 대신 거꾸로 자동차 대여 수입을 실현할 수 있게 된다. 즉, 플랫폼 비즈니스는 전통적 호텔 산업이나 렌트카 회사 등에서 발생하던 막대한 고정비를 대폭 감소시키고, 시장 수요에 맞춰 신축적으로 공급을 조절할 수 있는 경쟁력이 있다.

셋째, 플랫폼 비즈니스에서 기업은 송두리째 바뀌어야 한다.
플랫폼 비즈니스의 가치는 사용자에 의해 실현된다. 그러므로 플랫폼의 초점은 기업 내부 활동보다는 외부 활동에 더 많이 두어야 한다. 즉, 플랫폼 비즈니스는 전통적으로 중요하게 여긴 마케팅, IT, 운영, 전략과 같은 기능을 보완하거나 대체할 수 있는 외부의 소비자, 자원 및 기능에 더 많은 관심을 기울여야 한다. 예를 들어, 회사가 주도해 온 마케팅 또는 홍보는 이제 소비자가 참여하는 '블로거' 등에 의해 이루어질 수 있어야 한다. 또한, 기업 내부의 기능을 통합하기 위한 ERP 시스템보다는 소비자에게 한 발 더 다가간 소셜 미디어 및 빅데이터 분석을 활용한 CRM의 비중이 높아져야 한다. 재무 분야의 관심은 기업의 자산으로부터 창출되는 주주 가치보다는 소비자 간의 교류에 의해 생성되는 주주 가치로 옮겨가야 한다. 운영관리의 목적도 전통적 재고관리 및 공급체인관리의 최적화보다는 기업이 소유하고 있지 않은 외부 자원을 관리하는 데 두어야 한다. 예를 들어, 우버는 세계에서 가장 큰 택시회사이면서 아무런 차량도 소유하고 있지 않다. 알리바바 역시 세계 최대 소매회사이지만 재고자산을 보유하고 있지 않다. 기업은 전통적으로 다른 회사가 모방하기 어려운 자원을 소유함으로써 경쟁우위를 유지하려는 전략을 활용해 왔다. 이와 달리, 플랫폼 비즈니스는 외부 자원의 원활한 사용과 소비자의 적극적 참여를 유도하기 위한 전략을 세워야 한다. 결론적으로, 기업의 혁신은 더 이상 R&D 부문의 전유물이 아니다. 오히려, 플랫폼에 참여해 교류하는 소비자로부터 혁신 기회를 탐지할 수 있는 가능성이 한결 더 높아지고 있다.

넷째, 플랫폼 비즈니스의 성공은 소비자의 수용에 의해 결정된다. 혁신은, 플랫폼 비즈니스가 아무리 훌륭한 모형이더라도 소비자가 그것을 수용할 때, 비로소 실현된다.[12] 최근, 새로운 기술을 수용한 소비자의 숫자가 5천만 명에 도달할 때까지 소요된 기간이 빠르게 단축되고 있다. 예를 들어, 라디오 수용에 38년, TV에 13년 소요되던 기간이, iPOD은 4년, 인터넷은 3년으로 급속히 짧아지더니, 페이스북은 1년, 트위터는 불과 9개월로 단축되었다. 역사적으로, 증기기관의 발명과 동시에 산업혁명이 즉시 이루어진 것은 아니었다. 증기기관이 철도에 사용되어 산업혁명의 꽃을 피우기까지 50여 년 소비자의 학습이 필요했다. 마찬가지로, 정보혁명도 컴퓨터 발명과 동시에 실현되진 못하였다. 컴퓨터가 출현한 이후 50여 년이 흐른 뒤, 인터넷이 세계적으로 보급되면서 정보혁명의 꽃이 핀 것이다. 정보사회에서 인터넷의 역할은 산업사회 철도에 비유될 수 있다. IT와 관련된 iPOD, 페이스북, 또는 트위터 등의 수용 속도가 최근 가속도적으로 빨라진 이유는 무엇인가? 그것은 소비자가 IT를 빠르게 학습하고 있음을 뜻한다. 애플이 아이폰을 출시한 후 2년이 경과한 2009년까지 대략 15만여 앱이 개발되었다. 그 숫자가 2014년 무려 1백 2십만 앱을 넘어섰으며, 세계적으로 사용된 앱은 약 750억 개에 이르는 것으로 집계되었다. 즉, 지구상의 인류 한 사람당 평균 10개 이상의 앱을 사용했다는 뜻이다. 인터넷이 디지털 상품을 아무런 어려움 없이 유통시키는 시스템으로 자리잡고 있음을 보여준다. 소비자가 새로운 기술을 수용하는 속도가 가속적으로 빨라진다면, 플랫폼 비즈니스의 혁신도 그만큼 빨리 실현해야 한다.

혁신의 원천: 세계화

혁신의 또 다른 원천으로 세계적 경제활동의 변화를 들 수 있다. 첫째, 신흥시장의 비중이 빠른 속도로 증가하고 있다. 2000년경에는 포춘 500 기업의 95%가 미국 및 유럽 등의 선진국에 있었다. 그 절반 이상이 2025년경 중국을 포함한 신흥시장에 의해 대체될 것으로 전망되고 있다.[13] 그리고 신흥시장의 경제 활동이 특히 도시를 중심으로 확대되고 있다. 도시화가 확대될수록 규모의 경제 효과에 따른 생산성의 향상과 같은 시너지 효과가 증가하기 때문이다. 도시마다 독특한 비즈니스 모형, 기술, 또는 제품 등을 실험해 봄으로써 혁신 기회를 광범위하게 탐지할 수 있다.

둘째, 고령화가 세계적으로 확산되고 있다.[14] 출산율과 노동 인구의 감소는 경제 성장에 적지 않은 부담이 될 전망이다. 기업은 고령화되고 있는 노동력의 구조적 변화에 대처하기 위한 전략을 강구해야 한다. 그리고 노인을 위한 제품 및 서비스의 혁신도 중요한 과제이다.

셋째, 세계가 무역뿐만 아니라 자본, 인구 그리고 정보의 이동에 의해 촘촘히 연결되고 있다. 지리적으로 멀리 떨어진 시장이 원활하게 연결되면서, 스타트업도 단기간에 글로벌 기업으로 성장할 수 있는 가능성이 커지고 있다. 결론적으로, 혁신 기회를 찾아내려면 세계적 경제활동의 변화를 거시적 관점에서 이해할 필요가 있다. 이 절에서 살펴볼 주요 내용은 다음과 같다:

- 신흥시장과 도시화
- 고령화의 세계적 확산
- 세계적 연결

신흥시장과 도시화: 신흥시장이 세계 도처에서 부상하고 있다. 최근, 중국, 인도, 인도네시아, 러시아, 브라질 등이 세계 제조업에서 차지하고 있는 지평을 계속 넓혀가고 있다. 특히, 중국은 1978년 경제자유화를 시작한 이후 최근까지 고도의 경제 성장을 이룩하면서, 미국, 유럽 및 일본 등의 선진국을 제

치고 세계 최대 생산공장으로 발돋움하였다. 인도도 IT 분야의 발전을 앞세워 최근 세계 시장에 편입하기에 이르렀다. 세계 제조업의 부가가치가 1990년 이후 최근까지 실질 가치 기준으로 거의 두 배 정도 증가하였다. 그 중에 주요 신흥시장에서 실현된 제조업의 부가가치 비중이 지난 10년간 21%에서 39%로 껑충 뛰었다.[15] 신흥 경제권에 이루어진 해외 직접 투자의 비중도 2007년 34%에서 2013년 60%까지 치솟았다.[16] 이와 같은 성장이 2025년까지 계속 진행될 때, 산업혁명 이후 서양으로 옮겨 갔던 세계 경제의 중심이 아시아 지역으로 돌아오게 될 전망이다.

신흥시장의 중심은 도시이다. 역사적으로, 도시의 인구는 더 높은 소득, 기회 그리고 질 높은 삶을 추구하는 사람들에 의해 꾸준히 증가해 왔다. 그런데 최근 진행되고 있는 도시화의 규모와 속도는 과거에 보지 못했던 새로운 현상이다. 세계적 추세로 보았을 때, 도시의 인구가 지난 30여 년간 매년 평균 6천 5백만 명 가량 지속적으로 증가해 왔는데, 가장 급팽창하고 있는 지역은 중국과 인도이다.[17] 두 나라의 인구는 각각 10억 명을 훌쩍 넘길 정도로 많으며, 미래에도 도시로 이주할 인구가 적지 않을 전망이다. 그런데, 도시화가 단순히 인구의 증가만을 뜻하는 것은 아니다. 도시화가 확대되면서 산업 구조, 고용, 생활 환경, 그리고 사회적 안전이 도시의 방식으로 송두리째 변화하는 것을 주목할 필요가 있다.

도시화의 장점은 무엇인가? 경제사학자의 연구에 의하면, 도시로 이주한 사람의 산출이 지방에 있을 때보다 배가될 수 있다고 한다. 도시의 성장률이 높은 이유는 다음과 같이 설명할 수 있다. 도시의 인구밀도가 높아지면서, 규모의 경제, 노동력의 전문화, 지식의 공유 및 거래에 의해 생산성이 향상될 수 있다. 또한, 사회적·경제적 교류 네트워크가 활성화되면서 생산성이 한층 더 높아진다는 연구 결과도 있다. 도시의 인구와 기술을 보고 기업이 설립되고, 취업을 희망하는 노동자가 지방에서 도시로 이주하게 된다. 또한, 도시에 있는 기업과 거래를 하려는 기업이 새로 유입되고, 도로 및 항만 등의 기반 서비스를 공유하면서 규모의 경제 효과가 실현될 수 있다. 도시의 인구 증가와 더불어 대학이 설립되면 유능한 인재들이 양성되고, 새로운 비즈니스 모형의 혁신이 활발하게 이루어질 수 있다. 고등 교육은 경제 개발에 있어서 필수적 요소이다. 신흥 국가에 나타나는 한 가지 보편적 현상은 다양한 교육시스템이 지방보다는 주로 도시를 중심으로 운영되고 있다는 것이다. 그것은 유능한 인재가 도시로 이주하도록 촉진하는 중요한 요인이 될 수 있다.

신흥 경제권인 아시아, 아프리카, 남미 등에서 확대되고 있는 도시들은 최근 연구에 의하면 440곳에 이르는 것으로 밝혀졌다. 이 도시들이 2025년경 세계 GDP 성장의 거의 절반을 차지할 만큼 빠르게 성장할 것으로 전망되고 있다.[18] 그 중에서 우리에게 알려진 도시라면 상해, 뭄바이, 자카르타, 상파울로 등을 꼽을 수 있다. 다른 도시들은 인근 국가를 제외하곤 비교적 생소한 상태이다. 국가와 도시 별로 인구의 구성, 문화 및 소득 수준이 크게 다를 수 있다. 그러므로 세계 도처에서 진행되고 있는 도시화에는 소비자의 다양한 요구를 충족시키기 위한 독특한 비즈니스 모형, 제품 또는 서비스의 혁신이 필요하다. 예를 들어, 한국의 소매회사인 홈플러스는 서울시 지하철역에 가상 수퍼마켓을 2011년 세계 최초로 개설하였다. 소비자가 출근하면서 지하철역 벽과 스크린 도어에 전시되어 있는 식료품의 바코드를 앱을 이용해 스캔하면 당일 저녁 집으로 배달해주는 시스템이다. 홈플러스의 가상 수퍼마켓은 단기간에 소비자의 관심을 모았으며, 스무 군데 버스 정류장으로 확대되었다. 자신의 자동차를 소유하지 않고 다른 사람의 차량을 이용하는 우버 택시는 인구가 밀집한 도시에 어울리는 시스템이다. 또한, 도시의 발전을 위한 기반시설, 기술 및 서비스의 혁신도 요구된다. 한국의 KT는 거의 사용되지 않고 있는 공중전화 부스를 전기차 충전소로 활용하는 방안을 검토하고 있다. 그런가 하면, 도시의 풍부한 인재가 세계적 노동 시장과 연결될 때 취업 기회를 높일 수 있다. 그리고 도시는 다양한 기능이 상호 연결되어 있어서 혁신을 위한 다양한 아이디어를 실험하는 데 적합하다. 결론적으로, 대규모 인구가 도시로 이주하면서 다양한 지식, 문화, 아이디어 등이 결합될 수 있는 기회가 증가하고 있다. 도시화의 확대는 혁신 기회를 탐지하는 데 귀중한 원천이 될 수 있다.

고령화의 세계적 확산: 인구의 고령화가 세계적으로 확산되고 있다. 출산율은 떨어지는 데 반해, 평균 수명이 높아지고 있기 때문이다. 고령화에는 다음 두 가지 특징이 존재한다. 첫째, 국가가 부유해질수록 출산율이 떨어지는 현상이 세계적으로 보편화되고 있다. 한 세대를 대체하는 데 필요한 출산율(여성 한 명이 평생 낳는 아이의 수)은 선진국의 경우 대략 2.1명이다. 그런데, 선진국과 일부 중진국의 출산율이 최근 그 마지노선을 훨씬 크게 밑돌고 있다. 특히, 한국의 출산율은 여성 1인당 출생아 수가 1.25명에 불과해 세계 최하위권에 머물 것으로 추정된다.[19]

둘째, 다양한 기술의 발전과 융합이 인간의 평균 수명을 크게 높일 전망이다. 예를 들어, 차세대 게놈분석에 의해 얻은 정보로 염색체 염기서열을 조정함으로써 암의 진행을 사전에 차단할 수 있는 가능성이 높아질 전망이다. 3D 프린트 기술이 인간에게 필요한 인공 장기를 제공해 줄 수 있는 날도 머지않아 보인다. 나노 재료과학 기술을 이용해 암세포만 파괴할 수 있는 약물전달도 가능할 수 있다. 즉, 과학 기술의 발전이 인간의 평균 수명을 한층 더높여줄 때 고령화가 더 확대될 것으로 전망된다.

출산율의 저하와 인구의 고령화는 미래 시장에 큰 변화를 초래할 것이다. 첫째, 노동 시장의 변화가 예상된다. 젊은 세대의 사회적 진출은 둔화되고, 현재보다 더 고령의 직원이 직장을 맴도는 현상이 나타날 전망이다. 세계노동자(15~64세)의 연간 성장률이 1990년부터 2010년 사이에 1.4%에서 2030년 1%까지 낮아질 것으로 예상된다.[20] 세계 인구의 구성 비율도 크게 변화할 것으로 보인다. 65세 이상 고령층이 2012년 기준 9%였는데, 50년 후에는 23%까지 치솟을 전망이다.[21] 경영자는 부족한 노동력을 어떻게 보충할 것인지 장기적 대책을 수립해야 한다. 그 해답은 고령의 직원들로부터 찾을 수 있다. 그들은 고비용만 발생시키는 집단이 아니라 귀중한 자산이 될 수 있기 때문이다. 고령의 직원이나 은퇴자 중에서 더 많은 기술, 교육, 재능, 그리고 경험을 쌓은 인재를 찾아낼 수 있는 안목이 필요하다.

둘째, 인구의 변화는 시장의 변화를 초래한다. 기업의 마케팅은 전통적으로 사회적 활동을 많이 하고 소득 수준이 높은 세대(25~55세)에 초점을 맞추어 왔다. 고객의 기호가 연령과 소득 수준에 따라 어떻게 다른지 세밀하게 분석하고, 그들의 요구를 충족시키기 위해 세밀한 마케팅 전략을 수립해 왔다. 고객이 나이가 들면서 소득 수준이 낮아지고 소비가 줄어들게 되면, 그들은 더 이상 기업 마케팅의 초점이 아니었다. 그러나 노년층의 고객 비중이 상당히 커질 때, 그들은 마케팅 분야에서 더 오랫동안 관심을 기울여야 할 고객으로 바뀌게 된다.

노년층의 고객은 은퇴 즈음에 제품 또는 서비스 가격에 민감해진다. 젊은 고객이 온라인에서 제품 브랜드에 관심을 기울일 때, 노년층의 고객이 더 많은 비중을 두는 것은 제품의 가치이다. 그들은 주택, 외식, 의류 등에 지출을 줄이는 반면에 식료품, 의료서비스 그리고 가전제품 등을 더 많이 구매한다. 노년층의 주된 관심은 건강, 웰빙, 모바일, 그리고 자립이기 때문이다. 그들의 관심을 사로잡을 제품과 서비스의 시장 매출은 지속적으로 증가할 전망이다. 그리고 대가족보다는 부부 또는 홀로 사는 사람들이 늘어나면서 디지털 공동체와 연결하려는 요구가 높아지기 시작하였다. 카카오톡, 페이스북, 플리커와 같은 온라인 플랫폼의 개발은 혼자 사는 노인에게 특별히 더 중요한 혁신이 될 수 있다. 도시 및 복지의 설계도 노년층의 관점에서 새로워질 필요가 있다. 주택 설계에 공동체 및 특별 활동을 위한 공간뿐만 아니라, 의료서비스를 쉽게 받을 수 있는 구조도 고려해야 한다. 결론적으로, 인구의 고령화에 의한 시장 변화는 기업의 비즈니스 모형, 제품 또는 서비스 혁신의 중요한 기회가 될 수 있다.

세계적 연결:　　신흥 시장이 도시를 중심으로 성장하면서, 세계적 무역이 증가하고 국가 간 실무적 연결이 확대되고 있다. 그리고 인터넷과 디지털 기술이 21세기 이후 그 연결을 한층 더 효율적으로 확대시켜 주는 기반이 되고 있다. 자본과 정보가 인터넷에 의해 때로 빛의 속도로 이동될 수 있다. 상품, 서비스, 자본, 인구 및 정보의 세계적 이동은 기업의 새로운 혁신 기회가 될 수 있다. 기업이 지금까지 지리적 여건 또는 거래 비용 때문에 접촉하지 못했던 새로운 고객을 만날 수 있는 기회가 다각도로 열리고 있기 때문이다. 세계적 연결이 어떤 양상으로 발전하고 있는지 정리해보면 다음과 같다.

첫째, 세계적 무역이 물류 네트워크의 발전에 의해 지속적으로 성장해 왔는데, 신흥 시장의 등장과 함께 새로운 고객과 기업이 그 무역을 한층 더 확대시키고 있다. 또한, 공급회사 네트워크가 세계 도처로 확대되면서 상품과 서비스의 교역량이 매우 빠른 속도로 증가하고 있다. 예를 들어, 상품, 서비스 및 금융의 세계적 교역 규모가 2012년 미화 26조 달러 또는 세계 GDP의 36%에 이르렀는데, 이것은 1990년 GDP에서 차지하던 비중의 1.5배만큼 증가한 것이다.[22] 한 가지 주목할 점은 국제 무역의 절반 이상이 1990년 선진국 사이에 이루어졌는데, 그 비중이 2012년 28%까지 축소되었다는 것이다. 세계적 무역이 1990년 이후 미국과 서유럽으로부터 세계로 확대되면서 아시아 지역이 최대 시장으로 떠오르게 되었다. 세계 무역에서 신흥 시장의 비중이 2012년 기준 40%에 이르렀는데, 그 중에서 신흥 경제권 사이의 교역이 60%를 차지하였다.[23] 또한, 무역이 새로운 기술에 의해 대기업 중심에서 작은 기업이나 개인도 참여할 수 있게 변화하고 있다. 비즈니스 플랫폼에서 살펴 보았듯이 아마존이나 이베이와 같은 온라인 플랫폼에서 기업 규모와 상관없이 누구나 참여할 수 있는 길이 열렸기 때문이다. 교역 대상인 상품의 구성도 바뀌었다. 과거에는 인건비가 비교적 싼 지역에서 가공된 상품 또는 자원이 풍부한 지역의 원자재 등이 교역의 주요 품목들이었다. 현재는 지식 집약형 상품인 약품, 반도체, 항공기 등의 비중이 총 교역 금액의 절반을 차지하고 있는데, 그 성장 속도가 매우 빠르다. 결론적으로, 신흥 시장의 성장과 더불어 세계적으로 확대된 기업과 개인 사이의 연결이 새로운 비즈니스 모형, 제품 또는 서비스 혁신의 중요한 원천이 될 수 있다.

둘째, 금융의 세계화가 1990년 이후 빠르게 확산되고 있다. 국가 간 이동된 자본이 2012년 미화 4.6조 달러에 이르렀는데, 그 규모는 1990년과 비교할 때 거의 다섯 배 증가한 것이다.[24] 신흥 시장의 성장과 함께 이동되는 자본의 성격도 변화하고 있다. 신흥 경제권 국가가 해외 직접 투자에 나서면서, 그 비중이 1990년 글로벌 투자액의 7%에서 2012년 38%로 껑충 뛰어오른 것이다.[25] 물론, 금융 위기로 인해 2008년 국가 간 자본 이동이 크게 후퇴한 적도 있지만, 세계 금융시스템은 장기적으로 더 성장할 전망이다.

셋째, 인구의 이동과 교류가 세계적으로 증가하고 있다. 이는 신흥 경제권이 도시를 중심으로 성장하면서 나타난 자연스런 현상이다. 도시로 이주한 사람들의 소득이 늘어나면서 해외 이주 또는 여행도 증가하게 되었다. 해외로 이주한 사람의 숫자가 1960년 7천 5백만 명에서 2013년 2억 3천 2백만 명으로 세 배 이상 늘어난 것이다.[26] 예를 들어, 미국에서 활동하고 있는 과학자와 엔지니어 중에서 외국에서 태어난 사람들의 비중이 1994년부터 2006년 사이에 두 배로 증가하였다. 동일한 기간, 실리콘 밸리에서 창업한 스타트업의 절반 이상이 외국 태생의 과학자 또는 엔지니어를 포함하고 있었는데, 그들의 약 1/4이 인도 또는 중국의 이민자였다.[27] 그런데, 신흥 경제권 국가 사이에 최근 이동한 인구가 신흥 경제권에서 선진국으로 이동한 인구보다 훨씬 더 빨리 증가하고 있다. 즉, 노동 시장의 세계화가 실제로 진행되고 있는 것이다.

또한, 해외 여행과 유학생 수가 크게 증가하고 있다. 해외 여행을 한 사람이 1950년 2천 5백만 명 정도 되었는데, 그 수가 2013년 10억 명을 초과할 정도로 급증하였다.[28] 미국 대학에서 공부하고 있는 해외 유학생이 최근 75만 명에 이르렀는데, 그들의 1/4이 중국에서 온 학생들이었다. 여행객이나 학생이 해외에서 소비하는 금액뿐만 아니라 문화와 지식의 상호 교환이 풍부하게 이루어지면서 세계화가 더 넓고 깊게 이루어지고 있다.[29]

넷째, 인터넷 및 디지털 기술에 의해 제공되는 정보에 의해 세계가 하나로 연결되고 있다. 인터넷에 의해 세계 대부분의 컴퓨터가 서로 연결되면서, 기업은 물론 개인도 언제 어디서나 필요한 지식과 정보를 교환하고 공유할 수 있게 되었다. 인터넷 이용자 수는 최근 27억 명(2015년 기준)으로 추정되고 있는데, 그것은 세계 인구의 대략 36%에 해당된다.[30] 또한, 모바일 전화를 사용하는 인구가 세계적으로 2/3를 넘어서고 있다. 그들은 소셜 미디어인 위키, 블로그 및 SNS를 기반으로 공동체를 형성하고, 지식과 정보를 생산 및 소비하는 관계를 맺어나가고 있다.

기업과 개인이 언제 어디서나 필요한 지식과 정보를 교환할 수 있게 되면서, 비즈니스 플랫폼과 같은 혁신적 모형이 등장하게 된 것이다. 인터넷 및 다양한 디지털 기술에 의해 정보의 밀도가 세계적으로 높아지면서, 개인 또는 작은 스타트업도 창의적 아이디어를 혁신으로 실현시킬 수 있는 비즈니스 환경이 조성되고 있다.

혁신탐지 역량

혁신탐지 역량은 혁신 기회를 찾아내는 인지 능력이다. 기업가의 혁신탐지 역량과 경영자의 비즈니스 프로세스 관리역량은 서로 다르다. 경영자의 주요 역할은 분석, 계획의 수립, 그리고 미리 정해진 비즈니스 프로세스를 빈틈없이 체계적으로 실행하는 것이다. 경영자의 성과는 예산을 달성한 정도를 기준으로 평가된다. 한편, 기업가의 역할은 연상, 질문, 관찰, 인적 네트워크, 그리고 실험의 다섯 가지 혁신탐지 능력을 발휘해 창의적 아이디어를 구상하는 것이다.[31] 기업가의 성과는 아이디어의 구상을 위한 학습을 기준으로 평가된다. 기업가와 경영자의 혁신탐지 역량과 비즈니스 프로세스 관리역량을 백분위 순위로 측정한 결과 서로 엇갈리는 것으로 나타났다. 기업가 상위 집단의 혁신탐지 역량은 상위 88위였지만, 비즈니스 프로세스 관리역량은 56위에 그쳤다. 반면, 대기업 경영자의 비즈니스 프로세스 관리역량은 상위 80위였고, 혁신탐지 역량은 62위로서 평균치를 약간 웃돌았다.[32] 결론적으로, 혁신 탐지와 비즈니스 프로세스 관리에 필요한 역량이 서로 다름을 알 수 있다.

혁신 탐지는 개인의 창의성에 의해 결정된다. 개인의 창의성이 향상될수록 혁신의 씨앗인 창의적 아이디어를 더 풍부하게 구상할 수 있다. 그런데, 인간의 창의성이 타고나는 재능인가? 아니면 향상될 수 있는가? 인간의 창의성은 지능(IQ)과 동일한 개념은 아니다. 앞서 3장에서 언급한 것과 같이, 지능은 80~85% 정도 유전적 요인에 의해 결정된다. 한편, 일란성 쌍둥이들을 대상으로 이루어진 창의성 연구에서, 유전적 요인에 의해 형성되는 창의성의 비중은 25~40%에 그치는 것으로 밝혀졌다. 바꾸어 말하면, 인간의 창의성이 사회적 환경, 교육 및 훈련에 의해 더 크게 향상될 수 있는 것으로 밝혀졌다.[33] 개인의 창의성을 어떻게 향상시킬 수 있는가?

다이어(Dyer) 등은 개인의 창의성을 보다 더 효과적으로 향상시킬 수 있는 '창의성' 모형을 최근 제시하였다. 그 모형의 핵심은 창의적 아이디어의 구상이 <그림 6-2>와 같이 개인의 '인지역량'과 '행동역량'에 의해 결정된다는 것이다. 이 두 가지 역량은 다섯 가지 능력으로 나눌 수 있다. 구체적으로,

인지역량은 다양한 지식과 경험을 결합해 새로운 비즈니스 모형을 구상할 수 있는 1) 연상 능력을 뜻한다. 즉, 창의적 아이디어의 구상은 개인적 연상 능력에 의해 결정된다. 그리고 행동역량은 2) 질문, 3) 관찰, 4) 인적 네트워크 그리고 5) 실험의 네 가지 능력으로 구성된다. 이 네 가지 행동 능력들은 연상 능력을 향상시키는 원동력과 같은 역할을 한다. 즉, 창의적 아이디어의 구상이 개인의 타고난 창의성만으로 결정되는 것도 아니고, 우연히 이루어질 수 있는 것도 아니다. 질문, 관찰, 인적 네트워크 그리고 실험이란 네 가지 행동 능력들이 균형 있게 향상될 때 연상 능력도 더 발전하고, 창의적 아이디어의 구상도 한층 더 풍부해질 수 있다.

그리고 개인이 특정 과업에 관여 및 해결 방법을 자율적으로 결정할 수 있을 때, 내적 동기부여가 3장에서 살펴본 것과 같이 높아질 수 있다. 직원이 감당하기 어려운 과업에 경영자의 지시에 의해 배정될 때 불안을 느끼고 좌절할 수 있다. 거꾸로 과업에 비해 자신의 역량이 넘친다고 생각하는 직원은 지루함을 느끼게 된다. 그러므로 기업가가 창의적 아이디어를 되도록 많이 구상하려면 경영의 초점을 통제 중심에서 벗어나 직원의 자율권을 높여주는 방향으로 바꾸어야 한다. 혁신탐지를 위한 다섯 가지 능력에 대해 다음에 살펴보기로 하자.

그림 6-2 인지역량과 행동역량 간의 관계

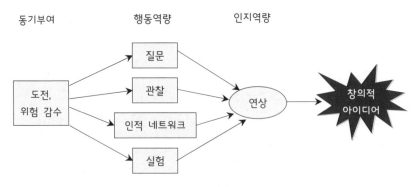

출처: Dyer, J. H. Gregersen and C. M. Christensen, *The Innovator's DNA*, 2011.

인지역량: 연상능력　　세계적으로 널리 알려진 기업가는 예외 없이 '연상능력'(Association)이 출중한 것으로 나타났다.[34] 연상능력은 다양한 경험, 지식, 기술 및 산업 등을 창의적으로 결합해 새로운 아이디어를 이끌어낼 수 있는 역량이다. 기업가는 창의적 연상을 촉진하기 위해 질문, 관찰, 인적 네트워크, 그리고 실험을 반복함으로써 다양하고 새로운 정보와 아이디어를 적극적으로 구한다. 위대한 기업가인 월트 디즈니는 회사에서 자신의 역할을 '창조적 촉매'에 비유하였다. 그는 회사의 모든 임직원이 창의적 통찰력을 가질 수 있도록 다양한 아이디어를 제시하였다. 어느 날, 한 소년이 월트에게 "당신이 미키 마우스를 그립니까?"라고 물었다. 그는 더 이상 애니메이션 영화에 필요한 그림을 직접 그리지 않는다고 응답하였다. "그러면 당신이 재미난 이야기나 아이디어를 생각해 냅니까?" 그는 그 일도 더 이상 하지 않는다고 대답하였다. 그러자 그 소년이 "디즈니 씨, 당신이 하는 일은 무엇입니까?"라고 하자, 월트는 그 질문에 "내 역할은 작은 꿀벌과 같다"고 응답하였다. 그는 회사 내의 여러 스튜디오를 돌아다니면서 다양한 꽃가루와 같은 아이디어를 모으고, 모든 사람들에게 그것을 나누어주고 격려하는 일을 한다고 설명하였다.[35] 실제로, 다양한 아이디어가 서로 섞이고 때로 충돌하는 교집합 과정에 혁신을 위한 창의적 아이디어가 솟아난다. 홍합의 뛰어난 접착력을 응용해 의료용 접착제를 개발한 사례를 살펴보기로 하자:

> "바닷가 바위에 달라붙은 홍합을 모방해 흉터가 생기지 않게 하는 의료용 접착제"가 국내 연구진에 의해 개발되었다. "연구진은 쥐 피부를 8mm 정도 절개한 다음 새로 개발한 홍합 접착제를 발랐다. 11일째가 되자 상처가 99% 봉합됐다. 접착제를 바르지 않은 쥐는 78%에 그쳤다. 28일째가 되자 접착제를 바른 쥐는 상처가 완전히 아물고 아무런 흉터도 남지 않았다. 접착제를 바르지 않은 쥐에는 보라색의 두툼한 흉터가 선명하게 남았다.
>
> 　접착제의 주성분은 홍합에서 왔다. 홍합은 바위에 들러붙을 때 실 모양의 '족사(足絲)'를 내뿜는다. 그 주성분이 접착 단백질이다. 지름 2mm 족사 하나에 12.5kg짜리 물건을 매달아도 끊어지지 않을 정도로 접착력이 강하다. 특히, 물속에서도 접착력이 유지되고 인체에도 무해해 의료용 접착제로 안성맞춤이다. 연구진은 홍합의 유전자를 대장균에 집어넣어 접착 단백질을 대량으로 생산하는

방법을 개발했다. … 상처가 나면 피부를 지지하는 그물 모양의 콜라겐 단백질이 끊어진다. 상처가 아물면 콜라겐 단백질이 이전과 달리 아무렇게나 뭉쳐진다. 이로 인해 두툼한 흉터가 생긴다. 국내 연구진은 홍합 접착 단백질에 콜라겐 배열 기능을 가진 '데코린'이란 인체 단백질의 일부분을 붙였다. (연구진의 설명에 의하면) "콜라겐에 결합한 데코린 단백질은 전기적으로 다른 콜라겐을 밀어낸다"며 이로 인해 콜라겐들 사이에 일정한 간격이 생기면서 예전과 같은 피부로 돌아간다. 실제로 쥐 실험 결과에서 홍합 접착제를 바른 부위에는 털이 자라는 모낭과 혈관, 분비샘 등이 정상적으로 자랐다. 흉터에는 이런 조직이 생기지 않았다.[36]

개인의 연상능력은 두뇌에 저장되어 있는 지식이 다양할수록 향상된다. 그리고 질문, 관찰, 인적 네트워크 그리고 실험을 통해 새로운 지식을 더 많이 받아들일수록 개인의 연상 능력이 증가한다. 왜 그런가? 레고 블록의 예를 들어 설명하기로 하자. 레고 블록의 수가 둘일 때 그것을 결합시켜 하나의 형상을 만들 수 있는 조합의 수는 하나이다. 그런데 블록의 수가 증가할 때, 그들을 결합시켜 만들 수 있는 디자인의 조합이 기하급수적으로 증가하게 된다. 예를 들어, 블록이 10개일 때 45가지, 100개면 4,950가지, 1,000개의 경우 무려 499,500가지 조합으로 증가하게 된다.[37] 이와 마찬가지로, 개인이 질문, 관찰, 인적 네트워크 그리고 실험의 행동역량을 활용해 새롭고 다양한 지식을 받아들이고 두뇌지식과 결합시킬 때, 연상 가능한 조합의 수도 기하급수적으로 증가할 수 있다. 의료용 접착제 개발 사례에서 홍합의 접착 단백질의 성분 분석, 그것을 대량으로 생산하기 위한 대장균의 응용, 흉터가 남지 않도록 하기 위한 '데코린' 단백질의 결합, 그리고 홍합 접착제를 바른 부위에 모낭, 혈관, 분비샘 등의 기능 회복과 관련된 전문적이며 다양한 지식이 결합되면서, 의료용 접착제 개발을 위한 개인의 연상능력이 향상된 것이다.

그리고 질문, 관찰, 인적 네트워크 그리고 실험으로부터 엄청나게 많은 지식 및 데이터가 수집될 수 있다. 예를 들어, 동료나 고객의 두뇌에 저장되어 있는 지식이 경험, 대화 또는 소셜 미디어에 의해 수집될 수 있다. 그리고 IT의 발전 및 사물인터넷 등을 매개로 놀라울 만큼 많은 빅데이터가 수집될 수도 있다. 개인이 홍수처럼 밀려드는 데이터를 있는 그대로 활용하기란 거의 불가능하다. 구슬이 서 말이라도 꿰어야 보배다. 지식과 데이터가 넘쳐날 때 이를 체계적으로 수집 및 분석하는 '지식관리'는 개인의 연상능력을 향상시키는데 매우 중요한 기반이 된다(4장 및 5장 참조).

그리고 다이어 등이 제시한 혁신탐지를 위한 연상능력은 애머빌의 '창의성 구성요소 이론' 중에서 '창조–저합 프로세스'와 동일한 개념이며, 또한 '과업–적합 역량'을 기반으로 한다(3장 참조). 다만, 애머빌은 개인의 창의성을 저해하는 '연상 장애' 현상을 감소시키기 위한 실무적 방안으로 다양한 문화와 교육 배경을 가지고 있는 사람들로 팀을 구성할 것을 제안하였다. 다양한 문화, 교육 그리고 지식이 서로 결합될 수 있을 때, 창의적 아이디어가 생성될 수 있는 가능성이 높아지기 때문이다. 이와 비교할 때, 다이어 등은 연상능력을 향상시키기 위해 질문, 관찰, 인적 네트워크, 그리고 실험이란 구체적 행동역량을 학습해야 한다고 주장하였다. 이에 대해 다음 절에서 살펴보기로 하자.

행동역량: 질문 인간의 호기심은 질문으로 표출되며, 혁신에 필요한 '창의적 연상'을 촉진할 수 있다.[38] 인간은 태생적으로 알고자 하는 호기심이 많다. 호기심이 많은 사람일수록 더 많은 질문을 할 수 있다. 예를 들어, 초등학교 5학년 학생이 자연 시간에 지구가 자전하고 있다는 사실을 학습할 때, 그 속도가 얼마나 빠른지에 대해 질문할 수 있다. 그가 백과사전을 살펴보면, 지구의 자전 속도가 적도 면에서 무려 시속 1,674km에 달할 정도로 빠른 것을 알아낼 수 있다.[39] 그 학생은 한 걸음 더 나아가 그처럼 빠른 속도를 자신을 포함해 사람들이 느낄 수 없는 이유가 무엇인지 또 다른 질문을 할 수 있다. 이와 같은 인간의 호기심이 바로 창의적 아이디어를 구상하게 만드는 부싯돌과 같은 역할을 한다. 구글 검색 서비스가 아무리 뛰어나더라도 새로운 아이디어를 만들어 내지는 못한다. 인터넷은 이미 존재하는 지식이나 사실을 알려줄 뿐이다. 창의적 연상의 원동력은 인간의 호기심이다.

창의적 연상은 인간의 호기심에 의해 적합한 질문이 구상될 때 비로소 촉진된다. 질문이 왜 중요한가? 인간은 우물 안 개구리와 같이 자신만의 사고 방식 또는 인적 관계에 갇혀 있기 쉽다. 질문은 좁은 우물을 벗어나 더 넓고 다양한 경험, 지식, 기술 등을 학습하는 데 매우 효과적이다.[40] 개인이 동료나 고객 등에게 호기심이 투영된 질문을 하면 그들은 각자 다양한 의견과 정보를 내놓는다. 개인은 이와 같은 과정에 자신의 아이디어를 성찰하게 되고, 다른 사람들이 그것에 대해 어떻게 생각하는지 이해할 수 있게 된다. 즉, 질문은 다른 사람들의 눈을 통해 더 넓은 세상을 볼 수 있는 효과적 도구이다. 또한, 개인이 특정한 과업에 관여하고 싶은 동기부여는 다른 사람의 지시를 받기보다 하고 싶은 일을 스스로 선택할 때 높아질 수 있다. 질문의 실제 효과는 다양한 사람들 간의 대화의 장을 열어주기 위한 것이다.[41] 개인의 경험, 지식 및 기술이 질문과 대화를 통해 표출되고 공유될 때 창의적 아이디어의 구상이 한층 더 풍요로워질 수 있다.

구체적으로, 질문은 문제의 파악 그리고 해결의 두 단계로 구분될 수 있다.[42] 첫째, 문제의 파악이 그 해답보다 더 중요하다. 문제의 파악이 그릇되었을 때, 그 해답은 무의미하기 때문이다. 예를 들어, 의료용 접착제 개발에 착수한 연구진이 문제의 파악을 위해 다양하게 질문할 수 있다. 동식물 중에서 접착력이 뛰어난 물질을 분비하는 것은 무엇인가? 세찬 파도가 몰아쳐도 홍합은 왜 바위에서 떨어지지 않는가? 홍합의 접착 단백질의 주성분인 족사의 접착력은 얼마나 강력한가? 인체에도 효과적인가? 상처의 봉합을 단축시키는가? 인체에 무해한가? 상처 부위가 봉합된 후 흉터가 남는가? 이와 같은 질문은 의료용 접착제가 갖추어야 할 성분을 학습하는 데 효과적이다. 또한, 다양한 질문은 의료용 접착제 개발에 적합한 지식과 기술이 무엇인지 파악하는 데 크게 도움이 되며, 그에 따라 혁신 팀이 실무적으로 구성될 수 있다.

둘째, 문제 해결에 적합한 질문의 구상에는 "창의적 상상력"이 필요하다. 예를 들어, 의료용 접착제의 개발을 위한 개인적 상상력이 다음과 같은 질문으로 표현될 수 있다. 의료용 접착제에 의해 상처가 봉합될 때 흉터가 남는가? 흉터의 원인은 무엇인가? 흉터를 남기지 않는 의료용 접착제의 개발이 가능한가? 흉터가 사라지는 것뿐만 아니라 피부의 기능이 원상회복 되는가? 이와 같은 질문의 해답은 홍합 접착 단백질에 콜라겐 배열 기능을 가진 '데코린'이란 인체 단백질의 일부분을 결합하는 것이었다. 홍합 접착제의 대량생산이 가능한가? 연구진은 홍합의 유전자를 대장균에 삽입해 접착 단백질을 대량으로 생산하는 방법을 개발했다. 이와 같이 문제의 파악과 그 해결에 적합한 질문을 토대로 다양한 지식과 경험을 구할 수 있다. 결론적으로, 적합한 질문의 구상은 창의적 연상을 촉진하는 매우 중요한 요소이다.

질문을 하는 사람이 현실적으로 적다. 왜 그런가? 호기심 많은 어린 아이는 이것은 무엇이야? 저것은 왜 저래? 등 끊임없이 많은 질문을 한다. 어른이 되면 어렸을 때 호기심이 사라지기 때문인가? 그 이유는 어른으로 성장하는 과정에 경험하는 사회적 관계에서 찾아볼 수 있다. 어른이 질문하기를 주저하는 이유 중의 하나는 다른 사람에게 엉뚱하다거나 바보 같다는 평가를 받을 수 있다는 불안감 때문이다. 또한, 직원이 자신이 몸담고 있는 기업의 비즈니스 모형의 타당성에 관한 질문을 하면 상사나 회사에 비협조적이라는 인상을 심어줄 수 있다는 우려 때문이기도 하다. 호기심이 많은 사람일수록 더 많이 질문한다. 기업가는 경영자보다 질문을 더 많이 하는 것으로 나타났으며, 그것이 그들의 삶의 방식이다.[43] 기업이 혁신을 달성하려면 직원이 아무런 거리낌 없이 질문하는 조직 문화를 형성해야 한다. 질문은 제품, 서비스 그리고 비즈니스 모형의 혁신을 위한 창의적 연상을 촉진한다.

행동역량: 관찰　　혁신하려면 고객의 행동을 관찰해야 한다. 여기서 관찰이란 단순히 TV 드라마나 스포츠 관람을 뜻하지 않는다. 관찰은 시장에서 현재 제공되고 있는 제품 또는 서비스에 대해 고객의 기능적, 사회적, 또는 정서적 요구가 무엇인지 발견하기 위한 것이다.[44] 즉, 고객이 자신의 일을 처리하기 위해 특정한 제품 또는 서비스를 어떻게 사용하고 있는지 관찰함으로써, 그 일을 한층 더 쉽게 처리할 수 있는 제품 또는 서비스의 혁신을 위한 비즈니스 통찰이 가능해진다. 관찰을 통한 혁신 사례를 다음에 살펴보기로 하자:

'라탄 타타(Ratan Tata)'는 인도가 자랑하는 타타 그룹의 회장이다. 그가 세계에서 가장 저렴한 자동차인 '타타 나노'의 비즈니스 구상을 어떻게 하게 되었는지 살펴보기로 하자. 타타 회장은 인도의 상당히 많은 중·하층 가정이 스쿠터에 의지해 살아가는 모습을 평생 보아 왔다. 그는 인도 뭄바이에서, 2003년 어느 날, 한 가장이 폭우가 쏟아지는 가운데 가족과 함께 스쿠터를 타고 가는 광경을 목격하게 되었다. 그 가장의 앞에는 조금 큰 아이가 스쿠터의 핸들 뒤에 서 있고, 뒤에는 그의 아내가 또 다른 어린 아이를 무릎에 앉히고 보조 의자에 앉아 함께 집으로 가고 있었다. 가족 모두 뼛속까지 비에 젖은 상태였다. 타타 회장은 눈 앞에 벌어진 광경을 새삼 목격하면서 자신이 그동안 무심코 지나쳤던 중·하층 가정의 삶의 어려움을 마음 속 깊이 깨닫게 되었다. 그는 "가난한 가정이라도 자동차를 소유하고 비를 피할 수 있도록 할 수 없는가?"라는 질문을 스스로에게 하였다. 타타 회장은 거리의 풍경을 관찰함으로써 자동차 대신 스쿠터를 살 수밖에 없는 가정을 위해 안전하면서도 저렴한 교통 수단을 개발하려는 비즈니스 모형을 구상하게 되었다.

　타타 그룹은 자동차 개발에 착수해 여러 차례 실험과 관찰을 거쳐 2009년 드디어 국민차 '나노'를 생산하게 되었다. 그룹 회장의 바람대로 나노는 중·하층 가정에서도 구입할 수 있을 만큼 저렴한 가격(미화 $2,200)에 출시되었다. 나노는 판매 대리점에서도 조립할 수 있었는데, 그것은 파격적 유통 방식이었다. 그런데, 인도의 시골 마을에는 전통적으로 스쿠터 시장이 크게 형성되어 왔기에, 그 고객들에게 나노를 판매하려면 혁신적 비즈니스 모형의 도입이 필요하였다. 타타 회장은 지방 시장에 직원을 보내 고객의 행동을 구체적으로 관찰하도록 하였다. 그들은 고객이 시골 시장 또는 벼룩 시장에서 일요일에 주로 쇼핑하는 것을 확인하였다. 그 시장에 스쿠터 또는 자동차 판매를 위한 상설 대리점은 없었다. 스쿠터 판매상은 큰 트럭에 스쿠터를 싣고 와 시장 공터에 배열해 놓았다. 고객은 스쿠터를 구입한 당일, 그 사용법을 터득하고, 운전면허를 취득한 후, 집으로 타고 갔다. 타타 그룹의 직원도 동일한 방식으로 나노 자동차를 시장 공터에 배열해 놓고 고객을 기다렸지만 허사였다. 그 이유는 관찰 결과 다음과 같이 밝혀졌다. 고객은 대부분 자동차 대금 결제를 위한 융자뿐만 아니라 보험에 가입하길 원했던 것이다. 타타는 그들의 요구를 현장에서 수용하였다. 더구나 대부분의 고객이 운전면허가 없었다. 타타는 고객을 위해 운전 교육을 제공하고, 그들이 면허를 취득할 수 있는 방법도 도입하였다. 이 모든 서비스가 판매 당일 현장에서 2~4시간에 걸쳐 제공되면서 나노의 지방 판매가 비로소 시작되었다. 그것은 고객의 요구를 면밀히 관찰한 덕분이었다.[45]

　소비자의 예상치 못한 행동을 관찰하게 되면 다양한 질문이 떠오를 수 있다. 인도의 타타 회장은 네 명의 가족이 빗속에서 스쿠터에 의지해 위험하게 가는 모습을 보고 "가난한 가정이라도 자동차를 소유할 수 있도록 할 수 없는가?"라는 질문을 스스로에게 하였다. 그는 여러 차례 관찰과 질문을 거쳐 창의적 비즈니스 아이디어를 구상하였으며, 세상에서 가장 저렴한 자동차인 나노를 개발하였다. 그런데 나노의 판매가 인도의 시골 시장에서 기대와 달리 저조하자, 타타 그룹은 소비자의 숨겨진 행동을 면밀히 관찰하기 시작하였다. 그들의 요구는 융자, 보험, 운전 교육 및 면허 취득을 위한 서비스를 현장에서 모두 제공받는 것이었다. 대도시 소비자와 크게 다른 지방 소비자의 뜻밖의 요구는 나노를 지방에서 판매하는 데 커다란 제약조건들이었다. 그런데, 그와 같은 제약조건들이 혁신적 비즈니스 모델의 구상을 오히려 촉진하였다. 결론적으로, 시장마다 서로 다른 소비자의 요구를 면밀히 관찰할 때, 제품, 서비스, 그리고 비즈니스 모형의 혁신 기회가 한층 더 증가할 수 있다.

행동 역량: 인적 네트워크   창의성은 다양한 지식, 문화, 인종, 지역, 연령 그리고 성별이 교차할 때 한층 더 향상될 수 있다.[46] 최근, 작은 벤처 기업이 혁신에서 성공하는 사례가 늘어나고 있다. 개인 및 대학도 지적 재산권을 활용해 상당히 큰 수익을 실현하고 있다. 이와 같은 전문적 지식과 아이디어가 인터넷 덕분에 세계적으로 연결될 수 있는 비즈니스 환경이 전개되고 있다. 기업 내부의 R&D 부문이 혁신을 주도해야 한다는 생각은 이제 버려야 한다. 새롭고 가치 있는 아이디어를 구상하려면 서로 다른 배경과 관점을 가지고 있는 전문가와 비전문가로 구성된 인적 네트워크를 활용해야 한다. P&G의 사례를 살펴보자.

세계적 소비재 제조·판매 회사인 P&G는 2004년 '프링글'이라는 감자 스낵에 인기 있는 문화적 이미지로 가벼운 질문, 동물 형상, 농담 등의 그림과 글자를 새겨 넣기로 결정하였다. 훌륭한 아이디어였지만, 감자 스낵에 프린트하는 방법이 문제였다. 엔지니어가 사무실에 있는 잉크젯 방식의 프린터를 활용해 감자 반죽에 그림 등을 새겨 넣는 방법을 시연해 보였다. 감자 스낵이 튀겨지고, 습도와 온도가 높은 상태에서 프린트가 이루어져야 함이 곧 밝혀졌다. 그런데, 스낵마다 선명하고 다채로운 빛깔의 이미지를 1분에 수천 개씩 프린트하기란 엄청나게 어려운 과제였다. 더구나 이와 같은 조건을 만족시킬 수 있는 식용 염료의 개발도 결코 쉬운 일이 아니었다.

P&G가 전통적 방식을 따랐다면 프링글의 새로운 생산방식 개발에 있어 대부분의 투자와 위험을 내부에서 부담했을 것이다. 엔지니어는 잉크젯 회사와 프린트 방식을 구상하는 데 매달렸을 것이다. 그리고 그 회사와 새로운 프린트 방식의 사용권을 놓고 복잡하고 지루한 협상에 적지 않은 시간을 소비했을 것이다. 대신, P&G의 '래플리'는 '연결과 개발(Connect & Develop)'이란 혁신적 전략을 도입하였다. 즉, 기술적 과제의 개요를 전세계 개인 및 기관 네트워크에 배포하고, 당장 프링글에 프린트하는 데 도움이 되는 방법을 누가 알고 있는지 찾아내고자 하였다. 유럽 네트워크를 통해, 이탈리아 볼로나 지역의 작은 제과점이 곧 떠올랐다. 그 제과점의 주인은 대학 교수였는데, 그는 케이크와 쿠키 등에 식용 이미지를 프린트 할 수 있는 잉크젯 방식을 이미 개발해 사용하고 있었다. P&G가 그 방식을 프링글 인쇄에 도입하면서 2년에 걸쳐 두 자릿수 성장을 하였다.

래플리의 '연결과 개발' 전략은 2000년 즈음 파격이었다. 당시, P&G 및 혁신에 중점을 두었던 기업의 R&D 생산성은 목표 성장률보다 밑돌았다. 그는 R&D 부문에 더 많은 투자를 하더라도 실현될 성과가 기대 수준보다 더 낮아질 것으로 판단하였다. 래플리는 혁신의 절반은 7,500명의 연구와 지원 인력으로 구성된 기존 R&D 부문에 의해 실현하고, 나머지 절반은 외부 전문가와 연결해 달성한다는 새로운 전략을 제시하였다. 구체적으로, R&D 부문 연구자 한 사람당 그에 버금가는 과학자 또는 엔지니어가 200명 가량 회사 외부에 존재한다고 추정하고, 내부 연구자와 더불어 1.5백만 명에 이르는 외부 인재를 혁신에 활용한다는 전략이었다. 이와 같은 비즈니스 전략은 유효하였다. P&G 신상품 중 35%에 회사 외부에서 도입된 요소가 포함되었는데, 그 비율은 2000년 당시보다 대략 15% 정도 증가한 것이다. 또한, 제품개발 과제의 45%에는 외부에서 발견된 중요한 요소가 포함되었다. 그리고 P&G의 R&D 관련 비용이 대폭 감소하면서, 생산성이 60% 가량 향상되었고 혁신 성공률은 두 배 이상 껑충 뛰었다.[47]

혁신에 가장 큰 걸림돌은 '연상 장애'이다(3장 참조). 그것은 개인 또는 절친 사이의 지식과 경험의 좁은 울타리 안에서 문제의 해법을 찾는 현상을 뜻한다. 여기서 절친이란 예를 들어 회사 내부의 R&D 부문의 일부 임직원 사이에 형성된 매우 친밀한 네트워크이다. 이들은 상대방의 의도나 감정 등을 이해할 수 있을 만큼 가까운 관계를 유지한다. 시장의 변화가 별로 없을 때, 경영자 또는 R&D 절친 집단의 지식과 경험은 때로 효율적이다. 그런데 시장은 기술의 발전과 인구의 대규모 이동에 의해 최근 하키 스틱처럼 급변하고 있다. 개인 또는 절친 집단의 지식과 경험에 의존해 창의적 아이디어를 찾아내려는 시도는 폭넓은 구상을 제한하는 연상 장애를 벗어나기 어렵게 만든다. P&G 사례에서 R&D 부문의 혁신 생산성이 목표 성장률보다 낮아진 원인의 하나로 절친 사이의 연상 장애를 들 수 있다.

이와 같은 연상 장애를 극복하기 위한 현실적 대안은 다양한 배경과 관심을 가지고 있는 인적 네트워크를 구성하는 것이다. P&G는 프링글 사례에서 내부 연구인력뿐만 아니라 외부의 다양한 인재를 활용함으로써 혁신의 생산성을 높일 수 있었다. 즉, 예상치 못한 새로운 아이디어를 구상하려면 서로 다른 배경과 관점을 가지고 있는 전문가와 비전문가로 인적 네트워크를 구성해야 한다. 그러기 위해서는 4장에서 살펴본 것과 같이 인적 네트워크를 내부의 R&D 부문을 넘어서 '지인관계'와 '잠재적 관계'까지 포용하는 사회적 관계로 확대해야 한다. 지인관계란 개인 간에 형성된 낮은 수준의 사회적 관계이지만, 다른 절친 집단과 연결시켜 주는 교량과 같은 역할을 할 수 있다. 잠재적 관계란 현재 기업의 임직원과 고객 사이에 실제 관계는 없지만 미래 지인관계로 전환될 수 있는 경우이다. 기업과 고객 간의 사회적 관계가 현재 잠재적 수준에서 지인관계로 발전할 수 있다면, 그들도 혁신에 도움을 주는 아이디어를 제공해 줄 수 있다.

최근, 소셜 미디어의 이용이 세계적으로 확산되면서, 다양한 집단 사이의 사회적 교류가 크게 활성화되고 있다. 소셜 미디어의 예로 위키, SNS, 블로그, 포럼, 마이크로 블로그(트위터) 등을 들 수 있다. 위키는 절친집단 구성원 간의 의사소통을 크게 높여 줄 수 있다. SNS 중에서 가장 널리 사용되고 있는 페이스북은 회사 동료 간의 지인관계를 유지하는 데 매우 효과적이다. 회사와 고객 간의 잠재적 관계는 회사 또는 제품의 정보나 소식을 전해주는 블로그 또는 트위터 등을 통해 지인관계로 전환될 수 있다. 즉, 집단의 사회적 관계에 적합한 소셜 미디어를 활용함으로써 인적 네트워크의 다양성을 극대화시킬 수 있으며, 창의적 아이디어의 구상을 한층 더 풍요롭게 증가시킬 수 있다.

행동 역량: 실험　　혁신을 위한 학습이 실험에 의해 이루어질 수 있다. 혁신을 위해 구상된 아이디어는 타당성이 미처 검증되지 않은 가설에 불과하다. 인도의 타타 그룹 회장은 관찰, 질문 그리고 인적 네트워크를 통해 다양한 지식과 경험을 결합시킴으로써 세상에서 가장 저렴한 자동차인 나노를 개발하였다. 그러나 나노가 개발되었더라도 혁신이 완전히 실현된 것은 아니었다. 도시를 벗어나 지방의 나노 판매는 기대에 미치지 못했기 때문이다. 잠재적 고객에게 여러 차례 실험을 거쳐 할부 금융, 보험, 운전면허 등과 관련된 서비스를 종합적으로 제공해주는 비즈니스 모형을 도입한 이후 나노의 혁신이 비로소 실현되었다.

　　아마존의 창업자 '베조스'는 소비자가 인터넷상의 웹을 이용해 구입하려는 품목이 무엇인지 실험한 결과, 서적과 같이 표준화된 제품임을 확인하였다. 그는 아마존을 서점, 물류창고 또는 재고 서적이 필요 없는 지구상에서 가장 큰 온라인 서점으로 표방하였다. 아마존은 그 후 서적뿐만 아니라 장난감부터 TV에 이르기까지 거의 대부분의 소비재를 판매하는 온라인 소매회사로 확대되었다. 그리고 미국 내에 대규모 물류창고를 설치하면서 초기에 표방한 온라인 회사라는 이미지도 변화하였다. 또한, 독자적으로 웹을 운영하기 어려운 중소기업의 제품을 판매해주는 마켓플레이스로 발돋움하였다. 더구나 아마존은 2007년 전자 서적인 '킨들'을 도입하였는데, 이는 모든 사람에게 서적 출판의 자유를 제공하였다는 점에서 특별히 주목할 만하다. 전통적으로, 출판사의 편집인이 저자의 원고를 검토하고 출간 여부를 결정하였다. 편집인의 판단에 따라 독자로부터 호응을 받지 못할 원고는 사장되었다. 킨들은 저자가 아마존 웹에 자신의 책을 게시하고 독자가 판단하도록 한 민주적 비즈니스 모형이다. 아마존은 또한 클라우드 컴퓨팅을 도입하였다. 그것은 미국의 추수감사절과 성탄절 시기에 폭주하는 거래를 원활하게 처리하기 위해 설치한 컴퓨팅 설비를 개인 사업자나 영세 기업이 매우 저렴한 사용료를 내고 사용할 수 있도록 장려한 시스템이다. 실리콘 밸리에 있는 중소기업의 25%가 아마존의 클라우드 컴퓨팅 서비스를 사용하는 것으로 추정되고 있다.[48]

　　실험의 목적은 학습이다. 혁신이 초기 아이디어에서 기대했던 것과 같이 성공적으로 실현되는 경우는 드물다. 수없이 많은 실험을 거치면서 축적되는 학습에 의해 아이디어의 허점이 발견되고 수정되면서 혁신의 성공 가능성이 높아진다. 예를 들어, 아마존이 온라인 소매회사로 자리잡는데 제품, 서비스, 그리고 비즈니스 모형의 타당성 실험으로부터 축적되는 학습 데이터가 절대적으로 필요하다. 그런데, 새로운 비즈니스 통찰력을 얻는데 필요한 실험의 규모는 위에서 살펴본 질문, 관찰, 그리고 인적 네트워크에 기울인 노력이 클수록 거꾸로 적어질 수 있다. 즉, 반복적 실험에 예상보다 많은 시간과 투자를 낭비하지 않으려면 질문, 관찰 그리고 인적 네트워크 역량을 균형 있게 향상시켜야 한다. 실험과 학습에 관한 보다 더 자세한 방법은 8장을 참조하기 바란다.

결론적으로, 혁신 기회는 시장의 변화에서 찾을 수 있다. 그 변화의 주요 원동력은 IT이다. IT를 응용한 다양한 기술의 발전 및 세계화의 확산에 의해 시장에서 거래되는 제품, 서비스 그리고 거래 방식이 송두리째 바뀌고 있다. 이와 같이 변화하는 시장에서 혁신 기회를 탐지하는 역량은 개인의 창의성이다. 그리고 개인의 창의성은 고정된 것이 아니라 인지역량과 행동역량에 의해 향상될 수 있다. 인지역량은 다양한 지식과 경험을 결합해 새로운 제품, 서비스 또는 비즈니스 모형을 구상할 수 있는 연상 능력을 뜻한다. 그리고 개인의 연상 능력은 행동역량인 질문, 관찰, 인적 네트워크 그리고 실험이란 네 가지 세부적 능력이 균형 있게 강화될 때 향상될 수 있다. 기업의 혁신탐지 역량은 경쟁 기업이 쉽게 모방하기도 어렵고, 완전히 이전하기도 힘든 무형의 자원이다.

결론

＿ 혁신 기회는 시장의 변화에서 찾을 수 있다. 그 변화의 원동력은 IT이다. IT를 응용한 다양한 기술의 발전 및 세계화의 확산에 의해 시장에서 거래되는 제품, 서비스 그리고 거래 방식이 송두리째 바뀌고 있다.

＿ IT가 기하급수적으로 발전하면서 데이터의 수집, 저장 및 처리에 소요되는 비용이 "0"에 가까워질 만큼 거꾸로 떨어졌다. 그리고 컴퓨터와 인터넷이 결합되면서 기업은 물론 개인도 필요한 정보를 풍부하게 사용할 수 있게 되었다.

＿ IT의 발전에 의해 실물(제품 또는 서비스)과 정보가 분리되면서 플랫폼 혁명이 가능해졌다. 플랫폼이란 디지털 시장으로서, 예를 들어 에어비앤비, 우버, 아마존, 위키피디아와 같은 새로운 유형의 비즈니스가 출현하였다. 플랫폼 비즈니스는 혁신 기회를 탐지할 수 있는 중요한 원천이다.

＿ 혁신의 또 다른 주요 원천은 세계적 경제활동의 변화이다. 첫째, 세계 도처에서 신흥시장이 빠른 속도로 성장하고 있다. 둘째, 고령화가 세계적으로 확산되면서 노동 인구의 감소 및 노인을 위한 제품·서비스에 대처하기 위한 혁신이 중요해지고 있다. 셋째, 세계가 무역뿐만 아니라 자본, 인구 및 정보의 이동에 의해 그물처럼 연결되고 있다. 지리적으로 멀리 떨어진 시장이 연결되면서, 스타트업도 글로벌 기업으로 성장할 수 있는 혁신 기회를 실현할 수 있다.

＿ 혁신 기회의 탐지를 위한 아이디어는 개인의 창의성에 의해 구상된다. 개인의 창의성은 타고난 능력보다 사회적 환경, 교육 및 훈련 등에 의해 더 크게 향상될 수 있다.

＿ 개인의 창의성은 인지역량과 행동역량에 의해 결정된다. 개인의 인지역량은 지식과 경험을 토대로 창의적 아이디어를 연상할 수 있는 능력이다. 그리고 개인의 인지역량은 행동역량에 의해 결정된다. 행동역량은 1) 질문, 2) 관찰, 3) 인적 네트워크 그리고 4) 실험이란 네 가지 능력으로 구성된다. 즉, 개인이 창의적 아이디어를 연상할 수 있는 능력은 행동역량의 네 가지 능력을 교육과 훈련에 의해 향상시킴으로써 배가시킬 수 있다.

IT 역량

기업의 핵심적 활동은 의사결정에 필요한 지식 및 데이터의 수집과 분석이다. IT 역량은 그 활동을 지원하기 위한 중추적 자원이며, 경쟁우위를 유지하는 데 기반이 된다.

기업 활동의 디지털화가 심화되면서, IT 투자 규모가 세계적으로 확대되고 있다. 임직원 간의 의사소통이 대부분 IT를 기반으로 이루어지고, 공급회사 및 고객 사이에 동일한 데이터를 공유하는 비즈니스 생태계가 확산되고 있다. 혁신에 초점을 맞추는 기업일수록 IT에 더 많은 투자를 하고 있다. 사물인터넷 및 소셜 미디어 등에서 홍수처럼 쏟아지는 빅데이터를 실시간으로 분석해 시장의 변화를 파악하고, 혁신 기회를 민첩하게 탐지하는 기업이 늘어나는 추세이다. 기업의 IT 역량이 부실하면 혁신 기회의 탐지 및 일상적 운영 모두 어려운 환경이다.

기업이 지속적으로 성장하려면 혁신 프로세스와 비즈니스 프로세스를 동시에 지원할 수 있는 IT 역량을 구축해야 한다.[1] 두 프로세스는 수레의 두 바퀴에 비유할 수 있다. 전자는 미래 수익을 창출하기 위한 아이디어를 구상하기 위한 활동이며, 후자는 현재 수익을 실현하기 위한 일상적 활동이다. 첫째, 혁신 프로세스의 목적인 창의적 아이디어의 구상은 임직원의 창의성 함수이다. 임직원이 더 많은 지식 및 데이터를 활용할수록 더 높은 창의성을 발휘할 수 있다. 경영자는 혁신 과업에 적합한 지식 및 데이터의 수집과 분석에 기반이 되는 IT 역량을 구축해야 한다.

둘째, 기업의 비즈니스 프로세스는 고객의 가치를 실현하기 위해 논리적으로 설계된 일상적 활동의 집합이다. 혁신을 위한 아이디어는 비즈니스 프로세스로 이전되고, 수익이 비로소 실현된다. 비즈니스 프로세스를 효율적으로 운영하려면 분업화된 기능별 부문, 공급회사 및 고객을 하나로 연결시켜 주는 IT 기반 데이터 통합이 필요하다. 두 프로세스의 서로 다른 목적을 지원하기 위한 IT 역량의 설계와 운영에 대해 다음 내용을 살펴보기로 하자:

- IT 역량의 확대
- IT 역량의 이원화
- IT 역량의 구성요소
- IT 역량과 경쟁력

▌빅데이터를 시추하는 코노코필립스:

코노코필립스(ConocoPhillips: 이하 CP)는 석유 및 가스의 탐사, 채굴, 정제 그리고 판매를 목적으로 수직 계열화된 다국적 에너지 기업이다. CP는 2009년부터 PLOT(a custom—built Plunger Lift Optimization Tool) 시스템을 개발해 활용함으로써 4,500여 개 유정의 생산량을 평균 5%, 최대 30%까지 끌어올리는 혁신을 이룩하였다.

PLOT의 성공 비결은 무엇인가? 그 핵심은 각 유정의 채굴량을 최적화하기 위해 센서를 설치하고 인터넷을 이용해 다양한 데이터를 수집해 분석하는 것이다. CP는 1950년대부터 유정을 개발해 왔는데, 오래된 유정에서는 가스 압력 및 유량과 같은 기본적 데이터를 수집하는 데 그쳤다. PLOT 프로젝트를 시작하면서 각 유정의 다양한 압력과 온도를 거의 실시간으로 측정할 수 있는 센서를 설치하였다. 1시간마다 또는 하루에 한 번 측정하던 과거와 달리 30~60초마다 데이터를 수집하였다. 그리고 유정의 다양한 부분의 압력과 온도를 43개 항목에 걸쳐 측정하고, 한 눈에 볼 수 있는 상황판을 만들었다. CP는 수집한 데이터를 토대로 각 유정의 생산 효율성을 분석하였다. 미리 설정한 기준을 초과하는 이상이 유정에 발생하면 경보가 자동으로 울리고, 기술자에게 즉시 통보되도록 상황판이 설계되었다. 산후안 사업부 책임 엔지니어인 버그만은 "과거 우리는 단지 특정 시점의 데이터만으로 전체 내용을 설명하려 하였다면, 우리는 이제 PLOT에 의해 수집한 매우 풍부한 데이터를 분석함으로써 영화를 보는 듯하다"라고 비유했다.

피스터는 CIO로서 '유정 인터넷'(Internet of Oil Wells)을 구현하기 위해 노력해 왔다. 미국과 캐나다에 있는 수천 개 유정에 센서를 설치하고 인터넷으로 연결함으로써 더욱더 풍부한 데이터를 수집해 분석하려는 계획이다. 외딴 지역일수록 통신사업자의 모바일 서비스를 받지 못하는 유정도 많았다. 이들을 연결하기 위해 CP는 140m 또는 24m 높이의 라디오 및 Wi-Fi 타워를 설치해 사내 통신 네트워크를 구축했다. 이런 통신망을 통해 수집한 유정 데이터를 휴스턴과 바트레스빌에 있는 데이터 센터에서 동기화시킨 후 저장, 정제, 그리고 분석하였다. 유정 인터넷에 의해 급격히 증가하는 데이터를 분석하기 위해 대규모 데이터웨어하우스, 인메모리 데이터 분석시스템 및 다양한 구조의 데이터 처리를 위한 하둡(Hadoop) 시스템도 도입하였다. 피스터는 자사의 PLOT 시스템이 사물인터넷의 한 예라고 소개하고 있다.

CP는 PLOT 시스템과 같은 IT 역량을 성장의 한 축으로 여기고, 그에 적합한 하드웨어와 전문 인력을 확보하였다. IT 부문의 역할이 단지 경영부문의 지원에 그치는 것이 아니라 유정 탐사와 같은 핵심 기술부문과 동일하게 인식되고 있다. IT 부문의 직원이 1,250여 명에 이르는데, PLOT 프로젝트를 위한 데이터의 품질 향상 및 수집을 위해 전문가를 추가로 고용하였다. 오랜 기간에 걸쳐 개발된 유정마다 다른 기술과 유형의 원거리 터미널이 설치되어 있고, 데이터 전송을 위한 통신 표준(휴대전화망, 라디오, Wi-Fi 등)도 서로 다르다. 따라서 각 유정에서 수집되는 데이터의 복잡성과 다양성이 증가하면서 데이터 품질 확보가 PLOT의 가장 큰 도전이 되었기 때문이다. CP는 유정뿐만 아니라 빅데이터에서도 가치를 채굴하고 있다.

출처: InformationWeek, *InformationWeek 500*, 9. 2013.

IT 역량의 확대

기업이 IT 역량을 강화하기 위해 세계적으로 GDP의 5% 이상을 투자하고 있다.[2] 그 주요 이유는 비즈니스 프로세스 및 혁신 프로세스의 관점에서 정리될 수 있다. 첫째, 기업의 비즈니스 프로세스를 지원하는 거의 모든 데이터가 디지털로 변환되어 저장되고 있다. 과거 오프라인 기반으로 진행되어 온 생산, 물류, 마케팅, 인력·조직, 고객 서비스 등의 비즈니스 프로세스가 현재 디지털 데이터를 기반으로 통합되고 있다. 기업 임직원 간의 의사소통과 업무는 물론 멀리 떨어진 공급회사 및 고객도 동일한 데이터를 신속히 공유할 수 있는 비즈니스 생태계가 또한 구축되고 있다. 온라인 쇼핑몰 회사의 사례를 들어보자. 회사가 고객에게 상품의 배송 상태를 전달하려면 주문 정보와 택배 회사의 배송 정보를 서로 연결할 수 있어야 한다. 두 회사 간 데이터의 통합은 물론이고, 데이터를 이동시킬 수 있는 네트워크도 구축해야 한다. 그리고 데이터의 보안 기술도 회사 간에 호환될 수 있어야 한다. 그러므로 IT 표준을 기반으로 하드웨어 및 소프트웨어가 개발되고, 사용자가 별 어려움 없이 통합할 수 있는 IT 기반구조의 조성이 더욱더 중요해지고 있다. 기업의 디지털 데이터의 수집 및 공유를 위한 IT 기반구조가 부실하면, 비즈니스 프로세스의 일상적 운영이 어려워질 수 있다.

둘째, 혁신에 초점을 맞춘 기업일수록 IT투자에 더 적극적이다. '인포메이션위크'(InformationWeek: 이하 IW)는 연간 매출액 2.5억 달러 이상 기업 중에서 기술 혁신에 중점을 둔 기업을 'IW 500'이란 지표로 지난 30여 년간 선정해 왔다. 이 지표에 포함된 기업의 90% 이상이 IT 투자 규모를 전년보다 더 증가시키거나 비슷한 수준으로 유지한 것으로 나타났다.[3] 기업은 IT를 창의적으로 응용해 제품, 서비스 및 비즈니스 모형을 혁신함으로써 새로운 가치를 실현할 수 있다. 예를 들어, 넷플릭스는 온라인 비디오 스트리밍 서비스를 제공하기 위해 1999년 등장하였는데, 당시 절대 강자였던 DVD 대여점 블록버스터를 약 10년여 년 만에 쓸쓸히 퇴출시킨 사례는 아직도 주목할 만하다.[4] 넷플릭스는 온라인 고객이 동영상에 매긴 별점, 기기 정보, 위치 정보, 평일과

주말 선호 프로그램, 소셜 미디어에서 언급된 횟수 등 각종 영화 관련 빅데이터를 저장하고 분석했다. 그리고 고객이 가장 선호할 수 있는 영화를 적극 추천한 결과, 매출 수익이 대략 67% 가량 증가하였다.[5] 아마존도 빅데이터 분석을 토대로 고객에게 적합한 제품을 추천하고 있는데, 그 비중이 전체 매출 수익의 30%를 차지한다고 한다. '워싱턴 포스트'도 아마존에 인수된 후 그 노하우를 그대로 이어 받아 웹사이트에서 관련 뉴스를 추천하는 알고리즘을 개발했다. 그 결과 불과 1~2년 만에 웹사이트 방문자 수를 70%까지 끌어올림으로써 극적으로 재기하는 데 성공하였다.[6] 이와 같은 회사들의 공통점은 모두 IT를 기반으로 새로운 외부지식을 수집하고 분석함으로써 경쟁우위를 확보할 수 있었다는 것이다.

혁신에 중점을 두는 기업이 주목하는 새로운 IT역량은 구체적으로 무엇인가? IW에 의하면, 혁신 기업일수록 클라우드 컴퓨팅, 모바일 컴퓨팅, 소셜 미디어 및 빅데이터 분석에 필요한 IT역량을 향상시키기 위해 투자를 증대하고 있다. 그리고 기업이 이와 같은 기술을 얼마나 효과적으로 활용하느냐에 따라 혁신의 성과가 달라질 수 있다고 한다. 네 가지 기술 중에서 클라우드 컴퓨팅과 모바일 컴퓨팅에 대해 다음 절에서 더 자세히 논의하기로 하자. 소셜 미디어 및 빅데이터 분석과 관련된 IT역량은 지식관리(4장과 5장)를 참조하기 바란다.

클라우드 컴퓨팅: 클라우드 컴퓨팅은 사용자가 외부 데이터 센터에서 제공하는 서버, 운영체제 및 응용시스템 등을 필요에 따라 사용하고 미리 정해진 비용을 지급하는 개념이다. 클라우드 서비스는 일반적으로 다음 세 가지 유형으로 구분될 수 있다: 1) 소프트웨어(SaaS: Software as a Service); 2) 플랫폼(PaaS: Platform as a Service); 3) 기반구조(IaaS: Infrastructure as a Service). 첫째, 소프트웨어는 이메일, CRM 등의 업무용 소프트웨어를 제공하는 최초의 클라우드 서비스 유형이다. 둘째, 플랫폼은 DB, 웹서버 등 응용시스템을 실행할 수 있는 환경을 서비스 형태로 제공한다. 셋째, 기반구조는 서버, 스토리지, 네트워크 등 물리적 IT 자원을 임대하는 형태이다. 클라우드 컴퓨팅의 대표적 사례로 세일스포스닷컴(Salesforce.com: 이하 SF) 사례를 살펴보기로 하자.

SF의 클라우드 서비스는 세계 8만 개 이상의 기업 및 200만 명 이상이 혁신에 사용하는 기반이다. SF는 오라클 회사의 임원이었던 베니오프(Mark Benioff)가 1999년 설립한 클라우드 컴퓨팅 기반 고객관계관리 솔루션 회사로서, 약 $30억의 매출과 9,800명의 직원을 거느린 회사이다. S&P 500에 포함되어 있으며, 포브스(Forbes)에서 뽑은 2013년 미국 혁신 기업 및 포춘(Fortune)에서 일하기 좋은 회사로 선정된 바 있다. SF는 SaaS 방식의 클라우드 컴퓨팅 서비스를 최초로 제공해온 기업이다. 현재, 영어, 일본어, 한국어 등 16개 언어로 된 서비스가 세계적으로 제공되고 있으며, 영업 지원시스템, 마케팅, 서비스 및 지원, 대리점 관리, 모바일, 아이디어스, 콘텐츠 관리 응용프로그램과 함께, 구글 등과 제휴할 수 있는 응용프로그램도 제공하고 있다.

SF는 2008년부터 포스닷컴(Force.com)이란 서비스도 제공하기 시작했다. 이는 기존 SaaS와는 다른 PaaS 방식으로서, 응용시스템을 개발하기 위한 클라우드 컴퓨팅 플랫폼 서비스이다. SF가 제공하는 IT 기반구조, 데이터베이스, 사용자 인터페이스 등의 개발 환경에서, 기업은 기존 정형화된 SF 서비스와 연동시킬 수 있는 새로운 응용시스템을 개발할 수 있다.

기업이 SF 클라우드 컴퓨팅 서비스를 활용해 IT 환경을 단순화시키고, IT 관리에 소요되던 비용도 크게 절감하고 있다. 기업은 SF가 시장의 변화에 맞춰 새로 개발한 기술을 응용할 수 있고, IT 기반구조의 규모도 유연하게 결정할 수 있다. 궁극적으로, 기업은 하루가 다르게 변화하는 시장에서 클라우드 컴퓨팅 서비스를 지렛대 삼아 신속히 적응할 수 있다.[7]

기업이 클라우드 서비스를 이용하는 주요 목적은 컴퓨팅 수요 변화에 유연하게 대응하기 위한 것이다. 예를 들어, 기업에서 운영하는 웹사이트의 접속자 수가 일시적으로 급증해 내부 데이터 센터의 용량을 초과할 수 있다. 그럴 경우, 외부 데이터 센터를 공공 클라우드 서비스로 활용해 초과된 부분을 처리할 수 있다. IW의 2013년 조사에 의하면, IW 500혁신 기업 중 85%가 이미 SaaS를 도입했으며 가까운 장래에 절반 이상의 기업이 PaaS를 도입할 것으로 예상되었다. 기업이 클라우드 서비스를 이용하면 전용 데이터센터를 설치하거나 마이크로소프트사의 소프트웨어를 구입할 필요가 없으며, 구글과 같은 데이터 센터에서 보유하고 있는 프로그램 및 저장 미디어를 활용하면 된다. 기업은 PC마다 설치해야 했던 고가의 저장 공간과 프로그램의 구입 비용을 감소시킬 수 있다. 제2의 PC혁명이 진행되고 있다.

클라우드 컴퓨팅의 경제적 효과를 살펴보자. 전통적으로, 기업은 컴퓨팅 수요에 맞춰 유연하게 IT 투자를 조절하기가 어려웠다. 사용자 수가 늘어날 때, IT 투자와 관련된 고정비가 계단식으로 급증하기 때문이다. 기업은 평균 사용량의 2~3배 이상을 처리할 수 있을 만큼 큰 용량의 서버를 도입하기도 한다. 사용량이 일시적으로 폭증할 때, 컴퓨팅 시스템의 처리 속도가 급격히 떨어지거나 시스템 자체가 정지되면서 프로세스 자체가 마비될 수 있다. 그와 같은 위험성에 대비하기 위한 일종의 보험성 투자이다. 결과적으로, 기업의 IT 투자에서 발생하는 고정비의 비중이 <그림 7-1>과 같이 매우 클 수 있다. 기업이 클라우드 컴퓨팅을 활용하게 되면, IT와 관련된 고정비의 일부를 변동비로 전환시킬 수 있다. 초과 사용량만큼 클라우드 서비스를 활용하고 비용을 지급함으로써, 불필요한 IT 투자와 그로부터 발생하는 고정비를 대폭 감소시킬 수 있기 때문이다. 이와 같은 경제적 효과 때문에 클라우드 컴퓨팅의 비중이 미래에 더욱더 확대될 전망이다.

그림 7-1 **클라우드 컴퓨팅과 IT 비용 구조의 변화**

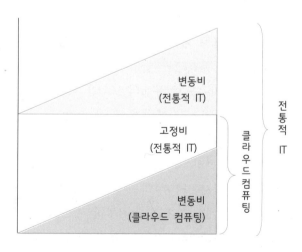

출처: Abidi, F., and Singh, V. "Cloud servers vs. dedicated servers - A survey," 2013 IEEE International Conference in MOOC, *Innovation and Technology in Education* (MITE), 2013, pp.1-5.

최근, 하이브리드 클라우드(hybrid cloud)의 개념이 중요해지고 있다. 이는 기업과 외부 데이터 센터를 마치 하나의 시스템처럼 사용하는 방식이다.[8] 하이브리드 클라우드의 핵심은 가상화(virtualization)이다. 여기서 가상화란 서로 다른 서버, 운영체제, 응용 프로그램, 또는 저장 장치를 사용자 관점에서 하나의 시스템처럼 사용하는 개념이다. 기업은 서버의 가상화를 통해 하나의 컴퓨터에서 두 개 이상의 운영체제를 가동시킬 수 있다. 즉, 동일한 컴퓨터에서 서로 다른 작업을 동시에 처리할 수 있다. 과거, 서버의 실제 사용률이 설계 용량의 10~15%에 그쳤는데, 가상화란 그 비율을 70% 이상으로 끌어올릴 수 있는 개념이다. 기업이 서버 사용의 효율성을 높일수록 컴퓨터 하드웨어 투자에 쏟아 붓는 불필요한 낭비를 크게 절감할 수 있다.

기업이 클라우드 컴퓨팅을 활용함으로써 혁신에 적합한 IT 역량을 한층 더 효율적으로 활용할 수 있다. 혁신 프로세스의 핵심인 지식 및 데이터 분석에 클라우드 컴퓨팅이 매우 효과적이기 때문이다. 혁신 프로세스에서 컴퓨팅 수요는 일정하기보다 들쭉날쭉 크게 변화할 수 있다. 예를 들어, 혁신 과업과 관련된 지식 및 데이터의 수집과 분석 및 타당성 검증을 위한 실험 과정에 컴퓨팅 수요가 일시적으로 매우 크게 증가할 수 있다. 이는 비즈니스 프로세스의 일상적 활동을 지원하기 위한 비교적 안정적이며 예측이 가능한 컴퓨팅 수요와는 대조된다. 이와 달리, 혁신 프로세스의 컴퓨팅 사용량은 간헐적으로 높거나 낮을 수 있다. 그러므로 혁신 프로세스의 기본적 활동을 지원하기 위한 컴퓨팅 자원을 초과하는 부분만큼 클라우드 컴퓨팅을 활용하면 보다 더 경제적일 수 있다. 또한, 클라우드 컴퓨팅의 도입은 기업이 보유하고 있지 않은 기술 인력과 역량을 활용하는 지렛대가 될 수 있다.

그리고 기업은 시장의 변화에 맞춰 비즈니스 프로세스와 IT 기반구조를 유연하게 바꾸어야 하는데, 클라우드 컴퓨팅의 도입은 그 과정을 단순화시킬 수 있다. IT 기반구조를 변화시키려면, 하드웨어 및 소프트웨어의 구입 및 개발, 인력의 충원, 시스템의 개발 계획의 수립부터 테스트까지 복잡한 과정을 거쳐야 한다. 기업이 클라우드 컴퓨팅을 도입하면 이와 같은 과정을 단순화시키고 소요되는 시간도 크게 줄일 수 있다.

모바일 컴퓨팅:　모바일(Mobile) 컴퓨팅을 응용하는 기업이 빠른 속도로 증가하는 추세이다. 노트북, 스마트폰은 물론 RFID, 원격 접속, 와이파이(Wi-Fi), 모바일 기기관리(MDM) 등이 모두 모바일 컴퓨팅에 포함된다. 임직원이 MDM 시스템을 기반으로 다양한 정보를 분석할 수 있도록 지원하기 위해, 모바일 네트워크 장비, 서버, 저장 미디어, 대역폭, 응용시스템 및 보안과 관련된 수많은 기술을 도입하는 기업이 최근 늘어나고 있다.

모바일 컴퓨팅은 기업에 어떤 영향을 미칠 수 있는가? 첫째, 기업은 모바일 컴퓨팅을 이용해 업무의 효율성을 높일 수 있다. 모바일 컴퓨팅을 활용한 이동식 사무실의 도입 사례를 살펴보자. 이동식 사무실은 업무 방식을 근본적으로 바꾸는 시도이다. 유선 인터넷 환경에서, 직원은 사무실에서 근무해야 했다. 모바일 컴퓨팅을 이용하게 되면, 그들은 사무실에서 벗어나 거래 현장이나 집에서도 실시간으로 업무를 처리할 수 있다. 즉, 모바일 컴퓨팅에 의해 업무를 처리하는 시공간의 제약이 사라질 수 있으며, 동료 간의 정보의 공유 및 비즈니스 프로세스의 변화도 촉진될 수 있다. SK그룹이 모바일 컴퓨팅을 이용해 이동식 사무실을 도입함으로써 거둔 효과를 살펴보기로 하자.

SK그룹은 고객 서비스와 생산성을 향상시키기 위한 전략의 일환으로, 모바일 컴퓨팅을 기반으로 이동식 사무실을 도입해, 업무를 신속히 처리하고자 하였다. SK의 이동식 사무실의 도입을 위한 IT 프로젝트는 'CIO 어워드 2010 통신부문 대상'에 선정되었다. 이는 국내 기업의 경쟁력을 높이는 데 크게 기여한 IT 프로젝트에 수여하는 상이다.

SK그룹은 이동식 사무실 운영의 효율성을 높이기 위해 안드로이드 운영 체제를 탑재한 스마트폰을 처음 도입하고, 아이폰(iOS)과 각종 태블릿 PC까지 점차 확대했다. 모바일 컴퓨팅 기기에 보안 문서의 저장을 원천적으로 차단시켰다. 그리고 직원이 단말기를 분실하면 중앙 서버에서 타인이 이용할 수 없도록 원격으로 제어하고, 기업과 관련된 정보 및 데이터를 삭제할 수 있도록 설계했다. SK그룹은 이동식 사무실의 운영에 필요한 사내 메일 및 메신저 확인, 전자 결재, 일정 관리 등 기본적 업무 처리에 필요한 응용시스템을 제공했다. SK그룹은 통신, 석유·에너지, 상사, 해운 등 다양한 산업에 진출해 있으며, 각 회사의 영업, 생산, 구매, 재무, 회계와 같은 부문의 직원이 수행하는 업무가 매우 다양하다. SK

그룹은 직원이 업무 수행에 적합한 응용시스템을 앱스토어에서 선택할 수 있도록 하였다.

SK그룹이 모바일 컴퓨팅을 기반으로 이동식 사무실을 도입한 이후 많은 변화가 이루어졌다. 첫째, 임직원 간의 정보 공유가 신속하고 광범위하게 이루어지기 시작했다. 예를 들어, 사내 이메일 확인이 폭발적으로 증가하였다. 이동식 사무실이 도입된 이후, 임직원들은 한 달 동안 스마트폰을 이용해 49만여 건의 이메일을 주고 받으며 업무를 처리하였다. 그 중에서 절반 가량인 21만여 건의 이메일이 업무 시간이 지난 후 또는 휴일에 교환되었다. 임직원이 이메일을 송수신하기 위해 컴퓨터가 놓여 있는 사무실로 가야 하는 불편이 사라진 후 나타난 결과이다. 이외에도 임직원 간의 소통이 게시판 및 메신저 검색 등을 통해 활발하게 이루어졌으며, 회사 공지사항의 조회수도 대폭 증가했다. 또한, 그룹 모바일 포털의 이용이 주중에 28~30만, 주말에도 16만여 건에 이를 정도로 증가했다. 그룹 차원의 정보 전달 범위가 넓어진 것이다. 또한, 주요 공지사항의 조회수 증가 속도가 모바일 컴퓨팅 도입 이후 5% 가량 빨라졌다. 정보의 전파 속도도 한결 더 신속해진 것이다.

둘째, 업무 프로세스의 속도가 빨라졌다. 차 안이나 집에서도 스마트폰을 통해 결재할 수 있게 되면서, 과거 의사결정에 소요되던 평균 10시간보다 1시간가량 단축되었다. 이외에도 각종 예약 및 등록과 관련된 업무도 신속히 이루어지기 시작하였다.

셋째, 회사마다 업무 처리 속도가 빨라지면서 고객 서비스의 품질이 개선되었다. 예를 들어, SK텔레콤은 네트워크 장애, 단말기 배정, 통화의 품질관리 등을 스마트폰에서 신속히 처리함으로써 고객의 불만을 최소화하고 서비스 품질을 개선하는 성과를 거뒀다. SK네트웍스는 자동 주유관리로 실시간 유류 공급시스템을 정착시켰다. SK해운은 유류 및 보급품을 요청하는 선박회사의 신용도를 스마트폰을 통해 신속히 조회하고 신용거래를 승인함으로써 선박 및 선적 운송관리의 효율성을 크게 높였다. SK증권은 모바일 컴퓨팅을 기반으로 일선 영업점에서 고객서비스 수준을 향상시켰다.[9]

둘째, 모바일 컴퓨팅 기기와 저렴한 통신 비용 덕분에, 임직원 간의 지식 및 데이터의 공유가 확대되고 혁신 기회의 포착이 늘어날 전망이다. 임직원들은, IT부문이 제공하는 프로그램에만 의존하지 않고, 오픈 마켓에 전시되거나 다른 모바일 컴퓨팅 사용자에 의해 개발된 프로그램을 조합해 "매쉬업(Mashups)" 형태로 사용할 수 있다. 기업이 모바일 컴퓨팅을 성공적으로 도입할 때, 다양한 콘텐츠(서비스와 애플리케이션 포함)의 혁신이 증가할 수 있다.

　　결론적으로, 기업이 시장의 변화에 신속히 대처하고 지속적으로 성장하려면 비즈니스 프로세스의 효율적 운영과 혁신 프로세스의 성과를 향상시키는데 기반이 되는 IT 역량을 동시에 갖추어야 한다.

IT 역량의 이원화

전통적 IT 역량으로 비즈니스 프로세스의 안정적 운영과 혁신 프로세스의 도전적 실험을 모두 충족시킬 수 있는가? 그것은 기술적으로 어려운 과제이다. 가트너 그룹은 이 질문에 가장 잘 부합하는 'IT역량의 이원화'(Bimodal IT) 모형을 2014년 제시하였다.[10] 이 모형은 <표 7-1>과 같이 전통적 보안성과 정확성에 초점을 둔 유형 I과, 실험적이고 유연한 방식으로 민첩성과 신속성을 강조하는 유형 II를 동시에 운용하는 개념이다.

첫째, 유형 I은 비즈니스 프로세스의 운영에 초점을 둔 자원으로 쉽게 이해하고 예측할 수 있는 환경에 최적화되어 있다. 전통적 ERP를 기반으로 클라이언트-서버 컴퓨팅, 관계형 데이터베이스 관리시스템 등이 포함된 IT 아키텍처가 운영된다. 그런데, 급변하는 비즈니스 환경에 맞춰 ERP 모듈을 신속히 변경하기가 쉽지 않다는 문제점이 경영자가 해결해야 할 커다란 과제로 떠오른 상태이다.

둘째, 유형 II는 혁신에 중점을 둔 자원으로 불확실한 환경에서 새로운 문제를 풀기 위한 탐색적이고 실험적 활동을 지원하기 위한 것이다. 구체적으로, 웹 앱, 모바일 장치 및 앱, 챗봇, 하이브리드 클라우드 등의 기술이 응용된다. 즉, 혁신을 위한 IT 아키텍처의 설계에 초점이 있다.

표 7-1 IT 역량의 이원화

유형 I		유형 II
전통적	목표	민첩성
가격 대비 성능	가치	매출, 브랜드, 고객 경험
계획, 승인 기반	의사결정 구조	경험, 연속적, 프로세스 기반
단계별 개발	개발 방식	민첩한 개발
기업 공급회사, 장기 계약	공급 유형	작고 새로운 공급회사, 단기 계약
기본 방식의 프로세스 프로젝트에 유리	역량	새롭고 불확실한 프로젝트에 유리
IT 중심, 고객 간 거리	문화	현업 중심, 고객에 가까움
장기(수개월)	사이클	단기(수 주, 수 일)

가트너 그룹은 IT 역량의 이원화 모형을 제시했던 2014년 당시 기업 중 약 75%가 IT 유형 I의 전통적 방식을 고수하고 있었는데, 향후 5년 이내에 2/3 이상의 기업이 IT유형 II도 병행할 것으로 예측하였다. 가트너나 레드햇 등은 기업이 IT역량을 이원화하는 아키텍처를 기반으로 기존 비즈니스 프로세스의 안정적 운영과 동시에 혁신 역량을 강화함으로써 새로운 제품 및 서비스의 개발 기간을 단축시킬 수 있다고 주장하고 있다. 자동차 제조회사 포드는 예를 들어 기존 생산 공정을 위해 개발했거나 고객 데이터와 관련된 IT 시스템을 계속해서 운영하였다. 한편, 차량 공유, 무인 자동차, 로봇의 개발과 같은 혁신 활동을 지원하는 IT 역량을 새로 도입하였다. 포드는 IT 역량을 이원화시킴으로써 더 나은 성과를 실현하고 있다고 밝혔다.[11]

실무적으로, 기업이 IT 역량의 이원화 모형을 도입하기란 어렵다. 혁신 프로세스에 적합한 IT 역량을 갖춘 전문가도 부족하고, 클라우드가 사용되면서 기존 시스템에 비해 보안의 위험성이 더 커질 수 있기 때문이다. 또한, 이원화된 IT역량의 의사결정 구조와 관리 방식을 모두 새롭게 설계해야 한다. 특히, IT 부문이 유형 I과 유형 II란 두 개의 고립된 섬으로 분리될 수 있다는 우려도 제기되고 있다. IT 시장조사 기관인 IDC는 최근 IT 역량의 이원화 모형을 도입한 기업의 사례를 다음과 같이 분석하고 있다. 즉, 혁신 활동을 지원한 IT 팀(유형 II)이 실험 단계의 엉성한 시스템을 개발한 후, 비즈니스 프로세스를 전담하는 IT 팀(유형 I)에 그대로 이전하였다. 비즈니스 프로세스를 위한 IT 팀이 끊임없이 발생하는 문제를 해결하느라 조직 전체적으로 속도가 더 느려지는 악순환이 발생하였다고 한다.[12] 그러므로 기업이 혁신을 위해 IT 역량의 이원화 모형을 도입하려면 단순히 조직의 분리에 그칠 것이 아니라 유형 II에 적합한 인적 그리고 물적 IT 역량을 지원해야 한다.

결론적으로, 혁신을 지향하는 기업일수록 혁신 프로세스와 비즈니스 프로세스를 모두 지원하는 IT 역량을 지속적으로 확대시키고 있다. IT 역량은 변화를 추구하는 혁신 프로세스와 안정을 추구하는 비즈니스 프로세스를 지원하도록 이원화되어야 한다. 즉, 혁신 프로세스를 지원하는 부문은 단거리 선수처럼 탐색적이고 실험적인 민첩한 개발 방식을 채택해야 한다. 한편, 비즈니스 프로세스를 지원하는 부문은 마라톤 주자처럼 보수적이고 안정적인 전통 방식을 유지해야 한다. 그리고 기업은 IT 역량의 이원화 모형에 적합한 인적 역량의 확보와 물리적 기반구조를 구축해야 한다.

IT 역량의 구성요소

IT 역량은 자원기반이론의 관점에서 다음 네 가지 요소로 구성된다: 1) IT 아키텍처; 2) IT 기반구조; 3) IT 기술역량; 그리고 4) IT 관리역량.[13,14,15] 앞에서 논의한 IT 역량의 이원화 모형에 맞춰, 혁신 프로세스와 비즈니스 프로세스를 균형 있게 지원하려면 IT 역량의 구성요소를 어떻게 구축해야 하는지 다음에 살펴보기로 하자.

IT 아키텍처: IT 아키텍처는 IT 역량의 설계도이다. IT 역량의 구축은 대규모 투자와 오랜 시간이 소요되는 복잡한 과업이다. 섣부른 시행착오는 기업의 경쟁력 상실을 초래할 수 있다. 건물을 신축할 때 훌륭한 설계도가 필요한 것과 같이, IT 역량의 설계도인 IT 아키텍처의 중요성은 아무리 강조해도 지나치지 않는다.

　　IT 역량이 혁신 프로세스와 비즈니스 프로세스를 동시에 지원하도록 설계하려면 <그림 7-2>와 같이 네 계층으로 구분해 설계하는 방안이 있다: 1) 사용자 인터페이스; 2) IT 응용; 3) 기업 IT 아키텍처; 4) 공공 IT 아키텍처[16] IT 아키텍처를 계층별로 나누는 이유는 무엇인가? 그 이유는 혁신 프로세스와 비즈니스 프로세스의 목적이 다르지만, 모든 계층의 설계가 달라질 필요는 없기 때문이다. <그림 7-2>를 보면, 공공 IT 아키텍처(계층 4)와 기업 IT 아키텍처(계층 3)가 혁신 프로세스와 비즈니스 프로세스를 동시에 지원하는 구조이다. 한편, 각 프로세스의 서로 다른 목적에 맞춰 사용자 인터페이스(계층 1)와 IT 응용(계층 2)이 설계될 수 있다. 그러면 혁신 프로세스와 비즈니스 프로세스의 이질적 요구를 계층 1과 2에서 충족시키면서, 계층 3과 4를 위한 중복된 투자를 피할 수 있다는 장점이 있다. 또한, 시장의 변화를 탐지하기 위한 지식·데이터의 원천, 비즈니스 프로세스, 그리고 IT는 끊임없이 변화한다. 그때마다 IT 아키텍처를 송두리째 재설계하기란 어려운 일이다. 변화된 부분만 재설계할 수 있는 모형이 보다 더 효과적이다. IT 아키텍처의 각 계층에 대해 살펴보자.

그림 7-2 혁신 프로세스와 비즈니스 프로세스를 위한 IT 아키텍처

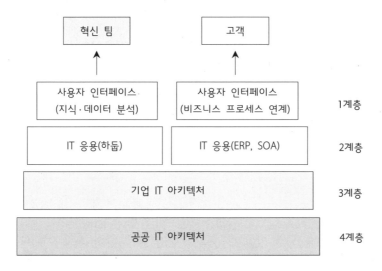

- 계층 4는 IT 아키텍처의 기반으로 공공 IT와 연결하기 위한 설계이다. 공공 통신 및 데이터 네트워크에 물리적으로 연결하기 위한 유무선 케이블, 컴퓨터 서버 및 라우터 등의 설계가 포함된다.

- 계층 3은 기업의 IT 아키텍처이며, 공공 IT 아키텍처의 기반 위에서 설계된다. 기업이 직접 관리할 수 있는 컴퓨터, 시스템 소프트웨어, 데이터베이스, 그리고 미들웨어 등이 계층 3 설계에 포함된다. 혁신 프로세스에서 필요한 지식 및 데이터는 소셜 미디어 및 사물인터넷 등에 의해 주로 수집된다. 데이터는 엄청나게 많고 주로 비구조적 유형이어서 관계형 데이터베이스에서 처리할 수 없다. 한편, 비즈니스 프로세스에 참여하는 기업의 부문, 공급회사 그리고 고객 간의 다양한 활동을 연결시키려면 데이터베이스를 기반으로 한 데이터 통합이 필요하다. 두 프로세스의 데이터 유형은 다르더라도 동일한 컴퓨터, 서버 및 통신 네트워크가 동시에 지원할 수 있다. 즉, IT 아키텍처의 계층 3과 계층 4는 혁신 프로세스와 비즈니스 프로세스를 동시에 지원할 수 있는 기

반 설계에 해당된다.

- 계층 2에서, 혁신 프로세스와 비즈니스 프로세스의 서로 다른 활동을 구체적으로 지원하는 IT 응용시스템의 설계가 이루어진다. 두 프로세스의 목적이 전혀 다르므로 응용시스템의 설계도 당연히 다를 수밖에 없다.

  — 혁신 프로세스의 목적은 창의적 아이디어의 구상이며, 그 원동력은 혁신 팀 동료가 사용하는 지식 및 데이터이다. 다양한 지식과 데이터가 동료의 두뇌지식으로 전환될 때 아이디어를 구상할 수 있는 원동력이 커진다. 경영자의 역할은 혁신 팀 동료가 과업에 적합한 지식과 데이터를 될수록 많이 사용할 수 있도록 지원하는 시스템을 설계하는 것이다. 즉, 두뇌지식의 공유와 빅데이터 분석이 필요하다. 혁신 과업에 관여하는 동료 간 두뇌지식의 공유를 확대하려면 소셜 미디어를 응용하기 위한 다양한 플랫폼이 필요하다(4장 참고). 그리고 시장과 고객의 변화를 탐지하려면 소셜 미디어나 사물인터넷 등에 의해 수집되는 비구조적 유형의 빅데이터 분석이 필요하다(5장 참고). 빅데이터를 분석하는데 관계형 데이터베이스로는 불가능하며, 하둡(Hadoop)과 같은 신축적이며 개방형의 소프트웨어가 필요하다. 혁신 과업에 적합하도록 빅데이터를 분석하려면 하둡의 소스 코드를 변환시킬 수 있어야 한다.

  — 비즈니스 프로세스는 고객의 가치를 실현하기 위해 논리적으로 설계된 활동의 집합이다. 기업이 경쟁력을 유지하려면 프로세스의 효율적 운영이 필요조건이며, '표준화'와 '통합'이 필요하다. 표준화란 동일한 프로세스를 동일한 방식으로 처리하는 정도를 뜻한다. 표준화된 프로세스는 임직원이 직접 개입하지 않더라도 IT를 응용해 더 효율적으로 처리할 수 있다. 통합은 비즈니스 프로세스를 수행하는 과정에 기업의 부문, 고객 및 공급회사 간 데이터를 공유하는 정도

를 뜻한다. 비즈니스 프로세스의 표준화 및 통합에 적합한 IT 응용이 이루어질 때 기업의 경쟁력은 한층 더 높아질 수 있다.

기업은 비즈니스 프로세스를 통합하기 위해 1990년대 이후 전사적 시스템인 ERP를 도입함으로써, 오랫동안 골머리를 앓아왔던 시스템 통합의 어려움을 해소할 수 있었다. 시장이 안정적일 때 ERP는 프로세스의 통합을 위해 매우 효과적 프로그램임이 분명하다. 그런데, 빠른 속도로 변화하는 시장에 맞춰 비즈니스 프로세스를 신축적으로 조정하는 데 ERP의 한계가 드러났다.[17] 비즈니스 프로세스의 효율성과 신축성을 모두 구현하기 위한 IT 응용으로 서비스기반 아키텍처(SOA: Service – Oriented Architecture)가 새로운 대안으로 부상하고 있다.[18] SOA는 이미 존재하는 서비스를 레고 블록처럼 신축적으로 결합해 다양한 기능을 수행하는 응용 프로그램을 신속히 개발하기 위한 설계이다.

최근, 세계 최대 온라인 쇼핑몰 아마존과 온라인 비디오 스트리밍 서비스를 제공하는 넷플릭스 등이 SOA의 개념을 더욱 발전시켜 마이크로서비스 아키텍처(Microservice Architecture)를 실제로 도입하고 있다. 한 시스템을 다수 독립적 서비스로 나눠서 개발한 후, 각 서비스를 API(Application Protocol Interface)로 연계시켜 온전한 시스템으로 전환하는 방식이다. 서비스마다 데이터가 독립적으로 저장 및 처리된다.[19] 예를 들어, 고객의 상품 주문을 위한 시스템이 사용자 정보 조회, 상품 정보 조회 및 신규 주문 등의 작은 서비스로 나누어져 독립적으로 개발된 후, 그들을 조합해 '주문하기'라는 온전한 시스템을 신속히 만들어 내는 방식이다. 마이크로서비스 아키텍처 환경에서, 조직의 구조도 다수의 작은 팀으로 나뉘고, 여러 서비스를 병행해서 개발한다. 서비스 개발 팀마다 독립적 의사결정권을 가지고 신속하고 유연하게 개발할 수 있다는 장점이 있다.

• 계층 1의 초점은 혁신 프로세스와 비즈니스 프로세스에 관여하는 사용자 인터페이스에 있다.

혁신 프로세스에서 동료의 창의성을 북돋우려면 혁신 과업에 관한 지식의 공유와 빅데이터 분석이 필요하다. 즉, 두뇌지식의 공유를 위한 소셜 미디어의 응용이 필요하다. 그리고 빅데이터를 효과적으로 수집하고 분석하려면 다양한 역량을 갖춘 데이터 과학자가 필요하다. IT 지식은 물론 컴퓨터 과학, 계산 물리학, 계산 생물학, 수학, 통계학, 경영의 이해 그리고 경영자의 눈높이에 맞춰 효과적으로 설명할 수 있는 능력 등이 요구된다. 혁신 팀 동료와 데이터 과학자 간의 쌍방향 협업에 의해 빅데이터의 분석이 이루어질 때, 내재되어 있던 새로운 지식 및 정보를 얻게 된다. 그리고 혁신 팀 동료가 그 지식과 정보를 사용하면 두뇌지식이 한층 더 풍요로워지면서 창의성이 향상되고, 아이디어의 구상이 풍부해질 수 있다.

기업, 고객, 그리고 공급회사 간 비즈니스 프로세스의 연계를 위한 데이터 통합이 IT 아키텍처의 계층 1 설계에 포함되어야 한다. 데이터 통합이 미흡하면 마치 끊어진 자전거 체인처럼 비즈니스 프로세스가 원활하게 연결되지 못할 수 있다. 고객의 요구를 정확하고 신속하게 이행하지 못할 경우, 고객의 불만이 높아지고 기업의 경쟁력을 떨어뜨릴 수 있다. 에스프레소 커피 기계의 고장 수리 사례를 예로 들어보자:

고객이 커피 기계 회사에 수리를 요청하자, 콜센터 직원은 구체적으로 어떤 문제가 있는지 질문하였다. 사용자의 단순한 조작 실수가 아니라 커피 기계의 고장임을 확인한 직원은 경기도 동탄 지역에 있는 회사 수리 센터에 우체국을 통해 착불 방식으로 보내 줄 것을 요청하였다. 그리고 추운 겨울이어서 커피 기계에 물이 남아 있을 경우 동파될 위험성을 빼놓지 않고 알려 주었다. 고객이 우체국에 커피 기계를 맡긴 다음 날 오전에 회사 수리 센터에 배송되었다는 메시지가 휴대전화로 통보되었다. 회사는 커피 기계의 무상 수리 기간이 경과했음을 확인한 후, 수리비를 온라인 계좌로 결제할 것을 요청하였다. 고객이 수리비를 입금하자 곧 수납 메시지와 함께 배송 예정일이 통보되었다. 커피 기계는 이틀 후 수리 내역 및 향후 3개월 품질 보증과 함께 고객에게 되돌아왔다.

위 사례는 커피 기계의 수리를 위한 비즈니스 프로세스가 고객, 회사의 콜센터, 원격지 수리센터, 우체국, 협력회사인 운송회사 그리고 금융기관 사이에 서로 연결되어 있음을 보여주고 있다. 회사, 다양한 협력회사, 그리고 고객 간의 비즈니스 프로세스를 원활하게 연결하려면 데이터 통합을 위한 데이터베이스 및 통신 네트워크가 IT 역량의 설계에 반영되어야 한다. 고객의 개별적 요구를 효율적으로 충족시킬 수 있는 비즈니스 프로세스의 설계와 운영은 데이터 통합 및 IT 응용이 뒷받침될 때 가능하다.

IT기반구조:　　기업의 IT 기반구조는 IT 아키텍처에 맞춰 구축된다. 그 주요 구성요소는 1) 컴퓨터 하드웨어; 2) 소프트웨어; 3) 통신 네트워크; 그리고 4) 데이터이다.[20] 혁신 프로세스와 비즈니스 프로세스에 적합한 구성요소에 대해 살펴보기로 하자.

- **컴퓨터 하드웨어:**　　컴퓨터 하드웨어는 IT 아키텍처 계층 3의 설계에 맞춰 구축된다. 기업의 하드웨어 성능이 혁신 프로세스와 비즈니스 프로세스의 활동을 동시에 지원할 수 있어야 한다. 기업은 비즈니스 프로세스의 안정적 운영에 필요한 서버 및 센서 등 유형의 컴퓨터 하드웨어를 소유하고 독점적으로 사용할 수 있다. 코노코필립스는, 예를 들어, 데이터를 수집하기 위해 유정마다 센서를 설치하고, 데이터의 저장 및 분석을 위한 서버도 도입했다. 또한 임직원이 유정의 돌발적 문제, 성과 등을 한 눈에 파악할 수 있는 상황판을 설치했다. 이와 같은 유형의 자원이 모두 컴퓨터 하드웨어에 포함된다.

  또한, 혁신 프로세스를 지원하기 위해 빅데이터의 저장 및 분석용 수퍼 컴퓨터나 대용량 서버를 도입할 수 있다. 그런데, 혁신 프로세스의 활동은 일상적이기보다는 간헐적이다. 즉, 지식·데이터의 수집 및 분석이 일시적으로 크게 증가할 때도 있지만, 별로 없는 경우도 종종 있을 수 있다. 그러므로 지식 및 데이터 분석이 가장 많을 경우에 대비해 하드웨어에 대규모 투자를 하는 것은 비효과적이며, 불필요한 낭비를 초래하게 된다. 또한 기업이 소셜 미디어나 사물인터넷에 의해 수집되는 데이터를 모두 소유할 필요가 없다. 컴퓨터 서버 및 데이터를 소유하는 대신, 사용한 만큼 비용을 지급하는 클라우드 방식을 도입하면 데이터 분석의 변화 사이클에 신축적으로 대응할 수 있다. 예를 들어, 혁신적 스타트업 또는 영세 기업이 아마존 웹서비스와 같은 외부 데이터 센터를 사용하고 비용을 지급하는 클라우드 컴퓨팅 방식을 채택할 수 있다. 최근, 기업이 컴퓨터 하드웨어를 모두 소유하지 않고 클라우드 컴퓨팅으로 일부를 보완하는 아웃소싱이 메가 트렌드로 자리 잡고 있다.

- **소프트웨어:** IT 아키텍처의 계층 3 설계에 따라, 시스템 소프트웨어, 데이터베이스, 그리고 미들웨어 등을 구축해야 한다. 컴퓨터 서버를 운영하려면 PC의 윈도우나 스마트폰의 안드로이드와 같은 시스템 소프트웨어인 운영체제가 필요하다. 이와 같은 소프트웨어는 혁신 프로세스와 비즈니스 프로세스의 활동을 동시에 지원할 수 있어야 한다.

  한편, IT 아키텍처의 계층 2 설계에 맞춰, 혁신 프로세스와 비즈니스 프로세스 활동에 맞춘 응용 소프트웨어의 개발이 필요하다. 첫째, 혁신 프로세스에서 동료 간의 두뇌지식의 공유를 폭넓게 촉진하려면 소셜 미디어의 응용을 권장해야 한다. 이를 뒷받침하려면 동료 간의 사회적 관계에 적합한 소셜 미디어의 다양한 플랫폼이 필요하다. 그리고 시장의 변화를 조기에 파악하고 혁신 과업에 관련된 빅데이터를 분석할 수 있는 하둡(Hadoop)과 같은 응용 소프트웨어가 필요하다.

  둘째, 시장의 변화가 적은 경영 환경에서, 기업이 비즈니스 프로세스를 통합하는데 전사적 시스템인 ERP의 도입이 적합하다. 반면, 빠른 속도로 변화하는 시장에 맞춰 비즈니스 프로세스를 신축적으로 재설계해야 하는 기업은 서비스 기반 아키텍처인 SOA의 도입을 적극 검토해야 한다. 또한, 개방형 소프트웨어(Open Source Software)가 비즈니스 프로세스의 신축성을 높여줄 수 있는 또 다른 대안이다. 개방형 소프트웨어가 상업용 소프트웨어보다 기업, 고객 및 협력회사 간의 연결을 위한 표준화에 유리하다는 장점 때문이다. 이에 대해서는 비즈니스 프로세스(9장 참조)에서 더 자세히 논의하기로 하자.

셋째, 응용 소프트웨어의 일부 또는 전체를 아웃소싱하는 기업이 적지 않다. 데이터의 저장, 응용시스템의 개발 및 운영 등을 클라우드 컴퓨팅에 아웃소싱하는 기업이 빠른 속도로 증가하고 있다. 포춘 500 기업 중 약 1/3이 인도 회사에 소프트웨어 개발을 아웃소싱 하고 있는 것으로 알려져 있다.[21] 특히, 핵심 역량이 IT보다는 판매, 제조, 서비스 등에 있는 기업일수록 IT 아웃소싱에 주목하고 있다. 예를 들어, 고객 관계관리를 위한 응용 소프트웨어를 서비스 형태로 사용하고, 개발회사에 비용을 지급하기도 한다. 실무적으로, 스타트업을 포함해 많은 기업이 클라우드 환경으로 이전하면서 IT 아웃소싱이 더 탄력을 받는 추세이다. 물론, IT 아웃소싱에도 한계는 있다. 기업의 독특한 혁신 프로세스 또는 비즈니스 프로세스에 적합한 응용시스템의 개발을 보편적 IT 아웃소싱에 의존하기는 어렵기 때문이다.

- **통신 네트워크:**   데이터를 이동시키기 위한 채널로서, IT 아키텍처의 계층 4의 설계에 따라 구축된다. 유선 네트워크도 있고, 무선 네트워크도 있다. 동일한 네트워크를 사용하더라도 데이터 전송 기술에 따라 사용자가 데이터를 공유할 수도 있고 그러지 못할 수도 있다. 최근, 5세대(또는 5G) 통신이 많은 분야에서 관심을 모으고 있다. 5세대 통신은 4세대 LTE 통신보다 속도가 20배 이상 빠르고, 10배의 사용자가 동시에 접속할 수 있으며, 지연 시간도 1/10 수준으로 짧다. 혁신 과업이 예를 들어 자율주행차의 개발이라면 실험 과정에 실시간 데이터 분석이 필요하며, 5세대 통신 기술이 필요조건이다. 그렇지만 가로등을 원격으로 끄고 켜는데 값비싼 5세대 통신을 사용해야 할 이유는 없다. 성능은 낮지만 비용이 훨씬 더 저렴한 통신 방법도 존재하기 때문이다. 데이터를 무조건 빨리 전송하기보다 목적에 알맞게 저렴한 비용으로

이동시킬 수 있는 네트워크가 더 이상적이다. 즉, 혁신 프로세스와 비즈니스 프로세스 수행에 적합한 통신 네트워크의 연결이 필요하다.

- **데이터:** 데이터는 IT 아키텍처의 계층 1과 계층 2의 설계에 따라 수집되고 분석된다. 혁신 프로세스와 비즈니스 프로세스의 활동을 지원하기 위한 데이터의 유형은 구조적 그리고 비구조적 유형으로 구분된다. 첫째, 비즈니스 프로세스에서 사용되는 구조적 데이터는 엑셀과 같은 스프레드시트 또는 관계형 데이터베이스에서 입력되고 분석될 수 있는 숫자와 문자이다. 예를 들어, 이름, 나이, 성별, 주소, 우편번호, 매출, 비용과 같이 미리 설계된 기본 데이터이다.

    둘째, 혁신 프로세스에서 아이디어 구상에 필요한 빅데이터 분석에 구조적 그리고 비구조적 데이터가 모두 포함된다. 비구조적 데이터에는, 예를 들어, GPS 위치 데이터, PC에서 작성한 문서, 스마트폰 카메라나 CCTV 등에 찍힌 영상 등이 포함된다. 비구조적 데이터는 스프레드시트나 관계형 데이터베이스에서 직접 처리할 수 없으며, 구조화 과정을 거친 후 분석할 수 있다. 비구조적 데이터의 대표적 예로 소셜 미디어 중 트위터 사용자가 게재한 내용을 들 수 있다. 트위터에 표현된 특정 단어들 간의 연관성, 또는 문장에 포함된 긍정적 또는 부정적 표현의 빈도수 등을 분석해 단편적이고 쉽게 이해하기 어려운 문장을 구조화시킬 수 있다. 한 가지 주목할 점은 기업이 소셜 미디어 또는 사물인터넷에 의해 수집되는 데이터를 모두 소유하고 저장할 필요는 없다는 것이다. 위에서 언급한 클라우드 컴퓨팅에서 제공하는 데이터를 활용하고 사용료를 지급하면 된다.

IT 기술역량: IT 기술역량은 IT 아키텍처의 모든 계층의 설계를 구현하는 데 필요한 기술적 능력(Technical Skills)이다. 즉, IT 기반구조를 효과적으로 구축하고 운영할 수 있는 역량이다. 첫째, 비즈니스 프로세스를 효율적으로 지원하려면 컴퓨터 및 서버 운영, 소프트웨어 프로그래밍, 네트워크 전문가, 정보분석 전문가 등 다양한 자원이 필요하다.

둘째, 혁신 프로세스에서 다양하고 이질적 속성의 비구조적 데이터를 수집하고 창의적으로 분석할 수 있는 데이터 과학자도 필요하다. 데이터 과학자란 "빅데이터의 분석을 위한 이론적 지식과 경험을 바탕으로 통찰력, 설명력, 협업 능력을 발휘해 데이터에 내재된 의미를 해석해 내는 전문 인력"이다.[22] 데이터 과학자가 되려면 호기심이 많고, 문제의 해결을 위해 창의적 감각으로 데이터를 분석할 수 있는 능력을 보유해야 한다.[23] 그리고 데이터를 독자적으로 분석하기보다 조직 내 다른 부서와 협업하고 소통할 수 있는 능력도 있어야 한다.[24] 또한, 기업이 끊임없이 변화하는 환경에 대응하려면 미래 IT의 변화, 경제성 분석, 문서화 능력, 프로젝트 능력, 인간 관계 및 의사소통 능력도 중요하다. 그러므로 기업은 컴퓨터와 소프트웨어의 구축 및 운영, 프로젝트의 관리 그리고 경영을 이해할 수 있는 기술적 역량을 두루 갖추어야 한다.[25,26]

IT 관리역량: IT 관리역량은 경영부문과 IT부문 간 협업, 그리고 고객 및 공급회사 간의 긴밀한 협력 관계를 유지하는 능력이다. IT 관리역량의 중요성은 아무리 강조해도 지나치지 않는다. 기업이 지속적으로 혁신하고 성장하려면 IT 기반구조 및 IT 기술역량을 효과적으로 활용할 수 있는 IT 관리역량이 필요하다. 경영부문이 IT부문을 충분히 알기도 어렵고 그 반대의 경우도 마찬가지이다. 두 부문 간 이해와 지원 노력이 없다면, 경영에 적합한 IT 기반구조의 구축과 운영이 매우 어려워질 수 있다. 임직원이 새로운 IT 사용에 부정적이거나 저항까지 할 때, 기업의 혁신은 물론 정상적 경영조차 어렵다. 동료 간의 의사소통이 효과적으로 이루어지고 신뢰가 쌓인 기업일수록, 경영부문의 요구가 IT를 통해 효과적으로 구현될 수 있다. IT 기반구조 및 기술역량이 서로 비슷해 보이는 기업 간의 혁신 성과 및 경쟁력의 차이는 경영부문과 IT부문 간의 이해의 정도에 따라 비롯될 수 있다. 또한, 고객을 통해 시장의 변화 추세를 신속하고 정확하게 파악하고 공급회사와 실시간 정보 교환을 할 수 있다면, 기업의 혁신 성과와 경쟁력을 크게 향상시킬 수 있게 된다. 이 절에서 살펴볼 주요 내용은 다음과 같다:

• **비즈니스 프로세스와 IT 관리역량:** 기업과 고객 간의 간격이 IT 역량

에 의해 좁혀질 수 있다. 고객의 주문부터 생산, 판매, 물류 및 서비스에 이르는 비즈니스 프로세스가 효율적으로 진행되려면 경영부문과 IT부문 간 협업이 절대적으로 필요하다. 전자가 후자보다 고객의 요구를 상대적으로 더 많이 알고 있지만, 비즈니스 프로세스를 효율적으로 연결시킬 수 있는 IT 역량에 대해서는 거꾸로 잘 모를 수 있다. 그러므로 경영부문과 IT부문 간 협업이 중요하다. 또한, 다양한 개인 고객의 각기 다른 요구를 충족시키려면 다양한 공급회사의 자원도 활용할 수 있어야 한다. 기업은 비즈니스 프로세스의 일부를 공급회사에 의존할 수밖에 없다. 기업이 고객의 요구를 충실히 이행하려면 비즈니스 프로세스의 일부를 맡는 공급회사와 정보의 소통과 협업이 원활히 이루어져야 한다. 이에 대해 다음 절에서 자세히 살펴보기로 하자.

__ **경영부문과 IT부문 간 협업:** 기업이 비즈니스 프로세스를 효율적으로 운영하려면 IT 응용이 필요하다. 그런데 경영부문과 IT 부문 간 관계는 평행선을 유지하는 철도에 비유할 수 있다. 경영부문이 하루가 다르게 발전하는 IT의 기술적 복잡성에 대해 충분히 이해하기란 어렵다. 반면 IT부문이 경영부문의 요구를 효과적으로 헤아리기도 쉽지 않다. IT 관리역량은 평행선을 달리는 경영부문과 IT 부문 간 이해와 협업을 향상시키기 위한 능력이다. IT부문에 뛰어난 인재가 아무리 많더라도 경영부문의 참여 없이 비즈니스 프로세스의 혁신을 이룩하기는 어렵다. 즉, 경영부문과 IT부문의 임직원이 IT를 개발하고 활용하는 주체로서 모두 참여해야 한다. 예를 들어, 병원이 환자의 의료서비스 향상을 위해 IT를 어떻게 응용해야 하는가를 고민할 수 있다. IT부문이 환자에 대해 알고 있는 정보란 빈약할 수밖에 없다. 경영부문이 함께 참여해 환자가 원하는 의료서비스가 구체적으로 무엇인지 설명할 수 있다. 예를 들어, 환자가 검사실 또는 검사 결과를 위해 장시간 대기할 수 있다. 의료진 및 간호사가 환자의 고충을 이해하고 친절히 대하도록 안내할 수 있다. 그러면 IT부문은 환자의 대기 시간 단축 및 환자 맞춤형 정보를 의료진에

제공하는 방법 등을 생각하게 된다. 즉, IT부문과 경영부문 간 협업을 통해 IT를 응용해 의료서비스를 혁신할 수 있는 아이디어를 구상할 수 있게 된다. 그리고 의료서비스 데이터를 분석해 다른 경쟁병원과 비교해 무엇을 얼마나 잘 하고 있는지 또는 그 반대인지를 파악함으로써 비즈니스 프로세스를 지속적으로 개선할 수 있다.

실무적으로, 경영부문과 IT부문 간 협업을 강화시키기 위한 방안으로 최고 경영진 회의에 CIO가 참여할 수 있다. CIO가 경영진의 전략회의에 참석해 나날이 발전하고 있는 IT를 경영 혁신을 위해 전략적으로 어떻게 응용할 수 있는지 설명할 수 있다. 경영부문도, IT에 대해서 모른다고 그냥 지나치기보다, IT부문과 함께 고객의 요구를 어떻게 풀어나갈 수 있을지 아이디어를 구상하고 실현시킬 수 있는 방안을 찾아야 한다. IT부문이 경영을 충분히 이해하고 경영부문이 IT를 잘 활용하고자 할 때 기업의 경쟁력은 향상될 수 있다. 이와 같은 IT 관리역량은 다른 경쟁회사가 모방하기 어려운 무형의 자산으로서, 기업이 경쟁우위를 확보하는 데 매우 중요한 요소이다.

__ **공급회사 네트워크 관리:** 공급회사 네트워크 관리는 고객 맞춤형 시장에서 중요한 요소이다. 대량생산 또는 대량주문생산이 아닌 개인 고객의 다양한 요구를 충족시키는 데 필요한 자원을 기업이 과거처럼 수직계열화해서 모두 소유하고 관리하기란 불가능한 환경이다. 대신, 원재료 및 부품의 조달, 제조, 판매, 물류 그리고 서비스를 위한 공급회사 네트워크의 활용이 새로운 대안이다. 그런데, 공급회사마다 상품 또는 서비스의 가격, 품질, 납기준수 등이 다를 수 있다. 고객 맞춤형 상품 또는 서비스를 공급하는데 적합한 공급회사 네트워크를 실시간으로 검색하고 최적의 조합을 찾아내려면 고도의 IT 관리역량이 필요하다.[27,28] 즉, 기업이 원하는 비즈니스 프로세스를 공급회사가 적시에 수행할 수 있는지 알 수 있어야 한다. 기업, 공급회사 그리고 고객 간에 이질적 비즈니스 프로세스를

자전거 체인처럼 연결시키려면 정보를 서로 공유해야 한다. 그리고 주문 또는 배송과 같은 비즈니스 프로세스에 맞추어 대금 지급과 같은 활동을 동시에 진행할 수 있어야 한다. 그러므로 기업, 공급회사 그리고 고객 간에 호환되는 데이터 표준의 설정 및 응용시스템을 통합할 수 있는 IT 관리역량이 필요하다.[29]

- **혁신 프로세스와 IT 관리역량:** 혁신 프로세스에 임직원이 더 많이 관여할수록 창의적 아이디어를 더 풍부하게 구상할 수 있는 것은 아니다. 더 많은 아이디어를 구상하려면 다양한 지식을 갖춘 동료 간 대화 및 관찰을 통해 상대방의 두뇌지식을 적극 공유할 수 있어야 한다. 두뇌지식의 공유를 어떻게 확대할 수 있는가? 동료 간 소셜 미디어의 사용이 서로의 두뇌지식을 체험학습하는 데 매우 중요한 지렛대 역할을 할 수 있다. 특히, 원격지에 흩어져 있는 동료, 고객 및 공급회사 전문가의 두뇌지식을 학습하는데 소셜 미디어는 매우 효과적 도구가 될 수 있다(4장 참조). 창의적 아이디어의 구상을 위한 두뇌지식의 공유를 촉진하기 위해 소셜 미디어를 활용하기 위한 IT 관리역량에 대해 살펴보기로 하자.

  __ **두뇌지식의 공유와 소셜 미디어:** 기업이 최근 동료 간의 협업을 촉진하기 위해 소셜 미디어를 기반으로 두뇌지식의 공유를 추진하고 있다. 즉, 인트라넷, 검색, 문서 저장 및 가상 공동체에서 특별히 설계된 소셜 미디어를 활용해 자유롭고 효과적으로 의사소통을 하면서 서로의 지식을 폭넓게 활용하도록 촉진하고 있다. 소셜 미디어를 기반으로 한 협업시스템의 장점은 동료 중 누가 무엇을 알고 있는지 보여주는 '지식지도'(Knowledge Map)를 그릴 수 있다는 것이다.[30] 이는 문서 저장뿐만 아니라 전문가 인명사전으로도 사용될 수 있다. 즉, 혁신 프로세스에 관여하는 동료가 문서는 물론 아이디어의 탐색(Idea Scouts) 및 연결(Idea Connections)에 탁월한 역량을 가진 전문가를 지식지도를 이용해 매우 쉽게 검색할 수 있다.[31] IT

부문의 역할이 시스템을 관리하는 서비스 부문에 머물지 않고 동료 간 지식의 공유와 협업도 촉진하는 폭넓은 기능으로 확대되고 있다. 소셜 미디어를 기반으로 이루어지는 협업시스템의 사례를 살펴보기로 하자:

'오길비 앤 매더'(Ogilvy and Mather: 이하 OM)는 세계적 광고회사 WPP 그룹의 자회사로서 매출액이 $110억 달러에 이른다. OM은 글로벌 지식관리 플랫폼인 '트루플(Truffle)'을 개발하였는데, 이는 소셜 기술에 기반한 협업시스템이다. OM의 CIO는 올해의 CIO 100인에 선정되기도 하였다. 트루플은 90년대 말 지식관리시스템으로 시작되었으며, 지난 수십 년 간 주요 고객사의 사례 연구가 담겨 왔다. 이 회사 1만 8천여 명의 직원들이 이 시스템을 일상적으로 참고하였다. 그런데 트루플을 활용하는 직원이 시간이 지날수록 감소하였으며, 전화번호 또는 고객 정보를 검색하는 단순한 용도로 전락하였다.

OM은 이 시스템을 개선하기보다 직원의 근본적 요구를 찾아내는 데 초점을 맞추었다. 전세계 120명의 사용자를 면담한 결과, 그들이 원하는 시스템이란 소셜 미디어처럼 사용할 수 있어야 함을 밝혀냈다. 또한, 기업의 동료 간 정보를 다양한 수준으로 보호할 수 있는 보안 기능, 다양한 세부 그룹을 조성해 활동할 수 있는 기능 및 사용자가 본사의 승인 없이 콘텐츠를 게재할 수 있는 기능을 요구하는 것으로 나타났다. 면담 결과를 토대로, OM은 내부 클라우드 환경 기반으로 소셜 인트라넷을 2013년 구축하였으며, 직원이 자유롭게 콘텐츠를 작성해 올릴 수 있도록 하였다. 고객을 위해 새롭게 고안된 스마트폰 설계와 같은 극비 정보는 아예 검색할 수 없도록 제한하였다. 그리고 직원이 개별적으로 요청해야 공유하는 기능도 만들었다. OM의 전세계 직원의 요구가 소셜 인트라넷에 포함되어 있고, 미국 캘리포니아에서 IT를 관리하고, 싱가포르 및 뉴욕에서 창의적으로 설계하면, 뉴욕 및 노스캐롤라이나 지역 직원이 아키텍처를 설계하고, 영국에서 시제품의 시험을 거쳐, 인도 뭄바이와 뉴욕에서 확정된 제품을 개발 및 시험하고, 독일과 중국에서 테스트하는 글로벌 협업이 이루어지고 있다.[32]

IT 관리역량이 단지 시스템을 개발하고 개선하는 것에 그치지 않고, 기업 내부와 외부의 지식을 폭넓게 공유할 수 있도록 촉진함으로써 궁극적으로 혁신을 위한 아이디어를 더 많이 구상할 수 있도록 지원하기 위한 것이다. 그러므로 경영자는 소셜 미디어의 역할로 "페이스북을 개설해서 기업을 알린다" 또는 "경쟁 회사가 하니 우리 회사도 트위터 계정을 개설해서 홍보를 열심히 하겠다"와 같은 좁은 생각에서 벗어나야 한다. 소셜 미디어는 지식의 공유를 확대하는 데 중요한 도구로 활용할 수 있다.

__ **고객의 지식 공유:** 기업의 경쟁력은 고객의 요구를 충족시키는 정도에 따라 결정된다. 현대 기업 경영은 고객 중심의 경제이며, '고객관계관리'(CRM)에 초점을 맞추고 있다.[33] 소비자를 고객으로 확보하고, 소셜 미디어를 활용해 지속적 관계를 유지하며, 고객 맞춤형 1:1 마케팅·서비스 및 빅데이터 분석을 활용해 고객의 요구를 실시간으로 파악하는 경영 방식이다. 기업은 고객이 거래하기 쉬운 비즈니스 환경을 조성하고, 그의 가치를 더 크게 높여줄 수 있어야 한다. 즉, 고객이 요구하기 전에 무엇을 원하는지 파악하고 쉽게 해결할 수 있어야 한다. 기업은 상품이나 서비스를 고객의 문 앞에 던져 놓는 것으로 그치지 않고, 그 문으로 들어가서 고객이 상품이나 서비스를 보다 더 효과적으로 사용할 수 있도록 도와줄 수 있어야 한다. 고객 맞춤형 경영을 구현하려면 유연한 조직 구조와 더불어, 유통 채널을 고객의 가치를 향상시키기 위해 협력하는 유통 공동체로 변화시켜야 한다. 기업이 성장하려면 고객을 끊임없이 학습해야 한다.

최근, 소셜 미디어가 접목된 고객관계관리 개념에 경영의 초점이 모이고 있다. 혁신 기회는 고객의 요구를 정확히 파악할 때 포착될 수 있다. 특정 기업, 제품, 서비스, 또는 브랜드를 좋아하는 고객과 동시에 혐오하는 소비자도 존재한다. 과거, 기업은 이런 고객의 성향을 신속히 파악하기 힘들었다. 정기적 시장조사나 이메일 분석으로 고객의 요구를 실시간으로 파악하기란 여간 어려운 일이 아니었다. 그런데 고객관계관리에 소셜 미디어를 접목하면서 고객의 반응을 더 세부적으로 신속히 파악할 수 있게 되었다. 기업 및 고객 간의 소셜 미디어에서 오가는 각종 대화 및 정보를 분석해 개인 고객 또는 집단의 요구를 효과적으로 알아낼 수 있게 된 것이다. 고객관계관리가 소셜 미디어를 기반으로 구현되면, 기업의 문화, 생산성, 고객 가치, 브랜드 자산 그리고 시장 경쟁력에 긍정적인 영향을 미칠 수 있다.

또한, 기업이 소셜 미디어를 기반으로 고객과 긴밀히 연결될 때 그의 새로운 요구를 파악하는 데 도움이 되는 다양한 데이터 또는 소위 빅데이터를 수집할 수 있다. 고객의 요구와 관련된 빅데이터 분석은 혁신 기회를 찾아내는 데 중요한 정보가 될 수 있다. 최근, 기업이 정보보호 등의 보안 이슈로 개인 정보를 활용하는 데 제약이 많다. 기업이 고객과 친밀한 관계를 맺고 신뢰감을 쌓으면 더 풍부한 데이터를 사용할 수 있다. 고객의 구조적 데이터뿐만 아니라 두서없이 쓴 텍스트, 사진, 음성, 위치 정보와 같은 비구조적 데이터도 분석에 포함할 수 있다. 기업이 고객 데이터를 인공지능과 같이 고도화된 기술로 분석해 고객 맞춤형 상품 및 콘텐츠 추천, 부정행위 적발, 상권 분석, 자동차 부품의 고장 예측, 해지 고객의 예상 및 선제적 대응, 고객의 건강상태 예측 등 경쟁 기업이 미처 제공하지 못하는 새로운 서비스를 앞세워 경쟁력을 확보할 수 있다. 기업은 '고객이 왕'이라고 말만 할 것이 아니라 고객과 실제 긴밀한 관계를 맺을 수 있도록 노력해야 한다. 기업은 고객이 기꺼이 자신의 정보를 공유할 수 있도록 상호 신뢰를 어떻게 구축할 수 있는가? 그러기 위해서는 고객의 요구에 관심을 기울이고, 고객의 가치를 더 높이는 데 그의 데이터가 필요하다는 것을 분명하고 확실하게 인식시킬 수 있어야 한다.

IT 역량과 경쟁력

IT 역량은 IT 아키텍처, IT 기반구조, IT 기술역량 그리고 IT 관리역량으로 구성된다. 기업이 IT 역량을 기반으로 경쟁력을 향상시키려면 네 가지 구성요소 간에 균형 잡힌 투자를 해야 한다. 그 이유에 대해 아래에서 살펴보기로 하자.

　　IT의 기술적 성능은 '무어의 법칙'(Moore's Law)에 따라 1980년대 이후 하키 스틱과 같이 기하급수적으로 발전해 왔다. 무어의 법칙이란 동일한 비용 수준에서 컴퓨터 처리 능력이 18개월마다 두 배씩 증가한다는 법칙이다. 즉, IT가 10년마다 대략 100배씩 발전하는 현상을 가리킨다. 비용－성능 비율의 관점에서 보면, 동일한 성능에 소요되는 비용이 거꾸로 기하급수적으로 감소하고 있다. 실무적으로, 기업의 생산성이 IT 투자에 의해 크게 향상될 수 있다는 가설이 힘을 얻었다. 기업이 IT를 도입해 정보처리 능력을 높이면 기존 업무를 보다 더 적은 인력으로 처리할 수 있으며, 여유 인력을 제품 또는 서비스 혁신에 투입할 수 있다는 믿음 때문이었다. 기업마다 IT 기반구조를 구성하는 컴퓨터 하드웨어 및 소프트웨어, 데이터 그리고 통신 네트워크 개선을 위해 1980년대 이후 상당히 많이 투자하고 있다. 세계적으로, 기업이 IT에 매년 쏟아 부은 투자가 21세기 들어 3조 달러를 훌쩍 넘어서고 있는데, 한국 GDP의 두 배 가량 되는 규모이다.[34]

　　그런데, 기업이 IT 기반구조에 상당히 많은 투자를 하더라도 생산성의 향상이 기대보다 낮다는 'IT 역설'이 등장했다. 국가별 IT 투자가 생산성 제고에 미치는 효과가 별로 없다는 실증적 연구 결과가 밝혀진 것이다. 글로벌 컨설팅 회사인 맥킨지도 소수의 산업을 제외하면 IT가 노동 생산성 향상에 통계적으로 유의적 영향을 미치지 못한다는 발표를 하였다.[35] IT 투자가 증가하였는데 기업의 생산성이 예측과 달리 향상되지 않은 원인은 무엇인가? 다양한 이유가 있을 수 있다. IT 투자는 단기간에 이루어지지만 그 효과가 장기간에 걸쳐 실현될 때, 생산성 측정과 분석이 왜곡될 수 있다. 또는 IT 투자가 집중된 분야의 생산성이 높아지더라도 잉여 인력을 다른 분야로 이전시킬 때, 기업의 분야별 생산성이 낮게 나타날 수도 있다.

뜻밖에도, 기업이 IT에 투자를 하였지만 생산성이 더 높아지지 않은 이유가 IT 역량의 네 가지 요소 간의 투자의 불균형 때문임이 밝혀졌다. 기업은 일반적으로 컴퓨터 하드웨어, 소프트웨어 및 통신 네트워크 구축에 막대한 투자를 한다. 이와 같은 유형의 IT 기반구조는 시장에서 구입하기 쉽고, 복제가 용이하며, 대량생산이 가능하다. 그러므로 기업이 IT 기반구조의 구축만으로 차별화된 경쟁력을 확보하기는 어렵다. 기업의 전략을 구현하기 위한 IT 아키텍처, 이를 설계할 수 있는 IT 기술역량, 그리고 기업 내부와 외부 자원을 활용할 수 있는 IT 관리역량에 균형 있게 투자할 때 IT 역량의 시너지 효과를 충분히 발현할 수 있다.[36] 특히, 기업의 IT 아키텍처와 IT 관리역량은 경쟁 기업이 단기간에 모방, 이전, 또는 대체하기 어려운 무형의 희소한 자원이다. 즉, 기업이 IT 역량의 구성요소 간 균형 있는 투자를 할 때 경쟁력을 유지할 수 있다.

결론

— 기업의 핵심적 활동은 의사결정에 필요한 지식 및 데이터의 수집과 분석이다. IT 역량은 그 활동을 지원하기 위한 중추적 자원이며, 경쟁우위를 유지하는 데 기반이 된다.

— 기업이 지속적으로 성장하려면, 혁신 프로세스와 비즈니스 프로세스를 동시에 지원하는 이원화된 IT 역량(Bimodal IT)을 구축해야 한다. 두 프로세스는 수레의 두 바퀴에 비유할 수 있다. 전자는 미래 수익을 창출하기 위한 아이디어의 구상이며, 후자는 현재 수익을 실현하기 위한 일상적 활동이다.

— 혁신 프로세스의 속성은 임직원이 창의적 아이디어를 구상하는 데 원동력이 되는 지식 및 데이터의 수집과 분석을 위한 활동이다. 동료 간의 두뇌지식의 공유를 위한 소셜 미디어 플랫폼의 조성과 빅데이터 분석을 위한 IT 역량이 뒷받침될 때 혁신 프로세스의 성과가 향상될 수 있다.

— 비즈니스 프로세스는 고객의 가치를 실현하기 위해 논리적으로 설계된 활동의 집합이다. 이를 효율적으로 완성하려면 분업화된 기능별 부문, 공급회사 및 고객을 하나로 연결시켜 주는 IT 기반 데이터 통합이 필요하다.

— IT 역량은 자원기반이론의 관점에서 다음 네 가지 요소로 구성된다: 1) IT 아키텍처; 2) IT기반구조; 3) IT기술역량; 그리고 4) IT관리역량

— IT 아키텍처는 IT 역량의 설계로서 다음 네 계층으로 구분될 수 있다: 1) 사용자 인터페이스; 2) IT 응용; 3) 기업 IT 아키텍처; 그리고 4) 공공 IT 아키텍처. 혁신 프로세스와 비즈니스 프로세스 사용자의 서로 다른 목적은 계층 1과 2에서 분리시켜 충족시키되, 두 프로세스의 동일한 속성에 해당되는 계층 3과 4를 공유함으로써 시너지 효과를 보기 위한 설계이다.

— IT기반구조인 컴퓨터 하드웨어 및 소프트웨어, 통신 네트워크 그리고 데이터가 IT 아키텍처의 계층별 설계에 따라 구축된다. 예를 들어, 컴퓨터 하드웨어는 계층 3 설계에 맞춰 구축된다. 혁신 프로세스와 비즈니스 프로세스를 동시에 지원하는 데 적합한 규모의 수퍼 컴퓨터 또는 대용량 서버를 도입하거나, 동일한 서비스를 제공하는 클라우드 컴퓨팅 서비스를 사용할 수 있다. 기업의 IT 기반구조는 경쟁력의 유지를 위한 필요조건이지만, 차별화된 경쟁우위를 달성하는 데 공헌하지 못하는 요소로 실증적 연구 결과 밝혀졌다.

__ IT기술역량은 IT기반구조를 효과적으로 구축하고 운영할 수 있는 역량이며, 경쟁 기업 간에 모방 및 이전이 비교적 용이한 자원이다. 다만, 비구조적 데이터를 창의적으로 분석할 수 있는 다양한 역량의 데이터 과학자는 매우 부족한 상태이며, 체계적 교육과 훈련이 필요한 인적 자원이다.

__ IT관리역량은 경영부문과 IT부문 간 협업, 그리고 외부 고객 및 공급회사 간 긴밀한 협력 관계를 유지할 수 있도록 관리하는 능력이다. 경쟁 회사가 쉽게 모방하거나 이전시키기 어려운 능력이며, 기업 간 차별화된 경쟁우위를 확보하는 데 중요한 무형의 자원이다.

__ 기업이 IT 역량을 향상시켜 경쟁력을 높이려면, IT 아키텍처, IT 기반구조, IT 기술역량 그리고 IT 관리역량 간에 균형 잡힌 투자를 해야 한다. 컴퓨터 하드웨어나 통신 네트워크와 같은 유형의 자원에 아무리 많은 투자를 하더라도, IT 관리가 부실할 때 IT 역량을 충분히 구현하기는 어렵다.

08

/

혁신관리

기업이 성장하려면 지속적으로 혁신해야 한다. 하루가 다르게 변화하는 시장에서, 기업이 과거 성공했던 사업에 안주할 때 실패할 위험성이 매우 커질 수 있다. 노키아의 실패 사례는 혁신의 중요성을 새삼 일깨워준다. 기업은 과감한 혁신을 통해 시장의 변화를 선도할 때 성장할 수 있다.

역설적으로, 현존하는 기업의 주요 목적은 혁신이 아니다. 기업의 고유 목적은 고객에게 제품·서비스를 공급하기 위해 비즈니스 프로세스를 효율적으로 운영하는 것이다. 그로부터 기업의 수익이 실현된다. 기업이 비즈니스 프로세스를 비효율적으로 운영하면 실패할 위험성이 매우 높아진다. 한편, 기업의 혁신 프로세스는 미래 수익을 창출하기 위한 아이디어의 구상 과정이다. 기업은 혁신을 통해 진화한다. 기업의 비즈니스 프로세스와 혁신 프로세스는 수레의 두 바퀴에 비유할 수 있다. 수레가 한 바퀴만으로 갈 수 없는 것과 같이, 기업이 성장하려면 비즈니스 프로세스의 효율적 운영과 더불어 혁신 프로세스의 아이디어 구상을 위한 학습이 필요하다.[1]

실무적으로, 경영자가 비즈니스 프로세스와 혁신 프로세스를 함께 관리하기란 어려운 일이다. 그 이유는 두 프로세스의 속성이 구조적으로 다르기 때문이다. 비즈니스 프로세스 운영의 초점은 효율성 향상에 있다. 반면에 혁신 프로세스의 목적은 아이디어 구상을 위한 학습에 있다. 혁신을 위한 초기 아이디어는 불확실성이 매우 높은 가설일 수 있다. 그 아이디어의 허점을 찾아내 타당성이 더 높은 아이디어로 발전시키는 것이 학습의 목적이다. 학습이 반복적 실험을 거쳐 쌓일수록, 초기 모호하고 불확실했던 아이디어의 성과 예측의 신뢰성이 한층 더 높아질 수 있다. 경영자가 비즈니스 프로세스를 효율적으로 운영하면서, 동시에 혁신 프로세스를 어떻게 효과적으로 관리할 것인지 다음 내용을 중심으로 살펴보기로 하자:

- 혁신 프로세스의 구축
- 혁신 팀의 구성
- 혁신 팀과 모기업 간 협업
- 실험과 학습
- 혁신 성과

혁신 프로세스의 구축

기업이 혁신하려면 조직 구조의 변화가 불가피하다. 비즈니스 프로세스로부터 분리된 혁신 프로세스를 구축해야 한다.[2,3] 혁신 프로세스가 왜 필요한가? 그 이유는 비즈니스 프로세스의 틀 속에서 혁신하기가 어렵기 때문이다.

비즈니스 프로세스의 한계: 비즈니스 프로세스에는 혁신에 걸림돌이 될 수 있는 두 가지 한계점이 존재할 수 있다. 첫째, 비즈니스 프로세스에 종사하는 임직원이 혁신 과업에 필요한 역량을 모두 보유하기 어려울 수 있다. 혁신의 목적이 예를 들어 자율주행차의 개발이라면, 레이더, 센서, 제어, 지도, 인공지능, 무선통신 및 IT 분야 전문가 등이 필요하다. 이 같은 전문가들을 전통적 자동차 회사 내부에서 모두 구하기란 어려울 수 있다. 그러므로, 혁신 과업에 필요한 전문적 역량을 갖춘 혁신 팀을 구성하려면 회사 내부뿐만 아니라 외부까지 인재 선택의 범위를 넓혀야 한다.

둘째, 조직 관행(Organizational Memory)이 혁신 프로세스 수행에 적지 않은 문제가 될 수 있다.[4] 비즈니스 프로세스의 역량이 임직원의 역량을 단순히 합한 것은 아니다. 일반적으로, 비즈니스 프로세스의 효율성을 높이기 위해 개인이 담당하는 업무는 전문화되고, 누가 어떤 결정을 내릴 것인지 공식적 업무관계가 설정된다. 또한, 임직원이 함께 일하는 가운데 눈에 보이지 않는 비공식적 업무관계도 형성된다. 예를 들어, 직원 A와 B가 서로 연관된 업무를 오랫동안 함께 처리할 때, 둘 사이에 특수한 '업무관계'가 형성될 수 있다. 즉, A와 B가 함께 처리할 수 있는 역량은 단순히 A와 B의 함수만은 아니며, 두 직원 간 업무관계도 함수에 포함될 수 있다. 때로, 비즈니스 프로세스의 역량이 임직원의 역량을 모두 합한 것보다 오히려 더 작아질 수도 있다. 그것은 둘 또는 그 이상의 직원이 공식적이 아닌 비공식적 업무관계에 더 치우칠 때이다.

그런데 중요한 점은 비즈니스 프로세스의 목적이 쉽게 변화하지 않기 때문에 오랫동안 함께 일해온 A와 B 사이의 업무관계도 변화할 가능성이 별로 없다는 것이다. 그 업무관계에 관성이 작용하기 때문이다. 오히려, 비즈니스 프로세스의 목적이 효율성을 추구하는 것이기 때문에 임직원 사이에 형성된 업무관계가 더 견고하게 강화될 수도 있다. 즉, A와 B가 처리해야 할 과업이 송두리째 바뀌더라도 두 사람은 그동안 형성해 온 업무관계를 그대로 유지하려는 성향이 남아 있을 수 있다. 만일, 비즈니스 프로세스를 담당하는 직원 사이의 업무관계가 혁신 프로세스 간 협업에 필요한 업무관계와 일치하지 않는다면 그 업무를 새롭게 형성되는 혁신 팀으로 이전하는 것이 바람직하다.

혁신 프로세스의 독립: 기업은 아이러니하게도 혁신을 위해 설계된 조직이 아니다. 기업의 고유 목적은 비즈니스 프로세스 또는 일상적 활동을 효율적으로 수행함으로써 제품 또는 서비스를 고객에게 안정적으로 공급하기 위한 것이다. 전통적으로, 기업의 R&D 기능은 혁신보다 생산 및 판매와 같은 기본적 활동의 효율성을 점진적으로 향상시키는 데 머물러 왔다. 비즈니스 프로세스의 설계는 명확해야 하고, 그 성과는 효율성으로 측정된다.

한편, 혁신 프로세스의 활동은 불명확할 뿐만 아니라, 그 성과는 실험을 통한 학습으로 측정된다. 혁신 프로세스의 속성은 비즈니스 프로세스의 그것과 전혀 다르다. 혁신을 위한 R&D 활동이 비즈니스 프로세스 틀 속에 머물러 있을 때, 임직원은 혁신보다는 효율성에 더 많은 관심을 두기 쉽다. 기업이 혁신을 확대하려면 R&D 활동을 비즈니스 프로세스의 틀에서 분리시켜 독자적인 혁신 프로세스로 탈바꿈시켜야 한다.

결론적으로, 기업의 비즈니스 프로세스를 담당하고 있는 임직원의 혁신 과업을 위한 역량 부족, 창의적 아이디어에 대한 실험 및 학습보다는 효율성 추구 및 그들 사이에 고착화된 업무관계 등이 혁신에 적지 않은 장애요인이 될 수 있다. 그러므로, 혁신을 촉진하기 위해 현존하는 기업의 비즈니스 프로세스를 지원해온 R&D 부문을 단순히 확대하는 전략은 성공보다는 실패할 위험성이 더 클 수 있다. 기업이 혁신하려면 비즈니스 프로세스로부터 <그림 8-1>과 같이 독립된 혁신 프로세스의 구축이 필요하다.[5]

그림 8-1 비즈니스 프로세스와 혁신 프로세스의 분리

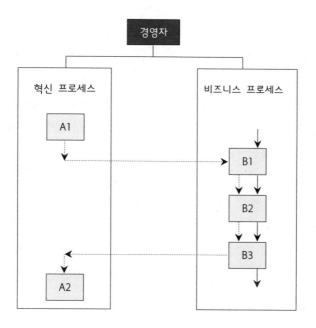

혁신 팀의 구성

혁신 프로세스가 비즈니스 프로세스로부터 분리될 때, 이를 전담할 팀의 구성이 매우 중요하다. 혁신 팀은 기업 임직원, 외부 전문가, 또는 벤처 기업의 취득에 의해 구성될 수 있다. 어떻게 구성하는 것이 이상적인가? 물론 한 가지 정답은 없다. 기업이 추진하는 혁신 과업마다 성격이 다양하기 때문이다. 그렇더라도, 혁신 팀을 구성할 때 한 가지 중요한 기준은 앞에서 논의된 '조직 관행'의 최소화이다.[6] 즉, 기업의 일상적 업무 처리 과정에 형성된 직관 또는 동료 간 비공식적 업무관계가 혁신 프로세스로 이전되면 안 된다는 점이다. 기존 비즈니스 프로세스를 수행하는 과정에 경험적으로 체득된 업무관계가 혁신 프로세스에서 여전히 유지될 때, 혁신 과업에서 성공하기란 어렵기 때문이다. 혁신 팀을 구성할 때 기준은 조직 관행을 최소화하면서, 혁신 과업에 적합한 역량을 갖춘 인재를 선발하는 것이다.

내부 인재의 한계:　혁신 과업을 전담할 팀원을 임직원 중에서 대부분 선발하는 회사가 적지 않다. 그들의 역량은 비즈니스 프로세스의 운영 과정에 이미 검증되었으며, 혁신 과업에서도 동일한 능력을 발휘할 수 있다는 전제이다. 이와 같은 관행의 바탕에는 외부 인재의 제한된 인사 정보 때문에 검증이 불확실할 뿐만 아니라, 그 과정에 적지 않은 시간이 소요된다는 현실적 어려움도 깔려 있다. 그런데 내부 인재를 중심으로 혁신 팀을 구성할 때 다음과 같은 한계가 드러날 수 있다.

　첫째, 임직원 중심으로 구성된 혁신 팀은 혁신 과업을 성공적으로 이끌기 위해 필요한 기술이나 역량이 부족할 수 있다. 혁신 팀이 특정한 과업을 완성하려면 구체적 지식 및 기술뿐만 아니라 일반적 역량도 갖추고 있어야 한다. 즉, 팀원이 혁신 가설에 대해 창의적 질문을 할 수 있어야 한다. 고정관념을 깨뜨리는 대안을 제시하고, 불확실성이 높은 문제에 대해서도 당황하지 않고 대처할 수 있어야 한다. 뿐만 아니라, 혁신 팀의 리더는 정치적 문제를 이해하고 처리할 수 있어야 한다. 그러기 위해서는 사업부를 설립해 독자적으로 운영하면서 다양한 경험을 쌓은 리더가 혁신 팀을 이끌어야 한다. 더구나, 대기업에서 오랫동안 근무한 임직원은 위험회피적 성향을 보이기 쉽다. 이는 혁신 팀원이 갖추어야 할 역량과 어울리지 않는 성향이다. 결론적으로, 혁신 팀이 기업 임직원을 중심으로 구성될 때, 혁신 과업에 필요한 기술 및 창의적 마인드가 부족할 뿐만 아니라 위험회피적 성향마저 보일 가능성이 높다.[7]

둘째, 혁신 팀이 기업 임직원으로 대부분 구성될 때 비즈니스 프로세스에 어울릴 '조직 관행'이 계속 유지될 수 있다. 이와 같은 현상이 생성되는 요인은 크게 보아 개인적 '직관'과 직원 사이에 형성된 '업무관계'이다. 개인적 직관은 비즈니스 프로세스에서 일하면서 체험한 습관, 편견, 행동 방식 또는 사고 방식 등을 토대로 형성된다. 비즈니스 환경의 변화가 적을 때, 개인적 직관은 매우 신속하게 효율적으로 업무를 처리하는 데 도움이 될 수 있으며, 진급이나 연봉 인상 등에 중요한 자산이 될 수 있다. 그러나 직관은 혁신 과업을 성공으로 이끄는 데 커다란 장애요인이 될 수 있다. 혁신 프로세스는 과거 경험으로부터 의도적으로 벗어나기 위한 인지과정이기 때문이다.

또한, 조직 관행이 비즈니스 프로세스에서 함께 일해온 동료 사이에 고착화된 업무관계에서 생겨날 수 있다. 동료는 누가 어떤 과업을 처리할지 서로 잘 알고 있다. 두 사람 사이에 형성된 업무관계는 일상적이며 반복적인 업무를 매우 효율적으로 처리하는 데 도움이 될 수 있다. 그러나 업무관계로 묶인 동료가 혁신 팀으로 옮겨갈 때 거꾸로 걸림돌이 될 수 있다. 창의적 혁신 과업을 처리하는 과정에 동료 사이에 쌓인 도식적 업무관계가 발휘될 수 있기 때문이다. 그러면 혁신 팀이 아니라 규모만 작아진 현존하는 기업과 유사하게 될 가능성이 높아진다. 오랫동안 형성되어 온 동료 간 업무관계는 쉽게 변화하지 않는다. 관행적 업무관계에서 벗어나려면, 혁신 팀을 내부 임직원 중심으로 구성하는 방식을 지양해야 된다.

외부 인재의 영입: 혁신 과업에 적합한 지식, 기술 및 경험을 쌓은 인재를 외부에서 적극 영입해야 한다. 여러 국가, 산업 및 회사에서 다양하게 문화적 경험을 쌓고 기술을 학습한 인재일수록 혁신에 더 적합한 자질을 갖출 수 있다.[8] 애플의 창업주 '스티브 잡스'는 대학생 시절 청강생으로 서체 연구에 몰

입하였다. 인도를 여행하며 심취하게 된 불교의 '선(禪)'은 단순함의 의미를 깨우치는 계기가 되었다고 한다. 그는 미국에 있는 연구소를 방문했을 때 관찰한 '제록스 알토'란 컴퓨터의 마우스와 GUI(Graphic User Interface) 기능에 내재된 상업적 가치를 한 눈에 알아차렸다. 그의 독특하고 다양한 학습과 경험은 예를 들어 매킨토시란 개인용 컴퓨터 및 아이폰 혁신의 원동력이 되었다. 혁신을 위한 창의적 아이디어의 구상을 촉진하려면 다양한 문화에서 학습과 경험을 쌓은 외부 인재를 영입해야 한다.

　　그렇다면, 외부 인재만으로 혁신 팀을 구성하는 방법이 더 이상적인가? 꼭 그렇지는 않다. 혁신 팀을 구성하는 목적이 조직 관행만을 없애기 위한 것은 아니다. 혁신에 성공적이었던 기업의 외부 인재영입 비율은 대략 1/4 미만이었다.[9] 혁신 팀에 적지 않은 외부 전문가가 참여할 때, 모기업에서 형성되었던 직관 또는 업무관계 등을 그대로 유지하기는 어려워진다. 그리고 혁신 팀의 리더를 반드시 외부에서 영입해야 하는 것은 아니다. 그 이유는 혁신 팀이 현존하는 모기업과 다음에 설명하게 될 협업을 해야 하기 때문이다. 혁신 팀과 모기업이 협업하는 과정에 매우 복잡한 정치적 갈등이 생겨날 수 있는데, 외부에서 영입된 인재가 해결하기란 더 어려울 수 있다.

혁신 팀과 모기업 간 협업

기업의 비즈니스 프로세스로부터 혁신 프로세스를 전담하는 팀이 분리될 때, 그것은 독립된 회사이어야 하는가? 아니면 모기업과 서로 협업을 해야 하는가? 혁신 팀이 때로 모기업으로부터 완전히 분리된 '스핀 아웃'(Spin out), 독립 회사, 또는 기존 비즈니스 프로세스에 흡수되는 경우도 있을 수 있다. 그런데, 중요한 점은 모기업으로부터 혁신 팀이 분리되더라도 서로 협업을 함으로써 전자의 자산, 브랜드 및 고객 정보의 이용 등 적지 않은 시너지 효과를 거둘 수 있다는 것이다. 혁신 팀과 모기업 간의 협업이 어떤 조건에서 이루어지는 것이 이상적인지 아래에서 살펴보기로 하자.

협업의 조건: 혁신 팀과 모기업 간의 협업의 조건은 <그림 8-2>에서 보는 것과 같이 '전략적 중요성'과 '자산 이용' 관점에서 크게 네 가지 경우로 나누어 설명할 수 있다.[10]

그림 8-2 혁신 팀과 모기업 간 협업

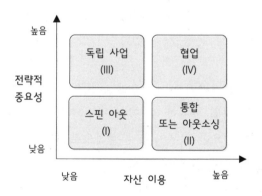

- **스핀 아웃(I):** 새롭게 구상한 사업이 기업의 전략에 비추어 중요하지도 않고, 기존 자산 및 역량을 활용해 시너지 효과를 거둘 수 있는 대상도 아니라면 독립된 회사로 '스핀 아웃'하는 것이 바람직하다. 여기서 기업의 자산이란 제조, 마케팅, 판매, 브랜드, 유통채널, 기술 등의 비즈니스 프로세스 및 고객 정보 등을 뜻한다. 기업이 새롭게 구상한 사업을 벤처 회사로 시장에서 매각할 수도 있다.

- **통합 또는 아웃소싱(II):** 기업이 새롭게 개발한 사업이 전략적으로 중요하지 않지만, 그것을 운영하는 데 기존 자산 및 고객 정보를 활용할 수 있다면 경쟁력을 높이는 데 도움이 될 수 있다. 예를 들어, 가전제품 제조회사가 고장수리서비스를 비즈니스 프로세스에 포함시켜 운영할 수도 있고, 외부 협력회사에 아웃소싱할 수도 있다. 이 경우 모기업과 혁신 팀 사이의 협업은 고려 대상이 아니다.

- **독립 사업(III):** 전략적으로 중요하지만 모기업의 현재 자산 및 역량을 활용하기 어려운 사업은 하나의 독립된 기업으로 운영하는 것이 최선의 대안이 될 수 있다. 예를 들어, 자동차 회사가 자율주행 전기차를 개발했다고 하자. 내연기관을 기반으로 한 회사의 자산 및 역량을 자율주행 전기차에 그대로 적용하기란 어려울 수 있다. 자율주행 전기차 사업라인을 독립된 회사로 운영할 수 있다.

- **협업(IV):** 혁신 사업이 전략적으로 중요하고, 기업의 자산, 핵심 역량 및 고객 정보를 지렛대처럼 활용할 수 있는 경우이다. 이는 혁신 팀과 모기업 사이에 협업이 필요한 경우이다. 본질적으로, 혁신 팀과 모기업 사이에 협업이 필요한 이유는 혁신 프로세스의 속성에서 찾을 수 있다. 혁신 프로세스란 창의적 아이디어를 구상하고, 새로운 제품 또는 서비스로 개발하는 것이 타당한지 여부를 여러 차례 실험을 거쳐 학습하는 과정이다. 초기 창의적 아이디어는 모호하고 불확실한 가설이다. 반복적 실험과 학습을 통해 그 불확실성을 감소시켜야 한다. 예를 들

어, 제품의 원형 개발, 성능 검사, 시장 분할, 가격 결정, 고객의 반응 조사와 같은 무수히 많은 실험 과정에 <그림 8-1>의 점선 부분과 같이 모기업 비즈니스 프로세스의 일부가 참여할 수 있다. 비즈니스 프로세스의 굵은 실선은 기업의 일상적 활동을 뜻한다. 만일, 혁신 팀이 독립 기업이라면 모든 실험을 독자적으로 준비, 측정 및 분석해야 한다. 혁신 팀과 모기업 사이에 협업이 이루어질 때, 실험에 필요한 전문성 확보 및 시간 절약과 같은 시너지 효과가 이루어질 수 있다.

또한, 혁신을 위한 아이디어가 여러 차례 실험을 거쳐 타당성이 충분히 입증되면 모기업의 비즈니스 프로세스로 이전된다. 그리고 고객이 원하는 혁신적 제품 또는 서비스를 일상적으로 제공할 때 기업은 비로소 수익을 실현하게 된다. 물론, 혁신 팀이 구상한 제품 또는 서비스를 독립 기업으로서 자체적으로 고객에게 공급할 수도 있다. 그럴 경우, 모기업의 기존 비즈니스 프로세스를 활용할 때 얻을 수 있는 시너지 효과를 포기해야 한다. 이 책에서는 모기업으로부터 혁신 팀이 분리되더라도 동일한 울타리 안에서 협업을 하는 관계에 초점을 맞추기로 한다.

혁신 팀과 모기업 간 협업: 혁신 팀과 모기업 간의 협업은 혁신 프로세스에 후자의 자산 및 역량을 활용해 시너지 효과를 보기 위한 것이다. 비즈니스 프로세스를 위해 각 부문에서 활동하는 임직원 중에서 일부가 혁신 프로세스에 참여할 때 <그림 8-1>에서 보면 점선으로 연결된다. 그 직원들은 '협업 참여자'이다. 그들은 근무 시간의 일부를 미리 정해진 일정에 따라 혁신 과업을 위해 사용한다. 모기업 직원이 혁신 과업에 참여하더라도 그의 일상적 업무가 변화하는 것은 아니다. 그는 협업 참여자로서 비즈니스 프로세스에서 일상적으로 수행하는 전문성을 혁신 과업을 위해 할애하는 것이다. 넓은 의미에서 보면, 혁신 팀은 혁신 프로세스를 전담하는 팀원과 협업 참여자를 모두 합한 것이다.

그런데, 혁신 팀과 모기업 간 협업이 실제 무척 어려울 수 있다. 그 이유는 양자의 목표가 구조적으로 다르기 때문이다. 모기업의 성과는 분기별 그리고 연도별 이익 목표를 달성한 정도에 따라 평가된다. 모기업의 투자 수익률은 비교적 정확하게 예측될 수 있다. 그리고 모기업이 보유하고 있는 자산과 역량은 혁신 팀의 그것과는 비교할 수 없을 정도로 크다. 한편, 혁신 팀의 목표는 장기적이며, 투자 수익률도 구체적이기보다는 단지 예상에 불과할 만큼 불확실하다. 더구나 혁신 팀이 모기업에 소속되어 있는 협업 참여자의 역할을 직접 통제할 수 없다. 모기업이 협업 참여자를 포함한 자산 배분 과정에 주도권을 행사하기 때문이다. 그렇다고 모기업이 혁신에 소홀할 때 장기적 성장은 불가능하다. 혁신 팀과 모기업 사이에 협업이 생산적으로 이루어지려면 다음과 같은 문제가 미리 정리되어야 한다: 1) 경영자의 관여와 지원; 2) 자원 배분의 투명성; 3) 협업 참여자의 관심.[11]

- **경영자의 관여와 지원:** 경영자의 전폭적 지원 없이 현존하는 모기업과 혁신 팀이 협업하기는 어렵다. 경영자는 <그림 8-1>을 보면 기업의 일상적 운영뿐만 아니라, 혁신 팀이 창의적 아이디어의 구상과 실험을 반복할 수 있도록 충분한 자원을 지원해야 한다. 경영자가 단기 성과에만 초점을 맞추고, 혁신 팀이 필요한 자본과 인력을 적극적으로 지원하지 않는다면 혁신은 구호에 그칠 뿐이다. 경영자는 기존 사업의 관리자에 그칠 것이 아니라 창업자의 마인드도 균형 있게 가져야 한다. 혁신 과업에 투자해서 비록 실패하더라도 학습의 기회로 여길 수 있는 장기적 비전과 전략을 임직원이 다 함께 공유하는 문화를 조성해야 한다. 그러면 모기업의 임직원과 혁신 팀 사이에 혁신 기회를 포착하는 데 귀중한 시장 정보가 교환되고, 비생산적 갈등이 줄어들 수 있게 된다.

  또한, 모기업과 혁신 팀 사이의 협업이 보상 방법에 따라 달라질 수 있다. 경영자의 평가는 모기업과 혁신 팀을 모두 포함한 성과를 기준으로 이루어져야 한다. 현존하는 모기업의 성과는 판매 수익 및 이익을 기준으로 평가될 수 있다. 한편, 혁신 팀의 성과는 학습의 진척도를 토대로 평가될 수 있다. 만일, 경영자의 성과가 모기업만을 중심으로 평가될 때, 그는 단기적 업적에 초점을 맞추고 혁신 팀 간의 장기적 협업에 대해서 특별한 관심을 기울이지 않는 부작용이 나타날 수 있다. 모기업과 혁신 팀 간의 협업에 대해 비협조적인 경영자는 새로운 인재로 대체하는 방안도 고려될 수 있다.

- **자원 배분의 투명성:** 혁신 팀과 모기업이 순조롭게 협업하려면 자원 배분을 위한 투명한 기준이 필요하다. 혁신 프로세스 초기에는 창의적 아이디어 구상에 초점이 있기 때문에 협업 참여자의 지원이 덜 중요할 수 있다. 그러나 혁신 팀이 아이디어 또는 가설의 타당성 검증을 위한 실험을 진행하게 될 때, 그 필요성은 크게 증가할 수 있다. 혁신 팀장은 예를 들어 새로 추진하는 제품의 원형 개발을 모기업 제조부문에 의뢰할 수 있다. 그리고 마케팅 부문에는 제품의 원형을 토대로 고객의 반응 조사를 요청할 수 있다. 그런데 모기업의 부문 책임자는 혁신 팀을 위한 협업이 자신이 담당하는 부문의 성과에 미치게 될 영향을 우선적으로 고려한다. 그는 부문 이익을 극대화하기 위한 방안으로 비용을 발생시킬 요인을 가급적 감소시키려 한다. 즉, 모기업 부문 책임자는 혁신 팀의 인력 요청을 인건비 증가를 이유로 기피하려는 태도를 보일 수 있다. 이런 부문 최적화 현상을 최소화하려면, 혁신 팀은 모기업의 각 부문이 제공하는 협업에 발생하는 비용을 처음 예정했던 수준에 맞추어 지급해야 한다. 즉, 혁신 프로세스의 불확실성 때문에 혁신 팀이 모기업 부문으로부터 실제 제공받은 서비스가 예정보다 적어지더라도 미리 정했던 수준에 맞추어 지급해야 한다. 한 가지 중요한 점은 모기업의 성과를 혁신 과업의 불확실성과 분리해서 평가해야 한다는 것이다.

- **협업 참여자의 관심:** 혁신 팀이 성공하려면 모기업의 부문에 소속되어 있는 협업 참여자의 마음을 얻어야 한다. 그들이 혁신 과업에 충분한 관심을 기울이지 않으면, 혁신 팀만으로 혁신 프로세스를 완성하기가 어렵기 때문이다.

  그런데, 협업 참여자는 혁신 팀보다는 자신이 소속되어 있는 모기업에 더 많은 관심과 충성을 보일 수밖에 없다. 그들의 승진 및 보상을 위한 성과의 평가가 모기업의 각 부문에서 이루어지기 때문이다. 그러므로 모기업의 업무가 바쁜 시기일수록 혁신 팀이 협업 참여자의 도움을 얻기가 더욱더 어려워질 수 있다. 협업 참여자가 혁신 과업에 관심과 노력을 기울일수록 모기업의 부문 책임자는 자신이 맡고 있는 부문의 자산과 역량이 감소한다고 생각할 수 있다. 또는 혁신 과업이 현재 순조롭게 운영되고 있는 모기업의 수익성을 떨어뜨리고 경쟁력을 약화시키면, 자신이 퇴출될지도 모른다는 두려움을 가질 수 있다. 혁신 팀이 협업 참여자의 마음을 얻기란 구조적으로 어려운 일이다.

경영자는 혁신 팀과 모기업 사이의 자원 배분에 있어서 균형을 유지하는 데 중요한 역할을 할 수 있다. 그는 기업의 비즈니스 프로세스의 운영이 단기적 이익을 실현하는 데 중요한 만큼, 혁신 과업의 성공도 장기적 성장에 꼭 필요함을 임직원이 이해할 수 있도록 다각도로 설득해야 한다. 단기적 이익을 실현하는 데 사용할 수 있는 자산 및 역량을 성공 여부가 불확실한 혁신 과업에 배분하는 이유를 경영자는 임직원이 이해할 수 있도록 분명한 경영 철학을 제시할 수 있어야 한다. 즉, 기업이 혁신을 통해 장기적으로 성장할 때 그 혜택이 모든 임직원에게 고루 돌아갈 수 있음을 지속적으로 밝히는 것이다.

그리고 혁신 팀이 협업 참여자로부터 제공받는 서비스에 대해 위에서 설명한 것과 같이 충분히 보상한다면, 모기업의 각 부문이 혁신 과업에 관심을 가질 인센티브가 될 수 있다. 기업의 부문별 측면에서 보면, 혁신 팀이 마치 고객과 같아지기 때문이다. 또한, 혁신 과업에 참여하는 협업 참여자가 개인적 보너스를 얻을 기회가 주어진다면 더 많은 관심을 보일 수도 있다.

실험과 학습

기업이 혁신 프로세스의 초점을 단기적 결과보다 학습에 둘 때 더 나은 성과를 기대할 수 있다. 혁신을 위한 초기 아이디어는 어설픈 가설에 불과할 수 있다. 그 아이디어의 허점을 찾아내 수정하고 성공 가능성이 높은 아이디어로 발전시키는 것이 학습의 목적이다. 혁신 프로세스는 성과가 투자액보다 클 것으로 예상될 때 시작된다. 그런데 어설픈 아이디어에 근거한 성과 예측은 그야말로 신뢰성이 낮은 어림짐작에 불과하다. 학습이 쌓일수록 불확실했던 성과의 예측이 신뢰할 수 있는 수준으로 향상될 수 있다. 학습이 진행되고 있음을 알 수 있는 지표는 <그림 8-3>과 같이 성과 예측의 신뢰성이 향상되는 정도이다.

그림 8-3 성과 예측과 학습 지표

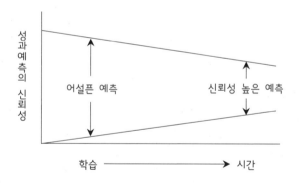

출처: Govidazajan, V. and C. Trimble, *The Other Side of Innovation*, Harvard Business Review Press, 2010.

학습에 필요한 데이터는 실험을 통해 구할 수 있다. 요리의 예를 들어 보자. 요리사는 어떤 음식 재료와 요리 방식이 가장 최선의 요리를 만들 수 있는지 나름대로 예측한다. 그는 고객이 자신의 요리에 대해 얼마나 만족하는지 관찰하면서, 자신의 예측이 맞았는지 혹은 틀렸는지 단시간에 확인할 수 있다. 고객의 반응이 자신이 예측한 수준에 미치지 못할 경우, 요리사는 음식 재료와 요리 방식을 변경하고 고객의 만족도를 다시 관찰한다. 그는 여러 차례 실험을 통해 학습하면서 고객에게 최적화된 요리 방식을 찾아낼 수 있다.

한편, 실험 후 성과의 실현까지 장기간이 필요할 경우 인간의 학습이 떨어질 수 있다. 실험과 성과 간의 인과관계 규명이 지연될 때 인간이 이를 직관적으로 이해하기가 어려워지기 때문이다. 요리의 경우와는 달리, 비즈니스 실험의 성과는 전체가 아닌 아주 작은 일부분만 단기간에 확인될 수 있다. 비즈니스 아이디어의 실험 후 서로 다른 시점에 구현되는 작은 성과를 모두 모아 하나의 그림으로 완성하고 이를 학습하려면 그 작은 성과에 대한 데이터의 축적과 분석이 이루어져야 한다. 경영자는 일반적으로 실험과 학습의 중요성을 이해하고 있다. 그런데, 실험 후 성과가 모두 실현될 때까지 긴 시간이 소요될 경우, 경영자는 부분적 학습을 축적해 분석하기보다 직관에 의존하는 경향이 높아진다. 만일 그렇다면, 학습의 의미는 퇴색된다. 이런 한계점을 극복하려면, 경영자는 혁신을 위한 실험 및 학습 계획을 체계적으로 수립해야 한다. 이와 관련해 논의할 주요 내용은 다음과 같다:

- 실험과 학습의 계획 수립
- 실험과 학습의 효과적 수행

실험과 학습의 계획 수립:　실험은 불확실성이 높은 혁신 과업이 과연 소기의 성과를 달성할 수 있는지 검증하기 위한 것이다. 혁신 과업으로부터 거둘 성과를 예측하는 데 참고할 수 있는 과거 사례나 기준은 드물다. 그러므로 실험과 학습을 위한 계획 수립의 중요성은 아무리 강조해도 지나침이 없다. 체계적이고 치밀한 계획 수립에 때로 시간과 비용이 더 많이 발생하더라도 혁신 과업을 성공으로 이끌어주는 지름길이기 때문이다. 혁신을 위한 아이디어의 타당성 실험 및 학습 계획의 수립 과정은 <그림 8-4>에서 보는 것과 같이 네 단계이다: 1) 실험 계획의 수립; 2) 성과 예측; 3) 실험 및 성과 측정; 그리고 4) 예측과 성과 간의 차이 분석.[12] 첫째, 무엇을 실험할 것인지 구체적 계획을 수립해야 한다. 실험의 주요 목적은 아이디어의 타당성을 검토하는 데 적합한 성과를 측정하기 위한 것이다. 둘째, 실험 후 나타나게 될 성과를 미리 예측해야 한다. 그리고 그 근거 및 가정도 명시해야 한다. 이 과정이 학습의 출발점이다. 셋째, 실험 과정에 미리 계획된 성과를 측정해야 한다. 만일, 어떤 성과를 측정할 것인지 미리 계획하지 않았다면 실험이 진행되는 과정에 생성되는 데이터의 측정 기회를 놓칠 수 있다. 넷째, 예측과 성과 간 차이의 원인을 분석하고, 그것을 창의적으로 인지하는 과정이 학습이다. 학습에 의해 아이디어의 수정이 이루어질 수 있다.

그림 8-4 실험과 학습 계획의 수립

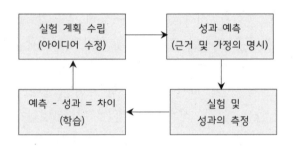

실험의 성과는 ① 성공, ② 실패, 또는 ③ 학습으로 구분될 수 있다.[13] 첫째, 성공이란 예측의 신뢰성이 충분히 높다고 볼 수 있는 경우이다. 즉, 혁신 아이디어가 어설픈 가설에서 타당성이 높은 지식으로 전환된 경우이다. 성공할 가능성이 높은 혁신 아이디어는 비즈니스 프로세스로 이전되고, 새로운 제품 또는 서비스로 개발될 수 있다. 둘째, 혁신을 위한 아이디어 중에서 성공보다는 실패의 경우가 더 많을 수 있다. 실험의 성과가 실패로 판명되더라도 학습이 이루어진다면 무의미하거나 낭비이기보다는 더 나은 혁신 아이디어를 구상하는 데 유용한 밑거름이 될 수 있다. 셋째, 실험의 결과 가장 많이 이루어지는 것이 학습이다. 그것에 따라 혁신 아이디어가 수정되고, 새로운 실험과 학습 계획이 이어진다.

실험과 학습의 효과적 수행: 혁신이란 새로운 비즈니스의 구상이다. 기업의 일상적 활동인 비즈니스 프로세스의 계획 수립 및 성과 측정 방법을 혁신 프로세스에 그대로 적용하는 것은 무리이다. 혁신 아이디어를 실험하는 데 참고할 수 있는 과거 사례가 별로 없기 때문에 독특한 실험 계획을 매번 수립해야 한다. 그렇다고, 실험 및 학습을 무계획하게 진행해도 좋다는 뜻은 아니다. 혁신 경영의 대가인 고빈다라얀(Govindarajan) 등은 혁신을 위한 실험과 학습을 효과적으로 수행하는 데 적합한 실무적 지침을 다음과 같이 제시하고 있다: 1) 실험 계획의 중요성; 2) 가설과 학습; 3) 가설의 인과관계도; 4) 효과적 실험; 그리고 5) 독립적 실험 계획의 수립.[14]

- **실험 계획의 중요성:**   경영자가 혁신 프로세스에서 실험 계획의 수립에 더 많은 예산과 시간을 배정할수록 더 나은 학습이 이루어질 수 있다. 그리고 실험 계획의 수립 과정에 성과의 예측과 그 논리적 근거를 구체적으로 명시할 때 학습의 효과가 더 커질 수 있다.

  그런데, 경영자가 혁신 프로세스의 계획 수립에 실제로 큰 관심을 기울이지 않는 경우가 적지 않다. 그 이유가 무엇인가? 전통적으로, 경영자는 지난 해 성과를 기준 삼아 올해 비즈니스 프로세스의 계획을 수립한다. 그리고 그 계획을 달성한 정도에 따라 평가된다. 한편, 혁신 프로세스의 성과는 그것에 내재된 불확실성 때문에 예측으로부터 크게 벗어나는 경우가 대부분이다. 경영자가 혁신 프로세스의 계획과 성과 간의 괴리가 어차피 클 것으로 예상할 때 그 계획 수립에 종종 많은 관심을 기울이지 않는다. 이와 같은 실무적 관행은 혁신 프로세스의 속성을 전혀 이해하지 못하기 때문에 비롯되는 것이다.

  혁신 프로세스에서 실험 계획의 수립 목적은 무엇인가? 그것은 단기적 성과보다는 학습효과를 높이기 위한 것이다. 혁신 프로세스의 성과가 예측에 미치지 못했을 때 그 원인을 규명하기란 매우 까다로운 일이다. 그 성과가 적정한 것인지 여부를 가늠하는 데 필요한 표준이 존재하지 않기 때문이다. 대신, 혁신 프로세스의 성과는 계획 수립 단계에서 설정된 가설의 신뢰성 관점에서 평가될 수 있다. 즉, 혁신 아이디어의 성과 예측의 가치는, 계획대로 정확하게 달성된 정도가 아니라,

가설의 신뢰성을 검토하는 과정에 이루어지는 학습에 있다. 그러므로 실험 계획의 수립 단계에서 성과의 예측과 그 논리적 근거 및 가정을 구체적으로 명시하지 않고 실험을 반복한다면 기대한 만큼 학습이 이루어지지 않을 수 있다.

그리고 혁신을 위한 실험 계획의 수립과 성과의 측정은 백지에서 시작해야 한다. 비즈니스 프로세스에서 매년 반복적으로 적용되는 표준 원가, 성과의 측정, 계획 수립 방식 등과는 결별해야 한다. 이와 같은 전통적 경영관리 기법은 비즈니스 프로세스에 적용될 때 매우 효율적인 방법이다. 그러나 변화에 초점을 둔 그리고 불확실성이 높은 혁신 프로세스에 적용하기에는 너무 경직된 방법이다. 혁신을 위한 실험 계획의 수립과 성과의 측정은 아무 것도 전제하지 않을수록 좋다.

그런데, 경영자가 사업 규모에 비례해 자신의 시간과 관심을 배분할 가능성이 높다. 제품 또는 서비스를 실제로 공급하고 있는 비즈니스 프로세스의 규모는 혁신을 위한 아이디어의 실험 및 학습에 초점이 있는 혁신 프로세스와 비교할 수 없을 정도로 월등히 크다. 자연히, 경영자는 전자의 계획 수립 및 성과에 대부분의 관심을 기울이고, 후자에 대해서는 소홀하기 쉽다. 그러나 경영자가 비즈니스 프로세스로부터 현재 실현되고 있는 수익뿐만 아니라 미래 잠재 수익도 실현하려면, 혁신 프로세스의 실험 및 학습 계획의 수립에 균형 있는 관심을 기울여야 한다.

• **가설과 학습:** 혁신에 필수적인 학습을 하려면 성과 예측의 근거가 되는 가설에 초점을 맞추어야 한다. 가설의 의미를 이해하는 데 도움이 될 예를 들어보기로 하자:

오티스 엘리베이터 회사는 유지보수 시간을 단축시키기 위한 가설로 "데이터베이스의 응용"을 설정하였다. 오티스는 북미지역에서 고장 수리를 한 엘리베이터의 기술적 제원, 고장 이력 및 그 수리에 적합한 기술자의 역량 등을 데이터 항목으로 설계하였다. 건물마다 완공된 시점이

다르기 때문에 설치된 엘리베이터의 기술적 수준도 서로 다를 수 있다. 데이터베이스를 응용하면, 각 엘리베이터의 기술적 제원에 적합한 역량을 갖춘 기술자를 신속히 파견할 수 있게 됨으로써 유지보수 시간을 단축시킬 수 있다는 가설을 설정한 것이다. 그리고 유지보수의 시간 단축은 고객 만족도의 향상과 매출의 증가로 이어질 것이라는 가설이다.

엘리베이터 회사가 유지보수에 소요되는 시간을 단축하기 위한 구체적 방안을 설계해 가설을 실험하면 성과가 나타난다. 그리고 가설에 따라 예측된 유지보수 시간의 "예측 – 성과 = 차이"에 대한 분석은 가설의 타당성 검증과 학습에 매우 효과적인 근거가 될 수 있다. 여기서 '차이'가 클 경우, 그것은 실험에서 설정된 인과관계가 수정되어야 함을 의미한다. 즉, 혁신 팀원들은 데이터베이스의 응용만으로는 유지보수 시간의 실제 단축이 기대에 미치지 못함을 학습할 수 있게 된다. 그것은 데이터베이스의 응용 이외에 유지보수 시간을 단축시키는 데 도움이 될 수 있는 또 다른 방안을 모색하는 계기가 된다. 혁신 과업이 경영자의 직관에 의해 수정되어서는 안 된다. 그것은 혁신 프로세스를 운에 맡기는 일이며, 시행착오 끝에 실패할 위험성이 커진다. 실험 데이터의 분석에 의해 이루어지는 학습이 혁신 과업을 수정할 수 있는 객관적 근거가 된다.

그런데, 경영자에게 혁신 가설의 검증을 위한 실험을 제안하면, 그는 판매액 및 영업이익이 얼마나 증가할 수 있는지 구체적 데이터를 흔히 요구한다. 일상적으로 반복되는 비즈니스 프로세스 관리에 익숙한 경영자의 그와 같은 반응은 예상되는 일이다. 그러나 경영자가 설익은 혁신 아이디어로부터 당장 얼마나 이익을 실현할 수 있는지 구체적 데이터를 요구한다면, 그는 실험 계획의 수립과 성과 예측의 중요성을 이해하지 못하는 것이다. 위에서 살펴본 엘리베이터 사례에서 유지보수 시간을 단축시킬 수 있는 최선의 아이디어는 무엇인가? 혁신 성과 예측의 근거가 되는 가설 또는 아이디어는 그야말로 엉뚱해 보이는 상상력에 의해 도출된 것이다. 초기에 어설프고 설익었던 혁신 아이디어가 여러 차례의 실험과 학습을 통해 다듬어질 때 신뢰성 높은 성과 예측이 가능해진다. 경영자가 성과 예측을 위해 설정한 가설이 실험 계획에서 가장 중요한 정보임을 인식하지 못한다면, 그는 학습을 포기한 것과 같다.

그림 8-5 가설의 인과관계도

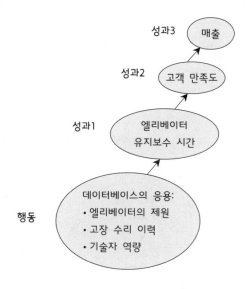

출처: Govindarajan, V. and C. Trimble, 2010.

- **가설의 인과관계도:**   실험 가설은 기업의 '행동'과 실현될 '성과' 간의 인과관계이다. 혁신이 한 사람의 생각만으로 성공하기는 어렵다. 혁신에 참여하는 동료 사이의 협업이 중요하다. 가설의 인과관계를 혁신에 참여하는 모든 동료가 이해할 때 실험과 학습의 효과가 배가될 수 있다.

　전통적으로, 기업의 비즈니스 프로세스와 관련된 예산은 스프레드시트에 숫자로 기록된다. 그 예산을 살펴보는 임직원은 제품별 판매 목표와 생산 계획 등을 손쉽게 이해할 수 있다. 그런데 혁신 가설이 스프레드시트 형식으로 작성된다면 혁신 팀원이 이를 모두 이해할 수 있을까? 이해하기 어려울 뿐만 아니라 무의미할 것이다. 혁신 팀원이

스프레드시트에 기술된 가설을 명료하게 이해하지 못한다면 실험 계획의 수립과 그 성과를 평가하는 과정에 초점을 잃기 쉽다. 혁신 팀원은 종종 가설에서 벗어나 개인적 생각을 즉흥적으로 제시하게 되고, 실험은 비효과적으로 표류하기 쉽다. 실험의 핵심인 가설을 명료하게 이해하지 못하는 혁신 팀원이 그 가설의 신뢰성 평가와 학습을 제대로 하기란 더욱더 어려운 일이다. 이와 같은 문제를 해결하는 데 <그림 8-5>에서 보는 가설의 인과관계도는 매우 유용한 도구이다.

그림 8-6 수정된 가설의 인과관계도

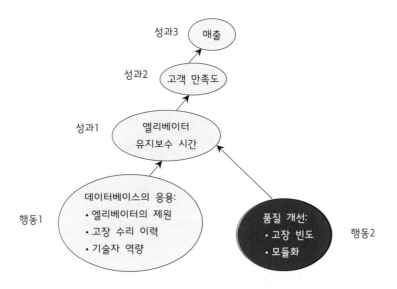

가설의 인과관계도가 혁신 팀 동료의 학습에 어떤 효과가 있는가? 그것은 기업이 선택할 행동과 실현될 성과 간의 인과관계를 이해하는 데 도움이 되는 대화형 모형이다. 즉, 오티스 엘리베이터 회사 사례에서, 데이터베이스의 응용이란 행동이 유지보수 시간, 고객 만족도, 그리고 매출과 같은 단계적 성과에 미치는 효과를 누구나 쉽게 이해할 수 있도록 보여 준다. 혁신 팀원은 가설의 인과관계도를 기반으로 혁신 과업의 타당성 검증과 학습을 효과적으로 할 수 있게 된다.

데이터베이스의 응용에 따른 성과의 예측과 실현된 성과 간에 상당한 차이가 발생할 경우, 혁신 팀원마다 예측한 성과의 신뢰도가 변화하게 되면서 그들의 두뇌지식도 새롭게 전환된다. 동료가 브레인스토밍 등을 이용한 토의 또는 대화를 하는 가운데 변화된 두뇌지식을 공유함으로써 초기 가설을 <그림 8-6>과 같이 수정할 수 있다. 즉, 데이터베이스의 응용만으로 유지보수 서비스의 매출을 증가시키는 데 한계가 있으며, 엘리베이터의 기술적 혁신도 필요하다는 새로운 가설을 추가로 설정할 수 있다(행동 2). 엘리베이터의 기술적 개선 및 모듈화가 예를 들어 유지보수 시간을 단축하는 데 도움이 될 수 있다는 가설의 세분화이다. 실험이 거듭되면서 초기 가설은 수정되고, 혁신 성과 예측의 신뢰성이 높아질 수 있다. 결론적으로, 혁신 팀원이 가설의 인과관계도를 통해 실험 계획을 명료하게 이해할 때 혁신을 위한 학습이 보다 더 효과적으로 이루어질 수 있다.

- **효과적 실험:** 실험의 목표는 많은 학습을 적은 비용으로 신속히 하기 위한 것이다. 그럴 수 있는 기업이 다른 경쟁 기업보다 한 발 앞서 혁신에 성공할 수 있다. 경영자는 대규모 실험에 앞서 작은 실험으로도 거의 동일한 정보를 얻을 수 있는지 검토해 보아야 한다. 경쟁 회사가 시장을 먼저 독점할 수도 있다는 우려 때문에 처음부터 대규모 실험 계획을 수립하기도 한다. 그러나 다른 조건이 동일하다면, 대규모 실험을 서두르기보다 작은 실험부터 차근차근 조직적으로 진행해 보는 것이 바람직하다. 그 근거는 신제품을 세계 시장에서 유통시키기 전에 지역 시장에서 먼저 실험해 보는 실무적 사례에서 찾을 수 있다.

또한, 신속한 학습을 위해 성과 분석을 될수록 쉽게 할 수 있는 방안을 궁리해야 한다. 실험과 동시에 분명한 성과를 구할 수 있다면 이상적이다. 그런데, 실험이 이루어졌지만 예상치 못한 제약 때문에 성과가 지연될 수 있다. 그런 걸림돌을 제거할 수 있다면 빠른 학습이 가능하다. 그리고 실험에서 채택한 행동 변수 이외에 성과에 영향을 미칠 수 있는 외적 요인을 통제할 방안도 모색해야 한다.

그리고 둘 이상의 가설이 위의 <그림 8-6>에서 보는 것과 같이 하나의 실험에 포함될 수 있다. 그 중에서 혁신의 성공 또는 실패를 가늠하는 데 결정적 역할을 할 세부적 가설을 찾아낼 수 있다면 실험에 소요되는 비용과 시간을 감소시킬 수 있다. 바꾸어 말하면, 실험을 단순히 여러 차례 반복하는 것보다 실패할 가능성이 큰 가설을 먼저 찾아내는 것이 비용과 시간을 절약할 수 있는 바람직한 방안이다. 그러므로, 실험에 의해 새로운 데이터가 수집될 때마다 현재 가설이 타당한지 여부를 분석해 보는 유연한 마인드가 필요하다.

- **독립적 실험 계획의 수립:** 혁신 프로세스의 계획 수립 및 평가는 비즈니스 프로세스와 별개로 진행되어야 한다. 두 가지 속성이 구조적으로 다르기 때문이다. 비즈니스 프로세스의 평가는 경영 계획이 근본적으로 타당하다는 전제에서 진행된다. 즉, 분기별 또는 연간 성과가 계획에 미치지 못했을 때 원인 분석 및 대책을 강구하게 된다. 한편, 혁신 프로세스의 가설은 근본적으로 실패할 수 있다는 전제에서 출발해야 한다. 실험 결과에 따라 실패할 가능성이 높은 가설은 폐기되고 새로운 가설이 구상된다. 혁신 프로세스의 초점은 최종 성과보다는 학습에 있다. 가설의 성과 예측의 신뢰성이 실험이 반복될수록 향상될 때, 그것은 학습이 이루어지고 있음을 반증하는 것이다. 학습이 충분히 누적될 때 혁신의 성공 가능성이 높아진다.

혁신 성과

혁신 프로세스의 성과는 창의적 아이디어의 구상이다. 추상적 혁신 성과를 어떻게 측정하고 평가해야 하는가? 비즈니스 프로세스와 달리, 혁신 프로세스에는 정해진 틀이 없으며 내재된 불확실성이 매우 높다. 그 성과의 예측도 불확실할 수밖에 없다. 경영자가 아무리 열심히 노력하더라도 성공보다는 실패할 위험성이 더 크다. 그렇다고 혁신 프로세스의 성과를 평가하지 않는다면, 혁신 팀원이 어떤 노력을 구체적으로 기울여야 할지 모호할 수 있다. 드러커(Drucker)는 "혁신을 위한 노력은 그 성과를 평가할 때 비로소 이루어진다. 인간은 평가 방식에 따라 행동한다"고 주장하였다.[15] 한편, 애머빌은 개인적 성과의 평가 또는 보상과 같은 '외적 통제'가 혁신의 핵심인 창의성을 떨어뜨릴 수 있다는 부정적 영향을 경계하였다.[16] 과업의 평가 또는 보상이 예상될 때, 개인이 과업에 몰입하지 못하는 현상이 나타나면서 창의성이 떨어진다는 것이다. 그렇다면, 혁신 프로세스에서 개인적 창의성을 북돋을 수 있는 성과의 측정과 평가를 어떻게 해야 하는가?

혁신 프로세스에서 창의적 아이디어의 구상은 임직원의 창의성과 체계적 실험 및 학습의 산물이다.[17] 첫째, 경영자는 임직원의 창의성을 향상시키는 데 적합한 혁신 역량을 구축해야 한다. 경영자가 <그림 8-7>과 같이 지식관리 역량, 혁신탐지 역량 그리고 IT 역량을 균형 있게 구축할 때 임직원의 창의성을 한결 더 높일 수 있다.

둘째, 혁신 프로세스에서 실험과 학습이 체계적으로 이루어질 때 창의적 아이디어가 더 풍부하게 구상될 수 있다. 여기서 실험과 학습은 무엇을 뜻하는가? 기업 임직원이 기술 또는 시장의 변화를 경쟁 회사보다 먼저 읽고 창의적 아이디어를 제시할 수 있다. 그 아이디어는 때로 황당하거나 허점 투성이의 가설에 불과할 수 있다. 혁신 프로세스는 그 가설을 검증하기 위한 실험 및 학습 과정이다. 즉, 아이디어에 따라 개발된 원형 제품·서비스가 고객의 가치를 더 크게 향상시킬 수 있는지 실험 데이터를 수집해 분석해야 한다. 실험 결과, 고객의 가치가 기대와 달리 향상될 가능성이 낮다면 가설 또는 혁신을 위한 초기 아이디어를 수정 또는 폐기해야 한다. 이와 같은 활동이 실험이고 학습이다. 혁신을 위해 처음 제시된 아이디어가 여러 차례 실험을 거쳐 학습이 반영되면서, 강 하류에서 발견되는 매끈한 조약돌처럼, 타당성이 향상된 아이디어로 탈바꿈될 수 있다. 성공적인 아이디어는 비즈니스 프로세스로 이전되고, 고객을 위한 제품·서비스로 비로소 구현된다. 한편, 혁신을 위한 아이디어가 실패로 판명되더라도, 미래 혁신을 위한 아이디어 구상에 밑거름이 되는 학습 정보가 된다면 낭비이기보다 생산적 활동이 될 수 있다. 결론적으로, 혁신 프로세스의 성과인 아이디어의 구상은 임직원의 창의성을 기반으로 한 체계적 실험과 학습의 산물이다.

경영자가 혁신 프로세스의 성과를 평가하려면, 임직원 개인보다는, 그들의 내적 창의성을 높이기 위한 혁신 역량의 구축과 실험 및 학습 과정에 초점을 맞추어야 한다. 이와 관련해 살펴볼 주요 내용은 다음과 같다: 1) 실험과 학습; 2) 내적 창의성 구성요소; 3) 외적 업무환경; 4) 지식관리 역량; 5) 혁신 탐지 역량; 6) IT 역량; 그리고 7) 혁신 팀과 모기업 간 협업.

그림 8-7 창의성과 혁신 역량[18,19]

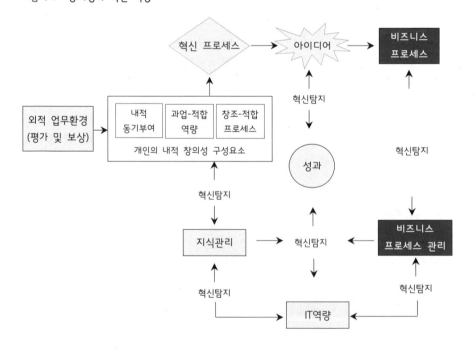

실험과 학습: 혁신 과업은 불확실성이 매우 높은 수준에서 시작된다. 학습은 그 불확실성을 감소시켜 나가는 과정이다. 그러므로 혁신 프로세스의 초점은 단기적 실적보다 학습에 모아져야 한다. 그것은 혁신 과업 또는 가설의 허점을 찾아내 보다 타당성이 더 높은 과업으로 발전시켜 나가는 창의적 인지 활동이다. 학습은 체계적 실험에 의해 가능하다. 학습이 경영자의 직관에 의해 이루어지는 경우는 드물다. 그것은 요행을 바라는 일이다. 실험이란 혁신 과업과 그 성과 간의 인과관계를 규명하기 위한 것이다. 과업의 불확실성이 높을수록 예측되는 성과의 신뢰성은 거꾸로 낮다. 실험하고 학습하면서 혁신 과업을 세분화 내지 수정해야 한다. 그리고 수정된 과업으로부터 예상되는 성과의 신뢰성이 높아질 때, 그것은 학습이 이루어진 것을 반증한다. 얼마나 많은 학습을 해야 하는가? 성과 예측의 신뢰성이 학습의 바로미터이다. 즉, 혁신 과업으로부터 예상되는 성과의 신뢰성이 충분히 높다고 판단될 때까지 반복적 학습이 필요하다.[20]

혁신 과업과 성과 간 인과관계를 규명하기 위한 '실험 및 학습 계획의 수립'을 통해 혁신 프로세스를 성공적으로 수행하는 데 필요한 정보를 구할 수 있다.[21] 안개 속에서 골프를 친 경험이 있는가? 그 골프 코스를 잘 알고 있는 도우미가 지정하는 방향과 거리에 맞춰 스윙을 하면 공은 뜻밖에도 좋은 위치에 놓여 있는 경우가 적지 않다. 혁신 과업도 불확실하고 모호한 점에서 안개가 자욱한 상태의 골프와 유사하다. 혁신 과업의 인과관계 검증을 위한 실험 계획의 수립, 성과의 예측, 실험 데이터의 분석, 그리고 학습은 골프 도우미처럼 그 과업의 불확실성을 감소시켜 주는 정보를 제공해준다. '실험 계획의 수립 및 학습'을 체계적으로 수행할 때, 혁신 과업의 성과 예측의 신뢰성을 향상시킬 수 있다. 경영자와 혁신 팀이 아래 '실험과 학습을 위한 질문'에 충실히 대응할 때 혁신 프로세스의 실험 및 학습을 체계적으로 실행할 수 있다. 그것은 개인 성과의 평가가 아닌 혁신 과업의 수정과 다음 실험을 위한 학습 정보가 된다. 다만, 실험 및 학습을 위한 활동과 관련된 질문은 이 책에서 논의된 내용을 기반으로 구성되었다. 혁신 프로세스의 학습 성과를 측정하고 평가하기 위한 과학적 척도의 개발을 제안하고자 한다.

- 실험과 학습을 위한 질문:

　　__ 혁신 과업의 실험 계획 수립에 충분한 예산과 시간을 투입하였는가?

　　__ 실험 계획의 수립과 성과의 측정이 백지에서 이루어졌는가?

　　__ 혁신 과업과 성과 간 인과관계 검증에 초점을 맞추어 실험 및 성과 측정 계획이 수립되었는가?

　　__ 실험 계획의 수립과 성과 측정의 근거가 명시되었는가?

　　__ 혁신에 참여하는 임직원이 공유할 수 있는 가설의 인과관계도가 이용되었는가?

　　__ 혁신 과업이 실험에서 파악된 객관적 근거에 의해 수정되었는가?

　　__ 혁신에 참여하는 임직원이 혁신 과업과 관련된 정보에 신속하게 대응하였는가?

　　__ 혁신에 참여하는 임직원이 학습하려는 적극적 마인드를 갖고 있는가?

　　__ 경영자가 비즈니스 프로세스뿐만 아니라 혁신 프로세스에도 균형 있게 관여하였는가?

　　__ 소규모 실험으로도 충분한 학습 효과를 올릴 수 있도록 신속하고 효과적 계획이 수립되었는가?

　　__ 혁신 프로세스의 계획 수립 및 학습을 위한 분석이 비즈니스 프로세스와 독립적으로 이루어졌는가?

내적 창의성 구성요소:　　혁신 프로세스의 원동력인 개인의 '내적 창의성 구성요소'는 <그림 8-7>과 같이 내적 동기부여, 과업-적합 역량, 그리고 창조-적합 프로세스이다. 세 가지 구성요소 중에서 어느 하나라도 결여되면 혁신 프로세스의 성과가 떨어지게 된다. 즉, 내적 창의성의 구성요소가 위에서 논의한 학습의 바탕이다. 실험을 단순히 여러 차례 반복한다고 혁신 과업의 허점이 저절로 드러나고, 보다 더 창의적인 과업을 쉽게 구상할 수 있는 것은 아니다. 학습이 창의적으로 이루어질 때 혁신 과업으로부터 예측되는 성과의 신뢰성이 향상된다. 즉, 효과적 학습은 내적 창의성의 구성요소가 탄탄할 때 이루어진다. 그러므로 혁신 성과를 향상시키려면 내적 창의성 구성요소의 효과를 높이고, 반대로 저해하는 외적 요인을 최소화해야 한다.[22] 내적 창의성 구성요소는 다음과 같은 질문을 통해 측정할 수 있다.

- **내적 동기부여:**
  — 임직원이 과업을 업무가 아니라 재미있는 놀이로 여기는가?
  — 임직원이 특정한 과업에 자율적으로 관여할 수 있는가?
  — 임직원이 특정한 과업의 해결 방법을 자율적으로 선택할 수 있는가?
  — 임직원이 혁신 팀을 자율적으로 구성할 수 있는가?
  — 임직원이 여가보다 과업의 성과로부터 더 큰 내적 즐거움을 얻는가?

- **과업-적합 역량:**
  — 혁신 팀이 내부와 외부의 인재로 균형 있게 구성되었는가?
  — 혁신 팀이 혁신 과업과 관련된 일반적 지식을 충분히 갖추고 있는가?
  — 혁신 팀이 혁신 과업과 관련된 기술적 역량 및 특별한 재능을 충분히 갖추고 있는가?

- **창조-적합 프로세스:**
  — 혁신 팀이 다양한 문화와 지식을 갖춘 사람들로 구성되었는가?
  — 혁신 팀원 중에 무임승차자가 존재하는가?
  — 혁신 팀원 간에 평가불안 현상이 존재하는가?
  — 혁신 팀원 간 지식 공유를 지원해주는 소셜 미디어, 예를 들어, 위키 등을 사용하는가?
  — 혁신 팀원이 빅데이터 분석을 활용할 수 있는가?
  — 혁신 팀원이 한 가지 혁신 과업에 오랫동안 관심을 갖고 집중할 수 있는가?

외적 업무환경: 과업의 평가 및 보상이 <그림 8-7>과 같이 예상될 때, 임직원이 과업에 몰입하지 못하는 현상이 초래될 수 있다. 임직원이 기울일 수 있는 '관심역량'에 한계가 있기 때문이다. 그러므로, 경영자가 혁신 프로세스를 성공적으로 수행하려면 임직원에게 외적 동기부여보다 학습에 필요한

정보를 제공해야 된다.[23]

- **외적 동기부여:**
  - _ 임직원이 자신의 성과가 다른 사람에 의해 평가될 때 과업을 놀이가 아닌 업무로 인식하게 되는가?
  - _ 임직원이 자신의 성과가 다른 사람에 의해 평가될 때 위험성이 높은 과업을 회피하려는 성향을 보이는가?
  - _ 임직원이 보상을 위해 더 단순하고 쉬운 과업을 선택하는가?
  - _ 임직원이 보상을 위해 과업의 범위를 좁게 설정하는가?
  - _ 임직원이 보상에 관심을 기울일수록 고정관념을 벗어나는 데 어려움이 있는가?
  - _ 임직원이 보상에 관심을 기울일 때 과업에 대한 흥미가 낮았는가?
  - _ 임직원이 보상에 관심을 기울일 때 과업으로부터 느낀 즐거움이 크지 않았는가?
  - _ 임직원이 전혀 기대하지 않은 보너스를 받을 때 내적 동기부여가 커지는가?
  - _ 경영자가 임직원의 발전을 격려하고 인정하는 비즈니스 환경을 조성하는가?
  - _ 경영자가 임직원에게 창의성을 독려하는 분명한 비전과 메시지를 전달하는가?
  - _ 기업에 아이디어 공유를 촉진하는 문화가 형성되어 있는가?

지식관리: 임직원의 아이디어 구상의 원동력인 내적 창의성은 <그림 8-7>과 같이 지식관리 역량에 의해 향상될 수 있다. 지식관리의 목적은 임직원이 활용할 수 있는 지식을 한층 더 풍요롭게 확대하는 것이다. 지식의 확대는 두뇌지식의 공유(4장 참조)와 외부지식의 내면화(5장 참조)에 의해 역동적으로 이루어진다. 효과적 지식관리는 혁신 과업에 관여하는 임직원의 지식을 확대해 창의성을 향상시킴으로써 혁신 프로세스의 성과에 직·간접적으로 긍정적 영향을 미칠 수 있다.

- **두뇌지식:**[24]

  __ 혁신 팀 동료 간 질문과 응답, 의견 표명, 또는 브레인스토밍 등이 자유롭게 이루어지는가?

  __ 혁신 팀 동료 간 과업을 파악하는 과정에 두뇌지식의 공유를 촉진하기 위해 소셜 미디어를 사용하는가?

  __ 혁신 팀 동료 간 창의적 아이디어를 표출하는 과정에 두뇌지식의 공유를 촉진하기 위해 위키를 사용하는가?

  __ 혁신 팀 동료 및 회사의 동료 간 페이스북의 사용이 공동체 의식을 북돋워주는가?

  __ 혁신 팀 동료 및 회사의 동료 간 페이스북의 사용이 혁신 과업에 적합한 지식 또는 역량을 보유하고 있는 동료를 발견하는 데 도움이 되는가?

  __ 원격지 회사 동료가 소셜 미디어 중 예를 들어, 블로그, 비디오·오디오 컨퍼런싱 등을 활용해 혁신 프로세스에 참여할 수 있는가?

  __ 고객이 소셜 미디어 중 블로그, 토론용 포럼, 다중 미디어 공유서비스 등을 통해 혁신 프로세스에 참여할 수 있는가?

  __ 시제품이나 서비스 모형의 시험 과정에 참여하는 혁신 팀원, 회사 동료, 고객 등이 체험하는 내용이 블로그에 게재될 때 서로에게 간접적 체험이 이루어지는가?

- **외부지식:**[25]

  __ 경영자의 경험과 직관에 의해 중요한 의사결정이 이루어지는가?

  __ 어떤 빅데이터를 수집해야 하는가?

  __ 빅데이터가 보여 주는 것은 무엇인가?

  __ 빅데이터를 어디에서 구했는가?

  __ 빅데이터를 어떻게 분석했는가?

  __ 빅데이터 분석에 참여하는 다양한 전문가 사이의 협업을 이끌 경영자의 리더십이 발휘되는가?

  __ 빅데이터의 분석이 실시간으로 이루어질 수 있는가?

    — 빅데이터 분석의 효과를 충분히 거두기 위한 데이터 기반 의사결정 문화가 조성되어 있는가?

    — 경영자 및 혁신 팀원이 빅데이터의 분석 결과를 얼마나 활용하는가?

    — 경영자 및 혁신 팀원이 빅데이터의 분석 결과를 얼마나 확신하는가?

    — 빅데이터의 분석 결과가 경영자 및 혁신 팀원이 활용하기 쉽도록 시각화 되는가?

혁신탐지 역량: 혁신 기회는 시장 및 기술의 변화에서 주로 탐지될 수 있다. 혁신을 위한 아이디어가 그곳에서 저절로 솟아나는 것은 아니다. 혁신 기회를 탐지하려면 개인의 창의성이 필요하며, 그것은 인지역량과 행동역량에 의해 결정될 수 있다.[26] 개인의 인지역량은 창의적 아이디어를 구상할 수 있는 연상능력이며, 두뇌에 저장되어 있는 지식이 풍요할수록 향상될 수 있다. 한편, 행동역량은 질문, 관찰, 인적 네트워크 그리고 실험의 네 가지 능력이 결합된 것이다. 개인의 인지역량은 행동역량의 함수이다. 즉, 행동역량이 향상될 때, 인지역량도 커질 수 있다는 뜻이다. 질문, 관찰, 인적 네트워크 그리고 실험을 통해 새로운 지식을 더 많이 받아들일수록 개인의 혁신 기회를 탐지할 수 있는 연상능력이 향상된다. 혁신탐지의 성과를 측정하기 위한 질문은 다음과 같다:

- **혁신탐지를 위한 행동역량:**
      — 임직원이 아무런 거리낌 없이 질문하는 조직 문화가 형성되어 있는가?

      — 임직원이 질문하기에 앞서 동료로부터 부정적 평가를 받을 수 있다는 불안감을 느끼는가?

      — 고객의 기능적, 사회적 또는 정서적 요구가 무엇인지 발견하기 위해 그들의 행동을 유심히 관찰하는가?

      — 혁신 프로세스에 관여하는 동료의 지식, 기술, 문화, 경험 등이 다양한가?

      — 기업과 고객 간의 잠재적 관계가 소셜 미디어의 이용을 통해 지인

관계로 발전될 수 있는가?

＿ 혁신을 위해 구상된 아이디어의 실험을 시장과 고객의 관점에서 체계적으로 진행하였는가?

IT 역량: IT 역량은 혁신 프로세스와 비즈니스 프로세스의 활동을 <그림 8-7>과 같이 모두 지원하는 중추적 역량이다. 그 중에서 비즈니스 프로세스 관리는 다음 9장에서 논의하고, 혁신 프로세스를 지원하기 위한 IT 역량의 관리에 대해 아래에서 살펴보기로 하자.

혁신 프로세스의 성과인 창의적 아이디어의 구상이 IT 역량에 의해 향상될 수 있다. 혁신 과업에 관여하는 동료가 아이디어를 구상하는 원동력은 창의성이며, 지식 및 데이터를 더 많이 활용할수록 향상될 수 있다. 지식관리와 혁신탐지 역량은, IT 역량의 기반 위에서, 혁신 과업에 적합한 지식과 데이터를 지원하는 능력이다. IT 역량이 균형 있게 구축되지 않았을 때 지식관리 및 혁신탐지 역량이 부실해지고, 혁신 과업에 관여하는 동료가 활용할 수 있는 지식 및 데이터가 빈약해질 수 있다. 결과적으로, 창의적 아이디어의 구상이 제한될 수 있다. IT 역량의 주요 구성요소인 1) IT 아키텍처; 2) IT 기반구조; 3) IT 기술역량; 그리고 4) IT 관리역량이 균형 있게 조성될 때, 혁신 과업에 적합한 지식 및 데이터의 풍부한 활용이 가능해진다.[27,28,29]

• **혁신 프로세스와 IT 역량:**

＿ 경영자가 혁신 프로세스 지원에 기반이 되는 IT 아키텍처 설계에 충분한 예산 배분과 관심을 보였는가?

＿ 동료 및 고객 간의 두뇌지식의 공유를 확대하는 데 지렛대 역할을 하는 소셜 미디어의 응용을 IT 아키텍처에 반영하였는가?

＿ 시장의 변화를 실시간으로 탐지하기 위해 소셜 미디어나 사물인터넷에 의해 생성되는 데이터의 수집과 분석을 IT 아키텍처에 포함시켰는가?

＿ 혁신 프로세스의 각 단계마다 필요한 두뇌지식의 공유를 촉진하기 위해 소셜 미디어 플랫폼을 구축하였는가?

— 두뇌지식을 폭넓게 활용하기 위해 동료 또는 고객 간의 사회적 관계에 적합한 소셜 미디어를 활용하는가?

— 빅데이터의 수집, 저장 및 분석을 위해 대용량 서버를 구축하였는가?

— 빅데이터의 저장 및 분석을 유연하게 할 수 있는 클라우드 컴퓨팅 시스템이 구축되어 있는가?

— 소셜 미디어나 사물인터넷 등에 의해 수집되는 비구조적 데이터를 분석하는데 적합한 IT 응용(예: 하둡)을 구축하였는가?

— 빅데이터를 효과적으로 분석하기 위한 시스템 공학, 컴퓨터 과학, 수학, 통계학, 경영, 데이터 과학, 그리고 인지 및 행동 과학 전문가들로 구성된 데이터 과학자가 있는가? 그리고 데이터 과학자의 양성 계획이 있는가?

혁신 팀과 모기업 간 협업:　혁신 프로세스를 전담하는 혁신 팀과 비즈니스 프로세스를 일상적으로 운영하는 모기업 간 협업은 앞에서 살펴본 것과 같이 실제로 어렵다. 두 부문 간 협업이 생산적으로 이루어지려면 1) 경영진의 관여와 지원; 2) 자원 배분의 투명성; 그리고 3) 협업 참여자의 관여가 필요하다.[30] 혁신 팀과 모기업 간의 협업이 혁신 프로세스 성과에 미치는 효과는 다음과 같이 측정될 수 있다:

• **협업과 관련된 정보:**[31]

— 경영자가 혁신 팀의 실험과 학습을 위한 자원과 인력을 충분히 지원하는가?

— 경영자가 기존 비즈니스 프로세스의 운영뿐만 아니라 창업자의 마인드도 균형 있게 유지하고 있는가?

— 경영자의 평가와 보상이 모기업 비즈니스 프로세스의 성과를 기준으로 이루어지는가? 또는 비즈니스 프로세스와 혁신 프로세스를 모두 포함한 성과를 기준으로 이루어지는가?

— 혁신 팀은 기업의 각 부문이 협업에 참여할 때 발생하는 비용을 처음 예정했던 수준에 맞추어 지급하는가?

— 비즈니스 프로세스의 협업 참여자가 혁신 프로세스에 관심을 보이는가?
— 경영자가 비즈니스 프로세스의 임직원이 혁신 프로세스에 참여토록 권장하는가?
— 경영자가 기업이 혁신을 통해 장기적으로 성장하고 그 혜택이 모든 임직원에게 고루 돌아갈 수 있다는 경영 철학을 지속적으로 밝히는가?

결론적으로, 경영자가 혁신 프로세스의 성과를 높이기 위해 임직원 개인의 업적을 직접 평가하고 보상하는 방식은 지양되어야 한다. 전통적 평가와 보상 방식이 창의적 아이디어의 구상을 위한 임직원의 내적 창의성을 거꾸로 떨어뜨릴 수 있기 때문이다. 혁신 프로세스의 성과인 창의적 아이디어가 한층 더 활발하게 구상되도록 촉진하려면 경영자의 비전과 초점이 바뀌어야 한다. 단기적 아이디어의 구상보다는, 임직원의 창의성을 지속적으로 높여줄 균형을 갖춘 혁신역량의 구축과 더불어 혁신 프로세스에서 체계적 실험 및 학습이 이루어지도록 관리하는 데 초점을 맞추어야 한다.

결론

__ 기업이 혁신에서 성공하려면 비즈니스 프로세스로부터 혁신 프로세스를 분리해야 한다. 비즈니스 프로세스의 혁신역량 부족과 고착화된 조직관행이 혁신 프로세스의 창의적 아이디어 구상에 걸림돌이 될 수 있기 때문이다.

__ 기업의 비즈니스 프로세스와 혁신 프로세스가 분리되더라도 수레의 두 바퀴처럼 협업해야 한다. 전자의 목적은 현재 수익을 실현하기 위한 것이며, 후자는 미래 수익을 창출하기 위한 아이디어의 구상이다. 비즈니스 프로세스의 전문적 지식 및 데이터가 혁신 프로세스의 실험 및 학습에 활용될 때 기업 전체적으로 시너지 효과가 실현될 수 있다.

__ 혁신 프로세스를 전담하는 '혁신 팀'의 구성 기준은 조직관행을 최소화하면서, 혁신 과업에 적합한 역량을 갖춘 인재를 기업 내부와 외부로부터 균형 있게 선발하는 것이다.

__ 혁신 팀과 모기업 간 협업은 혁신이 전략적으로 중요하고 기업의 자산, 핵심 역량 및 고객 정보를 지렛대처럼 활용할 수 있는 경우에 필요하다. 협업이 생산적으로 이루어지려면 경영진의 관여와 지원, 자원 배분의 투명성 그리고 비즈니스 프로세스에 소속되어 있는 협업 참여자의 관여가 필요하다.

__ 혁신 프로세스의 핵심은 실험과 학습이다. 혁신 과업은 불확실성이 높은 가설이다. 실험은 혁신 과업 또는 가설과 성과 간 인과관계를 검증하기 위한 것이다. 과업의 불확실성이 높을수록 예상되는 성과의 신뢰성은 거꾸로 낮다. 그럴 경우, 혁신 과업이 세분화 내지 수정되어야 함을 뜻한다. 과업 또는 가설의 허점을 찾아내 수정하고 불확실성을 감소시키는 과정이 학습의 목적이다. 학습에 필요한 객관적 근거는 실험에 의해 확보되어야 한다. 경영자의 직관에 의해 과업이 수정되어서는 안 된다. 그것은 요행을 바라는 일이다. 혁신 과업이 수정되고 불확실했던 성과의 예측이 신뢰할 수 있는 수준으로 향상될 때, 그것은 학습이 이루어지고 있음을 뜻한다.

__ 혁신 과업의 불확실성을 감소시키기 위한 학습을 하려면 실험 계획이 다음과 같이 체계적으로 수립되고 이행되어야 한다: 1) 실험 계획의 수립; 2) 성과 예측; 3) 실험 및 성과 측정; 그리고 4) 예측과 성과 간 차이 분석 및 학습.

__ 혁신 프로세스의 성과는 창의적 아이디어의 구상이며, 그것은 성공, 실패, 또는 학습으로 구분될 수 있다. 성공은 혁신 과업 또는 가설의 성과 예측이 여러 차례 실험을 거쳐 학습이 쌓이면서 신뢰할 수 있는 수준으로 향상될 때이다. 혁신 프로세스가 비

록 실패로 판명되더라도, 그로부터 얻게 되는 학습은 더 나은 혁신 과업을 구상하는 데 유용한 정보가 될 수 있다.

— 혁신 프로세스의 성과를 높이려면, 경영자는 혁신 과업에 관여하는 임직원의 창의성을 향상시키는 데 도움이 되는 역량을 균형 있게 구축해야 한다. 그리고 창의성을 거꾸로 떨어뜨릴 수 있는 외적 평가 및 보상 대신, 아이디어 구상에 도움이 될 정보를 더 풍부하게 지원할 수 있어야 한다.

PART 03

혁신은 고객의 가치로 실현된다

Chapter 09 비즈니스 프로세스

비즈니스 프로세스

기업의 비즈니스 프로세스는 고객의 가치를 실현하기 위해 논리적으로 설계된 활동의 집합이다. 기업의 목적을 달성하기 위한 방법이 전략이라면, 비즈니스 프로세스는 그것을 수행하기 위한 세부적 활동을 정의한 것이다. 기업의 수익은 비즈니스 프로세스의 일상적 운영에 의해 비로소 실현된다. 그리고 프로세스 운영에 적합한 IT가 응용될 때 효율성이 한층 더 높아질 수 있다. 기업의 비즈니스 프로세스의 설계와 IT 역량의 구축은 경쟁력을 유지하는데 필요조건이다.

비즈니스 프로세스 설계의 핵심 요소는 무엇인가? 표준화와 통합이다.[1] 첫째, 비즈니스 프로세스의 표준화란 언제 어디서나 동일한 방식으로 진행되는 활동을 뜻한다. 표준화된 프로세스는 IT를 활용해 더 효율적으로 처리할 수 있다. 둘째, 통합은 비즈니스 프로세스를 수행하는 과정에 기업의 부문, 공급회사 및 고객이 동일한 데이터를 공유하는 정도를 뜻한다. 비즈니스 프로세스가 데이터의 공유를 기반으로 통합될 때 효율성이 높아지고, 고객의 가치도 향상될 수 있다. 경영자는 비즈니스 프로세스의 표준화와 통합의 정도를 구체적으로 정의하고, 그것에 적합한 IT 역량을 구축해야 한다. 기업의 경쟁력은 비즈니스 프로세스를 토대로 고객의 요구를 효율적으로 충족시키는 정도에 따라 결정된다.

한편, 시장 및 생산방식이 구조적으로 변화하고 있다. 대량 생산 또는 대량 주문생산 대신 고객 맞춤형 생산 비중이 점차 증가하는 추세이다. 고객의 가치가 제품보다 체험에 의해 실현되는 비중이 높아지면서 나타난 현상이다.[2]

그런데, 기업이 고객마다 다른 요구를 충족시킬 수 있는 기술 및 자원을 모두 소유하기란 불가능하다. 고객의 주문에 맞춰 세계적으로 전문화된 공급회사 네트워크를 이용하는 것이 보다 더 효율적일 수 있다.[3] 기업이 경쟁력을 유지 하려면 고객의 다양한 요구에 맞춰 비즈니스 프로세스와 IT 기반구조를 신축 적으로 변화시킬 수 있는 역량이 필요하다. 이 장에서 살펴볼 주요 내용은 다 음과 같다:

- 비즈니스 프로세스의 표준화와 통합
- 시장의 변화
- 비즈니스 프로세스 관리
- 비즈니스 프로세스와 경쟁력

비즈니스 프로세스의 표준화와 통합

기업이 전략에 적합한 비즈니스 프로세스를 운영할 때 경쟁력을 유지할 수 있다. 그런데, 전략은 때로 모호하고 광범위하다. 즉, 어떤 시장에 진입할 것인가? 그 시장에서 어떤 역할을 할 것인가? 그러기 위해서 어떤 역량을 갖추어야 하는가? 경쟁 회사가 진입할 때 전략을 새롭게 수정해야 하는가? 기업의 전략은 이처럼 다차원적이어서 비즈니스 프로세스 및 IT 기반구조를 설계하는데 명확한 기준으로 삼기 어렵다. 실무적으로, 전략은 '운영모형'(Operating Model)을 통해 <그림 9-1>과 같이 구체적으로 정의될 수 있다. 경영자가 선택하는 운영모형에 따라 비즈니스 프로세스의 표준화와 통합의 수준이 결정되며, 성장을 위한 기회와 과제가 달라질 수 있다.

그림 9-1 **전략적 운영모형**

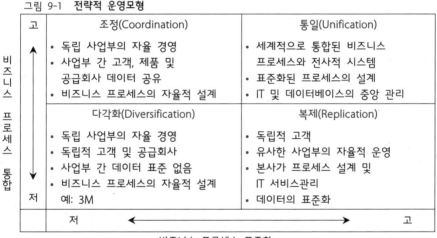

출처: Ross, J. W., P. Weill & D. C. Robertson, *Enterprise Architecture as Strategy: Creating a Foundation for Business Execution*, Harvard Business Review Press 2006.

그림 9-1 **창의성과 혁신 역량**

표준화:　　비즈니스 프로세스의 표준화란 담당자 또는 지역에 따라 달라지는 가변성을 줄이고, 동일한 절차에 따라 수행하기 위한 방법을 정의한 것이다. 표준화된 프로세스는 IT를 응용해 거의 자동으로 처리할 수 있다. 경영자는 표준화된 프로세스에 준거해 각 부문의 활동을 측정, 평가 및 개선할 수 있다.

　　부엌 및 인테리어 가구 회사인 한샘은, 2000년 이후 경기침체 및 시장 환경의 변화로 초래된 성장의 한계를 극복하기 위해, 제조업 마인드에서 벗어나 고객 중심의 비즈니스 프로세스로 점진적 변화를 추진하였다. 한샘은 기존 대리점을 거치지 않고 개별 인테리어 사업자와 거래하는 방식으로 유통채널을 단순화함으로써 상품 가격을 낮추고자 하였다. 그런데, 시간과 비용이 많이 드는 기존 영업 프로세스를 고수하였다. 예를 들어, 영업사원이 중저가 가구를 판매하기 위해 고객의 요구 파악, 견적, 계약 등 여섯 단계 상담에 무려 10여 일 넘게 소요되던 프로세스를 그대로 유지하였다.
　　비즈니스 프로세스의 비효율성을 해결하기 위해, 한샘은 고객의 선호도를 반영한 부엌가구 모형을 IT를 응용해 표준화하였다. 그리고 아파트 평형에 알맞은 부엌가구 모형을 데이터베이스화하였다. 고객이 원하는 모형과 평형을 입력하면 설계와 견적이 자동으로 이루어지는 프로그램을 개발해 고객을 위한 상담 프로세스를 대폭 단순화시켰다. 컴퓨터 화면에서 몇 번의 클릭만으로 계약 상담이 이루어지고, 3~4일 만에 설치까지 완료할 수 있었다.[4]

통합:　　사업부문 간의 협업을 촉진하기 위해 고객 및 제품의 데이터를 공유할 수 있도록 지원하기 위한 개념이다. 커피 기계회사의 고장 수리 프로세스를 예로 들어보자. 콜센터 직원은 고객에게 지방에 있는 회사 수리센터에 고장 난 기계를 우체국을 통해 착불 방식으로 보내 줄 것을 요청하였다. 회사의 콜센터, 고장 수리부문 및 수리비를 수납하는 회계부문 그리고 물류를 담당하는 우체국 등 여러 부문이 관여하는 프로세스이다. 기업의 부문, 협력회사 및 고객이 동일한 수리 요청 데이터를 공유할 때 프로세스가 통합되고, 고객에게 일관된 서비스가 효율적으로 제공될 수 있다.
　　기업의 전략은 비즈니스 프로세스의 표준화 및 통합의 기준에서 일반적

으로 <그림 9-1>과 같이 네 가지 운영모형으로 정의될 수 있다: 1) 다각화; 2) 조정; 3) 복제; 4) 통일.[5] 기업 또는 사업부문이 운영모형을 구체적으로 결정하기에 앞서 다음 두 가지 질문을 고려해야 한다:

- 더 많은 이익을 실현하기 위해 모든 사업부문을 동일한 방식으로 운영해야 하는가?
- 비즈니스 프로세스를 완성하려면 사업부문 간 통합이 얼마나 적시에 그리고 정확하게 이루어져야 하는가?

첫 번째 질문은 비즈니스 프로세스에서 요구되는 표준화, 그리고 두 번째 질문은 통합의 수준을 결정하기 위한 것이다. 기업이 전략을 실행하기 위해 선택하는 운영모형에 따라 각 사업부문이 비즈니스 프로세스 및 IT 기반구조의 설계에 행사할 수 있는 자율권이 달라진다.

- **다각화:** 사업부문 간 고객, 공급회사 및 거래방식이 서로 이질적일 때 채택되는 운영모형이다. 사업부문마다 서로 다른 제품과 서비스를 독립적 시장에 제공하며, 분권화된 자율적 의사결정을 통해 이익을 실현한다. 예를 들어, 사업부문이 IT 투자를 독립적으로 결정할 수 있다. 그러므로 경영자가 직접 관리하는 사업부문의 대상이 별로 없다. 사업 다각화의 예로 접탈착식 메모지인 포스트잇을 개발한 3M을 들 수 있다. 창의성 및 혁신으로 널리 알려진 회사로서, 기존 사업부가 신상품을 많이 개발해 규모가 커지면 끊임없이 분할되어 왔다. 사업부 규모가 커질수록 경직되기 쉽고 시장 변화에 능동적으로 대처하기 어렵다는 경영 철학이 바탕에 깔려있다. 3M의 사업부문은 독립된 기업처럼 비즈니스 프로세스와 IT 기반구조를 자율적으로 설계해 운영한다.

  다각화 전략은 사업부문 간의 통합보다는 연결을 통해 시너지 효과를 거둘 수 있다. 사업부문마다 자율 경영을 하면서 상호 수요를 창출할 수 있고, 기업의 브랜드 인지도를 높일 수도 있다. 또한, 사업부문들이 예를 들어 IT 기반구조 서비스를 공유함으로써 규모의 경제 효과도 거둘 수 있다.

- **조정:**　　사업부문 간 비즈니스 프로세스의 표준화는 낮지만, 통합의 수준이 높은 운영모형이다. 사업부문마다 목적 또는 활동이 서로 다르므로, 자율 경영을 위한 독특한 비즈니스 프로세스가 필요하다. 그런데, 사업부문 간 고객, 제품, 또는 공급회사 중에서 일부라도 겹칠 때, 그 데이터를 서로 활용함으로써 회사 전체의 시너지 효과를 낳을 수 있다. 하이테크 기업의 판매·마케팅 책임자 1,200명이 참여한 실증적 연구에서, 부문 간의 통합이 시장의 고객 반응을 감지하는 데 유의적 효과가 있는 것으로 나타났다.[6] 웹 중심의 고객 기반구조와 내부적으로 통합된 시스템에 의해 정보의 공유가 전사적으로 원활해지고, 고객 중심의 시장 기회를 민첩하게 파악할 수 있다는 연구 결과이다.

  기업이 조정모형을 선택할 때, 전략의 초점은 원가절감이 아니다. 자율적 사업부문 책임자는 비즈니스 프로세스를 가급적 효율적으로 운영하고, 고객에게 최고의 서비스를 제공하고자 한다. 경영자는 사업부문 간 조정이 필요할 때 개입한다. 즉, 사업부문의 작은 최적화보다는 기업 차원의 더 큰 시너지 효과를 달성할 수 있는 비즈니스 프로세스를 운영하도록 보상 및 훈련 프로그램을 활용할 수 있다.

- **복제:**　　사업부문 책임자가 자율적으로 경영을 하되, 비즈니스 프로세스를 직접 설계하지 않는 운영모형은 '복제' 방식이다. 사업부문마다 세계 어디든지 동일한 비즈니스 프로세스를 동일한 방법으로 수행함으로써 기업 전체의 효율성을 향상시키기 위한 방식이다. 예를 들어, 메리어트 호텔 체인은 국가 또는 지역에 따라 독립적으로 운영되지만, 예약시스템, 알람 서비스 등 동일한 시스템과 프로세스를 유지하고 있다. 미국의 정보전문지 인포메이션 위크(Information Week)가 포춘 500대 기업을 대상으로 한 설문 조사에 의하면, 응답자의 절반 이상이 업무의 효율성 증대를 가상 최우선의 과제로 꼽았다. 그리고 비즈니스 프로세스의 효율성을 향상시키려면 프로세스의 표준화, 문서화 및 IT를 응용한 자동화의 구현이 중요하다고 보았다. 즉, 기업의 성과가, 사업부문 간 고객 정보의 공유보다는, 표준화된 프로세스를 얼마나 효율

적으로 운영하는지에 따라 결정되는 비즈니스 모형이다.

그런데, 비즈니스 프로세스의 표준화는 자칫 기업 임직원의 창의성을 떨어뜨릴 수 있고, 시장 변화에 탄력적으로 대처하는 데 어려움을 초래할 수 있다. 또한, 기업이 산업별로 표준화된 프로세스를 도입할 때 경쟁 회사 간 차별화된 고객 서비스의 제공이 감소할 수 있다.

- **통일:**   모든 사업부문이 표준화된 비즈니스 프로세스를 바탕으로 빈틈없이 통합되어야 할 때, 전략적으로 적합한 운영모형은 '통일' 방식이다. 이 모형을 채택한 기업의 사업부문 책임자는 국가 또는 지역별 시장에 맞춰 프로세스를 설계할 수 있는 자율권이 없다. 기업의 전략은 비즈니스 프로세스의 데이터 통합과 표준을 유지함으로써 효율성과 고객 서비스를 극대화하는 것이다.

  통일모형을 채택한 기업은 구조적으로 공급회사의 글로벌 네트워크도 통합해야 한다. 그러면 여러 지역에 분산되어 있는 사업부문 간의 상호의존성이 자연히 높아지게 된다. 모든 사업부문이 글로벌 공급회사 네트워크 및 고객의 데이터를 공유하기 때문이다. 비즈니스 프로세스가 표준화되면 글로벌 통합이 용이해지고 효율성도 향상된다. 통일모형의 핵심인 비즈니스 프로세스의 표준화와 데이터 통합을 추진하는 데 있어서 전사적 시스템(ERP)의 도입이 적합하다. 이 시스템의 도입과 관련된 종합화학회사의 사례를 들어보자:

  > 회사 규모가 커지면서 공장, 연구소 및 지사가 여러 지역에 분산되었는데, 사업부문 간의 원활치 못한 소통 때문에 비즈니스 프로세스 운영에 갈등이 쌓였다. 회사는 이 문제를 해결하기 위해 전사적 시스템의 도입과 더불어 사업부문 간 데이터베이스를 통합하였다. 그 결과, 수주, 재고, 생산, 매출 등 모든 비즈니스 프로세스에서 동일한 데이터를 공유함으로써 빠르고 정확한 의사결정을 내릴 수 있게 되었다. 또한, 이질적 결재시스템을 표준화해 편의성 및 생산성을 향상시켰다. 회사가 전사적 시스템을 도입해 얻은 가장 중요한 성과는 고객의 요구를 신속히 충족시킬 수 있게 된 것이다.[7]

기업이 통일 운영모형을 채택할 때, 경영은 예외 없이 고도로 집권화된다. 경영자는 비효율의 제거 및 규모의 경제를 지렛대 삼아 기업을 성장시킬 수 있다. 표준에서 벗어나는 변화를 최소화하는 것이 효율성의 핵심이다. 통일 운영모형은 대체로 규격화된 상품 및 서비스를 공급하는 기업에 알맞은 방식이다. 한편, 혁신에 초점을 맞추는 기업일수록 비즈니스 프로세스의 표준화에 의해 실현할 수 있는 이득보다 손실이 더 클 수 있다.

결론적으로, 기업의 운영모형은 전략을 어떻게 실현할 것인지 비전을 제시하기 위한 개념이다. 기업이 선택하는 운영모형에 따라 성장을 위한 기회와 과제가 달라질 수 있다. 첫째, 기업이 조정 또는 통일이란 운영모형을 실행하려면 비즈니스 프로세스를 통합해야 한다. 그런데, 프로세스의 통합 때문에 다른 기업의 인수가 어려워질 수 있다. 기업 간 이질적 데이터 정의를 통합하는 데 막대한 비용과 노력이 필요하기 때문이다. 반면에, 기업이 조정 또는 통일 모형을 채택하면, 현재 제품 라인을 새로운 시장에 출하하거나 확대하려는 성장 전략을 매우 용이하게 추진할 수 있다.

둘째, 통일 또는 복제 운영모형을 실행하려면 프로세스의 표준화가 필요하다. 서로 유사한 기업 간에 인수 합병이 이루어질 때, 프로세스의 표준화는 기업 성장에 도움이 될 수 있다. 그러나 서로 다른 운영모형을 채택하고 있는 기업 간 인수 합병에서 프로세스의 표준화는 성장을 위한 지렛대 역할을 하기 어렵다.

셋째, 다각화 모형에는 사업부문이 성장하는 데 아무런 제약도 없지만, 다른 모형과 비교할 때 지렛대 역할을 하는 역량도 부족하다. 그러므로 기업이 성장할 수 있는 기회도 제한될 수 있다.

시장의 변화

시장이 구조적으로 변화하고 있다. 생산자 중심에서 개인 고객 중심의 시장으로 탈바꿈하고 있다. IT 특히 인터넷에 의해 시장의 거래비용이 획기적으로 낮아지면서 나타난 현상이다. 시장의 변화와 더불어, 기업이 가치를 창조하는 방식도 다음과 같은 두 가지 관점에서 근본적으로 바뀌고 있다.[8] 첫째, 가치는 집단이 아닌 개인 고객의 독특한 체험에 의해 결정된다. 둘째, 기업이 수많은 고객의 서로 다른 요구를 동시에 충족시킬 수 있는 자원을 모두 보유하기란 어려운 일이다. 경영 전략이 수직적 통합을 위한 자원의 소유에서 세계적으로 전문화된 공급회사 네트워크의 역량을 이용하는 방식으로 이동하고 있다. 시장 및 기업의 전략이 달라지면, 비즈니스 프로세스도 그에 맞추어 신축적으로 변화시켜야 한다. 생산 프로세스의 변화 사례를 살펴보자:

> GE(General Electric)는 100여 년 전 백열등으로 출발해 20세기 대표적 제조회사로 성장하였다. 금융위기 이후 주가 및 기업가치가 급격히 하락하면서, 전통적 생산 프로세스를 과감히 혁신하고자 하였다. IT의 창의적 응용 및 세계화의 확산과 더불어 글로벌 시장이 급격히 변화하였기 때문이다. GE는 고객의 요구를 신속히 구현하기 위해 린 스타트업(Lean Start-Up) 방식을 기반으로 한 '민첩 생산방식'(FastWorks)을 도입하였다. 고객의 핵심적 요구를 파악해 단순한 제품을 신속히 만들어 출시하고, 고객의 피드백과 아이디어를 지속적으로 반영해 개선해 나가는 방식이다. GE의 민첩 생산방식은 고객을 중심으로 끊임없이 실험, 학습 및 개선 작업을 수행하기 위한 것이다.[9]
>
> 민첩 생산방식을 위해 인력 및 자원 배분이 전통적 조직관리 방법과 사뭇 달라졌다. 경영자가 주도하지 않고 다양한 임직원들이 적정한 수의 리더를 선정하고, 수행할 업무를 결정하는 방식이다. GE항공은 실제로 "상사가 없는 자율 경영팀"을 사업부 전체로 확산시키고 있다. 또한, 생산 일정, 미리 정해진 원가 및 공급회사의 일정에 맞추어 자재를 구매하던 과거 방식과 달리, 개발 및 생산 계획이 수시로 바뀌므로 필요할 때마다 최소의 비용으로 자원을 구입해 활용하였다.
>
> 또한, GE는 거대한 생산 설비를 활용하기 위해 지능형 공장을 설립해 다양한

제품을 동시에 생산하려는 전략을 세웠다. 예를 들어, 항공기 엔진, 풍력발전 터빈 등 네 가지 사업부 제품을 생산하기 위한 지능형 공장을 인도 푸네 지역에 설립하였다. 즉, 고객의 다양한 요구를 반영해 민첩하게 생산하고, 지능형 공장을 기반으로 규모의 경제 효과도 동시에 이루겠다는 전략이다.

그런데, GE에서 오랫동안 완벽을 추구하는 생산 프로세스에 익숙해진 임직원이 새로운 생산방식에 적응하기란 상당히 큰 도전이며 모험이었다. GE는 전문가 공동체를 구성해 임직원이 새로운 변화 및 문화에 적응하도록 지원하였다. 항공기 엔진에서부터 세탁기에 이르기까지 매우 다양한 제품을 생산하는 GE의 모든 사업부문은 이와 같은 새로운 생산방식을 이미 도입하였으며, 수많은 프로젝트를 새롭게 구상하고 있다. GE의 민첩 생산방식은 생산 프로세스의 단순한 변화가 아닌 혁신이다.[10]

개인 고객: 시장의 초점이 집단이 아닌 개인 고객의 체험으로 바뀌고 있다. 아마존은 예를 들어, 고객의 구매 이력을 분석해 맞춤형 서적 또는 제품을 추천한다. 미국의 UPS는 고객이 보내고자 하는 소포를 그가 지정한 장소와 시각에 맞춰 수집하는 서비스 방식을 도입하였다. 스타벅스는 고객이 모바일로 주문 및 결제를 하고 가장 가까운 매장을 지정하면, 승인 및 커피가 완료되었음을 알려주는 메시지를 전달한다. 또한 고객의 구매 장소, 날짜, 시간 등의 데이터 분석을 토대로 맞춤형 메뉴 및 매장 내 음악의 평가나 신청을 할 수 있게 하는 등 고객 경험에 초점을 맞추고 있다.[11] 이와 같은 변화의 주요 원인은 무엇인가? 첫째, 고객이 단순한 소비자에서 생산에 적극 참여할 수 있는 길이 열렸다. 예를 들어, 개인도 PC를 이용해 블로그에 제품 설계를 위한 자신의 의견을 표출할 수 있으며, 위키피디아에 전문적 지식을 논문으로 게재할 수도 있다. 둘째, 인터넷에 의해 시장에서 수요와 공급을 연결하는 데 발생하던 거래비용이 감소함으로써, 유통의 민주화가 실현되고 있다. 예를 들어, 개인이 애플의 아이팟에 좋아하는 수천 곡의 음악을 저장하고 분위기에 맞춰 즐길 수 있다. 셋째, 판매자와 구매자가 이베이와 같은 경매 시장에서 1 : 1로 만날 수 있게 되었다. 헤아릴 수 없을 정도로 많은 제품과 서비스 중에서 고객이 원하는 것을 네이버 또는 구글 등이 제공하는 검색 서비스를 활용해 찾아낼 수 있게 된 덕분이다. 기업은, 전통적 대량 생산 또는 대량 주문생산

보다는, 개인 고객의 독특한 요구를 충족시키는데 더 많은 관심을 기울여야 한다.

만성적 성인병의 원인 중 하나인 당뇨병의 예를 살펴보자. 보험회사는 개인이 건강보험에 가입하고자 할 때 당뇨병에 걸리게 될 위험성을 알 수가 없다. 개인이 장기간에 걸쳐 섭생한 식단과 생활 방식에 따라 당뇨병이 진행되기 때문이다. 보험회사가 개인적 보험료를 책정할 때 적용하는 당뇨병의 연령별, 성별 통계와 개인 간 편차는 클 수 있다. 보험회사가 위험성을 감소시키기 위해 개인마다 서로 다른 생활 습관과 행동을 토대로 보험료를 산정할 수 있는가? 환자가 자신의 혈당을 손목시계 또는 휴대전화에 부착된 센서를 이용해 하루에 한 번씩 임의적 시간대에 측정하고 보험회사에 원격 통보하도록 하면 가능하다. 보험회사, 의사, 식이요법 담당자, 트레이너 그리고 환자가 그 데이터를 토대로 의사가 처방한 약을 복용하고, 음식을 조절하며, 규칙적으로 운동하였는지 각각 평가하게 된다. 보험회사와 의사는 때로 환자의 당뇨 상태를 검토하고 당초의 처방을 조정할 수도 있다. 만일, 환자가 보험회사 또는 의사가 권고한 방식을 따르지 않을 경우, 당뇨병의 위험성이 높아지고 보험료는 인상된다.

기업이 가치 창조의 초점을 개인 고객에 맞추려면, 표준화되고 통합된 비즈니스 프로세스를 신축적으로 변경할 수 있어야 한다. 기업이 대량 주문생산에 맞춰 설계된 비즈니스 프로세스를 아무런 조정 없이 그대로 유지할 때, 개인 고객의 다양한 요구를 실현하려면 임시방편의 수작업이 증가하고 더 많은 시간이 소요된다. 여기서 비즈니스 프로세스의 설계 및 운영에 '파레토 (Pareto)' 법칙을 적용할 수 있다. 이 개념은 전체 결과의 80%가 전체 원인의 20%에서 일어나는 현상을 가리킨다. 비즈니스 프로세스의 75~80%는 표준화되고 자동화될 수 있으며, 그것을 수행하는 데 소요되는 자원은 20%에 불과할 수 있다. 한편, 개인 고객의 비구조적이며 임시적 유형의 주문 20%를 수행하는 데 자원의 80%가 소요될 수 있다. 그러므로, 기업이 개인 고객의 다양한 주문을 반영해 비즈니스 프로세스를 신축적으로 변화시키고, IT 응용을 개발해 자동화할 수 있어야 한다. 그렇지 않다면 프로세스를 개인의 독특한 요구에 맞추기 위해 엄청나게 많은 비용이 발생할 수 있다. 그렇다고, 제품 또는 서비스의 품질 저하나 원가의 상승으로 이어지면 기업의 경쟁력이 떨어진다. 개인 고객의 체험에 초점을 맞추어 비즈니스 프로세스를 신축적으로 변경시키고, 그것에 적합한 IT 응용을 신속히 개발할 수 있는 기업의 역량이 경쟁력을 유지하는 원동력이 될 수 있다.

글로벌 자원:　기업은 자원의 소유보다는 사용에 초점을 맞추고 있다. 전통적으로, 기업은 대량 생산 또는 대량 주문생산에 필요한 자원을 수직적으로 통합하기 위해 대규모 투자를 하였다. 그리고 규모의 경제 효과에 의해 원가를 절감함으로써 경쟁력을 유지하고자 하였다. 한편, 이와 같은 수직적 통합전략은 빠른 속도로 변화하는 시장에 신속히 대처하는 데 걸림돌이 될 수 있다. 최근, 고객의 가치 창조에 있어서 제품의 원가뿐만 아니라 개인적 체험이 중요한 몫을 차지하고 있기 때문이다. 기업이 고객마다 다른 독특한 요구를 동시에 충족시킬 수 있는 기술 및 자원을 모두 확보하기란 불가능한 일이다. 기업은 자원의 수직적 통합을 위한 대규모 투자보다는, 개인 고객의 주문에 맞춰 세계적으로 전문화된 공급회사들과 협업하는 네트워크를 확대하고 있다.

　　애플의 아이폰 및 아이팟의 생산은 글로벌 자원을 이용하는 대표적 사례이다. 애플은 미국 캘리포니아에서 아이폰을 설계하고 판매하지만, 그 조립에 필요한 수백 가지 부품을 전세계에 산재해 있는 공급회사를 이용해 생산하고 있다. 예를 들어, 오디오 칩은 미국 시러스 로직, 배터리는 삼성, 카메라는 퀄컴, 플래시메모리는 삼성 및 도시바, LCD 스크린은 LG 및 도시바로부터 공급받는다. 전세계 공급회사에 의해 생산된 부품들은 대만에 있는 폭스콘과 페가트론 회사로 보내져 최종적으로 아이폰이 조립된다.[12] 그런데, 공급회사 네트워크가 고정된 것은 아니다. 고객의 다양한 주문을 이행하는 데 가장 최적의 글로벌 공급회사 네트워크를 실시간으로 구성할 수 있어야 한다. 그러기 위해서는 공급회사의 활용 가능성, 품질, 가격, 납기준수와 같은 데이터를 수집하고 실시간 분석할 수 있는 역량이 필요하다(5장 참조).

　　실무적으로, 기업이 글로벌 공급회사 네트워크를 자원으로 활용하는 전략은 매우 복잡하고 어려운 과제이다. 기업이 공급회사 네트워크의 자원을 활용하느라 비즈니스 프로세스를 완성할 때까지 소요되는 시간이 지연되면 고객을 상실하게 된다. 또한, 고객은 비즈니스 프로세스의 복잡한 연결보다는 단순하고 직관적 체험을 선호한다. 그러므로 비즈니스 프로세스에 포함된 불필요한 업무나 활동을 과감히 제거해야 한다. 예를 들어, 아마존의 원클릭 시스템을 이용하는 고객은 웹사이트에서 몇 번의 클릭만으로 원하는 제품 및 서비스를 편리하게 주문할 수 있다. 즉, 기업과 공급회사 간 비즈니스 프로세스가 빈틈없이 통합되어야 한다.

기업의 전략을 실행하기 위한 운영모형이 조정 또는 통일의 경우, 앞에서 살펴본 것과 같이, 비즈니스 프로세스를 통합하기 위한 데이터의 공유가 필요하다. 그리고 통일 또는 복제 운영모형의 경우, 비즈니스 프로세스의 표준화가 필요하다. 기업에 따라 ERP와 같은 전사적 시스템을 토대로 비즈니스 프로세스의 표준화 및 통합을 구현할 수 있다. 그런데, 전사적 시스템 환경의 비즈니스 프로세스는 비교적 경직되어서 공급회사의 이질적 프로세스와 통합하는데 어려움이 클 수 있다.[13]

구조적으로, 비즈니스 프로세스의 변화는 지극히 어려운 경영 과제이다. 비즈니스 프로세스의 통합 및 표준화 그리고 이를 지원하기 위한 IT 기반구조를 송두리째 변화시켜야 하기 때문이다. 또한, 비즈니스 프로세스에 의해 형성된 임직원 간의 기업 문화도 단기간에 바꾸기는 무척 어렵다. 그렇다고, 시장의 요구와 동떨어진 비즈니스 프로세스를 그대로 유지한다면 경쟁 회사에 뒤처질 수밖에 없다. 시장의 변화에 맞춰 비즈니스 프로세스와 IT 기반구조를 신축적으로 조정할 수 있을 때, 기업은 경쟁력을 유지할 수 있다.

비즈니스 프로세스 관리

기업의 비즈니스 프로세스는 컴퓨터를 이용한 응용 프로그램에 의해 대부분 지원된다. '비즈니스 프로세스 관리'는 비즈니스 프로세스의 설계에 적합한 응용 프로그램을 개발하기 위한 것이다. 기업이 고객의 다양한 요구에 맞춰 전세계에 산재해 있는 공급회사와 연결하려면 비즈니스 프로세스를 신축적으로 변화시켜야 한다. 그리고 IT 기반구조의 구축, 특히 IT 응용의 신속한 개발이 함께 이루어져야 한다. IT 응용이 뒷받침되지 않을 때, 비즈니스 프로세스의 효율적 운영은 어려워진다. 비즈니스 프로세스의 변화에 맞춰 IT 응용을 신속히 개발하기 위한 방안에 대해 다음과 같은 내용을 논의하기로 하자: 1) 유물시스템; 2) ERP의 장점과 한계; 그리고 3) 신축적 정보기반구조.

유물시스템:　　컴퓨터를 도입한 초기에, 기업은 비즈니스 프로세스가 아닌 부문별 활동의 효율성을 높이는 데 초점을 맞추어 응용 프로그램을 개발하였다. 예를 들어, 제조 또는 판매부문이 독자적으로 비즈니스 프로세스의 설계 및 응용 프로그램을 개발해 효율성을 높이는 방식이었다. 이와 같이 개발된 응용 프로그램은 유물시스템(Legacy Systems)이라 불린다. 이런 환경에서 고객의 요구에 맞춰 비즈니스 프로세스를 신축적으로 변화시키고, 그것에 적합한 IT 응용을 신속히 개발하기란 어려운 일이다.

ERP의 장점과 한계:　　기업은 1990년대 이후 비즈니스 프로세스의 안전성과 효율성을 높이기 위해 전사적 시스템인 ERP를 <그림 9-2>와 같이 도입해 왔다. 당시, 경영자가 오랫동안 해결하지 못한 과제가 비즈니스 프로세스의 전사적 통합이었다. 전통적으로, 기업의 구조는 구매, 생산, 판매, 물류, 회계와 같은 독립된 부문으로 분업화되어 있다. 그리고 부문마다 업무의 효율성을 높이기 위해 독립적으로 응용시스템을 개발해 사용해 왔다. 그런데 고객을 위한 비즈니스 프로세스는 한 부문이 아닌 여러 부문 간 협업에 의해 완료된다. 부문마다 독립적으로 개발된 시스템과 데이터로 고객을 위한 비즈니스 프로세스를 통합하기란 매우 어렵고 비효율적인 일이었다. 기업은 전사적 시스템인 ERP를 도입함으로써 시스템 통합의 어려움을 일거에 해결하고자 하였다.

기업이 ERP를 도입하는 목적은 비즈니스 프로세스를 전사적으로 통합하기 위한 것이다. ERP 프로그램의 개발회사는 세계적 경쟁력을 갖춘 기업의 비즈니스 프로세스를 모방해 모듈 형식의 시스템을 개발하고 있다. 물론, 기업이 ERP란 패키지 프로그램의 도입만으로 프로세스를 통합하기는 어렵다. 경영자는 ERP 모듈을 기준으로 비효율적 비즈니스 프로세스를 송두리째 혁신해야 한다. 즉, 기업은 ERP의 도입과 더불어 경영 혁신을 이룩함으로써 경쟁력을 강화하고자 하였다.

그림 9-2 정보 기반구조

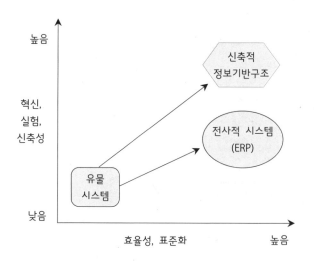

출처: Prahalad, C.K. and M.S. Krishnan, 2002.

한편, ERP에 대한 경영자의 고민은 비즈니스 프로세스의 근본적 속성에서 비롯된다. 기업이 수익을 실현하려면 안정된 비즈니스 프로세스가 필요하다. 한편, 하루가 다르게 변화하는 고객의 요구를 수용하려면 비즈니스 프로세스를 신축적으로 변화시킬 수 있어야 한다. ERP는 비즈니스 프로세스의 변화가 적은 시장 환경에서 효율적인 응용시스템이다. 그러나 시장이 급변하는 요즈음, ERP의 비교적 경직된 비즈니스 프로세스 모듈을 신속히 재설계하기란 어려운 일이다. 포레스터 리서치(Forrester Research) 조사에 따르면, 기업의 20% 이상이 ERP의 신축성이 떨어져 비즈니스의 변화를 충분히 수용하지 못하고 있는 것으로 나타났다. ERP의 도입이 실패라고 밝힌 기업도 무려 58%에 이르렀다.[14] 즉, ERP를 도입하더라도 경쟁회사보다 우위를 확보할 수 있는 기회가 과거와 달리 현재 거의 사라진 것으로 밝혀졌다. 새로운 판매 수익의 실현에도 도움이 되지 못하며, 운영 비용도 나날이 증가하는 추세이다. ERP 모듈에서 제시하고 있는 비즈니스 프로세스에 맞춰 직원의 업무 방식을 변화시켜야 하기 때문이다. 만약 직원이 교육 및 훈련 부족 때문에 그 변화를 수용하지 못할 경우 비용이 오히려 급증하게 된다. ERP 응용의 근본적 문제점을 해결하는 데 관심을 모으는 경영자가 최근 늘어나는 추세이다.

신축적 정보기반구조: 신축적 정보기반구조의 목적은 <그림 9-2>에서 보면 ERP의 장점은 살리면서, 시스템의 신축성을 높이는 데 있다. 이와 같은 정보기반구조가 필요한 주요 이유는 다음과 같다. 첫째, 기업이 고객마다 다른 요구를 수용하려면 비즈니스 프로세스를 신축적으로 변화시킬 수 있어야 한다. 예를 들어, 월마트, UPS 또는 이베이는 ERP를 도입하지 않았지만 세계적 경쟁력을 유지하고 있다.[15] 각 회사마다 독특한 비즈니스 프로세스에 적합한 응용시스템을 개발하였기 때문이다. 둘째, 글로벌 공급회사 네트워크를 활용하려면 기업 간 비즈니스 프로세스의 신축적 연계가 필요하다. 이를 달성하려면 IT 기반구조의 구축, 특히 IT 응용의 신속한 개발이 필요하다. IT 응용이 뒷받침되지 않을 때, 비즈니스 프로세스의 효율적 운영은 어려운 일이다. 비즈니스 프로세스의 변화에 맞춰 IT 응용을 신속히 개발하기 위한 방안에 대해 논의하기로 하자.

- **서비스 기반 아키텍처:** 비즈니스 프로세스의 안정성과 신축성을 모두 실현할 수 있는 IT 응용은 무엇인가? 서비스 기반 아키텍처(SOA : Service-Oriented Architecture)가 새로운 대안이다.[16] 이 책에서 소개하

고 있는 SOA는 대규모 소프트웨어 프로그램을 다수의 '서비스'(또는 분할된 애플리케이션 모듈)로 분해한다. 서비스 또는 모듈화란 시스템을 목적에 따라 작은 단위로 나누는 것이다. 그리고 계층의 역할을 정확히 명시하고, 계층 간 동일한 인터페이스를 유지함으로써 호환성을 확보하려는 개념이다. 또한, 각 서비스의 사용 목적이 분명하고, 다른 서비스에 영향을 미치지 않으므로 유지보수가 용이하다. 즉, 비즈니스 프로세스의 변화에 적합한 서비스를 재결합해 새로운 응용 프로그램을 신속히 개발하기 위한 아키텍처이다. 모듈 형태의 서비스가 인터넷과 연결된 컴퓨터에 분산되어 있기도 해서 웹 기반 아키텍처(Web-based Architecture)라 불리기도 한다. 소프트웨어를 공유와 재사용이 가능한 '서비스' 단위로 개발하고, 비즈니스 프로세스의 변화에 따라 이들을 새롭게 조합함으로써 응용 프로그램을 신속히 개발하기 위한 방법이다.

SOA는 기술 중심의 솔루션이기 보다는 비즈니스 프로세스의 변화에 초점을 맞춰 진화된 소프트웨어 설계 및 개발 방식이다.[17] 이미 존재하는 서비스를 레고 블록처럼 신축적으로 결합해 다양한 기능을 수행하는 응용 프로그램의 개발이 가능하다. 개인 고객의 다채로운 요구를 충족시키려면 비즈니스 프로세스의 신축적 변화가 불가피하다. 비즈니스 프로세스의 변화를 효과적으로 뒷받침할 수 있는 응용 프로그램의 개발을 위해 SOA에 대한 관심이 날로 커지고 있다. 다만, SOA의 기술적 내용은 이 책의 초점을 벗어나며, 그것에 관심 있는 독자는 따로 참고하기 바란다.

- **개방형 소프트웨어와 IT 아키텍처:** 개방형 소프트웨어(Open Source Software)가 비즈니스 프로세스의 신축성을 높여줄 수 있는 또 다른 대안이다. 개방형 소프트웨어란 소스코드를 공개해 누구든지 자유롭게 개조할 수 있으며, 무료로 사용할 수 있는 소프트웨어이다. 일반적으로 소프트웨어 개발자는 그 소스코드를 공개하지 않기 때문에 제3자가 버그를 발견하거나 새로운 기능을 추가하고 싶어도 개발회사의 동의 없이 개선할 수가 없다. 그러나 개방형 소프트웨어에는 누구나 새롭게

개선된 기능을 추가할 수 있다. 그리고 진화된 소프트웨어는 수많은 프로그래머 및 사용자에게 공유된다. 대표적으로 리눅스 운영체제 (Linux OS), MySQL 데이터베이스, 하둡(Hadoop) 데이터베이스, 빅데이터 분석 및 통계 프로그램 R 등이 있다. 예를 들어, 리눅스 사용자는 사용료를 지급하지 않는다. 단지 여러 군데 분산되어 있는 리눅스 관련 소프트웨어 모듈을 기업의 목적에 맞춰 재결합해 주는 서비스 비용만 지급하면 된다.

　최근, 상용 소프트웨어보다 개방형 소프트웨어 도입을 적극적으로 고려하는 기업이 증가하고 있다. 개방형 소프트웨어가 상용 소프트웨어보다 표준화에 유리하다는 장점 때문이다. 즉, 기업이 개방형 소프트웨어를 사용할 때 기업 내부는 물론 고객 및 협력회사 간 연결이 용이해지기 때문이다. 일반적으로 다양한 기업이 개방형 소프트웨어 개발에 참여한다. 기업의 다양한 요구가 소프트웨어에 반영되면서 결국 산업 표준이 될 가능성이 높아지고 있다. 예를 들어, 리눅스도 표준화 문제를 해결하기 위한 방안으로 주목 받았다. 유닉스(UNIX)의 경우, 서로 다른 하드웨어 간 연결이 거의 불가능했다. 기업마다 서로 다른 하드웨어를 통합하는 소프트웨어 개발에 상당한 노력과 비용을 부담할 수밖에 없었다. 수많은 기업이 개방형 소프트웨어인 리눅스에 관심을 돌리기 시작한 이유이다. 소프트웨어 개발회사에 얽매이지 않고 개방된 단일 운영체제를 구축할 수 있기 때문이다. 리눅스가 전세계로 확대되면서 기업의 IT 개발비가 절감되는 효과도 있다. 기업 내부와 고객 및 협력회사 간의 비즈니스 프로세스를 연결시켜야 할 필요성이 최근 한층 더 증가하고 있다. 개방형 소프트웨어의 활용은 이와 같은 기업의 요구를 해결할 수 있는 중요한 대안이다.

비즈니스 프로세스와 경쟁력

기업이 비즈니스 프로세스의 설계와 운영 방식을 토대로 더 높은 경쟁력을 유지할 수 있는가? 기업이 비즈니스 프로세스를 경쟁 회사보다 더 효율적으로 운영해 비용을 지속적으로 절감할 수 있다면 가능할 수 있다. 물론, 제품 또는 서비스의 품질이 떨어지면 안 된다. 비즈니스 프로세스의 효율성은 다음 두 가지 요소에 의해 결정된다: 1) 전략에 부합하는 비즈니스 프로세스의 설계; 2) 고객의 요구에 맞춘 비즈니스 프로세스 및 IT 응용의 신축적 변화. 기업이 비즈니스 프로세스의 효율성에 의해 경쟁력을 확보하려면, 이와 같은 두 가지 요소가 자원기반이론의 관점에서 기업 간 이질적이며, 완전한 이전이 어려워야 한다. 그러면 기업은 비즈니스 프로세스의 효율성과 경쟁력을 더 높게 유지할 수 있다.

첫째, 기업의 비즈니스 프로세스는 전략을 수행하기 위해 필요한 활동을 구체적으로 설계한 것이다. 비즈니스 프로세스 설계의 핵심적 요소는 사업부문 간 표준화와 데이터 통합의 정도이다. 표준화 및 통합의 조합에 따라 매우 다양한 비즈니스 프로세스가 설계될 수 있다. 기업의 전략이 다르면 비즈니스 프로세스의 설계도 차별화되어야 한다. 예를 들어, 월마트, UPS 또는 이베이의 전략은 독특하다. 이 회사들은 ERP에서 제공하는 비즈니스 프로세스를 모방하지 않고 자체 전략에 적합한 프로세스를 설계해 운영함으로써 세계적 경쟁력을 유지하고 있다. 그런데, 전략은 일반적으로 추상적이어서 비즈니스 프로세스를 설계하는 데 구체적 가이드라인으로 삼기 어렵다. 이 장의 첫 머리에서 살펴본 전략적 '운영모형'은 비즈니스 프로세스의 표준화와 통합의 정도를 설계하는 데 유용한 개념이다. 기업이 전략적 운영모형을 기반으로 비즈니스 프로세스를 설계할 때, 경쟁 회사가 그것을 완전히 모방하거나 이전하기란 어려울 수 있다.

둘째, 고객의 독특한 요구에 맞춰 비즈니스 프로세스를 신축적으로 변화시킬 수 있어야 한다. 시장과 생산방식이 구조적으로 변화하면서, 고객 가치의 중심이 제품 또는 서비스로부터 개인적 체험으로 이동하고 있다. 기업이 고객을 확보하려면 그들의 다양한 요구에 맞춰 비즈니스 프로세스를 유연하게 변화시킬 수 있어야 한다. 그리고 세계적 기업일수록 고객의 다양한 요구를 충족시키는 데 필요한 인력 및 자원을 모두 소유하는 대신, 글로벌 공급회사의 자원과 역량을 활용하기 위한 네트워크를 확대하고 있다. 그러기 위해서는 기업과 공급회사 간의 비즈니스 프로세스를 언제 어디서나 연결할 수 있도록 신축적으로 조정할 수 있어야 한다.

그리고 기업이 비즈니스 프로세스를 변화시키면 그것을 뒷받침하는 IT 응용도 동시에 바꾸어야 한다. 문제는 전사적 시스템(ERP)을 응용하고 있는 기업이 비즈니스 프로세스의 변화에 맞춰 IT 응용을 신속히 개발하기란 어렵다는 것이다. 실제로, 기업이 ERP 응용을 지렛대 삼아 경쟁 회사보다 더 높은 경쟁력을 유지하기 어려운 추세가 확대되고 있다. 이와 같은 문제를 극복하기 위한 대안으로 서비스 기반 아키텍처(SOA) 및 개방형 소프트웨어의 응용이 위에서 제시된 바 있다.

결론적으로, 기업이 경쟁 회사보다 더 높은 수익성과 경쟁력을 확보하려면, 전략을 효과적으로 반영하는 비즈니스 프로세스를 설계할 수 있어야 한다. 그리고 고객의 다양한 요구를 수용할 수 있도록 비즈니스 프로세스와 IT 응용을 신축적으로 변화시킬 수 있는 역량을 갖추어야 한다.

그런데, 기업이 비즈니스 프로세스의 효율적 운영을 통해 유지할 수 있는 경쟁력에는 근본적 한계가 있다. 기업이 장기적으로 성장하기 위한 원동력은 혁신이다. 경영자는 현재 수익을 실현하기 위한 비즈니스 프로세스의 효율적 운영과 더불어 미래 수익을 창출할 혁신 프로세스의 성과 향상을 위해 균형 잡힌 투자와 관심을 기울여야 한다.

결론

__ 기업의 비즈니스 프로세스는 고객의 가치를 실현하기 위해 논리적으로 설계된 활동의 집합이다. 기업의 목적을 달성하기 위한 방법이 전략이며, 비즈니스 프로세스는 그것을 수행하기 위한 세부적 활동을 정의한 것이다.

__ 기업의 수익은 비즈니스 프로세스에 의해 실현된다. 프로세스의 설계를 위한 핵심적 요소는 표준화 및 통합이며, 그에 적합한 IT 기반구조가 구축될 때 효율성이 한층 더 높아진다.

__ 기업의 전략은 비즈니스 프로세스의 표준화 및 통합 요소의 조합에 따라 다음 네 가지 운영모형으로 정의될 수 있다: 1) 다각화; 2) 조정; 3) 복제; 4) 통일. 기업이 선택하는 운영모형에 따라 비즈니스 프로세스의 설계 및 IT 기반구조의 구축이 달라질 수 있다.

__ 시장이 구조적으로 변화하고 있다. 고객의 가치가 제품 자체보다 개별적 체험에 의해 더 크게 실현되는 추세이다. 또한, 기업이 고객의 주문에 맞춰 필요한 자원을 모두 소유하기보다 세계적으로 전문화된 공급회사 네트워크를 이용하는 추세가 확대되고 있다. 기업이 경쟁력을 유지하려면 고객의 주문에 맞춰 비즈니스 프로세스와 IT 응용을 신축적으로 변화시킬 수 있는 역량이 필요하다.

__ 기업은 비즈니스 프로세스를 전사적으로 통합하기 위한 목적으로 ERP를 도입해 왔다. 이는 세계적 경쟁력을 갖춘 기업의 비즈니스 프로세스를 모방해 개발된 모듈 형식의 시스템이며, 변화가 적은 시장 환경에서 효율적이다. 그런데, 고객의 다양한 주문에 맞춰 ERP 모듈의 비교적 경직된 비즈니스 프로세스를 신속히 재설계하기란 어렵다.

__ 기업이 비즈니스 프로세스의 효율적 운영에 실패하면 시장의 경쟁력을 상실한다. 비즈니스 프로세스의 안정성과 신축성을 모두 실현하려면 서비스 기반 아키텍처(SOA) 및 개방형 소프트웨어(Open Source Software)를 기반으로 한 IT 응용이 새로운 대안이다.

__ 기업이 비즈니스 프로세스의 효율적 운영을 통해 유지할 수 있는 경쟁력에는 한계가 있다. 기업이 장기적으로 성장하기 위한 원동력은 혁신이다. 경영자는 현재 수익을 실현하기 위한 비즈니스 프로세스의 운영과 더불어 미래 수익을 창출할 혁신 프로세스의 성과 향상을 위해 균형 잡힌 투자와 관심을 기울여야 한다.

찾아보기

01

1. http://biz.chosun.com/site/data/html_dir/2015/03/04/2015030400579.html
2. Standard and Poors, Winter, 2012.
3. Christensen, Clayton M., M. E. Raynor, and R. McDonald, *Harvard Business Review*, December, 2015, pp.44-53.
4. O'Reilly III, C. A. and M. L. Tushman, *Lead and Disrupt: How to solve the innovator's dilemma*, Standford Business Books, 2016.
5. Govindarajan, Vijay and C. Trimble, *The Other Side of Innovation, Harvard Business Review* Press, 2010.
6. Sambamurthy, V., A. Bharadwaj, and V. Grover, "Shaping Agility Through Digital Options: Reconceptualizing the Role of Information Technology in Contemporary Firms," *MIS Quarterly*, Vol. 27, pp.237-263/June, 2003.
7. INNOSIGHT, "Creative Destruction Whips through Corporate America," *Executive Briefing*, Winter 2012.
8. Roger J. Bos, and Michele Ruotolo, "General Criteria for S&P U.S. Index Membership", Sept, 2000.
9. Anderson, Chris, *The Long Tail: Why the Future of Business Is Selling Less of More*, Hyperion, 2006.
10. Anderson, 전게서
11. Anderson, 전게서
12. Prahalad, C.K. and M.S. Krishnan, *The New Age of Innovation: Driving Co-Created Value Through Global Networks*, McGraw-Hill, 2008.
13. Williamson, Oliver E., "The Economics of Organization: The Transaction Cost Approach," *American Journal of Sociology*, Vol.87, No.3, Nov. 1981, pp. 548-577.
14. Prahalad, C.K. and M.S. Krishnan, 전게서
15. Tapscott, Don and A.D. Williams, *WIKINOMICS: How Mass Collaboration Changes Everything*, Portfolio, 2006.
16. Tapscott, Don, *Grown Up Digital: How the Net Generation Is Changing Your World*, McGraw-Hill, 2009
17. Prahalad, C.K. and M.S. Krishnan, 전게서
18. Carr, Nicholas, *The Big Switch* W. W. Norton & C., 2009.
19. Fingar, Peter, *DOT.CLOUD: The 21st Century Business Platform*, Meghan-Kiffer Press, 2009.
20. http://www.economist.com/node/21531109: *The Economist*, Oct. 8th 2011.
21. O'Dell, C. and C. Hubert, *The Edge in Knowledge: How Knowledge Management Is Changing The Way We Do Business*, John Wiley & Sons, Inc, 2011.
22. Rifkin, Jeremy, *The Zero Marginal Cost Society: The Internet of Things, The Collaborative Commons, and The Eclipse of Capitalism*, Palgrave MacMillan, 2014.

23. Mayer—Schonberger, Viktor and Kenneth Cukier, *Big Data*, An Eamon Dolan Book/Houghton Mifflin Harcourt, 2013.

24. 양지혜, "세상의 모든 데이터 이젠 센서로 통한다," 「조선일보 Tech & BIZ」, 2017년 8월 12일.

25. Rifkin, Jeremy, 전게서

26. Rifkin, Jeremy, 전게서

27. http://www.economist.com/node/15559717: *The Economist*, Feb. 25th, 2010.

28. Mayer—Schonberger, Viktor and Kenneth Cukier, 전게서

29. Mayer—Schonberger, Viktor and Kenneth Cukier, 전게서

30. Pablo Ruiz Picasso(1881~1973), "Weeping Woman" c.1937 Oil on canvas, Tate Gallery, London, England (60.8 x 50cm)

31. Mayer—Schonberger, Viktor and Kenneth Cukier, 전게서

32. Mayer—Schonberger, Viktor and Kenneth Cukier, 전게서

33. Mayer—Schonberger, Viktor and Kenneth Cukier, 전게서

34. Sambamurthy, V., A. Bharadwaj, and V. Grover, 전게서

35. Porter, M. E., *Competitive Strategy*, The Free Press, New York, 1980.

36. Barney, J.B. & D.N. Clark, *Resource—Based Theory*, Oxford University Press, 2007.

37. D'Aveni, R. A., "Hypercompetition: Managing the Dynamics of Strategic Maneuvering," The Free Press, New York, 1994.

38. Schumpeter, J. A., *Capitalism, Socialism, and Democracy* (3rd ed.), Harper & Row, NewYork, 1950.

39. Schumpeter, J. A., *The Theory of Economic Development*, Harvard University Press, Cambridge, MA, 1934.

40. Drucker, Peter F., *Innovation and Entrepreneurship*, Collins Business, 1985.

41. Christensen, C. M., *The Innovator's Dilemma* (Boston: Harvard Business School Press), 1997.

42. Christensen, C. M., and M. E. Raynor, *The Innovator's Solution*, (Boston: Harvard Business School Press), 2003.

43. O'Reilly III, C. A. and M. L. Tushman, 전게서.

44. Reznikoff, Marvin, George Domino, Carolyn Bridges, and Merton Honeyman, "Creative Abilities in Identical and Fraternal Twins," *Behavior Genetics* 3, No. 4, 1973, pp.365—377.

45. Porter, M. E.,전게서.

46. Kaplan, Robert S. & David P. Norton, *Balanced Scorecard*, Harvard Business School Press, Boston, Massachusetts, 1996.

47. Govindarajan, Vijay and C. Trimble, 전게서

48. Amabile, Teresa M., *Creativity in Context*, Westview Press, 1996.

49. Govindarajan, Vijay and C. Trimble, 전게서.

50. Sambamurthy, V., A. Bharadwaj, and V. Grover, 전게서. 삼바머디 등은 위 논문에서 네 가지 혁신 역량을 제시하였다: 1) 디지털 옵션 역량; 2) 민첩대응 역량; 3) IT 역량; 4) 혁신 탐지 역량. 그런데, 이 책에서는 디지털 옵션 역량을 혁신 프로세스를 지원하는 지식관리 역량과 비즈니스 프로세스를 위한 비즈니스 프로세스관리 역량으로 구분하였다. 그리고 민첩대응 역량은 다른 혁신역량에 포함시켰다.

02

1. Govindarajan, Vijay and C. Trimble, *The Other Side of Innovation*, Harvard Business Review Press, 2010.
2. Govindarajan, Vijay and C. Trimble, 2010, 전게서
3. Sambamurthy, V., A. Bharadwaj, and V. Grover, "Shaping Agility Through Digital Options: Reconceptualizing the Role of Information Technology in Contemporary Firms," *MIS Quarterly*, Vol. 27, pp.237－263/June, 2003. 삼바머디 등은 위 논문에서 네 가지 혁신 역량을 제시하였다: 1) 디지털 옵션 역량; 2) 민첩대응 역량; 3) IT 역량; 4) 혁신탐지 역량. 그런데, 이 책에서는 디지털 옵션 역량의 세부적 요소인 '지식관리'와 '비즈니스 프로세스 관리'를 분리시키고, 민첩대응 역량은 지식관리와 비즈니스 프로세스 관리에 포함시켰다.
4. Barney, Jay B. and Delwyn N. Clark, *Resource－Based Theory*, Oxford, 2007.
5. Amabile, Teresa M., *Creativity in Context*, Westview, 1996.
6. http://telecom.economictimes.indiatimes.com/news/devices/apple－is－taking－93－of－the－profits－in－the－smartphone－industry－now/46189485
7. Amabile, Teresa M., 1996, 전게서.
8. Sambamurthy, V., A. Bharadwaj, and V. Grover, 2003, 전게서.
9. Nonaka, Ikujiro & Hirotaka Takeuchi, *The Knowledge－Creating Company*, Oxford University Press, 1995. 노나카 등은 지식을 暗默知(Tacit Knowledge)와 明示知(Explict Knowledge)로 구분하였다.
10. Johnson, Steven, *Where Good Ideas Come From: The Natural History of Innovation*, Riverhead Books, New York, 2010.
11. Sawyer, Keith, *Group Genius: The Creative Power of Collaboration*, A Member of the Perseus Books Group, 2007.
12. Nonaka, Ikujiro & Hirotaka Takeuchi, 1995, 전게서.
13. Nonaka, Ikujiro & Hirotaka Takeuchi, 1995, 전게서.
14. Janis, Irving L, *Victims of Groupthink: A Psychological Study of Foreign Policy Decisions and Fiascos* (Boston: Houghton Mifflin, 1972).
15. Nonaka, Ikujiro & Hirotaka Takeuchi, 1995, 전게서.
16. Nonaka, Ikujiro & Hirotaka Takeuchi, 1995, 전게서.
17. Mayer－Schonberger, Viktor & Kenneth Cukier, *Big Data: A Revolution that will Transform How We Live, Work, and Think*, An Eamon Dollan Book/Houghton Mifflin Harcourt, 2013.
18. Mayer－Schonberger, Viktor & Kenneth Cukier, 2013, 전게서.
19. Nonaka, Ikujiro & Hirotaka Takeuchi, 1995, 전게서.
20. Nonaka, Ikujiro & Hirotaka Takeuchi, 1995, 전게서.
21. Drucker, Peter F., *Innovation and Entrepreneurship*, Collins Business, 1985.
22. Dobbs, Richard, James Manyika, and Jonathan Woetzel, *No Ordinary Disruption*, McKinsey and Company, 2015.
23. Drucker, Peter F., 1985, 전게서.
24. Dobbs, Richard, James Manyika, and Jonathan Woetzel, 2015, 전게서
25. Parker, G.G., M. W. Van Alstyne, *Platform Revolution*, W. W. Norton Co. 2016.
26. Dobbs, Richard, James Manyika, and Jonathan Woetzel, 2015, 전게서
27. Dyer, J., H. Gregersen and C. M. Christensen, *The Innovator's DNA: Mastering*

the Five Skills of Disruptive Innovators, Harvard Business Review Press, 2011.

28. Bharadwaj, A., "A Resource—Based Perspective on Information Technology Capability and Firm Performance: An Empirical Investigation," *MIS Quarterly*, 2000, Vol. 24, No.1, pp.169−196.

29. Pearlson, K. E. and C. S. Saunders, *Managing and Using Information Systems: A Strategic Approach*, Wiley, 2009.

30. Prahalad, C.K. and M. S. Krishnan, *The New Age of Innovation*, McGraw Hill, 2008.

31. Prahalad, C.K. and M. S. Krishnan, 2008, 전게서.

32. Weill, Peter & J. W. Ross, *IT Governance*, Harvard Business School Press, 2004

33. Govindarajan, Vijay and C. Trimble, 2010, 전게서

34, Barney, Jay B. and Delwyn N. Clark, 2007, 전게서

35. Barney, Jay B. and Delwyn N. Clark, 2007, 전게서

36. Tanriverd, Huseyin, "Performance Effects of Information Technology Synergies in Multibusiness Firms," *MIS Quarterly*, Vol.30, No. 2006.

37. Pearlson, K. E. and C. S. Saunders, 2009, 전게서.

38. Prahalad, C.K. and M. S. Krishnan, 2008, 전게서

39. Prahalad, C.K. and M. S. Krishnan, 2008, 전게서

03

1. Reznikoff, Marvin, George Domino, Carolyn Bridges, and Merton Honeyman, "Creative Abilities in Identical and Fraternal Twins," *Behavior Genetics* 3, No. 4, 1973, pp.365−377.

2. Amabile, Teresa M., *Creativity in Context*, Westview Press, 1996

3. Johansson, Frans, *The Medici Effect*, Harvard Business School Press, 2006.

4. Amabile, Teresa M., 1996, 전게서.

5. Johansson, Frans, 2006, 전게서.

6. Osborn, Alex, *Applied Imagination: Principles and Procedures of Creative Problem Solving*, New York: Scribner, 1957.

7. Johansson, Frans, 2006, 전게서.

8. Bibbo, Danielle, James Michelich, Eric Sprehe & Young Eun Lee, "Employing Wiki for Knowledge Management as a Collaborative Information Repository: an NBC Universal Case," *Journal of Information Technology Teaching Cases*, 2012, 2, pp.17−28.

9. deCharms, R., *Personal Causation*, New York: Academic Press, 1968.

10. Deci, E. "Effects of Externally Mediated Rewards on Intrinsic Motivation," *Journal of Personality and Social Psychology*, 1971, 18, pp.105−115.

11. Pink, Daniel H., *Drive: The Surprising Truth about What Motivates Us*, Riverhead Books, New York, 2009.

12. Amabile, T. M., E. D. Phillips, and M. A. Collins, "Creativity by Contract: Social Influence on the Creativity of Professional Artists", Unpublished Manuscript, Brandeis University, 1994.

13. Mediratta, Bharat, "The Google Way: Give Engineers Room," *New York Times*,

October 21, 2007.

14. Shipper, Frank, Greg L. Stewart, & Charles C. Manz, "W. L. Gore & Associates: Developing Global Teams to Meet 21st−Century Challenges," Case 26, *Cases in Crafting and Executing Strategy*, 2010.

15. Pink, Daniel H., 2009, 전게서.

16. Csikszentmihalyi, Mihalyi, *Beyond Boredom and Anxiety: Experiencing Flow in Work and Play*, 25th anniversary edition (San Francisco: Jossey−Bass, 2000), xix.

17. Csikszentmihalyi, Mihalyi, 2000,전게서.

18. Dweck, Carol S., *Self−Theories: Their Role in Motivation, Personality, and Development* (Philadelphia Press), 17, 1999.

19. Harlow, H. F., "Learning and Satiation of Response in Intrinsically Motivated Complex Puzzle Performance by Monkeys, *Journals of Comparative Physiological Psychology*, 1950, 43,pp.289−294.

20. Amabile, T. & Steven Kramer, *The Progress Principle: Using Small Wins to Ignite Joy, Engagement, and Creativity at Work*, Harvard Business Review Press, Boston, Massachusetts, 2011.

21. Pink, Daniel H., 2009, 전게서.

22. Bradford, C. Johnson, James M. Manyika, and Lareina A. Yee, "The Next Revolution in Interaction," *McKinsey Quarterly* 4 (2005): pp. 25−26.

23. Amabile, Teresa M., 1996, 전게서

24. Pink, Daniel H., 2009, 전게서.

25. Amabile, Teresa M., 1996, 전게서

26. Amabile, Teresa M., 1996, 전게서

27. Simon, Herbert, "Motivational and Emotional Controls of Cognition," *Psychology Review*, 1967, 74, pp.29−39.

28. deCharms, R., *Personal Causation*, New York: Academic Press, 1968.

29. Deci, E. "Effects of Externally Mediated Rewards on Intrinsic Motivation," *Journal of Personality and Social Psychology*, 1971, 18, pp.105−115.

30. Lepper, M., D. Greene, & R. Nisbett, "Undermining Children's Intrinsic Interest with Extrinsic Rewards: A Test of the 'Overjustification' Hypothesis," *Journal of Personality and Social Psychology*, 28, 1973, pp.129−137.

31. Garfield, S. J., H. A. Cohen, & R. M. Roth, "Creativity and Mental Health," *Journal of Educational Research*, 63, 1969, pp.147−149.

32. Bloom, B. S., & L. A. Sosniak, "Talent Development vs. Schooling," *Educational Leadership*, 1981, pp.86−94.

33. McGraw, K., "The Detrimental Effects of Reward on Performance: A Literature Review and a Prediction Model," In M. Lepper & D. Greene (Eds.), *The Hidden Cost of Reward*, Hillsdale, N.J.: Lawrence Erlbaum Associates, 1978.

34. Amabile, Teresa M., 1996, 전게서

35. Pink, Daniel H., 2009, 전게서.

36. Kruglanski, A. W., I. Friedman & G. Zeevi, "The Effects of Extrinsic Incentive on Some Qualitative Aspects of Task Performance," *Journal of Personality*, 39, 1971, pp.606−617.

37. Deci, E. L., and R. M. Ryan, *Intrinsic Motivation and Self−Determination in*

Human Behavior, New York: Plenum, 1985.

38. Amabile, Teresa M., 1996, 전게서

39. Amabile, Teresa M., 1996, 전게서

40. Getzels, J. & Csikszentmihalyi, M., *The Creative Vision: A Longitudinal Study of Problem—finding in Art*, New York: Wiley—Interscience, 1976.

41. Johansson, Frans, 2006, 전게서

42. Johansson, Frans, 2006, 전게서

43. Amabile, Teresa M., 1996, 전게서

04

1. Amabile, Teresa M., *Creativity in Context*, Westview Press, 1996

2. Nonaka, Ikujiro & Hirotaka Takeuchi, *The Knowledge—Creating Company*, Oxford University Press, 1995.

3. Nonaka, Ikujiro & Hirotaka Takeuchi, 전게서

4. Polanyi, M., *The Tacit Dimension*, London: Routledge & Kegan Paul, 1966.

5. Nonaka, Ikujiro & Hirotaka Takeuchi, 전게서

6. Amabile, Teresa M., 1996, 전게서.

7. Nonaka, Ikujiro & Hirotaka Takeuchi, 전게서

8. Nonaka, Ikujiro & Hirotaka Takeuchi, 전게서

9. Nonaka, Ikujiro & Hirotaka Takeuchi, 전게서

10. Nonaka, Ikujiro & Hirotaka Takeuchi, 전게서

11. Nonaka, Ikujiro & Hirotaka Takeuchi, 전게서

12. Nisbet, R. A., *Social Change and History: Aspects of the Western Theory of Development*, London: Oxford University Press, 1969.

13. Nonaka, Ikujiro & Hirotaka Takeuchi, 전게서

14. Nonaka, Ikujiro & Hirotaka Takeuchi, 전게서

15. Chennamaneni, A. & Teng, J.T.C. "An Integrated Framework for Effective Tacit Knowledge Transfer," Seventeenth Americas Conference on Information Systems(AMCIS 2011), 2011 Detroit, Michigan.

16. Jasimuddin, S. M., Klein, J. H. & Connell, C., "The Paradox of Using Tacit and Explicit Knowledge: Strategies to Face Dilemmas," *Management Decision*, 43, 2005, pp.102—112.

17. Granovetter, Mark, "The Strength of Weak Ties: A Network Theory Revisited," *Sociological Theory* I, no. 1, 1983, pp.201—233.

18. McAfee, Andrew P, "New Approaches to Old Problems" (Ch.4), *Enterprise 2.0*, Harvard Business Press, Boston, Massachusetts, 2009.

19. Granovetter, Mark, 전게서

20. Granovetter, Mark, 전게서

21. McAfee, Andrew, *Enterprise 2.0*, 전게서

22. Dunbar, Robin, "Neocortex Size as a Constraint on Group Size in Primates," *Journal of Human Evolution* 20, 1992, pp.469—493.

23. Dunbar, Robin , "Co—Evolution of Neocortex Size, Group Size and Language in Humans," *Behavioral and Brain Sciences* 16, no. 4, 1993, pp.681—735.

24. Deutschman, Alan, "The Fabric of Creativity," Fast Company, Dec. 2004.
25. 위키백과, 2016년 3월 22일
26. http://radar.oreilly.com/archives/2006/12/web−20−compact−definition−tryi.html.
27. http://radar.oreilly.com/archives/2006/12/web−20−compact−definition−tryi.html.
28. McAfee, Andrew P, 2009, 전게서
29. McAfee, Andrew P, 2009, 전게서
30. McAfee, Andrew P, 2009, 전게서
31. McAfee, Andrew P, 2009, 전게서
32. 위키백과, 2014년 7월 31일
33. McAfee, A.P., *Enterprise 2.0: The dawn of emergent collaboration.* Management of Technology and Innovation, 2006. 47(3)
34. http://socialmkt.co.kr/?page id=3794, 2013.03.11 15:21.
35. Meenu Bhatnagar, "General Electric: Engaging Employees through Social Media," Case study Reference no.413−103−1, AMITY Research Center Headquarters, Bangalore.
36. Bibbo, Danielle, James Michelich, Eric Sprehe & Young Eun Lee, "Employing Wiki for Knowledge Management as a Collaborative Information Repository: an NBC Universal Case," *Journal of Information Technology Teaching Cases*, 2012, 2, pp.17−28.
37. McAfee, Andrew P, 2009, 전게서.
38. 위키백과, 2016년 4월 23일 00:56
39. McAfee, Andrew P., 2009, 전게서
40. http://online.wsj.com/article/SB119518271549595364.html?mod=googlenews wsj, 2007.
41. 위키백과, 2016년 3월 24일 13:26
42. https://www.cia.gov/library/center−for−the−study−of−intelligence/csi−public ations/csi−studies/studies/vol49no3/html files/Wik_and_% 20 Blog_7.htm
43. Bibbo, Danielle, James Michelich, Eric Sprehe & Young Eun Lee, 2012, 전게서
44. McAfee, Andrew P, 2009, 전게서
45. McAfee, Andrew P, 2009, 전게서
46. McAfee, Andrew P, 2009, 전게서
47. McAfee, Andrew P, 2009, 전게서
48. Nonaka, Ikujiro & Hirotaka Takeuchi, 전게서
49. 최인준, 「조선경제」, 2017년 8월 22일.
50. Barney, Jay B. and Delwyn N. Clark, *Resource−Based Theory*, Oxford, 2007.
51. Amabile, Teresa M., 1996, 전게서.

05

1. Dobbs, Richard, James Manyika, and Jonathan Woetzel, No *Ordinary Disruption*, McKinsey and Company, 2015.
2. Prahalad, C.K. and M. S. Krishnan, *The New Age of Innovation*, McGraw Hill, 2008.
3. Mayer−Schonberger, Viktor & Kenneth Cukier, *Big Data: A Revolution that will*

Transform How We Live, Work, and Think, An Eamon Dollan Book/Houghton Mifflin Harcourt, 2013.

4. McAfee, A. and E. Brynjolfsson, "Big Data: The Management Revolution," *Harvard Business Review*, Oct. 2012, pp.59−68

5. Nonaka, Ikujiro & Hirotaka Takeuchi, *The Knowledge−Creating Company*, Oxford University Press, 1995.

6. Mayer−Schonberger, Viktor & Kenneth Cukier, 2013, 전게서.

7. Dobbs, Richard, James Manyika, and Jonathan Woetzel, 2015, 전게서.

8. Dobbs, Richard, James Manyika, and Jonathan Woetzel, 2015, 전게서.

9. Prahalad, C.K. and M. S. Krishnan, 2008, 전게서.

10. Harryson, M. E. Metayer, and H. Sarrazin, "The Strength of 'Weak Signals'", *McKinsey Quarterly*, Feb. 2014

11. Prahalad, C.K. and M. S. Krishnan, 2008, 전게서.

12. *The Economist*, "The Data Deluge," Feb 25, 2010.
    1 Exabyte는 10억 기가 바이트에 해당됨

13. Mayer−Schonberger, Viktor & Kenneth Cukier, 2013, 전게서.

14. Davenport, Thomas, P. Barth and R. Bean, "How 'Big Data' Is Different", *Sloan Management Review*, Fall 2012

15. Mayer−Schonberger, Viktor & Kenneth Cukier, 2013, 전게서.

16. Mayer−Schonberger, Viktor & Kenneth Cukier, 2013, 전게서.

17. Mayer−Schonberger, Viktor & Kenneth Cukier, 2013, 전게서.

18. Mayer−Schonberger, Viktor & Kenneth Cukier, 2013, 전게서.

19. Mayer−Schonberger, Viktor & Kenneth Cukier, 2013, 전게서.

20. Mayer−Schonberger, Viktor & Kenneth Cukier, 2013, 전게서.

21. Mayer−Schonberger, Viktor & Kenneth Cukier, 2013, 전게서.

22. Harrysson, M., E. Metayer, & H. Sarrazin, 2014, 전게서.

23. Minelli, M., M. Chambers & A. Dhiraj, *Big Data, Big Analytics*, John Wiley & Sons, Inc, Hoboken, New Jersey, 2013.

24. Minelli, M., M. Chambers & A. Dhiraj, 2013, 전게서.

25. Heer, J. and B. Shneiderman, "Interactive Dynamics for Visual Analysis," Feb. 12, 2012, *ACMQueue*, http://queue.acm.org/detail.cfm?id=2146416.

26. Minelli, M., M. Chambers & A. Dhiraj, 2013, 전게서.

27. Minelli, M., M. Chambers & A. Dhiraj, 2013, 전게서.

28. Davenport, Thomas, P. Barth and R. Bean, 2012, 전게서

29. Breuer, P., L. Forina, & J. Moulton, "Beyond the Hype: Capturing Value from Big Data and Advanced Analytics," http://www.mckinsey.com/client_service/market ing_and_sales/latest_thinking/beyon...2014−04−19)

30. Breuer, P., L. Forina, & J. Moulton, 2014, 전게서.

31. Rosenzweig, P., "The Benefits−and Limits−of Decision Models," *McKinsey Quarterly*, Feb. 2014.

32. McAfee, A. and E. Brynjolfsson, 2012, 전게서.

33. McAfee, A. and E. Brynjolfsson, 2012, 전게서.

34. McAfee, A. and E. Brynjolfsson, 2012, 전게서.

35. Barney, Jay B. and Delwyn N. Clark, *Resource−Based Theory*, Oxford, 2007.

36. Marchand, D. A. & J. Peppard, "Why IT Fumbles Analytics: Tech Projects Should Focus Less on Technology and More on Information," *Harvard Business Review*, Jan.−Feb, 2013, pp.104−112.

06

1. Dobbs, Richard, James Manyika, and Jonathan Woetzel, *No Ordinary Disruption*, McKinsey and Company, 2015.
2. Standard and Poors
3. Dyer, J., H. Gregersen and C. M. Christensen, *The Innovator's DNA: Mastering the Five Skills of Disruptive Innovators*, Harvard Business Review Press, 2011.
4. Dobbs, R., 등 2015, 전게서.
5. Dobbs, R., 등 2015, 전게서.
6. 무어의 법칙(Moore's Law)이란 컴퓨터 프로세서의 성능이 대략 18개월마다 두 배씩 향상됨을 뜻하며, 컴퓨터의 성능이 지난 50년간 2^{33}에 해당하는 발전을 거듭해 온 것으로 추정됨.
7. 1 EB(Exabyte)는 10^{18}바이트 또는 10^9GB;
   Dobbs,R., 등 2015, 전게서
8. Evans, P. and T. Wurster, *Blown to Bits*, Harvard Business Press, 2000.
9. 조영연, "잠재가치 높은 '공유경제 비즈니스' 현황 및 전망," 2016년 6월 21일
10. Parker, G.G., M. W. Van Alstyne, *Platform Revolution*, 2016.
11. Parker, G.G., 등, 2016, 전게서.
12. Dobbs, R., 등, 2015, 전게서.
13. Dobbs, R., 등, 2015, 전게서.
14. Dobbs, R., 등, 2015, 전게서.
15. Manyika, J., J. Sinclair, R. Dobbs, G. Strube, L. Rassey, J. Mischke, J. Remes, C. Roxourgh, K. George, D. O'Halloran, and S. Ramaswamy, *Manufacturing the future: The Next Era of Global Growth and Innovation*, McKinsey Global Institute, November, 2012.
16. Hannon, Paul, "Emerging Markets Take Largest Share of International Investment in 2013," *Wall Street Journal*, Jan. 28, 2014, http://online.wsj.com/news/articles/SB10001424052702303553204579348372961110250;
   Global Investment Trends Monitor no.15, United Nations Conference on Trade and Development, Jan. 28, 2014, http://unctad.org/en/publicationslibrary/webdiaeia 2014d1_en.pdf.
17. Dobbs, R., 등 2015, 전게서
18. Dobbs, Richard, J. Remes, J. Manyika, C. Roxburgh, S. Smit, and F. Schaer, *Urban World: Cities and the Rise of the Consuming Class*, McKinsey Global Institute, June 2012.
19. MBC뉴스, 서민수, 2014, 6.16, 18:50
20. Burnham, Scott, Existing city infrastructure can be "reprogrammed," *Green Future Magazine*, Sept. 26, 2013, www.forumforthefuture.org/greenfutures/articles/existing−city−infrastructure−can−be−%E2%80%98reprogrammed%E2%80%99.
21. Oberman, R, R. Dobbs, A. Budiman, F. Thompson, and M. Rosse, *The

Archipelago Economy: Unleashing Indonesia's Potential, McKinsey Global Institute, Sept.2012.

22. Manyika, J., J. Bughin, S. Lund, O. Nottebohm, D. Poulter, S. Jauch, and S. Ramaswamy, *Global Flows in a Digital Age: How Trade, Finance, People, and Data Connect the World Economy*, McKinsey Global Institute, April 2014.

23. Manyika, J. 등, 2014,전게서.

24. Lund, S., T. Datuvala, R. Dobbs, P. Harle, Ju−Hon Kwek, and R. Falcon, *Financial Globalization: Retreat or Reset?*, McKinsey Global Institute, Mar. 2013.

25. Manyika, J., 등, 2014, 전게서.

26. UN Department of Economic and Social Affairs, "Trends in total migrant stock: The 2005 revision," Feb. 2006," www.org/esa/population/publications/migration/ UN_Migrant_Stock_Documentation_2005.pdf;" Number of international migrants ri ses above 232 million, UN reports, United Nations News Centre, Sept. 11, 2013, www.un.org/apps/new/story.asp?Newsid=45819&Cr=migrants&Crl=#U9_jcendv p0.

27. Kent, M. M., "More US scientists and engineers are foreign−born," Population Reference Bureau, Jan. 2011, www.prb.org/Publications/Articles/2011/usforeignbo rnstem.aspx.

28. UNWTO Tourism Highlights, 2013 edition, United Nations World Tourism Organization; Economic Impact of Travel & Tourism 2013 Annual Update, World Travel & Tourism Council, 2013.

29. *2012 Open Doors Report*, Institute of International Education, 2012.

30. 위키백과

31. Dyer, J., 등, 2011, 전게서.

32. Dyer, J., 등, 2011, 전게서.

33. Reznikoff, M., G. Domino, C. Bridges, and M. Honeyman, "Creative Abilities in Identical and Fraternal Twins," *Behavior Genetics* 3, no. 4, 1973, pp.365−377.

34. Dyer, J., 등, 2011, 전게서.

35. Dyer, J., 등, 2011, 전게서.

36. 이영완, 조선일보, 2017년 5월 18일

37. 레고 블록의 수가 n개일 때, 그 조합의 수는 수학적으로 $n(n-1)/2$와 같이 계산된다.

38. Grazer. B. and C. Fishman, *A Curious Mind: The Secret to a Bigger Life*, Simon & Schuster Paperbacks, 2015.

39. http://blog.daum.net/p_m_c/4221729

40. Grazer. B. 등, 2015, 전게서

41. Grazer. B. 등, 2015, 전게서

42. Dyer, J., 등, 2011, 전게서

43. Dyer, J., 등, 2011, 전게서

44. Dyer, J., 등, 2011, 전게서

45. Dyer, J., 등, 2011, 전게서

46. Johansson, F., *The Medici Effect*, Harvard Business School Press, 2006.

47. Huston, Larry and Nabil Sakkab, "Connect and Develop: Inside Procter & Gamble's New Model for Innovation," *Harvard Business Review*, March, 2006,

pp.58 – 66.

48. Dyer, J., 등, 2011, 전게서

07

1. Govindarajan, V. and C. Trimble, *The Other Side of Innovation*, Harvard Business Review Press, 2010.

2. Gartner Group, *Gartner Worldwide IT Spending Forecast*, Q4, 2017.

3. InformationWeek, *InformationWeek* 500, 9, 2013. IW 500의 선정 기준은 엄격한 것으로 알려져 있다. IW 500 선정 위원회는 기업이 전략적으로 활용하는 기술의 질적 그리고 양적 요인을 모두 고려해 순위를 매긴다. 수익을 미처 창출하지 못한 아이디어, 제품의 점진적 개선, 광고만 요란하고 실현될만한 성과가 없는 제품을 내세운 기업의 혁신은 모두 배제된다.

4. ZDNet, "비디오점 시대 끝났다…美 블록버스터 파산" 2010.8.28, http://www.zdnet. co.kr/news/news_view.asp?artice_id=20100828161944

5. 한겨레, "올드미디어만 모르는 추천의 기술," 2015.6.3, http://www.hani.co.kr/arti/ society/media/694128.html

6. 한국경제매거진, "워싱턴포스트 살린 제프 베조스의 마법 큐레이션," 2016.3.2,

7. 위키피디아, https://en.wikipedia.org/wiki/Salesforce.com

8. Sotomayor, B., et al., *Virtual infrastructure management in private and hybrid clouds*. Internet Computing, IEEE, 2009. 13(5): p. 14 – 22.

9. 매일경제, "SK, 그룹차원 모바일 오피스," 2010.8.23

10. Gartner Group, *IT Grossary – Bimodal IT*, 2014, https://www.gartner.com/it – glo ssary/bimodal/IT World, "ITWorld 용어풀이 — 바이모달(Bimodal) IT," 2015.3.12 http://www.itworld.co.kr/news/92353
http://magazine.hankyung.com/business/apps/news?popup=0&nid=01&c1=101 3&nkey=2016022901057000141&mode=sub_view

11. CIO Korea, "바이모달 IT로 방향 잡은 포드 CIO… 왜? 그리고 어떻게?" 2015.12.17, http://www.ciokorea.com/tags/16007/%EB%B0%94%EC%9D%B4%EB%AA%A8%EB %8B%AC+IT/27836?page=0,0

12. IDC, *Worldwide CIO Agenda 2017 Predictions*, 2016.11

13. Byrd, T. A., and Turner, D. E. "Measuring the Flexibility of Information Technology Infrastructure: Exploratory Analysis of a Construct," *Journal of Management Information Systems*, Vol.17, No.1, 2000, pp.167 – 208

14. Byrd, T. A., and Turner, D. E. "An Exploratory Examination of the Relationship between Flexible IT Infrastructure and Competitive Advantage," *Information & Management* Vol.39, No.1, 2001, pp.41 – 52

15. Ross, J. W., Beath, C. M., and Goodhue, D. L.. "Develop Long – Term Competitiveness through IT Assets," *Sloan Management Review* (38:1), 1996, pp. 31 – 42.

16. Prahalad, C.K. and M. S. Krishnan, *The New Age of Innovation*, McGraw Hill, 2008.

17. Prahalad, C.K. and M.S. Krishnan, The Dynamic Synchronization of Strategy and IT," *Sloan Management Review*, Summer 2002, pp.24 – 33.

18. Prahalad, C.K. and M. S. Krishnan, 2008, 전게서.

19. Opennaru, "Mircoservices Archiecture Design, Implementation & Monitoring," Red Hat과 Atlassian이 함께하는 DevOps 완전정복, 2017.

20. Bharadwaj, A., "A Resource−Based Perspective on Information Technology Capability and Firm Performance: An Empirical Investigation," *MIS Quarterly*, 2000, Vol. 24, No.1, pp.169−196.

21. Bera, S. P., "The Concept of Outsourcing," *IOSR Journal of Computer Engineering*, 2017, Vol.19, Issue 4

22. Manyika, J., Chui, M., Brown, B., Bughin, J., Dobbs, R. and Roxburgh, C., "Big data : The next frontier for innovation, competition, and productivity," McKinsey Global Institute, 2011

23. Vidgen, R., Creating Business Value From Big Data And Business Analytics: Organizational, Managerial and Human Resource Implications, White Paper, 2014, http://www.nemode.ac.uk/wp−content/uploads/2014/07/Vidgen−2014−NEMODE−big−data−scientist−report−final.pdf

24. Patil, D. J. *Building Data Science Teams*, O'Reilly Media, Inc., 2011.

25. Byrd and Turner, 2000, 전게서.

26. Byrd and Turner, 2001, 전게서.

27. Cooper, M.C., D.M. Lambert, and J.D. Pagh, Supply Chain Management: More Than A New Name for Logistics, *International Journal of Logistics Management*, Vol.8, No.1, 1997.

28. Lambert, D.M., *Supply Chain Management: Processes, Partnerships, Performance*, Supply Chain Management Inst, 2008.

29. Ross, J., "Creating a Strategic IT Architecture Competency: Learning in Stages," *MIT Sloan Working Paper No. 4314−03;* Center for Information Systems Research Working Paper *No.* 335, 2003.

30. Yoo, Y. and Ifvarsson, C., "Knowledge Dynamics in Organizations," *Knowledge Management in the Sociotechnical World*, Springer, London, 2002, pp.52−64.

31. Whelan, E., S. Parise, J. de Valk, and R. Aalbers, "Creating Employee Networks That Deliver Open Innovation," *MIT Sloan Management Review*, Fall 2011, Vol. 53, No.1, pp.37−44.

32. Yoo, Y. and Ifvarsson, C., 2002, 전게서

33. Hammer, M., *The Agenda: What Every Business Must Do To Dominate The Decade*, Three Rivers Press, 2003.

34. Gartner Group, "IT Spending Forecast," *Business Report*, 2018.

35. McKinsey Global Institute, "US Productivity Growth 1995−2000, Understanding the Contribution of Information Technology Relative to Other Factors, *Business Report*, 2001.

36. Tanriverd, Huseyin, "Performance Effects of Information Technology Synergies in Multibusiness Firms," *MIS Quarterly*, Vol.30, No. 2006.

08

1. O'Reilly III, Charles A. & Michael L. Tushman, *Lead and Disrupt: How to Solve*

the *Innovator's Dilemma*, Stanford Business Books, 2016.

2. Drucker, Peter F., *Innovation and Entrepreneurship*, Collins Business, 1985.

3. Govindarajan, Vijay and C. Trimble, *The Other Side of Innovation*, Harvard Business Review Press, 2010.

4. Govindarajan, Vijay and C. Trimble, 2010, 전게서.

5. Govindarajan, Vijay and C. Trimble, 2010, 전게서

6. Govindarajan, Vijay and C. Trimble, 2010, 전게서

7. Govindarajan, Vijay and C. Trimble, 2010, 전게서

8. Dyer, J., H. Gregersen and C. M. Christensen, *The Innovator's DNA: Mastering the Five Skills of Disruptive Innovators*, Harvard Business Review Press, 2011.

9. Govindarajan, Vijay and C. Trimble, 2010, 전게서

10. O'Reilly III, Charles A. & Michael L. Tushman, 2016, 전게서.

11. Govindarajan, Vijay and C. Trimble, 2010, 전게서.

12. Govindarajan, Vijay and C. Trimble, 2010, 전게서.

13. Amabile, Teresa M., *Creativity in Context*, Westview Press, 1996.

14. Govindarajan, Vijay and C. Trimble, 2010, 전게서.

15. Drucker, Peter F., 1985, 전게서.

16. Amabile, Teresa M., 1996, 전게서.

17. Amabile, Teresa M., 1996, 전게서.

18. Amabile, Teresa M., 1996, 전게서.

19. Sambamurthy, V., A. Bharadwaj, and V. Grover, "Shaping Agility Through Digital Options: Reconceptualizing the Role of Information Technology in Contemporary Firms," *MIS Quarterly*, Vol. 27, pp.237−263/June, 2003.

20. Govindarajan, Vijay and C. Trimble, 2010, 전게서.

21. Govindarajan, Vijay and C. Trimble, 2010, 전게서.

22. Amabile, Teresa M., 1996, 전게서.

23. Amabile, Teresa M., 1996, 전게서.

24. McAfee, Andrew W., *Enterprise 2.0: New Collaborative Tools for your Organization's Toughest Challenges*, Harvard Business Press, 2009.

25. Mayer−Schonberger, Viktor & Kenneth Cukier, *Big Data: A Revolution that will Transform How We Live, Work, and Think*, An Eamon Dollan Book/Houghton Mifflin Harcourt, 2013.

26. Dyer, J., H. Gregersen and C. M. Christensen, *The Innovator's DNA: Mastering the Five Skills of Disruptive Innovators*, Harvard Business Review Press, 2011.

27. Byrd, T. A., and Turner, D. E. "Measuring the Flexibility of Information Technology Infrastructure: Exploratory Analysis of a Construct," *Journal of Management Information Systems*, Vol.17, No.1, 2000, pp.167−208

28. Byrd, T. A., and Turner, D. E. "An Exploratory Examination of the Relationship between Flexible IT Infrastructure and Competitive Advantage," *Information & Management* Vol.39, No.1, 2001, pp.41−52

29. Ross, J. W., Beath, C. M., and Goodhue, D. L.. "Develop Long−Term Competitiveness through IT Assets," *Sloan Management Review* (38:1), 1996, pp 31−42.

30. Govindarajan, Vijay and C. Trimble, 2010, 전게서

31. Govindarajan, Vijay and C. Trimble, 2010, 전게서

09

1. Ross, J. W., P. Weill & D. C. Robertson, *Enterprise Architecture as Strategy: Creating a Foundation for Business Execution*, Harvard Business Review Press, 2006.
2. Prahalad, C.K. and M. S. Krishnan, *The New Age of Innovation*, McGraw Hill, 2008.
3. Prahalad, C.K. and M. S. Krishnan, 2008, 전게서.
4. Deloitte Consulting Case Competition: 한샘 Case Study, Deloitte Consulting, 2010.
5. Ross, J. W., P. Weill & D. C. Robertson, 2006, 전게서.
6. Roberts N. and Grover, V. "Leveraging Information Technology Infrastructure to Facilitate a Firm's Customer Agility and Competitive Activity: An Empirical Investigation," *Journal of Management Information* Systems, Vol.28, No.4, 2012, pp.231−269.
7. Smith, Howard and Peter Finger, *Business Process Management: The Third Wave*, Meghan−Kiffer Press, 2007.
8. Prahalad, C.K. and M. S. Krishnan, 2008, 전게서.
9. 김성남, "공룡보다 카멜레온 조직역량이 4차 산업혁명 시대를 주도한다," *DongA Business Review(DBR)*, 223호, Issue 2, 2017년 4월.
10. 황인경, "디지털 트랜스포메이션 시대 인사, 조직운영 전략," LG경제연구원, 2017년 2월.
11. Dignan, L, "Starbucks to step up rollout of 'digital flywheel' strategy," *ZDNet*, July 28, 2017.
12. http://www.lifewire.com/where−is−the−iphone−made−1999503 Sam Costello October 13, 2017.
13. Prahalad, C.K. and M.S. Krishnan, The Dynamic Synchronization of Strategy and IT," *Sloan Management Review*, Summer 2002, pp.24−33.
14. Booth, N., "ERP의 미래, 클라우드 대세론에 대한 의견 분분," 2013, 1. 7. http://www.itworld.co.kr/news/79636
15. Prahalad, C.K. and M. S. Krishnan, 2008, 전게서.
16. Prahalad, C.K. and M.S. Krishnan, 2002, 전게서
17. Kavanagh, S.C. and R. A. Miranda, "Technologies for Government Transformation: ERP and Beyond," 2005, Gfoa.

김성남, "공룡보다 카멜레온 조직역량이 4차 산업혁명 시대를 주도한다," *DongA Business Review(DBR)*, 223호, Issue 2, 2017년 4월.

「매일경제」, "SK, 그룹차원 모바일 오피스," 2010.8.23

MBC뉴스, 서민수, 2014, 6.16, 18:50

양지혜, "세상의 모든 데이터 이젠 센서로 통한다,"「조선일보 Tech & BIZ」, 2017년 8월 12일

윤형준,「조선일보」土日섹션 Weekly BIZ, 2015년 6월 13-14일

위키백과, 2016년 3월 22일

위키백과, 2016년 4월 23일

「조선일보」, 2014년 6월 3일 B11

「조선일보」, 2014년 6월 5일

최인준,「조선경제」, 2017년 8월 22일.

「한국경제매거진」, "워싱턴포스트 살린 제프 베조스의 마법 큐레이션," 2016.3.2,

황인경, "디지털 트랜스포메이션 시대 인사, 조직운영 전략," LG경제연구원, 2017년 2월.

Booth, N., "ERP의 미래, 클라우드 대세론에 대한 의견 분분," 2013, 1. 7.
      http://www.itworld.co.kr/news/79636

CIO Korea, "바이모달 IT로 방향 잡은 포드 CIO… 왜? 그리고 어떻게?" 2015.12.17,
      http://www.ciokorea.com/tags/16007/%EB%B0%94%EC%9D%B4%EB%AA%A8%EB
      %8B%AC＋IT/27836?page＝0,0

Deloitte Consulting Case Competition: 한샘 Case Study, Deloitte Consulting, 2010.

Opennaru, "Mircoservices Archiecture Design, Implementation & Monitoring," Red
      Hat과 Atlassian이 함께하는 DevOps 완전정복, 2017

Abidi, F., and Singh, V. "Cloud servers vs. dedicated servers — A survey," *2013
      IEEE International Conference in MOOC, Innovation and Technology in
      Education (MITE)*, 2013, pp.1-5.

Amabile, Teresa M., *Creativity in Context, Westview* Press, 1996.

Amabile, T. M., E. D. Phillips, and M. A. Collins, "Creativity by Contract: Social
      Influence on the Creativity of Professional Artists", Unpublished Manuscript,
      Brandeis University, 1994.

Amabile, T. & Steven Kramer, *The Progress Principle: Using Small Wins to Ignite Joy,
      Engagement, and Creativity at Work, Harvard Business Review Press, Boston,
      Massachusetts, 2011.*

Anderson, Chris, *The Long Tail: Why the Future of Business Is Selling Less of More*,
      Hyperion, 2006.

Barney, J.B. & D.N. Clark, *Resource-Based Theory*, Oxford University Press, 2007.

Bera, S. P., "The Concept of Outsourcing," *IOSR Journal of Computer Engineering*,
      2017, Vol.19, Issue 4

Bharadwaj, A., "A Resource-Based Perspective on Information Technology

Capability and Firm Performance: An Empirical Investigation," *MIS Quarterly*, 2000, Vol. 24, No.1, pp.169−196.

Bibbo, Danielle, James Michelich, Eric Sprehe & Young Eun Lee, "Employing Wiki for Knowledge Management as a Collaborative Information Repository: an NBC Universal Case," *Journal of Information Technology Teaching Cases*, 2012, 2, pp.17−28.

Bloom, B. S., & L. A. Sosniak, "Talent Development vs. Schooling," *Educational Leadership*, 1981, pp.86−94.

Bradford, C. Johnson, James M. Manyika, and Lareina A. Yee, "The Next Revolution in Interaction," *McKinsey Quarterly* 4 (2005): pp. 25−26.

Breuer, P., L. Forina, & J. Moulton, "Beyond the Hype: Capturing Value from Big Data and Advanced Analytics," http://www.mckinsey.com/client_service/marketing_and_sales/latest_thinking/beyon ...2014−04−19)

Burnham, Scott, Existing city infrastructure can be "reprogrammed," Green Future M agazine, Sept. 26, 2013, www.forumforthefuture.org/greenfutures/articles/existing −city−infrastructure−can−be−%E2%80%98reprogrammed%E2%80%99.

Byrd, T. A., and Turner, D. E. "Measuring the Flexibility of Information Technology Infrastructure: Exploratory Analysis of a Construct," *Journal of Management Information Systems*, Vol.17, No.1, 2000, pp.167−208

Byrd, T. A., and Turner, D. E. "An Exploratory Examination of the Relationship between Flexible IT Infrastructure and Competitive Advantage," *Information & Management* Vol.39, No.1, 2001, pp.41−52

Carr, Nicholas, *The Big Switch* W. W. Norton & C., 2009.

Chennamaneni, A. & Teng, J.T.C. "An Integrated Framework for Effective Tacit Knowledge Transfer," Seventeenth Americas Conference on Information Systems(AMCIS 2011), 2011 Detroit, Michigan.

Christensen, C. M., *The Innovator's Dilemma* (Boston: Harvard Business School Press), 1997.

Christensen, C. M., and M. E. Raynor, *The Innovator's Solution*, (Boston: Harvard Business School Press), 2003.

Christensen, Clayton M., M. E. Raynor, and R. McDonald, *Harvard Business Review*, December, 2015, pp.44−53.

Cooper, M.C., D.M. Lambert, and J.D. Pagh, Supply Chain Management: More Than A New Name for Logistics, *International Journal of Logistics Management*, Vol.8, No.1, 1997

Csikszentmihalyi, Mihalyi, *Beyond Boredom and Anxiety: Experiencing Flow in Work and Play*, 25th anniversary edition (San Francisco: Jossey−Bass, 2000),xix.

D'Aveni, R. A., "Hypercompetition: Managing the Dynamics of Strategic Maneuvering," The Free Press, New York, 1994.

Davenport, Thomas, P. Barth and R. Bean, "How 'Big Data' Is Different", *Sloan Management Review*, Fall 2012

deCharms, R., *Personal Causation*, New York: Academic Press, 1968.

Deci, E. "Effects of Externally Mediated Rewards on Intrinsic Motivation," *Journal of*

Personality and Social Psychology, 1971, 18, pp.105－115.

Deci, E. L., and R. M. Ryan, *Intrinsic Motivation and Self－Determination in Human Behavior*, New York: Plenum, 1985.35. Amabile, Teresa M.

Deutschman, Alan, "The Fabric of Creativity," Fast Company, Dec. 2004.

Dignan, L, "Starbucks to step up rollout of 'digital flywheel' strategy," *ZDNet*, July 28, 2017.

Dobbs, Richard, James Manyika, and Jonathan Woetzel, *No Ordinary Disruption*, McKinsey and Company, 2015.

Dobbs, Richard, J. Remes, J. Manyika, C. Roxburgh, S. Smit, and F. Schaer, *Urban World: Cities and the Rise of the Consuming Class*, McKinsey Global Institute, June 2012.

Drucker, Peter F., *Innovation and Entrepreneurship*, Collins Business, 1985.

Dunbar, Robin, "Neocortex Size as a Constraint on Group Size in Primates," *Journal of Human Evolution* 20, 1992, pp.469－493.

Dunbar, Robin, "Co－Evolution of Neocortex Size, Group Size and Language in Humans," *Behavioral and Brain Sciences* 16, no. 4, 1993, pp.681－735.

Dweck, Carol S., *Self－Theories: Their Role in Motivation, Personality, and Development* (Philadelphia Press), 17, 1999.

Dyer, J., H. Gregersen and C. M. Christensen, *The Innovator's DNA: Mastering the Five Skills of Disruptive Innovators*, Harvard Business Review Press, 2011.

Evans, P. and T. Wurster, *Blown to Bits*, Harvard Business Press, 2000.

Fingar, Peter, DOT.CLOUD: *The 21st Century Business Platform*, Meghan－Kiffer Press, 2009

Garfield, S. J., H. A. Cohen, & R. M. Roth, "Creativity and Mental Health," *Journal of Educational Research*, 63, 1969, pp147－149.

Gartner Group, *Gartner Worldwide IT Spending Forecast*, Q4, 2017.

Gartner Group, "IT Spending Forecast," *Business Report*, 2018

Gartner Group, *IT Grossary－Bimodal IT*, 2014, https://www.gartner.com/it－glossary/bimodal/IT World, "ITWorld 용어풀이－바이모달(Bimodal) IT," 2015.3.12.
http://www.itworld.co.kr/news/92353
http://magazine.hankyung.com/business/apps/news?popup＝0&nid＝01&c1＝1013&nkey＝2016022901057000141&mode＝sub_view

Getzels, J. & Csikszentmihalyi, M., *The Creative Vision: A Longitudinal Study of Problem－finding in Art*, New York: Wiley－Interscience, 1976.

Global Investment Trends Monitor no.15, United Nations Conference on Trade and Development, Jan. 28, 2014,
http://unctad.org/en/publicationslibrary/webdiaeia2014d1_en.pdf.

Govindarajan, Vijay and C. Trimble, *The Other Side of Innovation*, Harvard Business Review Press, 2010.

Granovetter, Mark, "The Strength of Weak Ties: A Network Theory Revisited," *Sociological Theory* I, no. 1, 1983, pp.201－233.

Grazer. B. and C. Fishman, *A Curious Mind: The Secret to a Bigger Life*, Simon & Schuster Paperbacks, 2015.

Hammer, M., *The Agenda: What Every Business Must Do To Dominate The Decade*,

Three Rivers Press, 2003

Hannon, Paul, "Emerging Markets Take Largest Share of International Investment in 2013," *Wall Street Journal*, Jan. 28, 2014, http://online.wsj.com/news/articles/SB100014240527023035532045793483729611102 50;

Harlow, H. F., "Learning and Satiation of Response in Intrinsically Motivated Complex Puzzle Performance by Monkeys," *Journals of Comparative Physiological Psychology*, 1950, 43, pp.289－294.

Harryson, M. E. Metayer, and H. Sarrazin, "The Strength of 'Weak Signals'", *McKinsey Quarterly*, Feb. 2014

Heer, J. and B. Shneiderman, "Interactive Dynamics for Visual Analysis," Feb. 12, 2012, *ACMQueue*, http://queue.acm.org/detail.cfm?id=2146416.

Huston, Larry and Nabil Sakkab, "Connect and Develop: Inside Procter& Gamble's New Model for Innovation," *Harvard Business Review*, March, 2006, pp.58－66.

IDC, *Worldwide CIO Agenda 2017 Predictions*, 2016.11

InformationWeek, *InformationWeek 500*, 9, 2013.

INNOSIGHT, "Creative Destruction Whips through Corporate America," *Executive Briefing*, Winter 2012.

Institute of International Education, *Open Doors Report*, 2012.

Janis, Irving L, *Victims of Groupthink: A Psychological Study of Foreign Policy Decisions and Fiascos* (Boston: Houghton Mifflin, 1972).

Jasimuddin, S. M., Klein, J. H. & Connell, C., "The Paradox of Using Tacit and Explicit Knowledge: Strategies to Face Dilemmas," *Management Decision*, 43, 2005, pp.102－112.

Johansson, Frans, *The Medici Effect*, Harvard Business School Press, 2006.

Johnson, Steven, *Where Good Ideas Come From: The Natural History of Innovation*, Riverhead Books, New York, 2010.

Kaplan, Robert S. & David P. Norton, *Balanced Scorecard*, Harvard Business School Press, Boston, Massachusetts, 1996.

Kavanagh, S.C. and R. A. Miranda, "Technologies for Government Transformation: ERP and Beyond," 2005, Gfoa.

Kent, M. M., "More US scientists and engineers are foreign－born," Population Reference Bureau, Jan. 2011, www.prb.org/Publications/Articles/2011/usforeignbornstem.aspx.

Kruglanski, A. W., I. Friedman & G. Zeevi, "The Effects of Extrinsic Incentive on Some Qualitative Aspects of Task Performance," *Journal of Personality*, 39, 1971, pp.606－617.

Lambert, D.M., *Supply Chain Management: Processes, Partnerships, Performance*, Supply Chain Management Inst, 2008

Lepper, M., D. Greene, & R. Nisbett, "Undermining Children's Intrinsic Interest with Extrinsic Rewards: A Test of the 'Overjustification' Hypothesis," *Journal of Personality and Social Psychology*, 28, 1973, pp.129－137.

Lund, S., T. Datuvala, R. Dobbs, P. Harle, Ju－Hon Kwek, and R. Falcon, *Financial Globalization: Retreat or Reset?*, McKinsey Global Institute, Mar. 2013.

Marchand, D. A. & J. Peppard, "Why IT Fumbles Analytics: Tech Projects Should

Focus Less on Technology and More on Information," *Harvard Business Review*, Jan. — Feb, 2013, pp.104 — 112.

Manyika, J., Chui, M., Brown, B., Bughin, J., Dobbs, R. and Roxburgh, C., "Big data : The next frontier for innovation, competition, and productivity," McKinsey Global Institute, 2011

Manyika, J., J. Sinclair, R. Dobbs, G. Strube, L. Rassey, J. Mischke, J. Remes, C. Roxourgh, K. George, D. O'Halloran, and S. Ramaswamy, *Manufacturing the future: The Next Era of Global Growth and Innovation*, McKinsey Global Institute, November, 2012.

Manyika, J., J. Bughin, S. Lund, O. Nottebohm, D. Poulter, S. Jauch, and S. Ramaswamy, *Global Flows in a Digital Age: How Trade, Finance, People, and Data Connect the World Economy*, McKinsey Global Institute, April 2014.

Mayer — Schonberger, Viktor & Kenneth Cukier, *Big Data: A Revolution that will Transform How We Live, Work, and Think*, An Eamon Dollan Book/Houghton Mifflin Harcourt, 2013.

McAfee, Andrew P, "New Approaches to Old Problems" (Ch.4), *Enterprise 2.0*, Harvard Business Press, Boston, Massachusetts, 2009.

McAfee, A. and E. Brynjolfsson, "Big Data: The Management Revolution," *Harvard Business Review*, Oct. 2012, pp.59 — 68

McGraw, K., "The Detrimental Effects of Reward on Performance: A Literature Review and a Prediction Model," In M. Lepper & D. Greene (Eds.), *The Hidden Cost of Reward*, Hillsdale, N.J.: Lawrence Erlbaum Associates, 1978.

McKinsey Global Institute, "US Productivity Growth 1995 — 2000, Understanding the Contribution of Information Technology Relative to Other Factors," *Business Report*, 2001

Mediratta, Bharat, "The Google Way: Give Engineers Room," *New York Times*, October 21, 2007.

Meenu Bhatnagar, "General Electric: Engaging Employees through Social Media," Case study Reference no.413 — 103 — 1, AMITY Research Center Headquarters, Bangalore.

Minelli, M., M. Chambers & A. Dhiraj, *Big Data, Big Analytics*, John Wiley & Sons, Inc, Hoboken, New Jersey, 2013.

Nisbet, R. A., *Social Change and History: Aspects of the Western Theory of Development*, London: Oxford University Press, 1969.

Nonaka, Ikujiro & Hirotaka Takeuchi, T*he Knowledge — Creating Company*, Oxford University Press, 1995.

Oberman, R, R. Dobbs, A. Budiman, F. Thompson, and M. Rosse, *The Archipelago Economy: Unleashing Indonesia's Potential*, McKinsey Global Institute, Sept.2012.

O'Dell, C. and C. Hubert, *The Edge in Knowledge: How Knowledge Management Is Changing The Way We Do Business*, John Wiley & Sons, Inc, 2011.

O'Reilly III, C. A. and M. L. Tushman, *Lead and Disrupt: How to solve the innovator's dilemma*, Standford Business Books, 2016.

Osborn, Alex, *Applied Imagination: Principles and Procedures of Creative Problem Solving*, New York: Scribner, 1957.

Pablo Ruiz Picasso(1881~1973), "Weeping Woman" c.1937 Oil on canvas, Tate Gallery, London, England (60.8 x 50cm)

Parker, G.G., M. W. Van Alstyne, *Platform Revolution*, 2016.

Patil, D. J. *Building Data Science Teams*, O'Reilly Media, Inc., 2011

Pearlson, K. E. and C. S. Saunders, *Managing and Using Information Systems: A Strategic Approach*, Wiley, 2009.

Pink, Daniel H., *Drive: The Surprising Truth about What Motivates Us*, Riverhead Books, New York, 2009.

Polanyi, M., *The Tacit Dimension*, London: Routledge & Kegan Paul, 1966.

Porter, M. E., *Competitive Strategy*, The Free Press, New York, 1980.

Prahalad, C.K. and M.S. Krishnan, *The New Age of Innovation: Driving Co−Created Value Through Global Networks*, McGraw−Hill, 2008.

Prahalad, C.K. and M.S. Krishnan, The Dynamic Synchronization of Strategy and IT," *Sloan Management Review*, Summer 2002, pp.24−33.

Reznikoff, Marvin, George Domino, Carolyn Bridges, and Merton Honeyman, "Creative Abilities in Identical and Fraternal Twins," *Behavior Genetics* 3, No. 4, 1973, pp.365−377.

Rifkin, Jeremy, *The Zero Marginal Cost Society: The Internet of Things, The Collaborative Commons, and The Eclipse of Capitalism*, Palgrave MacMillan, 2014.

Roberts N. and Grover, V. "Leveraging Information Technology Infrastructure to Facilitate a Firm's Customer Agility and Competitive Activity: An Empirical Investigation," *Journal of Management Information Systems*, Vol.28, No.4, 2012, pp.231−269.

Roger J. Bos, and Michele Ruotolo, "General Criteria for S&P U.S. Index Membership", Sept, 2000.

Rosenzweig, P., "The Benefits−and Limits−of Decision Models," *McKinsey Quarterly*, Feb. 2014.

Ross, J. W., Beath, C. M., and Goodhue, D. L.. "Develop Long−Term Competitiveness through IT Assets," *Sloan Management Review* (38:1), 1996, pp 31−42.

Ross, J., "Creating a Strategic IT Architecture Competency: Learning in Stages," MIT Sloan Working Paper No. 4314−03; Center for Information Systems Research Working Paper No. 335, 2003.

Ross, J. W., P. Weill & D. C. Robertson, *Enterprise Architecture as Strategy: Creating a Foundation for Business Execution*, Harvard Business Review Press, 2006.

Sambamurthy, V., A. Bharadwaj, and V. Grover, "Shaping Agility Through Digital Options: Reconceptualizing the Role of Information Technology in Contemporary Firms," *MIS Quarterly*, Vol. 27, pp.237−263/June, 2003.

Sawyer, Keith, *Group Genius: The Creative Power of Collaboration*, A Member of the Perseus Books Group, 2007.

Schumpeter, J. A., *Capitalism, Socialism, and Democracy* (3rd ed.), Harper & Row, NewYork, 1950.

Schumpeter, J. A., *The Theory of Economic Development*, Harvard University Press,

Cambridge, MA, 1934.

Shipper, Frank, Greg L. Stewart, & Charles C. Manz, "W. L. Gore & Associates: Developing Global Teams to Meet 21st—Century Challenges," Case 26, *Cases in Crafting and Executing Strategy*, 2010.

Simon, Herbert, "Motivational and Emotional Controls of Cognition," *Psychology Review*, 1967, 74, pp.29—39.

Smith, Howard and Peter Finger, *Business Process Management: The Third Wave*, Meghan—Kiffer Press, 2007.

Sotomayor, B., et al., *Virtual infrastructure management in private and hybrid clouds*. Internet Computing, IEEE, 2009. 13(5): p. 14—22.

Standard and Poors, Winter, 2012.

Tanriverd, Huseyin, "Performance Effects of Information Technology Synergies in Multibusiness Firms," *MIS Quarterly*, Vol.30, No. 2006.

Tapscott, Don and A.D. Williams, *WIKINOMICS: How Mass Collaboration Changes Everything*, Portfolio, 2006.

Tapscott, Don, *Grown Up Digital: How the Net Generation Is Changing Your World*, McGraw—Hill, 2009

The Economist, "The Data Deluge", Feb 25, 2010.

Tidd, Joe and John Bessant, "Lego", 2009, WWW.Wileyeurope.com/College'tidd

UN Department of Economic and Social Affairs, "Trends in total migrant stock: The 2005 revision," Feb. 2006," www.org/esa/population/publications/migration/UN_Migrant_Stock_Documentation_2005.pdf;" Number of international migrants rises above 232 million, UN reports, United Nations News Centre, Sept. 11, 2013, www.un.org/apps/new/story.asp?Newsid=45819&Cr=migrants&Crl=#U9_jcendvp0.

UNWTO Tourism Highlights, 2013 edition, United Nations World Tourism Organization; Economic Impact of Travel & Tourism 2013 Annual Update, World Travel & Tourism Council, 2013.

Vidgen, R., Creating Business Value From Big Data And Business Analytics: Organizational, Managerial and Human Resource Implications, White Paper, 2014, http://www.nemode.ac.uk/wp—content/uploads/2014/07/Vidgen—2014—NEMODE—big—data—scientist—report—final.pdf

Weill, Peter & J. W. Ross, *IT Governance*, Harvard Business School Press, 2004

Whelan, E., S. Parise, J. de Valk, and R. Aalbers, "Creating Employee Networks That Deliver Open Innovation," *MIT Sloan Management Review*, Fall 2011, Vol. 53, No.1, pp.37—44.

Williamson, Oliver E., "The Economics of Organization: The Transaction Cost Approach", *American Journal of Sociology*, Vol.87, No.3, Nov. 1981, pp. 548 — 577.

Yoo, Y. and Ifvarsson, C., "Knowledge Dynamics in Organizations," *Knowledge Management in the Sociotechnical World*, Springer, London, 2002, pp.52—64.

ZDNet, "비디오점 시대 끝났다 … 美 블록버스터 파산" 2010. 8. 28, http://www.zdnet.co.kr/news/news_view.asp?artice_id=20100828161944

위키피디아, https://en.wikipedia.org/wiki/Salesforce.com

한겨레, "올드미디어만 모르는 추천의 기술," 2015. 6. 3,

http://www.hani.co.kr/arti/society/media/694128.html
http://www.economist.com/node/15559717: *The Economist*, Feb. 25th, 2010).
http://www.economist.com/node/21531109: *The Economist*, Oct. 8th 2011.
http://biz.chosun.com/site/data/html_dir/2015/03/04/2015030400579.html
http://telecom.economictimes.indiatimes.com/news/devices/apple−is−taking−93−o
   f−the−profits−in−the−smartphone−industry−now/46189485
http://socialmkt.co.kr/?page id=3794, 2013.03.11 15:21.
https://www.cia.gov/library/center−for−the−study−of−intelligence/csi−publicatio
   ns/csi−studies/studies/vol49no3/html files/Wik_and_% 20 Blog_7.htm
http://blog.daum.net/p_m_c/4221729
http://www.lifewire.com/where−is−the−iphone−made−1999503 Sam Costello October
   13, 2017.

저자 소개

김준석
- 연세대학교 경영대학 명예교수
- 인디아나 대학교 경영학 박사(DBA)
- 연세대학교 경영대학 교수(정보시스템: 1982 ~ 2014)
- 한국 경영정보학회 회장(2002)
- 태평양 아시아 정보시스템 국제학술대회 의장(PACIS: 2001)

박주연
- 머독대학교 조교수(호주 퍼스 소재)
- 연세대학교 경영학 박사
- 전) 연세대 정보대학원 연구교수
- 전) 연세대 경영연구소 연구원
- 저서:『꼭 알아야 할 기술사업화 바이블』, 도서출판 정람

김치헌
- 신한카드 부부장
- 연세대학교 경영학 박사
- 전) SK경영경제연구소 수석연구원
- 전) WesleyQuest 매니저
- 전) LG경제연구원 선임연구원

변화와 혁신

초판발행	2019년 2월 20일
지은이	김준석 · 박주연 · 김치헌
펴낸이	안종만
편 집	전채린
기획/마케팅	조성호
표지디자인	권효진
제 작	우인도 · 고철민
펴낸곳	(주) **박영사**
	서울특별시 종로구 새문안로3길 36, 1601
	등록 1959. 3. 11. 제300-1959-1호(倫)
전 화	02)733-6771
f a x	02)736-4818
e-mail	pys@pybook.co.kr
homepage	www.pybook.co.kr
ISBN	979-11-303-0688-9 03320

copyright©김준석 외, 2019, Printed in Korea

정 가   18,000원